# 2024
# 손진호
# 세법

*2024년도 세무직 공무원 시험대비!*

## 기출문제집

· 실전과 같은 훈련으로 합격에 최적화!

- 2024년 7, 9급 공무원 세법 기출문제집
- 단원별 : 이론을 정확하게 이해하였는지 확인하고
  시험 문제에 맞게 교정
- 세목별, 전체범위 : 모의 훈련으로 아는 것과
  모르는 것을 확인하여 약점을 보완

교재의 강의는 공단기에서 수강하실 수 있습니다.
**gong.conects.com**

https://hmstory.kr

이 책은 기본서와 요약서를 통하여 이해한 지식을 바탕으로 문제를 해결하기 위한 책입니다.
시험은 특정한 부분에서 뛰어난 재능이 있는자를 뽑기 위한 것이 아닙니다.
시험은 다양한 상황에 대한 '기본적인' 문제 해결 능력이 있는지를 우선적으로 확인하기 위한 제도입니다.

기출 문제는 시험의 역사이며, 미래를 예측할 수 있는 가장 중요한 자료입니다.
기출문제는 수많은 세법의 법 조문 중에서 세무공무원을 선발하기 위해 중요하다고 생각하는 문제들을
(현존하는 어떠한 강사보다) 학문적으로 뛰어난 자들이 선별하여 출제한 문제입니다.
대부분의 출제 위원은 과거에 출제한 문제를 참고하여 어떻게 문제를 출제할지 고민합니다.
그래서 우리는 세목별로 몇 문항이 출제될 지 예측할 수 있으며, 과거의 데이터로 어느 주제가 빈출되며(=
세무공무원을 선발하기에 중요하다고 생각하는 문제들), 어느 정도의 난이도로 출제되는지 예측이 가능합니다.

따라서 기출 문제는 수험생이 최우선적으로 마스터해야하는 임무입니다.
나의 세법적 지식으로 어느 정도의 시험 문제를 해결할 수 있는지 확인해야 합니다.
또한 해결하지 못한 문제들을 나의 약점으로 인식하고 이를 보완하기 위해 시간을 투자해야합니다.

진도별 문제를 통하여 내가 이해한 이론으로 문제가 어떻게 해결되는지 '관찰'해야합니다.
이후 세목별 기출문제로 각각의 세목에 대한 이론의 적용에 대하여 학습하고, 제한된 시간내에 문제를 풀어보면서 실전과 비슷한 경험을 쌓아야합니다.
마지막으로 전체 범위에 대한 기출문제로 실전과 같은 훈련을 지속/반복해야합니다.

시험은 수많은 연습 중 하나에 불과하다는 것과 어려운 문제와 쉬운 문제의 배점이 똑같다는 사실을 꼭 기억하셨으면 좋겠습니다.

손진호 올림

## 1. 단원별/세목별/전체범위로 기출문제를 구분하였습니다.

문제풀이는 이해한 지식을 output 하여 문제를 해결하는 과정입니다.

문제를 해결하면서 문제와 불일치된 지식이 문제를 해결할 수 있게 맞춰지게 됩니다.

문제는 문제와 해설지를 바로 보면서 이론-문제의 적용을 공부하는 것과 실전과 같이 제한된 시간안에 문제를 풀어보고 나의 실력과 약점을 확인하는 방법으로 공부하게 됩니다.

단원별 기출문제는 이론-문제의 적용을 위한 방식이며, 전체범위 기출문제는 실력과 약점을 확인하기 위한 방법입니다.

다만, 실전과 같이 문제를 풀어보기 위해서는 시험 직전에 시험 범위에 대한 마지막 회독이 완료되어야 합니다.

이를 연습하기 위하여 각 세목별 기출문제를 구성하였습니다.

따라서 추천하는 학습방법은 다음과 같습니다.
1) 이론을 먼저 공부하고, 단원별 기출문제를 풀어볼 것. 이때 문제를 가볍게 고민하고 해설지를 읽어보면서 공부할 것. 이해가 잘안되는 부분은 요약서 또는 기본서를 통하여 해당 주제의 내용을 확인할 것.
2) 세목별로 이론 학습을 완료하고, 세목별 기출문제를 풀어볼 것.
3) 요약서를 통하여 빠르게 전체 범위에 대한 이론을 공부하고, 전체범위 기출문제를 풀어볼 것.
4) 문제를 풀어볼 때 틀린 문제만 체크할 것. 2회독시 틀린 문제 위주로 학습할 것.
5) 3회독-4회독을 계속 최종 틀린 문제를 풀어보면서 전체 문제에 대하여 틀린 문제가 없는 경우 다시 전체 문제를 풀어 볼 것.

## 2. 실무적으로 해설하였습니다.

해설을 기본서 내용을 그대로 넣거나 법리적으로 작성하는 것은 어렵지 않습니다.

이러한 해설은 정확하기는 하지만, 관련 지식이 부족한 수험생이 이해하기가 어렵습니다.

따라서 다소 정확성을 희생하면서 실무적 언어로 최대한 편안하게 해설지를 작성하였습니다.

해설지를 읽어도 이해가 되지 않으면 요약서 또는 기본서를 확인하거나 카페를 통하여 저에게 질문해주실 것을 부탁드립니다.

# 목차 Contents

## Part 1 단원별 기출문제 / 7

## Part 2 세목별 기출문제 / 189

## Part 3 전체범위 기출문제 / 267

# 01

## 단원별 기출문제

**Chapter**

# 01 국세기본법

## ◆ 1 조세총론

[2019년 9급] ★★

**01.** 조세법률주의에 대한 설명으로 옳지 않은 것은? (단, 다툼이 있는 경우 판례에 의함)

① 조세의 과세요건 및 부과·징수 절차는 입법부가 제정하는 법률로 정해져야 한다.

② 1세대 1주택에 대한 양도소득세 비과세요건(거주요건)을 추가하여 납세자가 양도소득세 비과세를 받기 어렵게 규정을 개정하였지만 경과규정을 두어 법령시행 후 1년간 주택을 양도한 경우에는 구법을 적용하도록 하였다면 이러한 법개정은 소급과세금지에 반하지 않는다.

③ 엄격해석으로 세법상 의미를 확정할 수 없는 경우 세법규정의 유추적용이 허용된다.

④ 조세법률주의는 과세권의 자의적 발동으로부터 납세자를 보호하기 위한 대원칙으로 헌법에 그 근거를 두고 있다.

### 📖 해설

③ 엄격해석으로 세법상 의미를 확정할 수 없는 경우 세법규정의 유추적용이 허용되지 않는다.

☞ 엄격해석의 원칙에 따라 문리해석을 원칙으로 하며, 논리해석은 예외적으로 허용하나 확장해석과 유추해석이 허용되지 않는다. 확장해석과 유추해석은 자의적인 해석이 개입될 여지가 있기 때문이다.

② 소급과세금지 원칙은 이미 납세의무가 성립된 소득에 대해 납세의무 성립일 이후에 개정된 세법·해석을 소급하여 적용하는 진정소급은 금지되나, 납세의무성립 전인 과세기간 중에 개정된 세법 등을 그 과세기간 개시일로부터 소급하여 적용하는 부진정소급은 허용된다.

☞ 소득세는 과세기간이 끝나는 때에 납세의무가 성립된다. 만약 2023년 6월 18일에 양도소득세 비과세 규정을 개정하였는데 경과규정을 두어 법령 시행 후 1년간 주택을 양도한 경우에는 개정된 법률을 적용받지 않도록 하였다만, 개정된 법률은 2024년 6월 18일 이후에 적용될 것이다. 2023년의 납세의무는 2023년 12월 31일에 성립되고, 개정된 법은 2024년 6월 18일 이후에 적용되는 것이니 소급과세금지에 반하지 않는다.

**답 ③**

## ❷ 통칙

[2012년 9급] ★

**01.** 「국세기본법」 제1조(목적)에 대한 설명으로 옳은 것을 모두 고른 것은?

> ㄱ. 국세에 대한 기본적이고 공통적인 사항을 규정
> ㄴ. 납세자의 권리·의무 및 권리구제에 관한 사항을 규정
> ㄷ. 국세의 징수에 필요한 사항을 규정하여 국민의 납세의무의 적정한 이행을 통하여 국세수입을 확보
> ㄹ. 납세자의 부담능력 등에 따라 적정하게 과세함으로써 조세부담의 형평을 도모
> ㅁ.국세에 대한 법률관계를 명확하게 함

① ㄱ, ㄴ, ㄹ      ② ㄱ, ㄴ, ㅁ
③ ㄱ, ㄹ, ㅁ      ④ ㄴ, ㄷ, ㄹ

---

**해설**

☞ 국세기본법은 국세에 관한 기본적이고 공통적인 사항과 납세자의 권리·의무 및 권리구제에 관한 사항을 규정함으로써 국세에 관한 법률관계를 명확하게 하고, 과세를 공정하게 하며, 국민의 납세의무의 원활한 이행에 이바지함을 목적으로 한다.

ㄷ. 국세의 징수에 필요한 사항은 국세징수법에서 규정하고 있다.

☞ 국세징수법은 국세의 징수에 필요한 사항을 규정함으로써 국민의 납세의무의 적정한 이행을 통하여 국세수입을 확보하는 것을 목적으로 한다.

ㄹ. 소득세법은 소득수준이 다른 개인에 대하여 조세평등주의를 실현하기 위하여 납세자의 부담능력 등에 따라 적정하게 과세하고 있다.

☞ 소득세법은 개인의 소득에 대하여 소득의 성격과 납세자의 부담능력 등에 따라 적정하게 과세함으로써 조세부담의 형평을 도모하고 재정수입의 원활한 조달에 이바지함을 목적으로 한다.

**답** ②

## 02. 「국세기본법」에서 사용하는 용어의 뜻으로 옳지 않은 것은?

① '납세자'란 납세의무자(연대납세의무자를 제외한다)와 세법에 따라 국세를 징수하여 납부할 의무를 지는 자를 말한다.

② '원천징수'란 세법에 따라 원천징수의무자가 국세(이와 관계되는 가산세는 제외한다)를 징수하는 것을 말한다.

③ '보증인'이란 납세자의 국세 또는 강제징수비의 납부를 보증한 자를 말한다.

④ '제2차 납세의무자'란 납세자가 납세의무를 이행할 수 없는 경우에 납세자를 갈음하여 납세의무를 지는 자를 말한다.

**해설**

① '납세자'란 납세의무자(연대납세의무자와 납세자를 갈음하여 납부할 의무가 생긴 경우의 제2차 납세의무자 및 보증인을 포함한다)와 세법에 따라 국세를 징수하여 납부할 의무를 지는 자를 말한다.

**답 ③**

## 03. 「국세기본법」과 다른 법률과의 관계에 대한 설명으로 옳은 것은?

① 「국세기본법」은 「국세기본법」 또는 세법에 의한 위법·부당한 처분을 받은 경우에는 우선 「행정심판법」에 의한 심사청구·심판청구를 하도록 하고 있다.

② 재조사 결정에 따른 처분청의 처분에 대한 행정소송은 「국세기본법」에 따른 심사청구 또는 심판청구와 그에 대한 결정을 거치지 아니하면 제기할 수 없다.

③ 국세에 관한 처분에 대하여는 「국세기본법」의 규정에 따른 불복방법과 「감사원법」의 규정에 따른 불복방법도 있기 때문에 두 가지 불복방법을 동시에 이용할 수 있다.

④ 국세환급금의 소멸시효에 관하여는 「국세기본법」 또는 세법에 특별한 규정이 있는 것을 제외하고는 「민법」에 따른다.

**해설**

① 「국세기본법」은 「국세기본법」 또는 세법에 의한 위법·부당한 처분을 받은 경우에는 「국세기본법」 또는 「감사원법」에 따라 불복절차를 거치도록 하고 있다.

② 재조사 결정에 따른 처분청의 처분에 대한 행정소송은 「국세기본법」에 따른 심사청구 또는 심판청구와 그에 대한 결정을 거쳐서 제기할 수도 있고, 심사청구 또는 심판청구를 거치지 않고 바로 제기할 수도 있다.

③ 국세에 관한 처분에 대하여는 「국세기본법」의 규정에 따른 불복방법과 「감사원법」의 규정에 따른 불복방법 중 선택할 수 있다.

**답 ④**

## ❸ 기간과 기한

[2020년 7급] ★★

**01.** 국세기본법상 기간과 기한에 대한 설명으로 옳은 것은?

① 우편으로 과세표준신고서를 제출한 경우 그 신고서가 도달한 날에 신고된 것으로 본다.

② 국세기본법 또는 세법에서 규정하는 신고기한 만료일에 국세정보통신망이 대통령령으로 정하는 장애로 가동이 정지되어 전자신고를 할 수 없는 경우에는 그 장애가 복구되어 신고할 수 있게 된 날을 신고기한으로 한다.

③ 천재지변 등으로 기한의 연장을 받으려는 자는 기한 만료일 3일 전까지 문서로 해당 행정기관의 장에게 신청하여야 한다. 이 경우 해당 행정기관의 장은 기한연장을 신청하는 자가 기한 만료일 3일 전까지 신청할 수 없다고 인정하는 경우에는 기한의 만료일까지 신청하게 할 수 있다.

④ 천재지변 등에 따른 기한연장은 3개월 이내로 하되, 해당 기한연장의 사유가 소멸되지 않는 경우 관할 세무서장은 1개월의 범위에서 그 기한을 다시 연장할 수 있다. 다만, 신고와 관련된 기한연장은 6개월을 넘지 않는 범위에서 관할 세무서장이 할 수 있다.

### 📖 해설

① 우편으로 과세표준신고서를 제출한 경우 우편날짜도장이 찍힌 날 신고된 것으로 본다.

☞ 우편신고에 대한 기한의 특례가 적용되어 발신주의에 따른다

② 국세기본법 또는 세법에서 규정하는 신고기한 만료일에 국세정보통신망이 대통령령으로 정하는 장애로 가동이 정지되어 전자신고를 할 수 없는 경우에는 그 장애가 복구되어 신고할 수 있게 된 날의 다음날을 신고기한으로 한다.

☞ 장애가 밤 11시59분에 복구될 수도 있다. 당일 신고가 어려운 경우가 있기 때문에 장애가 복구되어 신고할 수 있게된 다음날을 신고기한으로 한다.

④ 천재지변 등에 따른 기한연장은 3개월 이내로 하되, 해당 기한연장의 사유가 소멸되지 않는 경우 관할 세무서장은 1개월의 범위에서 그 기한을 다시 연장할 수 있다. 다만, 신고와 관련된 기한연장은 9개월을 넘지 않는 범위에서 관할 세무서장이 할 수 있다.

답 ③

## 02. 국세기본법상 기한의 연장사유가 아닌 것은?

① 납세자가 화재, 전화 그밖의 재해를 입거나 도난을 당한 경우

② 납세자가 경영하는 사업에 현저한 손실이 발생하거나 부도 또는 도산의 우려가 있는 경우

③ 납세자 또는 그 동거가족이 질병이나 중상해로 6개월 이상의 치료가 필요하거나 사망하여 상중인 경우

④ 권한 있는 기관에 장부나 서류가 압수 또는 영치된 경우

### 🔍해설

② 납세자가 경영하는 사업에 현저한 손실이 발생하거나 부도 또는 도산의 우려가 있는 경우는 국세징수법의 납부기한 연장만 가능하다.

☞ 국세기본법상 기한의 연장은 신고, 신청, 청구, 제출, 통지에 대한 것이고 납부는 국세징수법에서 규정하고 있다.

☞ 코로나로 사업에 심각한 손해를 입은 경우를 생각해보자. 손해가 심각하니 현금이 부족하여 납부가 어렵다. 하지만, 사업에 손해를 입은 경우 오히려 시간적 여유가 있다. 따라서 신고 등을 하는 것에는 문제가 없다.

📋 ②

# ◆ 서류의 송달

[2016년 9급] ★★★

## 01. 국세징수절차에 대한 설명으로 옳지 않은 것은?

① 세무서장은 납세자가 체납액 중 국세만을 완납하여 강제징수비를 징수하려는 경우 강제징수비의 징수와 관계되는 국세의 과세기간, 세목, 강제징수비의 금액, 산출 근거, 납부하여야 할 기한 및 납부장소를 적은 강제징수비고지서를 납세자에게 발급하여야 한다.

② 납부고지서는 징수결정 즉시 발급하여야 한다. 다만, 법에 따라 납부고지를 유예한 경우 유예기간이 끝난 날의 다음 날에 발급한다.

③ 세무서장은 납부하여야 할 기한을 납부고지를 하는 날부터 30일 이내의 범위로 정한다.

④ 연대납세의무자에게 납세의 고지에 관한 서류를 송달할 때에는 그 대표자를 명의인으로 하며, 대표자가 없을 때에는 연대납세의무자 중 국세를 징수하기에 유리한 자를 명의인으로 한다.

### 🔍 해설

④ 연대납세의무자에게 서류송달시 그 대표자를 명의인으로 하며, 대표자가 없는 때에는 연대납세의무자 중 국세징수상 유리한 자를 명의인으로 한다. 다만, 납세의 고지와 독촉에 관한 서류는 연대납세의무자 모두에게 각각 송달하여야 한다.

☞ 납세의 고지는 확정된 세금의 효력이 발생하며, 독촉은 강제징수 절차를 위한 효력이 발생한다. 납세자에게 너무나도 중대한 영향을 주는 서류인데 연대납세의무자 대표자에게만 전달하는 경우 대표자가 전달하지 못하게 되면 다른 연대납세의무자의 재산권에 심각한 피해가 발생하게 된다. 따라서 납세의 고지와 독촉에 관한 서류는 연대납세의무자 모두에게 각각 송달하여야 그 효력이 발생한다.

답 ④

**02.** 국세기본법령상 서류의 송달에 대한 설명으로 <u>옳지 않은</u> 것은?

① 서류명의인, 그 동거인 등 법정된 자가 송달할 장소에 없는 경우로서 서류를 등기우편으로 송달하였으나 수취인이 부재중인 것으로 확인되어 반송됨으로써 납부기한 내에 송달이 곤란하다고 인정되는 경우에는 공시송달할 수 있다.

② 독촉에 관한 서류는 연대납세의무자 모두에게 각각 송달하여야 한다.

③ 송달할 장소에서 서류를 송달받아야 할 자가 부재중인 경우에는 송달할 장소에 서류를 둘 수 있다.

④ 상속이 개시된 경우 상속재산관리인이 있을 때에는 세법에서 규정하는 서류는 그 상속재산관리인의 주소 또는 영업소에 송달한다.

**해설**

③ 서류를 송달받아야 할 자가 정당한 사유 없이 서류의 수령을 거부할 때에는 송달할 장소에 서류를 둘 수 있다.

☞ 서류의 송달은 매우 중요하다. 고지서를 받았는데도 기한까지 납부하지 않는다면 독촉과 강제징수절차로 재산권이 침해될 수 있다. 단순히 부재중이라는 이유로 송달할 장소에 서류를 두고 오면 그 서류를 확인하지 못하고, 재산권이 침해될 가능성이 크다. 따라서 이러한 송달은 송달로서의 효력이 발생하지 않는다.

☞ 만약 송달을 받아야 할 자 등이 정당한 사유 없이 서류 수령을 거부하는 경우에는 송달할 장소에 서류를 둘 수 있다. 이는 1) 서류 수령을 거부를 악용하는 사례를 막기 위함과 2) 수령을 거부한다는 것은 수령할 서류가 있다는 것을 알았을 때 가능하기 때문이다. 따라서 이러한 유치송달은 송달로서의 효력이 발생한다.

답 ③

## 03. 「국세기본법」상 서류의 송달에 대한 설명으로 옳지 않은 것은?

① 서류송달을 받아야 할 자의 주소가 분명하지 아니한 경우에 서류의 주요 내용을 관보에 공고한 날부터 14일이 지나면 서류송달이 된 것으로 본다.

② 전자송달은 당사자가 그 방법을 신청한 경우에 적법한 송달이 된 것으로 본다.

③ 전자송달은 송달받을 자가 지정한 전자우편주소에서 직접 출력한 때부터 효력이 발생한다.

④ 세무공무원이 고지서를 적법한 송달장소에서 교부송달을 시도하였는데 납세자가 부재중이었고, 대신 사리를 판별할 능력이 있는 종업원을 발견하여 송달을 시도하였으나, 그 종업원이 정당한 이유 없이 서류수령을 거부하는 경우 송달장소에 고지서를 두고 와도 적법한 송달이 된다.

### 🔍 해설

③ 전자송달은 송달받을 자가 지정한 전자우편주소에 입력한 때(또는 국세정보통신망에 저장된 때)에 효력이 발생한다.

☞ 기본적으로 송달은 '읽어본 시점'이 아닌 '해당 서류를 받은 시점'을 기준으로 한다. 그렇다면, 전자송달에 있어 서류를 받은 시점은 언제일까? 세무서에서 송달받을 자가 지정한 전자우편주소에 해당 서류를 첨부하여 '입력'하면 전자우편서버에 등록된다. 따라서 납세자의 메일(네이버 등)에 도착하게 된다. 국세청보통신망(홈택스)의 경우 국세청 서버망이기 때문에 저장하면 납세자가 홈택스에 로그인 했을 때 해당 내역을 확인해 볼 수 있다.

답 ③

# ⑤ 법인으로 보는 단체

[2022년 7급] ★★

**01.** 「국세기본법」상 법인으로 보는 단체에 대한 설명으로 옳은 것은?

① 주무관청의 허가 또는 인가를 받아 설립된 단체로서 등기되지 아니하고 수익을 구성원에게 분배하지 아니하는 것은 법인으로 보아 「국세기본법」과 세법을 적용한다.

② 사익을 목적으로 출연(出捐)된 기본재산이 있는 재단으로서 등기되지 아니하고 수익을 구성원에게 분배하는 것은 법인으로 보아 「국세기본법」과 세법을 적용한다.

③ 법인이 아닌 단체 중 타인의 계산과 자신의 명의로 수익과 재산을 독립적으로 소유·관리하고 단체의 수익을 구성원에게 분배하는 단체로서 대표자나 관리인이 관할 세무서장에게 신청한 것은 법인으로 보아 「국세기본법」과 세법을 적용한다.

④ 법인으로 보는 법인 아닌 단체는 그 신청한 날이 속하는 과세기간과 그 과세기간이 끝난 날부터 5년이 되는 날이 속하는 과세기간까지는 「소득세법」에 따른 거주자 또는 비거주자로 변경할 수 있다.

---

### 🔍 해설

② 사익을 목적으로 출연(出捐)된 기본재산이 있는 재단으로서 등기되지 아니하고 수익을 구성원에게 분배하는 것은 개인으로 보아 「국세기본법」과 세법을 적용한다.

☞ 재단은 재산의 집단을 의미한다. 일반적으로 공익 목적의 재단을 의미하는데 해당 문제는 수험생에게 혼란을 주기 위하여 공익 목적과 관계없는 재단으로 사용하였다.

☞ 사익을 목적으로 부동산 등이 출연된 공장재단은 수익이 발생하면 구성원에게 분배한다.(사익목적=이익분배) 법인으로 등기가 되어 있다면 법인의 인격체로 보아 「국세기본법」과 세법을 적용하겠지만, 영리법인이 법인으로 등기가 되어 있지 않기에 공동사업자로 보고 「국세기본법」과 세법을 적용해야한다.

③ 법인이 아닌 단체 중 타인의 계산과 자신의 명의로 수익과 재산을 독립적으로 소유·관리하고 단체의 수익을 구성원에게 분배하는 단체로서 대표자나 관리인이 관할 세무서장에게 신청한 것은 개인으로 보아 「국세기본법」과 세법을 적용한다.

☞ 법인이 아닌 단체 중 단체의 조직과 운영에 관한 규정을 가지고 있고, 단체 자신의 계산과 명의로 수익과 재산을 독립적으로 소유 및 관리하며 단체의 수익을 구성원에게 분배하지 않는 경우 비영리단체로 신청에 의해 법인으로 승인받을 수 있다.

☞ 타인의 계산과 자신의 명의로 수익과 재산을 관리하고 수익을 분배하는 것은 영리성이 있는 단체로 소득세법을 적용해야한다.

④ 법인으로 보는 법인 아닌 단체는 그 신청한 날이 속하는 과세기간과 그 과세기간이 끝난 날부터 3년이 되는 날이 속하는 과세기간까지는 「소득세법」에 따른 거주자 또는 비거주자로 변경할 수 없다.

**답** ①

[2020년 7급] ★★

**02.** 법인으로 보는 단체 등에 대한 설명으로 옳지 않은 것은?

① 국세기본법에 따른 법인으로 보는 단체는 법인세법상 비영리내국법인에 해당한다.

② 소득세법상 법인으로 보는 단체 외의 법인 아닌 단체에 해당하는 국외투자기구를 국내원천소득의 실질귀속자로 보는 경우 그 국외투자기구는 1비거주자로서 소득세를 납부할 의무를 진다.

③ 국세기본법상 2020년 1월 1일 이후 성립하는 납세의무부터 전환 국립대학 법인이 해당 법인의 설립근거가 되는 법률에 따른 교육·연구 활동에 지장이 없는 범위 외의 수익사업을 하는 경우의 납세의무를 적용할 때에는 전환 국립대학 법인을 별도의 법인으로 보지 아니하고 국립대학 법인으로 전환되기 전의 국립학교 또는 공립학교로 본다.

④ 국세기본법에 따라 법인으로 보는 단체의 국세에 관한 의무는 그 대표자나 관리인이 이행하여야 한다.

**해설**

③ 국세기본법상 2020년 1월 1일 이후 성립하는 납세의무부터 전환 국립대학 법인이 해당 법인의 설립근거가 되는 법률에 따른 교육·연구 활동에 지장이 없는 범위의 수익사업을 하는 경우의 납세의무를 적용할 때에는 전환 국립대학 법인을 별도의 법인으로 보지 아니하고 국립대학 법인으로 전환되기 전의 국립학교 또는 공립학교로 본다.

☞ 해당 규정은 전환국립대학을 지원하기 위해 개정된 세법이다. 교육·연구 활동을 위한 수익사업에 대하여 전환되기 전의 국립학교 또는 공립학교로 보아 비과세를 적용해주기 위한 규정이다. 따라서 설립근거가 되는 법률에 따른 교육·연구 활동에 지장이 있는 수익사업의 경우 지원 취지에 맞지 않아 적용하지 않는 것이다.

**답** ③

## ❻ 국세부과와 세법적용의 원칙

[2008년 7급] ★

**01.** 국세기본법상 세법적용의 원칙에 대한 설명으로 옳은 것은?

① 둘 이상의 행위 또는 거래를 거치는 방법으로 세법의 혜택을 부당하게 받기 위한 것으로 인정되는 경우에는 그 경제적 실질내용에 따라 연속된 하나의 행위 또는 거래를 한 것으로 보아 세법을 적용한다.

② 납세자가 그 의무를 이행함에 있어서는 신의를 좇아 성실히 하여야 한다. 세무공무원이 그 직무를 수행함에 있어서도 또한 같다.

③ 납세의무자가 세법에 의하여 장부를 비치·기장하고 있는 때에는 당해 국세의 과세표준의 조사와 결정은 그 비치·기장한 장부와 이에 관계되는 증빙자료에 의하여야 한다.

④ 세무공무원이 그 재량에 의하여 직무를 수행함에 있어서는 과세의 형평과 당해 세법의 목적에 비추어 일반적으로 적당하다고 인정되는 한계를 엄수하여야 한다.

### 🔍 해설

④ 세법적용의 원칙 중 세무공무권 재량의 한계에 해당한다.

① 국세부과의 원칙 중 실질과세원칙이다.

② 국세부과의 원칙 중 신의성실원칙이다.

③ 국세부과의 원칙 중 근거과세원칙이다.

**답** ④

**02.** 국세기본법상 세법해석의 기준 및 소급과세의 금지에 대한 설명으로 옳지 않은 것은?

① 세법의 해석·적용에 있어서는 과세의 형평과 당해 조항의 합목적성에 비추어 납세자의 재산권이 부당하게 침해되지 아니하도록 하여야 한다.

② 국세를 납부할 의무가 성립한 소득·수익·재산·행위 또는 거래에 대하여는 그 성립 후의 새로운 세법에 의하여 소급하여 과세하지 아니한다.

③ 세법의 해석 또는 국세행정의 관행이 일반적으로 납세자에게 받아들여진 후에는 그 해석이나 관행에 의한 행위 또는 계산은 정당한 것으로 보며, 새로운 해석이나 관행에 의하여 소급하여 과세되지 아니한다.

④ 세법 이외의 법률 중 국세의 부과·징수·감면 또는 그 절차에 관하여 규정하고 있는 조항에 대해서는 세법해석의 기준에 대한 국세기본법 규정이 적용되지 아니한다.

**해설**

④ 세법이 아닌 법률이라도 국세의 부과·징수·감면 또는 그 절차에 관하여 규정하고 있는 조항에 대해서는 세법해석의 기준에 대한 국세기본법 규정이 적용된다.

☞ 예를 들어 '채무자 회생 및 파산에 관한 법률'에는 국세 징수와 관련된 절차가 규정되어 있다. 이렇게 다른 법률에 국세와 관련된 규정이 있더라도 당연히 국세기본법의 세법해석의 기준에 대한 규정을 적용해야 한다.

답 ④

**02.** 「국세기본법」상 실질과세원칙에 관한 설명으로 옳지 않은 것은?

① 과세의 대상이 되는 거래의 귀속이 명의일 뿐이고 사실상 귀속되는 자가 따로 있는 때에는 사실상 귀속되는 자를 납세의무자로 본다.

② 사업자등록 명의자와는 별도로 사실상의 사업자가 있는 경우에는 사실상의 사업자를 납세의무자로 본다.

③ 세법 중 과세표준의 계산에 관한 규정은 거래의 명칭이나 형식에 불구하고 그 실질 내용에 따라 적용한다.

④ 제3자를 통한 간접적인 방법으로 거래한 경우 「국세기본법」 또는 세법의 혜택을 부당하게 받기 위한 것인지 여부와 관계없이 그 경제적 실질 내용에 따라 당사자가 직접 거래를 한 것으로 본다.

**해설**

④ 제3자를 통한 간접적인 방법으로 거래한 경우 「국세기본법」 또는 세법의 혜택을 부당하게 받기 위한 것으로 인정되는 경우 그 경제적 실질 내용에 따라 당사자가 직접 거래를 한 것으로 본다.

☞ 단순히 제3자를 통한 간접적인 방법으로 거래하였다고 당사자가 직접 거래를 한 것으로 볼 수는 없다. 해당 거래가 실질적인 거래인지, 부당하게 제3자를 통한 거래인지 판단하기가 어렵기 때문이다. 혜택을 부당하게 받기 위한 것으로 인정되는 경우 제3자를 통하여 부당하게 거래한 것으로 판단할 수 있을 것이다.

답 ④

**04.** 국세기본법령상 세법 해석에 대한 설명으로 옳지 않은 것은?

① 세법을 해석·적용할 때에는 과세의 형평(衡平)과 해당조항의 합목적성에 비추어 납세자의 재산권이 부당하게 침해되지 아니하도록 하여야 한다.

② 기획재정부장관 및 국세청장은 세법의 해석과 관련된 질의에 대하여 세법 해석의 기준에 따라 해석하여 회신하여야 한다.

③ 세법이 새로 제정되거나 개정되어 이에 대한 기획재정부장관의 해석이 필요한 경우 기획재정부장관이 직접 회신할 수 있으며, 이 경우 회신한 문서의 사본을 국세청장에게 송부하여야 한다.

④ 국세청장은 세법의 해석과 관련된 질의가 세법과 이와 관련되는 「국세기본법」의 입법취지에 따른 해석이 필요한 사항에 해당하는 경우 기획재정부장관에게 해석을 요청하지 않고 민원인에게 직접 회신할 수 있다.

**해설**

④ 국세청장은 세법의 해석과 관련된 질의가 세법과 이와 관련되는 「국세기본법」의 입법취지에 따른 해석이 필요한 사항에 해당하는 경우 기획재정부장관에게 의견을 첨부하여 해석을 요청하여야 한다.

답 ④

# 🔷 납세의무

[2015년 7급] ★★

**01.** 국세기본법상 납세의무의 성립시기에 대한 설명으로 옳지 않은 것은?

① 종합부동산세를 납부할 의무는 과세기준일에 성립한다.

② 원천징수하는 소득세·법인세를 납부할 의무는 소득금액 또는 수입금액을 지급하는 때에 성립한다.

③ 수시부과하여 징수하는 국세를 납부할 의무는 수시부과할 사유가 발생한 때에 성립한다.

④ 수입재화의 경우 부가가치세를 납부할 의무는 과세기간이 끝나는 때에 성립한다.

**🔍 해설**

④ 수입재화의 경우 부가가치세를 납부할 의무는 세관장에게 수입신고하는 때에 성립한다.

☞ 부가가치세는 과세기간이 특정된 세목으로 과세기간이 끝나는 때에 성립한다. 다만, 수입재화의 경우에는 세관장이 부가가치세를 징수하여야 하는데 수입신고를 하는 때에 과세요건이 충족되어 관세 및 부가가치세 등을 징수하기 때문에 수입신고를 하는 때에에 성립하게 된다.

답 ④

**02.** 국세를 납부할 의무의 확정 또는 그 관련 쟁점에 대한 설명으로 옳은 것은?

① 기한후 신고는 과세표준과 세액을 확정하는 효력을 가진다.

② 세법에 따라 당초 확정된 세액을 증가시키는 경정은 당초 확정된 세액에 관한 「국세기본법」 및 기타 세법에서 규정하는 권리·의무관계에 영향을 미치지 아니한다.

③ 과세표준신고서를 법정신고기한까지 제출한 자가 수정신고를 하는 경우, 당해 수정신고에는 당초의 신고에 따라 확정된 과세표준과 세액을 증액하여 확정하는 효력이 인정되지 아니한다.

④ 상속세는 상속이 개시되는 때, 증여세는 증여에 의하여 재산을 취득하는 때에 각각 납세의무가 성립하고, 상속세 및 증여세법에 따라 납부의무가 있는 자가 신고하는 때에 확정된다.

🔍 **해설**

① 기한후 신고는 과세표준과 세액을 확정하는 효력을 가지지 못한다.

☞ 납세자가 세법에서 정하는 신고를 이행하지 않은 경우 납세자가 성실한 것으로 추정하기 어렵다. 따라서 과세관청의 결정에 의하여 세액이 확정되며, 결정통지(납부고지서)가 납세의무자에게 도달할 때 확정의 효력이 발생한다.

③ 과세표준 신고서를 법정신고기한까지 제출한 자가 수정신고를 하는 경우, 당해 수정신고에는 당초의 신고에 따라 확정된 과세표준과 세액을 증액하여 확정하는 효력이 인정된다.

☞ 다만, 신고납세방식의 국세에 한정된다. 당초의 신고가 확정력이 있으므로 수정신고의 경우에도 증액하여 확정하는 효력이 있는 것이다.

④ 상속세는 상속이 개시되는 때, 증여세는 증여에 의하여 재산을 취득하는 때에 각각 납세의무가 성립한다. 다만, 상속세 및 증여세는 과세관청의 결정에 의해 확정된다.

☞ 상속세 및 증여세는 부유한 사람들에 대한 세금이다. 탈세에 대한 유인이 높은 세목으로 세법에서는 납세자를 신뢰하지 않는 시각으로 보고 있다. 따라서 정부가 직접 확인하고 결정한다.(정부부과) 다만, 종합부동산세와 달리 상속세 및 증여세는 정부에서 하나씩 확인하기가 어려워 신고라는 협력의무를 규정하고 있다.

답 ②

**04.** 납세의무와 그 범위에 대한 설명으로 옳지 않은 것은?

① 「국세기본법」은 공유물(共有物) 또는 공동사업에 관계되는 국세 및 강제징수비는 공유자 또는 공동사업자가 연대하여 납부할 의무를 지도록 규정하고 있다.

② 공동으로 소유한 자산에 대한 양도소득금액을 계산하는 경우에는 해당 자산을 공동으로 소유하는 각 거주자가 납세의무를 진다.

③ 「국세기본법」 제13조 제1항에 따른 법인 아닌 단체 중 같은 조 제4항에 따른 법인으로 보는 단체 외의 법인 아닌 단체의 일부 구성원에게만 이익이 분배되는 것으로 확인되는 경우에는 해당 단체는 납세의무를 지지 않는다.

④ 「소득세법」 제127조에 따라 원천징수되는 소득으로서 같은 법 제14조 제3항 또는 다른 법률에 따라 같은 법 제14조 제2항에 따른 종합소득과세표준에 합산되지 아니하는 소득이 있는 자는 그 원천징수되는 소득세에 대해서 납세의무를 진다.

**해설**

③ 「국세기본법」 제13조 제1항에 따른 법인 아닌 단체 중 같은 조 제4항에 따른 법인으로 보는 단체 외의 법인 아닌 단체의 일부 구성원에게만 이익이 분배되는 것으로 확인되는 경우에는 분배되지 않은 소득에 대해서 해당 단체에게 납세의무가 있다.

☞ 법인으로 보는 단체 외의 법인 아닌 단체의 일부 구성원에게만 이익이 분배되는 경우

**답** ③

**05.** 「국세기본법」상 납세의무가 성립하는 때에 특별한 절차 없이 그 세액이 확정되는 국세만을 모두 고르면?

> ㄱ. 예정신고납부하는 소득세
> ㄴ. 납세조합이 징수하는 소득세
> ㄷ. 중간예납하는 법인세(세법에 따라 정부가 조사·결정하는 경우는 제외한다)
> ㄹ. 원천징수 등 납부지연가산세(납부고지서에 따른 납부기한 후의 가산세로 한정한다)
> ㅁ. 중간예납하는 소득세
> ㅂ. 수시부과하여 징수하는 국세

① ㄱ, ㄴ, ㄷ      ② ㄴ, ㄷ, ㄹ

③ ㄷ, ㄹ, ㅁ      ④ ㄴ, ㄹ, ㅁ, ㅂ

**해설**

☞ ㄴ, ㄷ, ㄹ이 「국세기본법」상 납세의무가 성립하는 때에 특별한 절차 없이 그 세액이 확정되는 국세이다.

**답** ②

## ⑧ 제척기간과 소멸시효

[2007년 9급 변형] ★★

**01.** 국세부과권의 제척기간에 대한 설명으로 옳지 않은 것은? (역외거래에 해당하지 않음)

① 납세자가 법정신고기한 내에 소득세 과세표준신고서를 제출하지 아니한 경우: 당해 국세를 부과할 수 있는 날부터 7년간

② 상속세 납부의무가 있는 상속인 또는 수유자가 법정신고기한 내에 상속세 과세표준신고서를 제출하지 않은 경우: 당해 국세를 부과할 수 있는 날부터 10년간

③ 납세자가 사기 기타 부정한 행위로써 법인세를 포탈한 경우: 당해 국세를 부과할 수 있는 날부터 10년간

④ 납세자가 사기 기타 부정한 행위로써 증여세를 포탈한 경우로서 그 포탈세액 산출의 기준이 되는 재산가액이 50억 원 이하인 경우: 당해 국세를 부과할 수 있는 날부터 15년간

### 해설

② 상속세를 신고하지 않은 경우에는 15년간의 제척기간을 적용한다.

**답 ②**

[2008년 9급] ★★

**02.** 「국세기본법」상 국세부과의 제척기간과 국세징수권의 소멸시효에 대한 다음 설명 중 옳은 것은?

① 제척기간의 기산일은 예외 없이 과세표준신고기한 다음날이다.

② 소멸시효가 완성하면 징수권은 장래를 향하여 소멸한다.

③ 제척기간이 만료되면 소급하여 부과권이 소멸한다.

④ 국세징수권은 이를 행사할 수 있는 때로부터 5년(5억 원 이상은 10년)간 행사하지 않으면 소멸시효가 완성한다.

### 해설

① 제척기간의 기산일은 과세표준과 세액을 신고하는 국세의 경우 과세표준신고기한의 다음날이다.

☞ 종합부동산세 및 인지세는 납세의무가 성립한 날이다.

② 소멸시효가 완성되면 소급하여 징수권이 소멸한다.

☞ 징수권은 확정된 국세에 대하여 세금을 징수할 권리를 말한다. 이러한 징수권이 장래를 향하여 소멸한다는 것은 그때까지의 가산세 등은 존재한다는 의미이다. 징구권과 관련된 가산세 등을 같이 소멸시키기 위해서는 기산일로 소급하여야 한다.

③ 제척기간이 만료되면 부과권은 장래를 향하여 소멸한다.

☞ 제척기간은 성립된 국세가 확정되지 않은 것으로 과세관청에서 어떠한 행위 자체를 하지 않은 것이다. 어떠한 행위도 하지 않았으니 소급하여 소멸한 것이 존재하지 않는다. 따라서 장래를 향하여 소멸하는 것이다.

**답 ④**

**03.** 국세기본법상 납세의무의 소멸에 대한 설명으로 옳지 않은 것은?

① 국세 및 강제징수비를 납부할 의무는 국세를 부과할 수 있는 기간에 국세가 부과되지 아니하고 그 기간이 끝난 때에 소멸한다.

② 교부청구가 있으면 국세징수권 소멸시효는 중단된다.

③ 납세자가 법정신고기한까지 부가가치세 과세표준신고서를 제출하지 않은 경우 부가가치세를 부과할 수 있는 날부터 5년을 부과제척기간으로 한다.

④ 체납자가 국외에 6개월 이상 계속 체류하는 경우 해당 국외 체류기간에는 국세징수권의 소멸시효가 진행되지 않는다.

**해설**

③ 납세자가 법정신고기한까지 부가가치세 과세표준신고서를 제출하지 않은 경우 부가가치세를 부과할 수 있는 날부터 7년을 부과제척기간으로 한다.

답 ③

**04.** 국세기본법상 국세징수권 소멸시효의 기산일에 대한 설명으로 옳지 않은 것은?

① 과세표준과 세액을 정부가 결정, 경정 또는 수시부과결정하는 경우 납세고지한 세액에 대해서는 그 법정 신고납부기한의 다음 날부터 기산한다.

② 과세표준과 세액의 신고에 의하여 납세의무가 확정되는 국세의 법정 신고납부기한이 연장되는 경우 그 연장된 기한의 다음 날부터 기산한다.

③ 원천징수의무자로부터 징수하는 국세의 경우 납부고지한 원천징수세액에 대해서는 그 고지에 따른 납부기한의 다음 날부터 기산한다.

④ 인지세의 경우 납부고지한 인지세액에 대해서는 그 고지에 따른 납부기한의 다음 날부터 기산한다.

**해설**

① 과세표준과 세액을 정부가 결정, 경정 또는 수시부과결정하는 경우 납세고지한 세액에 대해서는 그 고지에 의한 납부기한의 다음 날부터 기산한다.

☞ 정부가 결정, 경정, 수시부과결정하는 경우 법정신고납부기한이 없다. 신고를 통해 세액이 확정되는 것이 아닌 정부가 부과를 통해 세액을 확정하는 것이기에 고지의 납부기한에 따라야 한다.

☞ 고지서를 받아서 납부기한까지는 징수권이 없고, 그 다음날부터는 세금을 징수할 수 있는 권리가 생긴다. 따라서 그 고지에 의한 납부기한의 다음 날부터 소멸시효를 기산한다.(징수할 수 있는 때부터 기산)

답 ①

**05.** 국세기본법상 국세 부과의 제척기간과 관련한 다음 제시문의 괄호 안에 들어갈 내용으로 옳은 것은?

> 국세기본법 제26조의2제1항에서 규정하고 있는 일반적인 국세부과제척기간에도 불구하고 국세기본법 제7장에 따른 이의신청, 심사청구, 심판청구, 감사원법 에 따른 심사청구 또는 행정소송법 에 따른 소송에 대한 결정이나 판결이 확정된 경우에 그 결정 또는 판결에서 명의대여 사실이 확인된 경우에는 그 결정 또는 판결이 확정된 날부터 (          ) 이내에 명의대여자에 대한 부과처분을 취소하고 실제로 사업을 경영한 자에게 경정결정이나 그 밖에 필요한 처분을 할 수 있다.

① 2개월        ② 3개월
③ 6개월        ④ 1년

**해설**

☞ 제척기간에 있어 조세쟁송과 관련된 것들은 1년을 기준으로 한다. 수험목적으로는 경정청구에 대해 2개월이 적용되는 사유와 구분해서 기억하면 된다.

**답 ④**

**06.** 내국법인 (주)D는 제21기(2021년 1월 1일~12월 31일) 귀속분 법인세 과세표준 및 세액을 법정 신고기한까지 신고·납부하지 않았다. 관할 세무서는 2022년 4월 29일 과세표준과 세액을 결정하여 납세고지서를 발송하였다(발송일:2022년 5월 2일, 도달일:2022년 5월 4일, 고지서상 납부기한:2022년 5월 31일). (주)D의 제21기 귀속분 법인세 납세의무의 소멸에 대한 견해 중 옳은 것만을 모두 고른 것은?

> ○갑:법정 신고기한의 다음 날 즉, 2022년 4월 1일이 법인세 부과 제척기간의 기산일이다.
> ○을:납세고지서를 발송하지 않았다면 제척기간이 만료된 후의 부과처분은 당연히 무효가 되므로, 납부고지를 2027년 3월 31일까지 하여야 한다.
> ○병:납세고지서 발송일의 다음 날(2022년 5월 3일)이 징수권 소멸시효의 기산일이다.
> ○정:소멸시효가 완성되는 경우 법인세의 강제징수비 및 이자상당세액에도 그 효력이 미친다.

① 갑, 을        ② 갑, 정
③ 을, 병        ④ 병, 정

**해설**

② 을 : 납세고지서를 발송하지 않았다면 제척기간이 만료된 후의 부과처분은 당연히 무효가 되므로, 납세고지를 2029년3월31일까지 하여야 한다.

☞ 법인세를 무신고한 경우 제척기간은 법정신고기한으로부터 7년 이다.

병 : 납세고지서에 의한 기한의 다음날인 2022년 6월 1일이 징수권 소멸시효의 기산일이다.

**답 ②**

# ❾ 납세의무의 승계, 연대납세의무, 물적납세의무

[2011년 9급] ★

**01.** 국세기본법상 연대납세의무에 대한 설명으로 옳지 않은 것은?

① 공유물 및 공동사업에 관계되는 국세 및 강제징수비는 공유자 또는 공동사업자가 연대하여 납부할 의무를 진다.

② 법인이 분할되는 경우 분할되는 법인에 대하여 분할일 이전에 부과되거나 납세의무가 성립한 국세는 분할되는 법인과 분할로 설립되는 법인 및 존속하는 분할합병의 상대방 법인이 연대하여 납부할 책임을 진다.

③ 연대납세의 고지와 독촉에 관한 서류는 그 대표자를 명의인으로 하여 송달하여야 한다.

④ 연대납세의무자 1인에 대한 과세처분의 무효 또는 취소 등의 사유는 다른 연대납세의무자에게 그 효력이 미치지 아니한다.

### 해설

③ 연대납세의 고지와 독촉에 관한 서류는 모두에게 각자 송달하여야 한다.

☞ 고지와 독촉은 연대납세의무자의 권리·의무에 중요한 영향을 미친다. 이를 받지 못해 체납되는 경우 국세징수법상 압류 및 처분절차가 진행 될 수도 있기 때문이다. 따라서 일반적인 경우와는 다르게 중요한 서류이기에 연대납세의무자 모두에게 각각 송달하여야 한다.

**답 ③**

[2016년 7급] ★★

**02.** 국세기본법상 납세의무의 승계에 대한 설명으로 옳지 않은 것은?

① 법인이 합병한 경우 합병 후 존속하는 법인은 합병으로 소멸된 법인이 납부할 국세·강제징수비에 대하여 납부할 의무를 진다.

② 상속이 개시된 때에 그 상속인은 피상속인이 납부할 국세·강제징수비를 상속으로 받은 재산의 한도에서 납부할 의무를 진다.

③ 피상속인에게 한 처분은 상속으로 인한 납세의무를 승계하는 상속인에 대해서도 효력이 있다.

④ 상속으로 납세의무를 승계함에 있어서 상속인이 2명 이상일 때에는 각 상속인은 피상속인이 납부할 국세·강제징수비를 상속분에 따라 나누어 계산하여 상속으로 받은 재산의 한도에서 분할하여 납부할 의무를 진다.

### 해설

④ 공동상속인은 피상속인이 납부할 국세·강제징수비를 상속분에 따라 나누어 계산하여 상속으로 받은 재산의 한도에서 연대하여 납부할 의무를 진다.

**답 ④**

# 🔟 제2차 납세의무

## 01. 국세기본법령상 제2차 납세의무에 대한 설명으로 옳지 않은 것은?

① 청산인의 경우 분배하거나 인도한 재산의 가액을 한도로, 잔여재산을 분배받거나 인도받은 자의 경우에는 각자가 받은 재산의 가액을 한도로 제2차 납세의무를 진다.

② 사업양수인의 제2차 납세의무에 있어서 사업양수인이란 사업장별로 그 사업에 관한 모든 권리(미수금에 관한 것은 제외)와 모든 의무(미지급금에 관한 것은 제외)를 포괄적으로 승계한 자로서 양도인과 특수관계인인 자이거나 양도인의 조세회피를 목적으로 사업을 양수한 자를 말한다.

③ A법인의 과점주주가 아닌 유한책임사원 甲의 재산으로 甲이 납부할 국세에 충당하여도 부족한 경우에는 A법인은 법률에 의하여 甲의 소유주식의 양도가 제한된 경우에만 그 부족한 금액에 대하여 제2차 납세의무를 진다.

④ 유가증권시장에 상장된 법인의 과점주주는 그 법인의 재산으로 그 법인이 납부할 국세에 충당하여도 부족한 경우 그 부족한 금액에 대하여 제2차 납세의무를 지지 아니한다.

### 🔍 해설

③ A법인의 과점주주 甲의 재산으로 甲이 납부할 국세에 충당하여도 부족한 경우에는 A법인은 법률에 의하여 甲의 소유주식의 양도가 제한된 경우 그 부족한 금액에 대하여 제2차 납세의무를 진다.

☞ 법인이 제2차 납세의무를 지는 경우에는 과점주주 또는 무한책임사원이 납부하지 않은 국세 등을 대상으로 한다.

답 ③

## 02. 국세기본법상 제2차 납세의무에 대한 설명으로 옳지 않은 것은?

① 법인의 제2차 납세의무는 그 법인의 자산총액에서 부채총액을 뺀 가액을 그 법인의 발행주식 총액 또는 출자총액으로 나눈 가액에 그 출자자의 소유주식 금액 또는 출자액을 곱하여 산출한 금액을 한도로 한다.

② 사업이 양도·양수된 경우에 양도일 이전에 양도인의 납세 의무가 확정된 그 사업에 관한 국세 및 강제징수비를 양도인의 재산으로 충당하여도 부족할 때에는 대통령령으로 정하는 사업의 양수인은 그 부족한 금액에 대하여 대통령령으로 정하는 양수한 재산의 가액을 한도로 제2차 납세의무를 진다.

③ 법인이 해산한 경우에 그 법인에 부과되거나 그 법인이 납부할 국세 및 강제징수비를 납부하지 아니하고 청산 후 남은 재산을 분배하거나 인도하였을 때에 그 법인에 대하여 강제징수를 집행 하여도 징수할 금액에 미치지 못하는 경우에는 청산인 또는 청산 후 남은 재산을 분배받거나 인도받은 자는 그 부족한 금액에 대하여 제2차 납세의무를 진다. 이에 따른 제2차 납세의무는 청산인의 경우 분배하거나 인도한 재산의 가액을 한도로 하고, 그 분배 또는 인도를 받은 자의 경우에는 각자가 받은 재산의 가액을 한도로 한다.

④ 법인(대통령령으로 정하는 증권시장에 주권이 상장된 법인은 제외)의 재산으로 그 법인에 부과 되거나 그 법인이 납부할 국세 및 강제징수비에 충당하여도 부족한 경우에는 그 국세의 납부기 간 만료일 현재 법인(합자회사)의 무한책임사원은 그 부족한 금액에 대하여 제2차 납세의무를 진다.

### 🔍 해설

④ 법인(대통령령으로 정하는 증권시장에 주권이 상장된 법인은 제외)의 재산으로 그 법인에 부과되거나 그 법인이 납부할 국세 및 강제징수비에 충당하여도 부족한 경우에는 그 **국세의 납부기간 만료일 현재** 법인(합자회사)의 무한책임사원은 그 부족한 금액에 대하여 제2차 납세의무를 진다.

☞ 출자자등의 제2차 납세의무와 관련하여 납세의무 성립일 현재 특정 무한책임사원 또는 일정한 과점주주가 제 2차 납 세의무를 진다. 출자자등은 법인의 의사결정에 중요한 영향을 미칠 수 있다. 이러한 의사가 반영되어 행하는 때는 납 세의무 성립일이다. 납부기간 만료일이다 납세의무 확정시에는 그러한 행동을 한 출자자등이 아닌 다른 출자자등이 존재할 수 있다. 따라서 납세의무 성립일을 기준으로 하여 제2차 납세의무를 적용한다.

답 ④

**03.** 「국세기본법」상 제2차 납세의무자에 관한 설명으로 <u>옳지 않은</u> 것은?

① 법인이 해산한 경우 법인이 납부할 국세에 대하여 청산인은 제2차 납세의무를 질 수 있다.

② 합자회사의 재산으로 그 법인에 부과되거나 그 법인이 납부할 국세 및 강제징수비에 충당하여도 부족한 경우에는 그 법인의 무한책임사원은 제2차 납세의무를 질 수 있다.

③ 사업양도에서 양도일 이전에 확정된 국세에 대하여 법령으로 정하는 사업의 양수인은 제2차 납세의무를 질 수 있다.

④ 분할법인이 납부해야 할 분할일 이전에 부과된 국세에 대하여 분할로 신설된 법인은 제2차 납세의무를 질 수 있다.

**해설**

④ 분할법인이 납부해야 할 분할일 이전에 부과된 국세에 대하여 분할로 신설된 법인은 연대납세의무를 부담한다.

☞ 제2차 납세의무는 본래의 납세의무자가 납세의무를 이행하지 못하는 경우 대신 납세의무를 갖는 개념이다. 연대납세의무는 하나의 납세의무에 대하여 각자 전액에 대해 납세의무를 갖는 개념이다. 분할 또는 분할합병은 종전의 법인이 분리되어 나오거나 다른 법인에 합병되는 것인데 분할일 이전에 부과된 국세는 분할법인과 분리되어 나온 분할신설법인이 같이 만들어낸 납세의무이니 당연히 같이 연대납세의무를 지는 것이 타당하다. 따라서 분할 이전에 부과되거나 성립한 국세등에 대하여 분할로 승계된 재산가액을 한도로 연대하여 납부할 의무를 진다.

답 ④

**04.** 「국세기본법」상 사업양수인의 제2차 납세의무에 대한 설명으로 옳은 것은?

① 사업양도일 이전에 양도인의 납세의무가 성립된 그 사업에 관한 국세와 강제징수비를 양도인의 재산으로 충당하여도 부족할 때에는 대통령령으로 정하는 사업의 양수인은 그 부족한 금액에 대하여 양수한 재산의 가액을 한도로 제2차 납세의무를 진다.

② 사업을 양도함에 따라 납부하여야 할 사업용 부동산(토지·건물 등)에 대한 양도소득세는 당해 사업에 관한 국세가 아니므로 사업양수인은 제2차 납세의무를 지지 않는다.

③ 사업의 양도인에게 둘 이상의 사업장이 있는 경우에 하나의 사업장을 양수한 자는 양수한 사업장 외의 다른 사업장과 관계되는 국세와 강제징수비에 대해서도 제2차 납세의무를 진다.

④ 사업장별로 그 사업에 관한 모든 권리(미수금에 관한 것을 포함)와 모든 의무(미지급금에 관한 것을 포함)를 포괄적으로 승계한 사업양수인에 한하여 제2차 납세의무를 진다.

---

### 🔍 해설

① 사업양도일 이전에 양도인의 납세의무가 확정된 그 사업에 관한 국세와 강제징수비를 양도인의 재산으로 충당하여도 부족할 때에는 대통령령으로 정하는 사업의 양수인은 그 부족한 금액에 대하여 양수한 재산의 가액을 한도로 제2차 납세의무를 진다.

☞ 제2차 납세의무 중 청산인과 출자자는 성립 이후의 국세에 대하여 제2차 납세의무를 진다. 법인의 의사와 행위의 실질 주체를 청산인 등과 출자자로 보아 행위 자체(성립)에 대하여 제2차 납세의무를 지는 것이다.

☞ 이에 반하여 법인과 사업양수인의 제2차 납세의무는 조세채권을 담보력을 확보하기 위한 목적이다. 법인과 사업양수인은 본래의 납세의무자의 납세의무의 성립에 대하여 영향을 미칠 수 없고 단순히 조세채무의 담보력이 상실되어 조세 징수가 제한되는 것을 방지하기 위한 규정이다. 따라서 확정된 그 사업에 관한 국세 및 강제징수비를 요건으로 한다.

③ 사업의 양도인에게 둘 이상의 사업장이 있는 경우에 하나의 사업장을 양수한 자는 양수한 사업장에 관계되는 국세등에 한하여 제2차 납세의무를 진다.

④ 사업장별로 그 사업에 관한 모든 권리(미수금에 관한을 제외)와 모든 의무(미지급금에 관한 것을 제외)를 포괄적으로 승계한 사업양수인에 한하여 제2차 납세의무를 진다.

☞ 포괄승계에서 미수금과 미지급금은 승계대상에서 제외된다. 사업자의 대표자가 변경되어도 종전의 대표자가 미수금과 미지급금에 대한 권리와 의무를 부담하는 것이 일반적이다. 실무상 개인사업에 있어서 돈을 갚는 행위는 사업자를 기준으로 하지 않고 사람을 기준으로 하는 것이 일반적이기 때문이다.(미수금과 미지급금을 승계해도 요건에 위배되는 것은 아니다)

 답 ②

# 🔷 국세우선권

[2007년 9급] ★★

**01.** 「국제기본법」상 국세의 우선징수에 관한 설명으로 옳지 <u>않은</u> 것은?

① 지방세의 강제징수에 있어서 그 강제징수금액 중에서 부가가치세를 징수하는 경우의 그 '지방세의 강제징수비'는 그 부가가치세에 우선한다.

② 경매에 의한 재산의 매각에 있어서 그 매각금액 중에서 법인세를 징수하는 경우의 그 '경매에 소요된 비용'은 그 법인세에 우선한다.

③ 종합소득세로 신고한 당해 세액에 대하여 그 신고일 이후에 저당권 설정등기를 한 재산의 매각에 있어서 그 매각대금 중에서 종합소득세를 징수하는 경우의 그 '저당권에 의하여 담보된 채권'은 그 종합소득세에 우선한다.

④ 파산절차에 의한 재산의 매각에 있어서 그 매각금액 중에서 증여세를 징수하는 경우의 그 '파산절차에 소요된 비용'은 그 증여세에 우선한다.

### 🔍 해설

③ 종합소득세로 신고한 당해 세액에 대하여 그 신고일 이전에 저당권 설정등기를 한 재산의 매각에 있어서 그 매각대금 중에서 종합소득세를 징수하는 경우의 그 '저당권애 의하여 담보된 채권'은 그 종합소득세에 우선한다.

☞ 소득세의 법정기일은 신고일이다. 법정기일 이전에 저당권을 설정등기한 재산은 소득세에 우선하여 매각대금을 배분받을 수 있다.

**답** ③

[2016년 7급] ★★

**02.** 국세기본법상 국세의 법정기일로 옳지 <u>않은</u> 것은? (단, 확정전 보전압류는 고려하지 않는다)

① 양도담보재산에서 국세를 징수하는 경우 : 그 납세의무의 확정일

② 과세표준과 세액의 신고에 따라 납세의무가 확정되는 국세의 경우 : 신고한 해당 세액에 대해서는 그 신고일

③ 원천징수의무자나 납세조합으로부터 징수하는 국세와 인지세의 경우 : 그 납세의무의 확정일

④ 예정신고납부하는 부가가치세에 있어서 신고한 해당 세액 : 그 신고일

### 🔍 해설

① 양도담보재산에서 국세를 징수하는 경우 : 「국세징수법」에 따른 납부고지서의 발송일

☞ 양도담보재산에서 국세를 징수하기 위해서는 형식적으로 해당 담보재산의 명의를 가지고 있는 양도담보권자에게 납부고지서를 발송하여야 양도담보권자가 그 재산에 물적납세의무가 있음을 알 수 있다.

**답** ①

**03.** A은행은 저당권에 의하여 담보된 채권(종합부동산세의 법정기일 전에 저당권 설정을 등기한 사실이 증명됨) 1억 7천 5백만원을 회수하기 위하여 의류업을 하는 채무자 甲의 상가를 강제경매 신청하고 경매개시결정에 따라 압류하였다.첫 매각기일까지 경매법원에 배당을 요구한 비용과 채권은 다음과 같다.甲의 주택매각대금이 3억 원일 경우 甲의 납세지 관할세무서장이 배당받을 수 있는 금액은?

- A은행이 해당 상가를 경매하는 데 든 비용 1천5백만 원
- 상가 임대차에 관한 보증금 중 일정 금액으로서 상가 임대차보호법에 따라 임차인 乙이 우선하여 변제받을 수 있는 금액 1천만 원
- 경매개시결정된 주택에 대하여 甲에게 부과된 종합부동산세 2천만 원
- 甲이 종업원에게 변제하여야 할 근로관계로 인한 채권 중 근로기준법에 따른 최종 3개월분의 임금과 재해보상금 1억 원
- 저당권에 의하여 담보된 A은행의 채권 1억 7천5백만 원

① 0 원
② 1천만 원
③ 1천5백만 원
④ 2천만 원

**🔍 해설**

④ 1순위 : 강제징수비 1,500만원
　2순위 : 법에 따른 소액임차보증금 1,000만원
　　　　　　최종 3개월 임금과 재해보상금 1억원
　3순위 : 종합부동산세 2,000만원
　4순위 : 저당권 담보 채권 1억 5,500만원 (3억원 - 1순위 - 2순위 - 3순위)

☞ 담보채권의 경우 상속세·증여세·종합부동산세등 해당 재산에 부과된 국세는 담보권설정일에 관계없이 국세가 담보채권에 우선한다. 상속세/증여세는 명의가 이전될 때 등기상 그 원인을 알 수 있고, 종합부동산세는 부동산 소유로 인한 세금을 미리 알 수 있기 때문에 담보채권에 우선하는 것 같다.

답 ④

# 🔢 수정신고와 경정청구

[2021년 7급] ★★

**01.** 국세기본법상 수정신고와 경정 등의 청구에 대한 설명으로 옳은 것만을 모두 고르면?

> ㄱ. 상속세의 수정신고는 당초의 신고에 따라 확정된 과세표준과 세액을 증액하여 확정하는 효력을 가진다.
>
> ㄴ. 과세표준신고서를 법정신고기한까지 제출한 자 또는 국세의 과세표준 및 세액의 결정을 받은 자는 후발적 사유가 발생한 경우 그 사유가 발생한 것을 안 날부터 4개월 이내에 결정 또는 경정을 청구할 수 있다.
>
> ㄷ. 과세표준신고서를 법정신고기한까지 제출한 자 및 기한후과세표준신고서를 제출한 자는 관할 세무서장이 과세표준과 세액을 결정 또는 경정하여 통지하기 전으로서 국세의 부과제척기간이 끝나기 전까지 수정신고를 할 수 있다.
>
> ㄹ. 과세표준신고서를 법정신고기한까지 제출한 자분만 아니라 기한후과세표준신고서를 제출한 자도 과세표준 및 세액의 결정 또는 경정을 청구할 수 있다.

① ㄱ, ㄴ           ② ㄱ, ㄷ

③ ㄴ, ㄹ           ④ ㄷ, ㄹ

**🔍 해설**

ㄱ. 상속세의 수정신고는 당초의 신고에 따라 확정된 과세표준과 세액을 증액하여 확정되지 않는다.

☞ 상속세는 정부부과세목으로 과세관청에서 결정하여 확정한다. 즉, 수정신고로 확정되지 않는다.

ㄴ. 과세표준신고서를 법정신고기한까지 제출한 자 또는 국세의 과세표준 및 세액의 결정을 받은 자는 후발적 사유가 발생한 경우 그 사유가 발생한 것을 안 날부터 3개월 이내에 결정 또는 경정을 청구할 수 있다.

**답 ④**

[2009년 9급 변형] ★★

**02.** 「국세기본법」상 수정신고에 대한 설명으로 옳은 것은?

① 납부세액의 감액수정신고는 물론 증액수정신고도 허용된다.

② 세무조정과정에서의 누락으로 인하여 불완전한 신고를 한 경우에는 수정신고를 할 수 있다.

③ 수정신고에 의한 가산세의 감면에 있어 과소신고가산세 및 초과환급신고가산세는 전액, 납부지연가산세는 50%를 경감한다.

④ 당초 법정신고기한 내에 과세표준신고를 하지 않고 기한후신고를 한 경우에는 수정신고를 할 수 없다.

**🔍 해설**

① 납부세액을 증가하는 경우 수정신고 사유에 해당된다. 해당 세액을 감액하는 것은 경정청구 사유에 해당된다.

③ 법정신고기한으로부터 2년 이내에 수정신고가 이루어지는 경우에는 신고불성실가산세의 일정액을 감면하며, 납부지연가산세는 감면되지 않는다.

④ 기한후신고를 한 자도 수정신고를 할 수 있다.

**답 ②**

**03.** 국세기본법령상 후발적 사유에 의한 경정청구에 대한 설명으로 옳지 않은 것은?

① 과세표준신고서를 법정신고기한까지 제출한 자는 소득이나 그 밖의 과세물건의 귀속을 제3자에게로 변경시키는 결정 또는 경정이 있을 때에는 후발적 사유에 의한 경정을 청구할 수 없다.

② 국세의 과세표준 및 세액의 결정을 받은 자는 조세조약에 따른 상호합의가 최초의 신고·결정 또는 경정의 내용과 다르게 이루어졌을 때에는 후발적 사유에 의한 경정을 청구할 수 있다.

③ 과세표준신고서를 법정신고기한까지 제출한 자는 최초의 신고·결정 또는 경정에서 과세표준 및 세액의 계산 근거가 된 거래 또는 행위 등이 그에 관한 소송에 대한 판결에 의하여 다른 것으로 확정되었을 때에는 후발적 사유에 의한 경정을 청구할 수 있다.

④ 과세표준신고서를 법정신고기한까지 제출한 자는 경정으로 인하여 경정의 대상이 된 과세표준 및 세액과 연동된 같은 세목에 대하여 다른 과세기간의 과세표준 또는 세액이 세법에 따라 신고하여야 할 과세표준 및 세액을 초과할 때 후발적 사유에 의한 경정을 청구할 수 있다.

**해설**

① 과세표준신고서를 법정신고기한까지 제출한 자는 소득이나 그 밖의 과세물건의 귀속을 제3자에게로 변경시키는 결정 또는 는 경정이 있을 때에는 후발적 사유에 의한 경정을 청구할 수 있다.

☞ 소득에나 그 밖의 과세물건의 귀속을 제3자에게로 변경시키는 결정 또는 경정은 후발적 사유에 해당된다. 이러한 후발적 사유에 따른 경정청구는 법정신고기한까지 신고한 자 또는 결정을 받은 자가 할 수 있다.

답 ①

## 🔟 기한후신고

[2018년 9급] ★★

**01.** 「국세기본법」상 기한 후 신고에 대한 설명으로 옳지 <u>않은</u> 것은?

① 납세자가 적법하게 기한후과세표준신고서를 제출한 경우 관할 세무서장은 세법에 따라 신고일 부터 30일 이내에 해당 국세의 과세표준과 세액을 결정하여야 한다.

② 적법하게 기한후과세표준신고서를 제출한 자로서 세법에 따라 납부하여야 할 세액이 있는 자는 그 세액을 납부하여야 한다.

③ 적법한 기한 후 신고가 있다고 하더라도 그 신고에는 해당 국세의 납세의무를 확정하는 효력은 없다.

④ 납세자가 적법하게 기한후과세표준신고서를 제출한 경우이지만, 세무서장이 과세표준과 세액을 결정할 것을 미리 알고 그러한 신고를 한 경우에는 기한 후 신고에 따른 무신고가산세 감면을 해주지 않는다.

### 🔍 해설

① 납세자가 적법하게 기한후과세표준신고서를 제출한 경우 관할 세무서장은 세법에 따라 신고일 부터 3개월 이내에 해당 국세의 과세표준과 세액을 결정하여야 한다.

☞ 납세자가 기한 후 신고를 하게 되면 담당 세무공무원이 적절한지 여부를 검토하고, 특이사항이 있으면 세무대리인이나 납세자에게 확인하고 필요한 자료를 요청하여야 하는데 30일은 너무 짧은 시간이다. 확인하고 검토하고 결재하는데 3개월은 필요하다.

③ 신고 기한이 지나서 신고하면 납세자를 믿지 않겠다는 의미이다.

④ 무신고/과소신고 가산세를 감면해주는 이유는 세무서에서 확인하기 어려우니 먼저 확인해서 신고하라는 의미이다. 따라서 세무서에서 이미 확인된 경우에는 가산세를 감면해줄 이유가 없다.

**답** ①

# 14 가산세

[2010년 7급 변형] ★★

**01.** 「국세기본법」상 가산세 감면 등이 적용될 수 없는 것은?

① 납세자가 입은 화재로 인한 신고의 지연이 가산세 부과의 원인인 경우로서 그 화재가 기한연장 사유에 해당하는 경우

② 과세전적부심사 결정·통지기간 이내에 그 결과를 통지하지 아니하고 지연됨으로써 그 지연된 기간에 부과되는 가산세인 경우

③ 납세자가 세법에서 정한 의무를 이행하지 아니한 데 대한 정당한 사유가 있는 때

④ 과세표준수정신고서를 제출한 과세표준과 세액을 경정할 것을 미리 알고 법정신고기한이 지난 후 1개월 초과 3개월 이내에 수정신고서를 제출한 경우

**🔍 해설**

④ 과세표준수정신고서를 제출한 과세표준과 세액을 법정신고기한이 지난 후 1개월 초과 3개월 이내에 수정신고서를 제출 한 경우. 단, 경정할 것을 미리 알고 과세표준수정신고서를 제출한 경우는 가산세를 감면하지 않는다.

> ☞ 과세표준신고서를 과소신고하거나 과다환급신고한 경우 성실하게 신고하지 못한 것에 대하여 신고불성실 가산세가 부과된다. 다만, 불성실하게 신고한 것을 과세관청에서 확인하여 경정하기에는 세무공무원의 많은 노력이 필요하기 때문에 납세자가 자진하여 수정신고할 수 있도록 가산세 감면 규정을 두고 있다. 따라서 이미 세무서에서 과소신고(또는 과다환급)을 파악하여 경정하게 된다면 가산세를 감면해줄 이유가 없어진다.

🔖 ④

[2008년 9급 변형] ★★

**02.** 「국세기본법」상 가산세액의 100분의 50에 상당하는 금액을 감면하는 사유에 해당하지 않은 것은?

① 과세표준과 세액을 신고하지 아니한 자가 법정신고기한 경과 후 1개월 이내에 법령의 규정에 따라 기한후 신고를 한 경우(무신고가산세에 한함)

② 「국세기본법」 또는 세법에 따라 가산세를 부과하는 경우 그 부과의 원인이 되는 사유가 법령의 규정에 따라 천재지변 등의 기한연장 사유에 해당하는 경우

③ 과세표준수정신고서를 제출한 과세표준과 세액에 관하여 경정이 있을 것을 미리 알고 제출한 경우를 제외하고 법정신고기한 경과 후 3개월 초과 6개월 이내에 법령의 규정에 따라 수정신고를 한 경우(과소신고가산세·초과환급신고가산세에 한함)

④ 결정·통지가 지연됨으로써 해당기간에 부과되는 납부지연가산세에 있어서 법령의 규정에 따른 과세전적부심사 결정·통지기간 이내에 그 결과를 통지하지 아니한 경우(납부지연가산세에 한함)

**🔍 해설**

② 「국세기본법」 또는 세법에 따라 가산세를 부과하는 경우 그 부과의 원인이 되는 사유가 천재지변 등의 기한연장 사유에 해당하거나 납세자가 의무를 이행하지 않은 것에 대한 정당한 사유가 있는 때에는 해당 가산세를 부과하지 않는다.

🔖 ②

[2018년 9급] ★★

**03.** 「국세기본법」상 가산세에 대한 설명으로 옳지 않은 것은?

① 가산세는 납부할 세액에 가산하거나 환급받을 세액에서 공제한다.

② 「소득세법」에 따라 소득세를 원천징수하여 납부할 의무를 지는 자에게 원천징수납부 등 불성실가산세를 부과하는 경우에는 납부하지 아니한 세액의 100분의 20에 상당하는 금액을 가산세로 한다.

③ 과세전적부심사 결정·통지기간에 그 결과를 통지하지 아니한 경우 결정·통지가 지연됨으로써 해당 기간에 부과되는 납부불성실·환급불성실가산세액의 100분의 50에 상당하는 금액을 감면한다.

④ 무신고가산세의 납세의무는 법정신고기한이 경과하는 때에 성립한다.

**해설**

② 「소득세법」에 따라 소득세를 원천징수하여 납부할 의무를 지는 자에게 원천징수납부 등 불성실가산세를 부과하는 경우에는 납부하지 아니한 세액 또는 과소납부분 세액의 100분의 50(제1호의 금액과 제2호 중 법정납부기한의 다음 날부터 납부고지일까지의 기간에 해당하는 금액을 합한 금액은 100분의 10)에 상당하는 금액을 한도로 하여 법정 금액을 합한 금액을 가산세로 한다.

☞ 원천징수는 급여 등을 지급할 때 세액을 원천징수하기 때문에 납부할 타인의 돈을 기업이 소유하게 된다. 타인의 돈을 단순히 대리 납부하는 개념이기에 신고불성실 가산세가 적용되지 않는다. 다만, 세법에서는 원천징수한 타인의 돈을 제 때에 납부하지 않는 것은 마치 고지분에 대하여 납부하지 않은 것과 비슷하게 보는 것 같다. '고지'라는 경고에 미납하여 체납되는 경우 3%의 가산세가 부과되는 것처럼 원천징수 불성실 가산세의 경우에도 납부기한까지 납부하지 않는 경우 가산되는 3%의 가산세가 적용된다.

답 ②

# 국세환급금과 가산금

[2014년 9급] ★★

**01.** 「국세기본법」상 국세환급금에 대한 설명으로 옳지 않은 것은?

① 납세자의 국세환급금 및 환급가산금에 관한 권리는 행사할 수 있는 때부터 5년간 행사하지 아니하면 소멸시효가 완성된다.

② 국세환급금으로 세법에 따라 자진납부하는 국세에 충당하는 경우에는 납세자가 그 충당에 동의해야 하는 것은 아니다.

③ 부가가치세 환급세액을 청구하는 소송은 「행정소송법」상 당사자소송의 절차에 따라야 한다.

④ 납세자는 국세환급금에 관한 권리를 법령에 정하는 바에 따라 타인에게 양도할 수 있다.

**🔍 해설**

② 국세환급금으로 세법에 따라 자진납부하는 국세에 충당하는 경우에는 납세자가 그 충당에 동의하는 경우에만 한다.

**답 ②**

[2012년 7급] ★★★

**02.** 국세환급가산금의 기산일에 대한 설명으로 옳지 않은 것은? ( 단, 국세는 분할납부하지 않는다고 가정한다)

① 법인세법, 소득세법, 부가가치세법, 개별소비세법, 주세법 또는 교통·에너지·환경세법에 따른 환급세액을 신고 또는 잘못 신고함에 따른 경정으로 인하여 환급하는 경우 – 경정결정일의 다음날

② 적법하게 납부된 후 법률이 개정되어 발생한 국세환급금 – 개정된 법률의 시행일의 다음날

③ 착오납부, 이중납부 또는 납부 후 그 납부의 기초가 된 신고 또는 부과를 경정하거나 취소함에 따라 발생한 국세환급금 – 국세의 납부일의 다음날

④ 적법하게 납부된 국세의 감면으로 발생한 국세환급금 – 감면 결정일의 다음날

**🔍 해설**

① 경정결정일이 아닌 그 신고를 한 날부터 30일이 지난날을 국세환급가산금의 기산일로 한다.

☞ 국세환급가산금은 미환급기간(과다납부기간)동안의 이자와 같은 개념이다. 환급세액을 신고 또는 잘못 신고하여 환급받는 경우를 생각해보자. 제대로 신고하였다면 환급 신고로 법정신고기일로부터 30일까지 환급되었을 것이다. 이때가 지난 날부터 이자만큼을 국세환급가산금으로 하는 것이 타당하다.

**답 ①**

**03.** 국세기본법령상 국세환급금의 발생일로 옳지 않은 것은?

① 적법하게 납부된 후 법률이 개정되어 환급하는 경우: 개정된 법률의 시행일

② 원천징수의무자가 원천징수하여 납부한 세액을 「국세기본법」 제45조의2 제5항에 따른 경정청구에 따라 환급하는 경우: 원천징수세액 납부일

③ 「조세특례제한법」에 따라 근로장려금을 환급하는 경우: 근로장려금의 결정일

④ 적법하게 납부된 국세의 감면으로 환급하는 경우: 그 감면 결정일

📢 **해설**

② 원천징수의무자가 원천징수하여 납부한 세액을 경정청구에 따라 환급하는 경우: 원천징수세액 납부기한의 만료일

**답** ②

# 16 조세불복

[2007년 9급] ★★

## 01. 「국세기본법」상 국세불복제도에 대한 설명으로 옳지 않은 것은?

① 「조세범 처벌절차법」에 의한 통고처분에 대하여는 「국세기본법」에 의한 이의신청은 가능하나 심판청구는 제기할 수 없다.

② 「국세기본법」 또는 세법에 의한 처분으로서 위법 또는 부당한 처분을 받거나 필요한 처분을 받지 못함으로써 권리 또는 이익의 침해를 당한 자는 「국세기본법」에 의한 심사청구 또는 심판청구를 제기할 수 있다.

③ 「국세기본법」에 의한 불복은 동일한 처분에 대하여는 심사청구와 심판청구를 중복하여 제기할 수 없다.

④ 불복의 대상인 처분이 국세청장이 조사·결정 또는 처리하거나 하였어야 할 것인 경우에는 이의신청이 배제된다.

### 🔍 해설

① 「조세범 처벌절차법」에 따른 통고처분에 대해서는 「국세기본법」에 따른 불복을 제기할 수 없다.

☞ 국세기본법 또는 세법에 따른 처분으로서 위법 또는 부당한 처분을 받거나 필요한 처분을 받지 못함으로 인하여 권리나 이익을 침해당한 자가 불복을 청구할 수 있다. 납세자가 세무조사를 받아 세금이 추징되더라도 세법에서 납세자를 '범칙자'로 보는 것이 아니다. 따라서 불복을 통해 위법 또는 부당한 처분을 받은 것에 대하여 다툴 수가 있는 것이다. 하지만, 통고처분은 조세포탈 등 범칙행위에 대하여 '조세범칙자'에게 형벌에 갈음하여 벌과금으로 처분하는 제도이다. 만약 조세범칙자가 통고처분이 부당하다고 판단된다면, 이를 납부하지 않을 수 있고, 이렇게 되면 검찰에 고발되어 조세범칙조사를 받고 형사처벌을 받을 수 있다. 즉, 통고처분은 조세범칙자에 대한 처분이기에 '조세불복'에서 다툴 것이 아니고 형사재판에서 다투어야 한다.

답 ①

**02.** 국세기본법상 조세불복에 따른 권리구제에 대한 설명으로 옳지 않은 것은?

① 세법에 따른 처분으로서 위법한 처분에 대한 행정소송은 국세기본법상의 심사청구 또는 심판청구와 그에 대한 결정을 거치지 아니하면 제기할 수 없다.

② 국세기본법상 불복청구의 대상인 '이 법 또는 세법에 따른 처분'에는 소득금액변동통지는 포함되나 세무조사결정은 포함 되지 않는다.

③ 감사원법에 따라 심사청구를 한 처분이나 그 심사청구에 대한 처분은 국세기본법 상 불복청구의 대상이 아니다.

④ 세법에 따른 처분에 의하여 권리를 침해당하게 될 제2차 납세의무자로서 납부통지서를 받은 자는 위법 또는 부당한 처분을 받은 자의 처분에 대하여 그 처분의 취소 또는 변경을 청구하거나 그 밖에 필요한 처분을 청구할 수 있다.

🔍 **해설**

② 국세기본법상 불복청구의 대상인 '이 법 또는 세법에 따른 처분'에는 소득금액변동통지와 세무조사결정이 포함 된다.

☞ 세무조사결정통보는 세무조사를 한다는 것을 결정하여 통보하는 것으로써 납세의무자에게 법정 의무를 부담하게 하므로 이는 처분에 해당한다.

☞ 세무조사결정이 있는 경우에는 납세의무자가 세무공무원의 과세자료 수집을 위한 행위에 법적 의무를 부담하게 되고, 세무조사 이후의 처분에 대하여 불복 하는 것 보다는 세무조사결정에 대하여 다툼으로써 분쟁을 조기에 근본적으로 해결할 수 있어 세무조사결정은 납세의무자의 권리와 의무에 직접 영향을 미치는 것으로 처분성이 인정되는 것이다.

📕 ②

**03.** 국세기본법령상 조세불복의 대리인에 대한 설명으로 옳지 않은 것은? (단, 지방세는 고려하지 않는다)

① 이의신청인 등과 처분청은 변호사를 대리인으로 선임할 수 있다.

② 이의신청인 등은 신청 또는 청구의 대상이 되는 금액이 3천만원 미만인 경우 그 배우자도 대리인으로 선임할 수 있다.

③ 조세불복의 신청 또는 청구의 취하는 대리인이 본인으로부터 특별한 위임을 받은 경우에만 할 수 있다.

④ 법인이 아닌 심판청구인이 심판청구의 대상세목이 상속세이고, 청구금액이 6천만 원인 경우 조세심판원에 세무사를 국선대리인으로 선정하여 줄 것을 신청할 수 있다.

**해설**

④ 법인이 아닌 심판청구인이 심판청구의 대상세목이 소득세이고, 청구금액이 5천만 원인 경우 조세심판원에 세무사를 국선대리인으로 선정하여 줄 것을 신청할 수 있다.

☞ 국선대리인은 영세한 개인이 소액사건에 대하여 국가에 불복대리인 선임을 요청할 수 있다. 소액사건은 5천만원 이하의 신청(청구)를 의미한다. 또한 상속세 및 증여세와 종합부동산세는 부유한 자에게 부과되는 세금이기에 국선대리인을 선임할 수 없다.

**답** ④

## 04. 조세불복 및 그 관련 제도에 대한 설명으로 옳은 것은?

① 조세심판관회의는 조세심판관회의 의장이 필요하다고 인정할 때 이외에는 공개하지 아니한다.

② 행정소송이 계속 중인 국세의 체납으로 압류한 재산(부패·변질·감량되기 쉬운 재산이 아님)은 소(訴)에 대한 판결이 확정되기 전에 공매할 수 있다.

③ 조세심판원의 재조사결정에 따른 후속 처분에 대하여는 심사청구나 심판청구를 할 수 없다.

④ 납세의무자가 세법에 따른 과태료 부과처분의 취소를 구하는 심판청구를 한 경우 조세심판원은 그를 심리하여 인용 또는 기각의 결정을 하여야 한다.

### 🔍 해설

② 행정소송이 계속 중인 국세의 체납으로 압류한 재산(부패·변질·감량되기 쉬운 재산이 아님)은 소(訴)에 대한 판결이 확정되기 전에는 공매할 수 없다.

☞ 행정소송의 결과에 따라 압류한 재산에 대하여 압류를 해제하여야 할 수 있다. 결과가 나오기 전에 공매하는 경우 압류취소등이 불가하다.(재산이 없으니) 따라서 공매를 제한한다.

③ 조세심판원의 재조사결정에 따른 후속 처분에 대하여는 심사청구나 심판청구를 할 수 있다.

☞ 재조사결정에 따른 후속처분은 과세관청의 처분이다. 따라서 그 처분에 대하여 심사청구나 심판청구를 할 수 있다.

④ 납세의무자가 세법에 따른 과태료 부과처분의 취소를 구하는 심판청구를 한 경우 조세심판원은 각하결정을 하여야 한다.

☞ 과태료 부과처분의 취소는 국세불복의 대상이 되지 않는다. 요건이 불충족으로 본안심리 없이 요건심리상 하자로 각하를 결정하여야 한다.(각하 : 요건이 맞지 않아 서류를 아래로 던져 버림. / 기각 : 본안심리시 불복청구가 이유 없어 종결하고 버림. / 인용 : 본안심리시 불복청가 이유 있어 내용을 받아드림.)

답 ①

# 조세심판원

[2015년 9급] ★★

**01.** 「국세기본법」상 심판청구제도에 대한 설명으로 옳지 <u>않은</u> 것은?

① 심판청구에 대한 결정을 할 때에는 심판청구를 한 처분보다 청구인에게 불리한 결정을 하지 못한다.

② 청구금액이 3천만원 이상이고 청구기간 내에 심판청구가 이루어진 때에는 조세심판관회의가 심리를 거쳐 결정한다.

③ 심판청구인은 자신의 심판청구와 관련하여 법령이 정하는 바에 따라 해당 재결청에 의견진술을 할 수 있지만, 처분청은 그러하지 않다.

④ 조세심판관회의에서 종전에 조세심판원에서 한 세법의 해석·적용을 변경하는 의결을 할 때에는 조세심판관합동회의가 심리를 거쳐 결정한다.

### 해설

③ 심판청구인은 자신의 심판청구와 관련하여 법령이 정하는 바에 따라 해당 재결청에 의견진술을 할 수 있고, 처분청도 의견진술을 할 수 있다.

☞ 법률 : 이의신청인, 심사청구인, 심판청구인 또는 처분청(처분청의 경우 심판청구에 한정한다)은 그 신청 또는 청구에 관계되는 서류를 열람할 수 있으며 대통령령으로 정하는 바에 따라 해당 재결청에 의견을 진술할 수 있다.

☞ 심사청구는 국세청 내부에서 진행되므로 이미 처분청의 의견을 받아드리고 있어 의견진술이 안되지만, 심판청구의 경우 독립적 기관으로써 청구인 및 처분청이 모두 의견을 진술할 수 있다.

**답 ③**

# 🔞 세무조사

[2016년 9급] ★★

**01.** 「국세기본법」에서 규정하고 있는 납세자의 권리에 대한 설명으로 옳지 않은 것은?

① 세무조사의 사전통지를 받은 납세자가 장기출장을 사유로 조사를 받기 곤란한 경우에는 조사의 연기를 신청할 수 있다.

② 세무공무원은 납세자가 세법에서 정하는 신고 등의 납세협력의무를 이행하지 아니한 경우에도 납세자가 성실하며 납세자가 제출한 신고서 등이 진실한 것으로 추정하여야 한다.

③ 납세자의 과세정보에 대한 비밀유지원칙에 불구하고 지방자치단체가 지방세 부과·징수 등을 위하여 사용할 목적으로 과세정보를 요구하는 경우 세무공무원은 이를 제공할 수 있다.

④ 납세자 본인의 권리행사에 필요한 정보를 납세자가 요구하는 경우 세무공무원은 이를 신속하게 제공하여야 한다.

### 🔍 해설

② 세무공무원은 납세자가 세법에서 정하는 신고 등의 납세협력의무를 이행하지 아니한 경우 납세자가 성실하며 납세자가 제출한 신고서 등이 진실한 것으로 추정하지 않을 수 있다.

☞ 수시선정 세무조사 사유 = 납세자성실성 추정 배제사유
  1) 납세자가 세법에서 정하는 신고, 성실신고확인서의 제출, 세금계산서 또는 계산서의 작성·발급·제출, 지급명세서의 작성·제출 등의 납세협력의무를 이행하지 아니한 경우
  2) 무자료거래, 위장·가공거래 등 거래내용이 사실과 다른 혐의가 있는 경우
  3) 납세자에 대한 구체적인 탈세제보가 있는 경우
  4) 신고내용에 탈루나 오류의 혐의를 인정할 만한 명백한 자료가 있는 경우
  5) 납세자가 세무공무원에게 직무와 관련하여 금품을 제공하거나 금품제공을 알선한 경우

답 ②

**02.** 「국세기본법」상 세무조사에 대한 설명으로 옳지 않은 것은?

① 과세전적부심사에 따른 재조사 결정에 의한 조사(결정서 주문에 기재된 범위의 조사에 한정)를 하는 경우 같은 세목 및 같은 과세기간에 대하여 재조사를 할 수 없다.

② 상속세·증여세 조사, 주식변동 조사, 범칙사건 조사 및 출자·거래관계에 있는 관련자에 대하여 동시조사를 하는 경우에는 세무조사 기간의 제한 및 세무조사 연장기간의 제한을 받지 아니한다.

③ 세무공무원은 납세자에 대한 구체적인 탈세 제보가 있는 경우에는 조사 목적에 필요한 최소한의 범위에서 납세자등 정당한 권한이 있는 자가 임의로 제출한 장부 등을 납세자의 동의를 받아 세무관서에 일시 보관할 수 있다.

④ 세무조사는 납세지 관할 세무서장 또는 지방국세청장이 수행하지만, 납세자의 주된 사업장이 납세지와 관할을 달리하는 경우에는 국세청장(같은 지방국세청 소관 세무서 관할 조정의 경우에는 지방국세청장)이 그 관할을 조정할 수 있다.

**🔍해설**

① 재조사결정의 따른 조사는 같은 세목 및 같은 과세기간에 대하여 재조사를 할 수 있다.

답 ①

[2011년 7급] ★★

**03.** 국세기본법 상 세무공무원이 세무조사시 같은 세목 및 같은 과세기간에 대하여 재조사를 할 수 있는 경우에 해당하지 않는 것은?

① 조세탈루가 의심되는 경우

② 거래상대방에 대한 조사가 필요한 경우

③ 2개 이상의 사업연도와 관련하여 잘못이 있는 경우

④ 국세환급금의 결정을 위한 확인조사를 하는 경우

**🔍해설**

① 조세탈루의 혐의를 인정할 만한 명백한 자료가 있는 경우 같은 세목 및 같은 과세기간에 대하여 재조사를 할 수 있다.

☞ 단순히 조세탈루가 의심되는 경우에 재조사가 가능하다면 중복조사 금지규정은 세무조사권의 남용을 막을 수 없을 것이다.

답 ①

**04.** 국세기본법령상 세무조사 관할 및 대상자 선정에 대한 설명으로 옳지 않은 것은?

① 세무공무원은 과세관청의 조사결정에 의하여 과세표준과 세액이 확정되는 세목의 경우 과세표준과 세액을 결정하기 위하여 세무조사를 할 수 있다.

② 정기선정에 의한 세무조사의 경우 세무공무원은 객관적 기준에 따라 공정하게 그 대상을 선정하여야 한다.

③ 국세청장이 납세자의 신고 내용에 대하여 정기적으로 성실도를 분석한 결과 불성실 혐의가 있다고 인정하는 경우에 세무공무원은 정기적으로 신고의 적정성을 검증하기 위하여 대상을 선정하여 세무조사를 할 수 있다.

④ 납세자가 사업을 실질적으로 관리하는 장소의 소재지와 납세지가 관할을 달리하지만 각각을 관할하는 세무서가 같은 지방국세청 소관인 경우 국세청장이 세무조사의 관할을 조정하여야 한다.

🔍 **해설**

④ 납세자가 사업을 실질적으로 관리하는 장소의 소재지와 납세지가 관할을 달리하지만 각각을 관할하는 세무서가 같은 지방국세청 소관인 경우 국세청장이 세무조사의 관할을 조정할 수 있다.

☞ 세무조사는 원칙적으로 납세지 관할 세무서장 또는 지방국세청장이 수행한다. 예외적으로 납세자의 주된 사업장 등이 납세지와 관할을 달리하거나 납세지 관할 세무서장 또는 지방국세청장이 세무조사를 수행하는 것이 부적절한 경우 등은 국세청장(같은 지방국세청 소관세무서 관할 조정의 경우에는 지방국세청장)이 그 관할을 조정할 수 있다.

☞ '조정하여야 한다'는 의무이다. '조정할 수 있다'는 판단에 따른 선택이다. 관할의 조정은 의무적으로 반드시 해야하는 것이 아닌 판단에 따라 선택할 수 있는 것이다.

답 ④

**05.** 국세기본법 상 세무조사권 남용 금지에 대한 설명으로 <u>옳지 않은</u> 것은?

① 세무공무원은 부분조사를 실시한 후 해당 조사에 포함되지 아니한 부분에 대하여 조사하는 경우에는 같은 세목 및 같은 과세기간에 대하여 재조사를 할 수 있다.

② 세무공무원은 과세전적부심사청구가 이유 있다고 인정되어 행한 재조사 결정에 따라 조사를 하는 경우에 결정서 주문에 기재된 범위의 조사를 넘어 같은 세목 및 같은 과세기간에 대하여 재조사를 할 수 있다.

③ 세무공무원은 세무조사를 하기 위하여 필요한 최소한의 범위에서 장부등의 제출을 요구하여야 하며, 조사대상 세목 및 과세기간의 과세표준과 세액의 계산과 관련 없는 장부등의 제출을 요구해서는 아니 된다.

④ 세무공무원은 적정하고 공평한 과세를 실현하기 위하여 필요한 최소한의 범위에서 세무조사(조세범 처벌절차법 에 따른 조세범칙조사를 포함한다)를 하여야 하며, 다른 목적 등을 위하여 조사권을 남용해서는 아니 된다.

**해설**

② 세무공무원은 과세전적부심사청구가 이유 있다고 인정되어 행한 재조사 결정에 따라 조사를 하는 경우에 결정서 주문에 기재된 범위의 조사를 넘어 같은 세목 및 같은 과세기간에 대하여 재조사를 할 수 없다.

☞ 결정서 주문에 기재된 범위의 조사를 넘어 같은 세목 및 같은 과세기간에 대하여 재조사할 수 없다. 재조사 결정은 과세관청의 처분에 대해 미흡한 경우 사실관계등을 다시 확인하여 결정하라는 것이다. 처분청(세무서등)은 재조사 결정 취지에 따라 재조사한 후 그 내용을 보완하는 후속처분만을 할 수 있다. 또한 재조사결정의 취지에 따른 후속처분이 당초 처분보다 불리하면 불이익변경금지원칙에 위배된다.

**답** ②

**06.** 국세기본법 상 세무공무원이 납세자권리헌장의 내용이 수록된 문서를 납세자에게 내주어야 하는 경우에 해당하지 않는 것은?

① 조세범 처벌절차법에 따른 조세범칙조사를 하는 경우

② 납세자가 경정청구를 하는 경우

③ 사전통지 없이 세무조사를 하는 경우

④ 사업자등록증을 발급하는 경우

**해설**

② 납세자가 경정청구를 하는 경우에는 납세자권리헌장의 내용이 수록된 문서를 납세자에게 내주어야 하는 경우에 해당하지 않는다.

☞ 납세자권리헌장은 사업자등록증을 발급하는 경우, 세무조사를 하는 경우에 납세자에게 내주어야 한다. 사업을 시작할 때 납세자의 권리를 안내해주고, 세무조사로 권리가 침해당할 요소가 있을 때 다시 안내해주는 것이다. 경정청구의 경우 권리를 잘 알고 청구하는 것이니 납세자권리헌장을 내주어야할 이유가 없다.

**답** ②

**07.** 국세기본법상 납세자로부터 세금 관련 서류를 받은 사실을 세무공무원이 확인해 주는 방법에 대한 설명으로 옳지 않은 것은?

① 세무공무원은 납세자로부터 과세표준신고서를 국세정보통신망에 의하여 제출받은 경우 당해 접수 사실을 전자적 형태가 아닌 우편으로 통보하여야 한다.

② 세무공무원은 납세자로부터 경정청구서를 팩스로 제출받는 경우에는 납세자에게 접수증을 교부하지 아니할 수 있다.

③ 세무공무원은 납세자로부터 과세표준수정신고서를 우편으로 제출받은 경우에는 납세자에게 접수증을 교부하지 아니할 수 있다.

④ 세무공무원은 납세자로부터 이의신청서를 직접 제출받는 경우에는 납세자에게 접수증을 교부하여야 한다.

### 해설

① 세무공무원은 납세자로부터 과세표준신고서를 국세정보통신망을 통해 제출받은 경우 당해 접수 사실을 전자적 형태로 통보할 수 있다.

☞ 국세정보통신망(홈택스)로 과세표준신고서를 제출하는 경우 신고 후 자연스럽게 접수증 팝업이 뜬다. 만약에 컴퓨터를 활용하여 홈택스로 신고하였는데 우편으로 접수증을 통보해준다면 우리는 신고하고 한참뒤에나 접수증을 받아볼 수 있을 것이다. 신고 후 바로 전자적 형태로 접수증을 통보하지 않을 이유가 없는 것이다.

**답 ①**

# 🔞 과세전적부심사

[2017년 7급] ★★

## 01. 국세기본법상 과세전적부심사에 대한 설명으로 옳지 않은 것은?

① 세무서장으로부터 세무조사 결과에 대한 서면통지를 받은 자는 과세전적부심사를 청구하지 아니한 채, 통지를 한 세무서장에게 통지받은 내용의 전부 또는 일부에 대하여 과세표준 및 세액을 조기에 결정하거나 경정결정해 줄 것을 신청할 수 없다.

② 세무서장으로부터 세무조사 결과에 대한 서면통지를 받은자에게 국세징수법에 규정된 납기전 징수의 사유가 있거나 세법에서 규정하는 수시부과 사유가 있는 경우에는 과세전적부심사를 청구할 수 없다.

③ 과세전적부심사 청구를 받은 지방국세청장은 해당 국세심사위원회의 심사를 거쳐 결정을 하고 그 결과를 청구를 받은 날부터 30일 이내에 청구인에게 통지하여야 한다.

④ 과세전적부심사 청구기간이 지났거나 보정기간에 보정하지 아니한 경우에는 과세전적부심사 청구를 받은 세무서장은 해당 국세심사위원회의 심사를 거쳐 심사하지 아니한다는 결정을 한다.

---

### 🔍 해설

① 세무서장으로부터 세무조사 결과에 대한 서면통지를 받은 자는 과세전적부심사를 청구하지 아니한 채, 통지를 한 세무서장에게 통지받은 내용의 전부 또는 일부에 대하여 과세표준 및 세액을 조기에 결정하거나 경정결정해 줄 것을 신청할 수 있다.

> ☞ 세무조사 결과에 대해 서면통지를 받으면 '과세전적부심사'를 청구할 수 있고, 또한 '조기 결정(경정)'을 신청할 수 있다. 과세전적부심사는 사전적 구제제도이나 심사중에 납부불성실 가산세가 발생한다. 따라서 사전적 구제가 필요 없는 경우(세무조사 결과에 대해 이의가 없는 경우) 조기 결정(경정)을 신청하여 조기에 납부하면서 납부불성실 가산세를 줄일 수 있다.

**답 ①**

## 02. 「국세기본법」상 과세전적부심사의 청구를 할 수 있는 경우는 모두 몇 개인가?

> • 국세징수법에 규정된 납기전징수의 사유가 있는 경우
> • 납부고지하려는 세액이 200만원인 과세예고 통지를 받은 경우
> • 조세범 처벌법 위반으로 통고처분하는 경우
> • 세무조사 결과에 대한 서면통지를 받은 경우
> • 국세청장의 훈령·예규·고시 등과 관련하여 새로운 해석이 필요한 경우
> • 국제조세조정에 관한 법률에 따라 조세조약을 체결한 상대국이 상호합의 절차의 개시를 요청한 경우

① 2개          ② 3개

③ 4개          ④ 5개

### 🔍 해설

② 2) 납세고지하려는 세액이 100만원 이상인 과세예고 통지를 받은 경우 과세전적부심사를 청구할 수 있다.

4) 세무조사 결과에 대한 서면통지를 받은 경우 과세전적부심사를 청구할 수 있다.

5) 국세청장의 훈령·예규·고시 등과 관련하여 새로운 해석이 필요한 경우에는 국세청장에게 과세전적부심사를 청구할 수 있다.

☞ 1) 납기전징수의 사유는 조속히 국세를 징수해야하는 사유로써 과세전적부심사를 할 수 없다.

☞ 3) 조세범처벌법 위반으로 통고처분하는 경우 범죄행위로써 과세전적부심사의 권리를 부여하지 않는다.

☞ 6) 조세조약을 체결한 상대국이 상호합의 절차의 개시를 요청한 경우 과세전적부심사를 할 수 없다.

**답 ②**

# ⑳ 보칙

[2020년 7급] ★★

## 01. 국세기본법령상 보칙 및 국세징수법에 대한 설명으로 옳지 않은 것은?

① 고지할 국세(인지세는 제외) 및 강제징수비를 합친 금액이 1만 원 미만일 때에는 그 금액은 없는 것으로 본다.

② 국세청장은 국세기본법 상 비밀 유지 규정에도 불구하고 체납 발생일부터 1년이 지난 국세가 1억 원인 체납자의 인적사항, 체납액 등을 공개할 수 있으나, 체납된 국세가 이의신청·심사 청구 등 불복청구 중에 있는 경우에는 공개할 수 없다.

③ 국세청장은 국제조세조정에 관한 법률 에 따른 해외금융계좌 신고의무 위반행위를 적발하는 데 중요한 자료를 제공한 자에게는 20억 원의 범위에서 포상금을 지급할 수 있으나, 해외금융계좌 신고의무 불이행에 따른 과태료 금액이 2천만 원 미만인 경우에는 포상금을 지급하지 아니한다.

④ 납세자가 국외로 주소 또는 거소를 이전할 때에는 국세에 관한 사항을 처리하기 위하여 납세관리인을 정하여야 한다.

---

### 🔍 해설

② 국세청장은 국세기본법상 비밀 유지 규정에도 불구하고 체납 발생일부터 **1년이 지난 국세가 2억 원인** 체납자의 인적사항, 체납액 등을 공개할 수 있으나, 체납된 국세가 이의신청·심사 청구 등 불복청구 중에 있는 경우에는 공개할 수 없다.

답 ②

# 02 국세징수법

## 1 기본이론

[2019년 9급] ★

**01.** 「국세징수법」에 대한 설명으로 옳은 것은?

① 국세의 징수에 관하여 국세기본법이나 다른 세법에 특별한 규정이 있는 경우를 제외하고는 국세징수법에서 정하는 바에 따른다.

② 체납자란 납세자의 국세 또는 강제징수비의 납부를 보증한 자를 말한다.

③ 체납액의 징수 순위는 강제징수비, 가산세, 국세로 한다.

④ 세무서장은 국세징수 또는 공익 목적을 위하여 필요한 경우로서 체납된 국세와 관련하여 국세기본법에 따른 심사청구가 계류 중인 경우라 하더라도 신용정보집중기관이 체납발생일로 부터 1년이 지나고 체납액이 5백만원 이상인 자의 체납자료를 요구한 경우 이를 제공할 수 있다.

### 🔊 해설

② 체납자란 국세를 체납한 자를 말한다.

③ 체납액의 징수 순위는 강제징수비, 국세(가산세 제외), 가산세 순으로 한다.

④ 관할 세무서장은 체납된 국세와 관련하여 국세기본법에 따른 심사청구가 계속 중인 경우 체납자료를 제공할 수 없다.

☞ 조세불복(심사청구등) 중인 경우 체납사실이 취소될 수 있다. 심사청구등을 통해 판단이 이루어지고 있는 상태에서 체납자료를 제공할 수 없다.

**답 ①**

## ❷ 간접적 징수절차

[2017년 9급] ★★

**01.** 「국세징수법」상 납세증명서에 대한 설명으로 옳지 않은 것은?

① 납세자가 국가로부터 받게 될 계약대금 중 일부 금액으로 체납세액 전액을 납부하려는 경우에는 국가에게 납세증명서를 제출하지 아니하여도 된다.

② 납세증명서의 유효기간은 그 증명서를 발급한 날부터 30일간이며, 납세증명서 발급일 현재 발급 신청인에게 고지된 국세가 있는 경우에는 고지된 국세의 지정납부기한까지로 할 수 있다.

③ 납세증명서를 발급받으려는 내국법인은 본점 소재지를 관할하는 세무서장(단, 국세청장이 납세자의 편의를 위하여 발급세무서를 달리 정하는 경우에는 그 발급세무서의 장)에게 발급신청에 관한 문서를 제출하여야 한다.

④ 납세증명서를 관계 법령에 따라 의무적으로 제출해야 하는 경우 해당 주무관서 등은 납세자의 동의 없이 「전자정부법」 제36조제1항에 따른 행정정보의 공동이용을 통하여 그 체납사실 여부를 확인함으로써 납세증명서의 제출을 갈음할 수 있다.

**🔍 해설**

④ 납세증명서를 관계 법령에 따라 의무적으로 제출해야 하는 경우 해당 주무관서 등은 납세자의 동의를 받아 「전자정부법」 제36조제1항에 따른 행정정보의 공동이용을 통하여 그 체납사실 여부를 확인함으로써 납세증명서의 제출을 갈음할 수 있다.

**답 ④**

[2020년 9급] ★★

**02.** 국세징수법령상 납세증명서와 미납국세 등의 열람 제도에 대한 설명으로 옳지 않은 것은? (단, 납세증명서발급과 미납국세 등의 열람을 위한 다른 요건은 모두 충족된 것으로 본다)

① 임차인이 미납국세 등을 열람하는 경우, 임대인이 각 세법에 따른 과세표준 및 세액의 신고기한까지 신고한 국세 중 납부하지 아니한 국세의 열람이 가능하다.

② 과세표준 및 세액을 신고하였으나 납부하지 아니한 소득(종합소득)세 납세의무는 과세표준 확정신고기한까지는 납세증명서를 통하여 확인할 수 없다.

③ 내국인이 해외이주 목적으로 「해외이주법」 제6조에 따라 외교부장관에게 해외이주신고를 하는 경우에는 대통령령으로 정하는 바에 따라 납세증명서를 제출하여야 한다.

④ 미납국세 등의 열람으로는 임대인에게 납부고지서를 발급한 후 납기가 도래하지 아니한 국세를 열람할 수 없다.

**🔍 해설**

④ 미납국세 등의 열람으로 임대인에게 납부고지서를 발급한 후 납기가 도래하지 아니한 국세를 열람할 수 있다.

☞ 납부고지서를 발급한 후 납기가 도래하지 아니한 국세를 미납국세라고 한다. 즉, 열람이 가능하다.

**답 ④**

**03.** 국세징수법령상 체납자에 대한 관허사업의 제한이나 출국금지의 요청 등을 설명한 것으로 옳지 않은 것은?

① 세무서장은 허가등을 받아 사업을 경영하는 자가 사업과 관련된 소득세, 법인세 및 부가가치세를 3회 이상 체납한 경우로서 그 체납액이 500만원 이상일 때에는 대통령령으로 정하는 경우를 제외하고 그 주무관서에 사업의 정지 또는 허가등의 취소를 요구할 수 있다.

② 납세자에게 공시송달의 방법으로 납부고지되었으나 납세자가 국세를 체납하였을 때에 세무서장은 허가등이 필요한 사업의 주무관서에 그 납세자에 대하여 그 허가등을 하지 아니할 것을 요구하여야 한다.

③ 대법원판례는 재산을 해외로 도피할 우려가 있는지 여부 등을 확인하지 않은 채 단순히 일정 금액 이상의 조세를 미납하였고 그 미납에 정당한 사유가 없다는 사유만으로 바로 출국금지 처분을 하는 것은 헌법상의 기본권 보장 원리 및 과잉금지의 원칙에 비추어 허용되지 않는다고 본다.

④ 국세청장은 체납액 징수, 체납자 재산의 압류, 담보 제공 등으로 출국금지사유가 해소된 경우에는 즉시 법무부장관에게 출국금지의 해제를 요청하여야 한다.

**🔎 해설**

② 납세자에게 공시송달의 방법으로 납부고지되었으나 납세자가 국세를 체납하였을 때는 세무서장은 허가등이 필요한 사업의 주무관서에 그 납세자에 대하여 그 허가등을 하지 아니할 것을 요구할 수 없다.

☞ 공시송달은 관허사업을 제한할 수 없는 정당한 사유에 해당한다. 실무상 공시송달을 납세자가 확인할 가능성은 매우 낮다. 납세자가 인지하지 못하는 상태에서 관허사업을 제한하는 것은 납세자의 권리를 침해하는 행위이다.

답 ②

**04.** 「국세징수법」상 고액·상습체납자의 감치 사유와 관련이 없는 것은? (단, 체납된 국세는 2020년 1월 1일 이후 체납된 것으로 가정한다)

① 국세를 3회 이상 체납하고 있고, 체납 발생일부터 각 1년이 경과하였으며, 체납된 국세의 합계액이 2억 원 이상인 경우

② 체납된 국세의 납부능력이 있음에도 불구하고 정당한 사유 없이 체납한 경우

③ 국세정보위원회의 의결에 따라 해당 체납자에 대한 감치 필요성이 인정되는 경우

④ 5천만 원의 국세를 체납한 자로서 직계존비속이 국외로 이주한 경우

**🔎 해설**

④ 5천만 원의 국세를 체납한 자로서 직계존비속이 국외로 이주한 경우는 출국금지 사유에 해당된다.

답 ④

## ❸ 임의적 징수절차

[2014년 7급] ★★★

**01.** 세법상 징수절차에 대한 설명으로 <u>옳지 않은</u> 것은?

① 납부고지는 일반적으로 부과처분으로서의 성질과 징수처분으로서의 성질을 동시에 가진다.

② 납세자의 우편에 의한 세금 신고는 발송한 때에 효력이 발생하지만, 우편에 의한 납부고지는 납세자에게 도달함으로써 효력이 발생한다.

③ 제2차 납세의무자로부터 징수하는 경우 징수하려는 체납액의 과세기간, 세목, 세액, 산출 근거, 납부하여야 할 기한(납부고지를 하는 날부터 30일 이내의 범위로 정한다), 납부장소를 적은 납부고지서를 제2차 납세의무자등에게 발급하여야 한다.

④ 물적납세의무를 부담하는 자로부터 납세자의 체납액을 징수하는 경우 납세자에게 그 사실을 통지하여야 하고 물적납세의무를 부담하는 자의 주소 또는 거소를 관할하는 세무서장에게도 그 사실을 통지하여야 한다.

### 🔍 해설

③ 제2차 납세의무자로부터 징수하는 경우 징수하려는 체납액의 과세기간, 세목, 세액, 산출 근거, 납부하여야 할 기한(납부고지를 하는 날부터 30일 이내의 범위로 정한다), 납부장소, **제2차 납세의무자등으로부터 징수할 금액, 그 산출 근거, 그 밖에 필요한 사항**을 적은 납부고지서를 제2차 납세의무자등에게 발급하여야 한다.

**답 ③**

[2005년 7급] ★★

**02.** 「국세징수법」상 납부고지의 유예제도에 대한 설명으로 옳은 것은?

① 제2차 납세의무자는 납부고지의 유예를 받을 수 없다.

② 세무서장은 납부고지를 유예하는 경우, 납세담보의 제공을 요구하여야 한다.

③ 납세자가 그 동거가족의 사망으로 상중인 경우 관할 세무서장에게 납부고지의 유예 신청을 할 수 있다.

④ 납부고지의 유예를 적용받는 자에 대하여는 납부지연가산세가 적용될 수 없다.

### 🔍 해설

① 제2차 납세의무자는 납부고지의 유예를 받을 수 있다.

☞ 납부고지의 유예를 받을 수 있는 납세자에는 원천징수의무자, 연대납세의무자, 제2차 납세의무자 및 납세보증인이 해당된다(국징통 15-0…2). 즉, 제2차 납세의무자는 납부고지의 유예를 받을 수 있다.

② 관할 세무서장은 부득이한 사유로 납부고지의 유예를 하는 경우 그 유예와 관계되는 금액에 상당하는 납세담보의 제공을 요구할 수 있다.

☞ 연장 또는 유예사유에 따라 담보제공이 가능하나 반드시 담보제공을 요구해야 하는 것은 아니다.

④ 납부고지의 유예를 적용받는 자에 대하여는 **해당 유예가 적용되는 기간**을 제외한 기간에 대해서는 납부지연가산세는 부과될 수 있다.

**답 ③**

**03.** 「국세징수법」상 재난 등으로 인한 납부기한 등의 연장 및 납부고지의 유예에 대한 설명으로 옳지 않은 것은? (단, 상호합의절차에 따른 특례는 고려하지 않는다)

① 정전, 프로그램의 오류, 그 밖의 부득이한 사유로 「한국은행법」에 따른 한국은행(그 대리점을 포함한다) 및 「우체국예금·보험에 관한 법률」에 따른 체신관서의 정보처리장치나 시스템을 정상적으로 가동시킬 수 없는 경우는 납세담보의 제공을 요구할 수 없다.

② 납세자는 납부기한등의 연장 또는 납부고지의 유예를 신청하려는 경우 기한(납부기한 등 또는 납부고지 예정인 국세를 납부하야 할 기한을 말한다) 만료일 3일 전까지 신청서를 관할 세무서 장에게 제출(「국세기본법」에 따른 국세정보통신망을 통한 제출을 포함한다)해야 한다. 다만, 관할 세무서장이 납세자가 기한 만료일 3일 전까지 신청서를 제출할 수 없다고 인정하는 경우에는 기한 만료일까지 제출할 수 있다.

③ 관할 세무서장은 납부기한 등의 연장을 받으려는 납세자의 신청을 받은 경우 납부기한 등의 만료일 3일 전까지 납세자에게 납부기한 등의 연장 승인 여부를 통지하여야 하며, 납부고지의 유예를 신청받은 경우에는 납부고지 예정인 국세의 납부하여야 할 기한의 만료일 3일 전까지 납세자에게 납부고지 유예의 승인 여부를 통지하여야 한다.

④ 세법에 따른 납부고지의 유예, 지정납부기한·독촉장에서 정하는 기한의 연장, 징수 유예기간 중에는 국세징수권의 소멸시효가 정지된다.

**해설**

③ 관할 세무서장은 납부기한 등의 연장을 받으려는 납세자의 신청을 받은 경우 납부기한 등의 만료일까지 납세자에게 납부기한 등의 연장 승인 여부를 통지하여야 하며, 납부고지의 유예를 신청받은 경우에는 납부고지 예정인 국세의 납부하여야 할 기한의 만료일까지 납세자에게 납부고지 유예의 승인 여부를 통지하여야 한다.

답 ③

**04.** 「국세징수법」상 납부기한 전 징수와 교부청구의 공통된 사유에 해당하지 않는 것은?

① 파산선고를 받은 경우

② 경매가 개시된 때

③ 법인이 해산한 때

④ 국세를 포탈하고자 하는 행위가 있다고 인정되는 때

**해설**

④ 국세를 포탈하고자 하는 행위가 있다고 인정되는 때와 납세관리인을 정하지 아니하고 국내에 주소 또는 거소를 두지 않게 된 때는 납기전징수 사유에만 해당한다.

답 ④

**05.** 「국세징수법」상 납세담보에 대한 설명으로 옳지 <u>않은</u> 것은?

① 납세보증보험증권에 의한 납세담보의 가액의 평가는 보험금액에 의한다.

② 보증인의 납세보증서로 납세담보를 제공한 자는 세무서장의 승인을 얻어 그 담보를 변경할 수 있으나, 세무서장은 보증인의 변경을 요구할 수 없다.

③ 토지·건물을 납세담보로 제공하고자 하는 자가 그 등기필증을 세무서장에게 제시하여야 한다.

④ 세무서장은 납세담보의 제공을 받은 국세와 강제징수비가 납부된 때에는 지체 없이 담보해제의 절차를 밟아야 한다.

**해설**

② 보증인의 납세보증서로 납세담보를 제공한 자는 세무서장의 승인을 얻어 그 담보를 변경할 수 있으며, 세무서장은 보증인의 변경을 요구할 수 있다.

☞ 세무서장은 납세담보물의 가액 감소, 보증인의 자력 감소 또는 그 밖의 사유로 그 납세담보로는 국세와 강제징수비의 납부를 담보할 수 없다고 인정할 때에는 담보를 제공한 자에게 담보물의 추가제공 또는 보증인의 변경을 요구할 수 있다.

**답** ②

**06.** 「국세징수법」상 송달지연으로 인한 지정납부기한등의 연장에 대한 설명으로 옳지 <u>않은</u> 것은?

① 납부고지서 또는 독촉장의 송달이 지연되어 도달한 날에 이미 지정납부기한등이 지난 경우에는 도달한 날부터 14일이 지난 날을 지정납부기한등으로 한다. (단, 납부 기한 전에 납부고지를 하는 경우를 제외한다)

② 납부고지서 또는 독촉장의 송달이 지연되어 도달한 날부터 14일 이내에 지정납부기한등이 도래하는 경우에는 도달한 날부터 14일이 지난 날을 지정납부기한등으로 한다. (단, 납부 기한 전에 납부고지를 하는 경우를 제외한다)

③ 납부기한 전에 납부고지를 하는 경우에 납부고지서가 단축된 기한 전에 도달한 경우에는 그 단축된 기한을 납부하여야 할 기한으로 한다.

④ 납부기한 전에 납부고지를 하는 경우에 납부고지서가 단축된 기한이 지난 후에 도달한 경우에는 도달한 날의 다음 날을 납부기한으로 한다.

**해설**

④ 납부기한 전에 납부고지를 하는 경우에 납부고지서가 단축된 기한이 지난 후에 도달한 경우에는 도달한 날을 납부기한으로 한다.

**답** ④

## 4 강제적 징수절차

[2021년 9급 일부 수정] ★★

**01.** 「국세징수법」상 강제징수에 대한 설명으로 옳지 않은 것은?

① 관할 세무서장은 재판상의 가압류 또는 가처분 재산이 강제징수 대상인 경우에는 「국세징수법」에 따른 강제징수를 할 수 없다.

② 압류한 재산에 대하여 소유권을 주장하고 반환을 청구하려는 제3자는 그 재산의 매각 5일 전까지 소유자로 확인할 수 있는 증거서류를 관할 세무서장에게 제출하여야 한다.

③ 관할 세무서장은 납세자가 독촉 또는 납부기한 전 징수의 고지를 받고 지정된 기한까지 국세를 완납하지 아니한 경우 재산의 압류, 압류재산의 매각·추심 및 청산의 절차에 따라 강제징수를 한다.

④ 체납자의 재산에 대하여 강제징수를 시작한 후 체납자가 사망한 경우에도 그 재산에 대한 강제징수는 계속 진행하여야 한다.

---

**🔍 해설**

① 관할 세무서장은 재판상의 가압류 또는 가처분 재산이 강제징수 대상인 경우에는 「국세징수법」에 따른 강제징수를 할 수 있다.

☞ 가압류는 채무자의 재산을 미리 압류하여 미래 강제집행이 불가능하게 되거나 이행이 곤란하게 될 경우를 대비하는 것이다. 국세징수법에 따른 강제징수를 하게 되면 가압류 채권자에게 배당을 줄 수 있으니 강제징수를 하지 않을 이유가 없다.

답 ①

**02.** 조세채권자인 국가의 사해행위취소권 행사에 대한 설명으로 옳은 것은? (다툼이 있는 경우 판례에 의함)

① 납세자의 재산처분행위가 사해행위에 해당하는지 여부는 사해행위취소권 행사 당시를 기준으로 판단하여야 한다.

② 세무공무원은 강제징수를 집행할 때 납세자가 국세의 징수를 피하기 위하여 재산권을 목적으로 한 법률행위를 한 경우에는 직권으로 그 법률행위의 효력을 부인할 수 있다.

③ 세무공무원이 「국세징수법」 제30조에 따른 사해행위 취소소송을 제기하여 그 소송이 진행 중인 기간 동안은 국세징수권의 소멸시효가 진행된다.

④ 세무공무원은 강제징수를 집행할 때 납세자가 국세의 징수를 피하기 위하여 「신탁법」에 따른 사해신탁을 한 경우에는 사해행위의 취소 및 원상회복을 법원에 청구할 수 있다.

### 해설

① 납세자의 재산처분행위가 사해행위에 해당하는지 여부는 사해행위 당시를 기준으로 판단하여야 한다.

② 세무공무원은 강제징수를 집행할 때 납세자가 국세의 징수를 피하기 위하여 재산권을 목적으로 한 법률행위를 한 경우에는 법원에 소를 청구하고 법원의 판결에 의해서만 그 법률행위의 효력을 부인할 수 있다.

☞ 세무공무원이 법률행위를 부인할 수 없다. 법률행위에 대한 결정은 법원에서만 가능하다.

③ 세무공무원이 「국세징수법」 제30조에 따른 사해행위 취소소송을 제기하여 그 소송이 진행 중인 기간 동안은 국세징수권의 소멸시효가 정지된다.

☞ 사해행위취소소송이 진행 중인 기간은 국세징수권 소멸시효기간의 정지사유에 해당한다.

**답 ④**

**03.** 「국세징수법」상 압류에 대한 설명으로 옳지 않은 것은?

① 관할 세무서장은 납세자에게 국세를 포탈하려는 행위가 있다고 인정되어 국세가 확정된 후 그 국세를 징수할 수 없다고 인정할 때에는 국세로 확정되리라고 추정되는 금액의 한도에서 납세자의 재산을 압류할 수 있다.

② 세무공무원은 재산을 압류하기 위하여 필요한 경우에는 체납자의 주거 등의 폐쇄된 문·금고 또는 기구를 열게 할 수는 있으나 직접 열 수는 없다.

③ 세무공무원은 강제징수를 하면서 압류할 재산의 소재 또는 수량을 알아내기 위하여 필요한 경우 체납자와 채권·채무 관계가 있는 자에게 구두 또는 문서로 질문하거나 장부, 서류 및 그 밖의 물건을 검사할 수 있다.

④ 세무공무원은 수색을 하는 경우 그 신분을 나타내는 증표 및 수색 통지서를 지니고 이를 관계자에게 보여 주어야 한다.

📖 **해설**

② 세무공무원은 재산을 압류하기 위하여 필요한 경우에는 체납자의 주거 등의 폐쇄된 문·금고 또는 기구를 열게 할 수는 있으며 직접 열 수도 있다.

☞ 체납자나 제3자에게 금고 등을 열도록 지시하고 그래도 안되면 세무공무원이 직접 열면된다. 만약에 세무공무원이 직접 열 수 없다면 체납자가 이를 악용할 것이다.

답 ②

**04.** 국세징수법상 압류의 효력에 대한 설명으로 옳지 않은 것은?

① 동산에 대한 압류의 효력은 세무공무원이 그 재산을 점유한 때에 발생한다.

② 광업재단에 대한 압류는 당해 압류재산의 소유권이 이전되기 전에 법정기일이 도래한 국세에 대한 체납액에 대하여도 그 효력이 미친다.

③ 세무서장은 채권을 압류하는 경우 체납액을 한도로 하여야 한다. 다만, 압류하려는 채권에 국세보다 우선하는 질권이 설정되어 있어 압류에 관계된 체납액의 징수가 확실하지 아니한 경우 등 필요하다고 인정되는 경우 채권 전액을 압류할 수 있다.

④ 압류의 등기 또는 등록을 요하는 특허권 등 무체재산권에 대한 압류의 효력은 무체재산권 압류 통지서가 제3채무자에게 송달된 때에 발생한다.

📖 **해설**

④ 세무서장은 무체재산권 등을 압류한 때에는 그 사실을 해당 권리자에게 통지하여야 한다. 세무서장은 무체재산권 등을 압류할 때 그 무체재산권 등의 이전에 관하여 등기 또는 등록을 요하는 것에 대해서는 압류의 등기 또는 등록을 관계 관서에 촉탁하여야 한다. 즉, 압류의 등기 또는 등록을 요하는 특허권 등 무체재산권에 대한 압류의 효력은 등기 또는 등록하는 때에 발생한다.

답 ④

[2016년 7급] ★★

**05.** 국세징수법상 세무서장이 압류를 즉시 해제하여야 하는 경우에 해당하지 않는 것은?

① 압류와 관계되는 체납액의 전부가 납부 또는 충당된 경우

② 세무서장에게 소유권을 주장하고 반환을 청구하려는 증거 서류를 제출한 제3자의 소유권 주장이 상당한 이유가 있다고 인정하는 경우

③ 제3자가 체납자를 상대로 소유권에 관한 소송을 제기하여 승소 판결을 받고 그 사실을 증명한 경우

④ 압류 후 재산가격이 변동하여 체납액 전액을 현저히 초과하는 경우

🔍 **해설**

④ 압류 후 재산가격이 변동하여 체납액을 현저히 초과하는 경우 세무서장은 압류를 해제할 수 있다.

☞ 즉시 해제하여야 하는 필요적 해제사유가 아닌 임의적 해제사유로 세무서장의 판단에 따라 압류가 가능하다.

🔲답 ④

[2020년 7급] ★

**07.** 국세징수법 상 공매에 대한 설명으로 옳지 않은 것은?

① 국세기본법 에 따른 심판청구 절차가 진행 중인 국세의 체납으로 압류한 재산이 변질되기 쉬운 재산으로서 속히 매각하지 아니하면 그 재산가액이 줄어들 우려가 있는 경우에는 그 심판청구에 대한 결정이 확정되기 전에도 공매할 수 있다.

② 경매의 방법으로 재산을 공매할 때에는 경매인을 선정하여 이를 취급하게 할 수 있다.

③ 최고가 매수신청가격이 둘 이상일 때에는 재공매한다.

④ 공매재산이 공유물의 지분인 경우 공유자가 매각결정기일 전까지 공매보증금을 제공하고 매각예정가격 이상인 최고입찰 가격과 같은 가격으로 공매재산을 우선매수하겠다는 신고를 하면 세무서장은 그 공유자에게 매각결정을 하여야 한다.

🔍 **해설**

③ 최고가 매수신청가격이 둘 이상이면 즉시 추첨으로 최고가 매수신청인을 정한다.

🔲답 ③

**08.** 국세징수법 상 공매시 공유자 우선매수권에 대한 설명으로 옳지 않은 것은?

① 공유자는 공매재산이 공유물의 지분인 경우 매각결정기일 전까지 공매보증을 제공하고 최고가 매수신청가격 또는 공매예정가격으로 공매재산을 우선매수하겠다는 신청을 할 수 있다.

② 체납자의 배우자는 공매재산이 압류한 부부공유의 동산 또는 유가증권인 경우 공매재산을 우선매수하겠다는 신청을 할 수 있다.

③ 여러 사람의 공유자가 우선매수 신청을 하고 매각결정절차를 마친 경우 공유자 간의 특별한 협의가 없으면 공유지분의 비율에 따라 공매재산을 매수하게 한다.

④ 매각결정 후 매수인이 매수대금을 납부하지 아니한 경우 매각대금이 완납될 때까지 공매를 중지하여야 한다.

**해설**

④ 매수인이 매각대금을 납부하지 아니하였을 때에는 최고가 매수신청인에게 다시 매각결정을 할 수 있다.

답 ④

**09.** 「국세징수법」상 압류재산의 매각에 대한 설명으로 옳은 것은?

① 체납자는 제3자의 계산으로 압류재산을 매수할 수 있다.

② 관할 세무서장이 선정한 전문매각기관의 임직원은 매각관련사실행위 대행의 대상인 예술품등을 직접 매수할 수 있다.

③ 관할 세무서장은 공매재산에 압류와 관계되는 국세보다 우선하는 제한물권 등이 있는 경우 제한물권 등을 매수인에게 인수하게 하거나 매수대금으로 그 제한물권 등에 의하여 담보된 채권을 변제하는 데 충분하다고 인정된 경우가 아니면 그 재산을 공매하지 못한다.

④ 공매를 집행하는 공무원은 공매예정가격 이상으로 매수신청한 자가 없는 경우에 즉시 그 장소에서 재입찰을 실시할 수 없다.

**해설**

① 체납자는 제3자의 계산으로 압류재산을 매수할 수 없다.

② 관할 세무서장이 선정한 전문매각기관의 임직원은 매각관련사실행위 대행의 대상인 예술품등을 직접 매수할 수 없다.

④ 공매를 집행하는 공무원은 공매예정가격 이상으로 매수신청한 자가 없는 경우에 즉시 그 장소에서 재입찰을 실시할 수 있다.

답 ③

**10.** 국세의 압류·매각의 유예에 대한 설명으로 <u>옳지 않은</u> 것은?

① 압류·매각의 유예기간 내에 분할하여 징수할 수 있다.

② 압류·매각의 유예를 하는 경우에는 그에 상당하는 납세담보의 제공을 요구할 수 있다.

③ 압류·매각의 유예기간은 2년 이내로 한다.

④ 세무서장은 압류·매각의 유예를 하는 경우에 필요하다고 인정하면 이미 압류한 재산의 압류를 해제할 수 있다.

**🔍 해설**

③ 압류·매각의 유예기간은 1년 이내(고용재난지역 등의 특례규정이 적용되는 경우 2년 이내)로 한다.

🔲 ③

**Chapter**

# 03 부가가치세법

## ① 납세의무자

[2010년 9급 변형] ★★★

**01.** 「부가가치세법」상 납세의무자에 관한 설명으로 옳지 <u>않은</u> 것은?

① 신탁재산과 관련된 재화 또는 용역을 공급하는 경우에는 원칙적으로 위탁자가 부가가치세 납세의무자가 된다.

② 부가가치세의 납세의무자는 국가, 지방자치단체, 지방자치단체조합 및 법인격 없는 재단을 포함한다.

③ 청산 중에 있는 내국법인은 「상법」의 규정에 의한 계속등기 여부에 불구하고 사실상 사업을 계속하는 경우에는 납세의무가 있다.

④ 농민이 자기농지의 확장 또는 농지개량 작업에서 생긴 토사석을 일시적으로 판매하는 경우에는 납세의무가 없다.

### 🔍 해설

① 신탁재산과 관련된 재화 또는 용역을 공급하는 경우에는 원칙적으로 수탁자가 부가가치세 납세의무자가 된다.

☞ 일반적인 위탁은 수탁자가 위탁자의 명의로 세금계산서를 발급하고 수탁자의 등록번호를 부기한다. 예를 들어 화장품을 판매하는 회사의 경우 영업사원을 통해 화장품을 위탁판매 시킬 수 있다. 이 경우 영업사원은 회사의 이름으로 화장품을 판매를 하는 것이 상식적이다.

☞ 하지만, 신탁의 경우 대부분의 위탁자는 사업자가 아닌 일반 개인들이다. 또한 신탁업무의 특성상 수탁자인 신탁사에서 주도적으로 재산을 관리한다. 만약에 수탁자인 신탁사가 위탁자의 명의로 세금계산서를 발급해야 한다면 신탁사는 수많은 위탁자의 명의로 각각 세금계산서를 발급해야하는 번거로움이 생긴다. 또한 위탁자는 부가가치세 신고의무에 무지하여 신고를 누락할 가능성도 높다.

☞ 위와 같이 수탁자가 신탁재산에 대한 권리와 의무를 귀속주체로서 신탁업무를 처리 하는 것이 일반적인 점과 부가가치세 납세의무자를 쉽게 인식하기 위하여 수탁자인 신탁사를 부가가치세 납세의무자로 규정하고 있다.

**답** ①

# ❷ 과세대상

[2017년 7급] ★★

## 01. 부가가치세법령상 과세거래에 해당하는 것은?

① 사업장이 둘 있는 사업자(사업자단위과세사업자와 주사업장 총괄납부사업자에 모두 해당하지 아니함)가 자기의 사업과 관련하여 생산한 재화로서 매입세액이 불공제된 재화를 판매할 목적으로 자기의 다른 사업장에 반출하는 경우

② 사업자가 민사집행법에 따른 경매(같은 법에 따른 강제경매, 담보권 실행을 위한 경매와 민법·상법 등 그 밖의 법률에 따른 경매 포함)에 따라 재화를 인도하거나 양도하는 경우

③ 사업자가 대가를 받지 않고 특수관계인 외의 자에게 사업용 부동산의 임대용역을 공급하는 경우

④ 사업자가 사업을 위하여 증여하는 것으로서 부가가치세법 시행령에 따른 자기적립마일리지등으로만 전부를 결제받고 재화를 공급하는 경우

### 🔍 해설

① 판매목적 타사업장반출에 대한 내용이다. 매입세액의 공제유무와 관계없이 과세대상으로 본다.

☞ 판매목적 타사업장반출은 납부시점과 환급시점의 차이에 의해 발생할 수 있는 사업자의 자금 부담을 완화시켜주기 위해 공급으로 간주한다. 매입세액 공제유무는 사업자의 자금 부담 완화라는 취지에 영향을 미치지 않는다. 따라서 공제유무와 관계없이 과세거래로 본다. 다른 간주공급은 부가가치세 부담이 없는 소비를 방지하는 것에 그 취지가 있어 매입세액 불공제된 재화의 경우 간주공급규정을 적용하지 않는다.

② 법률에 따른 경매·공매·수용은 부가가치세법상 재화의 공급에 해당하지 아니한다. 따라서 이는 부가가치세법상 과세대상이 아니다.

☞ 법률에 따른 경매는 일반적으로 체납된 공과금과 세금등이 부과되어 있다. 부가가치세를 부과하더라도 법정기일이 늦어져 다른 채권에 우선하지 않을 가능성이 매우높다. 따라서 부가가치세를 부과하더라도 조세채권의 확보가 어렵다. 또한 경매등 재화의 공급자는 일반적으로 폐업 또는 파산했을 가능성이 높아 세금계산서 발행이 어렵다. 이러한 실무상의 이유로 법정 공매/경매에는 부가가치세를 과세하지 않는 것으로 판단된다.

③ 일반적 용역의 무상공급은 그 실체를 파악하기 어렵다. 따라서 용역의 공급으로 보지 않는다. 다만, 특수관계자에게 사업용 부동산의 임대용역을 무상으로 공급하는 것은 실체의 파악이 가능하므로 용역의 공급으로 본다.

④ 사업자가 사업상 증여를 하는 경우에도 자기적립마일리지등으로 전부를 결제받고 재화를 공급하는 경우 이는 부가가치세법상 과세대상이 아니다.

☞ 스타벅스에서 적립된 별이 자기적립마일리지라고 생각해보자. 이 별을 이용하여 아메리카노를 결제하였을 때 부가가치세가 과세된다면 우리는 10%의 부가가치세를 추가로 결제해야한다. 아마도 이러한 불편함을 막고자 과세표준에서 제외하도록 개정된 것 같다. 참고로 자기적립마일리지 이외의 경우에는 부가가치세가 과세된다. 편의점에서 물건을 살 때 통신사에서 할인을 해준다고 생각해보자. 소비자는 할인받아서 물건을 구입하고, 이 할인된 금액은 통신사를 통해 지원 받는다. 이 경우 편의점은 통신사에게 매출세금계산서를 발행할 수 있다.

🅰 ①

## 02. 「부가가치세법」상 부가가치세의 과세대상이 되는 재화의 공급으로만 묶인 것은?

> ㄱ.질권의 목적으로 동산을 제공하는 것
> ㄴ.사업자가 사업을 폐업하는 경우 남아있는 재화(매입세액이 공제되지 않은 재화 제외)
> ㄷ.장기할부판매 계약에 의하여 재화를 양도하는 것
> ㄹ.사업을 위하여 대가를 받지 아니하고 다른 사업자에게 인도 또는 양도하는 견본품
> ㅁ. 현물출자에 의하여 재화를 양도하는 것

① ㄱ, ㄴ, ㄹ          ② ㄱ, ㄷ, ㅁ

③ ㄴ, ㄷ, ㅁ          ④ ㄷ, ㄹ, ㅁ

### 해설

ㄴ. ㄷ. ㅁ이 재화의 공급에 해당한다.

ㄱ. 질권의 목적으로 동산을 제공하는 것은 재화의 공급으로 보지 않는다.

ㄹ. 대가를 받지 않고 다른 사업자에게 인도·양도하는 견본품은 사업상 증여에 해당하지 아니한다.

답 ③

# ❸ 납세지

[2010년 7급] ★★

## 01. 「부가가치세법」상 사업장에 관한 설명으로 옳지 않은 것은?

① 부가가치세는 사업장마다 신고·납부하는 것을 원칙으로 한다.

② 광업에 있어서 광업사무소가 광구 안에 있는 때에는 광업사무소의 소재지를 사업장으로 한다.

③ 제조업에 있어서 따로 제품의 포장만을 하거나 용기에 충전만을 하는 장소도 사업장이 될 수 있다.

④ 건설업과 운수업에 있어서는 사업자가 법인인 경우에는 당해 법인의 등기부상 소재지를 사업장으로 한다.

---

**해설**

③ 제조업에 있어서 따로 제품의 포장만을 하거나 용기에 충전만을 하는 장소는 사업장이 될 수 없다.

☞ 사업장은 사업자가 사업을 하기 위하여 거래의 전부 또는 일부를 하는 고정된 장소를 말한다. 제조업의 사업장은 최종 제품을 완성하는 장소이다. 제품의 포장만을 하거나 용기에 충전만을 하는 장소는 거래(제조 및 판매와 같은)의 전부 또는 일부를 하는 장소로 볼 수 없어 사업장이 될 수 없다.

**답 ③**

## 4 사업자등록

[2021년 7급] ★★

**01.** 부가가치세법상 납세지 및 사업자등록에 대한 설명으로 옳은 것만을 모두 고르면?

> ㄱ.국가, 지방자치단체 또는 지방자치단체조합이 공급하는 부동산 임대용역에 있어서 사업장은 그 부동산의 등기부상 소재지이다.
> ㄴ.신규로 사업을 시작하는 자가 주된 사업장에서 총괄하여 납부하려는 경우에는 주된 사업장의 사업자등록증을 받은 날부터 20일까지 주사업장 총괄 납부 신청서를 주된 사업장의 관할 세무서장에게 제출하여야 한다.
> ㄷ.무인자동판매기를 통하여 재화 또는 용역을 공급하는 사업에 있어서 사업장은 그 사업에 관한 업무를 총괄하는 장소이다. 다만, 그 이외의 장소도 사업자의 신청에 의하여 추가로 사업장으로 등록할 수 있다.
> ㄹ.법인이 주사업장 총괄 납부의 신청을 하는 경우 주된 사업장은 본점 또는 주사무소를 말하며, 지점 또는 분사무소는 주된 사업장으로 할 수 없다.

① ㄴ

② ㄱ, ㄴ

③ ㄱ, ㄷ

④ ㄷ, ㄹ

### 해설

ㄴ. 옳은 설명이다.

ㄱ. 국가, 지방자치단체 또는 지방자치단체조합이 공급하는 부동산 임대용역에 있어서 사업장은 그 사업에 관한 업무를 총괄하는 장소이다.

☞ 국가 등에서 사업을 진행하는 경우 대규모로 진행된다. 부동산 임대용역을 제공하더라도 사업장이 너무 많아 원칙적으로 각 부동산의 등기부 소재지를 사업장으로 볼 수가 없다. 따라서 그 사업에 관한 업무를 총괄하는 장소를 사업장으로 보는 것이다.

ㄷ. 무인자동판매기를 통하여 재화 또는 용역을 공급하는 사업에 있어서 사업장은 그 사업에 관한 업무를 총괄하는 장소이다. 그 이외의 장소는 사업자가 신청하는 경우에도 추가로 사업장으로 등록할 수 없다.

☞ 무인자동판매기의 사업장은 사업에 관한 업무를 총괄하는 장소이고, 이는 강제사항이다. 무인자동판매기의 사업장을 추가로 등록할 수 있게 허용해준다면, 자동판매기를 옮기면서 사업장 관할 세무서를 임의로 변경할 수 있기에 추가등록을 제한하고 있다.

ㄹ. 법인이 주사업장 총괄 납부의 신청을 하는 경우 주된 사업장은 본점 또는 주사무소를 말하며, 지점 또는 분사무소도 주된 사업장으로 할 수 있다.

☞ 주된 사업장에서 납부만 총괄하는 제도이다. 개인은 주사무소만 가능하지만, 법인은 지점(또는 분사무소)도 가능하다. 개인은 대표자인 사람을 기준으로 하기에 주사무소를 기준으로 납부하지만, 법인은 각 지점을 법인등기부등본상 확인이 가능하며, 특정 지점에서 납부만 총괄하는 업무를 진행할 수 있는 가능성이 높기 때문에 다르게 적용되는 것이다.

**답 ①**

**02.** 「부가가치세법」상 사업자등록에 대한 설명으로 옳지 않은 것은?

① 둘 이상의 사업장이 있는 사업자는 사업개시일부터 20일 이내에 주사업장의 관할 세무서장에게 등록하여야 한다.

② 둘 이상의 사업장이 있는 사업자는 해당 사업자의 본점 또는 주사무소 관할 세무서장에게 사업자 단위로 등록할 수 있다.

③ 사업자등록을 한 사업자가 사업자 단위로 등록하려면 사업자단위과세사업자로 적용받으려는 과세기간 개시 20일 전까지 등록하여야 한다.

④ 사업장 관할 세무서장은 사업자가 폐업하게 되는 경우 지체 없이 사업자등록을 말소하여야 한다.

**🔍해설**

① 둘 이상의 사업장이 있는 사업자는 사업개시일부터 20일 이내에 **그 사업장** 관할 세무서장에게 등록하여야 한다.

☞ 부가가치세는 원칙적으로 사업장마다 신고·납부하여야 한다. 따라서 주사업장이 아닌 사업을 개시하는 사업장의 관할 세무서장에게 등록 하여야 한다.

**답** ①

# ⑤ 재화 및 용역의 공급

[2015년 9급] ★★

**01.** 「부가가치세법」상 재화 및 용역의 공급에 대한 설명으로 <u>옳지 않은</u> 것은?

① 건설업의 건설업자가 건설자재의 전부 또는 일부를 부담하는 것은 용역의 공급이다.

② 사업자가 위탁가공을 위하여 원자재를 국외의 수탁가공 사업자에게 대가 없이 반출하는 것(영세율이 적용되는 것 제외)은 재화의 공급으로 본다.

③ 「민사집행법」에 따른 경매에 따라 재화를 인도하거나 양도하는 것은 재화의 공급으로 보지 않는다.

④ 사업자가 특수관계인이 아닌 타인에게 대가를 받지 않고 용역을 공급하는 것은 용역의 공급으로 보지 않는다.

### 🔍 해설

② 사업자가 위탁가공을 위하여 원자재를 국외의 수탁가공 사업자에게 대가 없이 반출하는 것(영세율이 적용되는 것 제외)은 재화의 공급으로 보지 아니한다.

☞ 사업자가 위탁가공을 위하여 원자재를 국외의 수탁가공 사업자에게 대가 없이 반출하여 가공된 재화를 양도하는 것은 재화의 공급으로 보고 영세율을 적용한다. 국외에서 재화를 가공하여 양도하기 위해 대가 없이 반출하는 경우 영세율을 적용하기 위하여 재화의 공급으로 본다.

☞ 사업자가 위탁가공을 위하여 원자재를 국외의 수탁가공 사업자에게 대가 없이 반출하여 가공된 재화를 양도하지 않는 경우에는 재화의 공급으로 보지 아니한다. 단순히 위탁자의 재화를 가공만 해주는 것으로 재화의 공급에 해당하지 않기 때문이다.

**답 ②**

**02.** 「부가가치세법」상 재화의 공급에 대한 설명으로 옳지 않은 것은?

① 질권 또는 양도담보의 목적으로 동산, 부동산 및 부동산상의 권리를 제공하는 것은 재화의 공급으로 보지 않는다.

② 사업용 자산을 「상속세 및 증여세법」 제73조, 「지방세법」 제117조에 따라 물납하는 것은 재화의 공급으로 보지 않는다.

③ 사업장별로 그 사업에 관한 모든 권리와 의무를 포괄적으로 승계하고, 그 사업을 양수받는 자가 그 대가를 지급하는 때에 그 대가를 받은 자로부터 부가가치세를 징수하여 납부한 경우에는 재화의 공급으로 본다.

④ 사업자가 위탁가공을 위하여 원료를 대가 없이 국외의 수탁가공 사업자에게 반출하여 가공한 재화를 양도하는 경우에 그 원료를 반출하는 것은 재화의 공급으로 보지 않는다.

**🔍 해설**

④ 사업자가 위탁가공을 위하여 원료를 국외의 수탁가공 사업자에게 대가 없이 반출하는 것은 재화의 공급으로 보지 않는다. 다만, 원료를 대가 없이 국외의 수탁가공업자에게 반출하여 가공한 재화를 양도하는 경우에 그 **원료의 반출에 대하여 영세율이 적용되는 것은 재화의 공급으로 본다.**

**답** ④

**03.** 부가가치세법령상 재화공급의 특례에 대한 설명으로 옳지 않은 것은?

① 사업자가 자기의 과세사업과 관련하여 생산하거나 취득한 재화로서 매입세액이 공제된 재화를 자기의 면세사업을 위하여 직접 사용하거나 소비하는 것은 재화의 공급으로 본다.

② 사업자가 자기의 과세사업과 관련하여 생산하거나 취득한 재화로서 매입세액이 공제된 재화를 사업을 위하여 증여하는 것 중 「재난 및 안전관리 기본법」의 적용을 받아 특별재난지역에 공급하는 물품을 증여하는 것은 재화의 공급으로 보지 아니한다.

③ 사업자가 폐업할 때 자기의 과세사업과 관련하여 생산하거나 취득한 재화로서 매입세액이 공제된 재화 중 남아있는 재화는 자기에게 공급하는 것으로 본다.

④ 저당권의 목적으로 부동산을 제공하는 것은 재화의 공급으로 본다.

**🔍 해설**

④ 저당권 목적으로 제공하는 것은 재화의 공급으로 보지 않는다.

☞ 저당권이란 담보제공을 목적으로 제공하는 것이다. 따라서 부동산이라는 재화를 공급하는 것이 아닌 대출 등을 목적으로 담보(보증을 부담)로 잡힌 것에 불과하다. 담보의 제공뿐만 아니라 양도담보와 같이 부동산 등이 형식상 양도되었지만 실질적으로 담보제공인 경우도 마찬가지 이다.실제 재화를 공급한 사실이 없기 때문에 재화의 공급으로 보지 않는 것이다.

**답** ④

**04.** 「부가가치세법」상 부수 재화의 공급에 관한 설명으로 옳지 않은 것은?

① 해당 대가가 주된 거래인 재화의 공급대가에 통상적으로 포함되어 공급되는 재화는 주된 재화의 공급에 포함되는 것으로 본다.

② 거래의 관행으로 보아 통상적으로 주된 재화의 공급에 부수하여 공급되는 것으로 인정되는 재화는 주된 재화의 공급에 포함되는 것으로 본다.

③ 주된 사업과 관련하여 우연히 또는 일시적으로 공급되는 재화의 공급은 별도의 공급으로 보지 아니한다.

④ 주된 사업과 관련하여 주된 재화의 생산 과정에서 필연적으로 생기는 과세대상 재화의 공급에 대한 과세 여부는 주된 사업의 과세 여부에 따른다.

**해설**

③ 주된 사업과 관련하여 우연히 또는 일시적으로 공급되는 재화의 공급은 별도의 공급으로 본다.

☞ 주된 거래에 부수되는 재화(용역)의 공급은 대가를 구분할 수 있는 독립된 거래가 아니다. 하나의 거래에 주된 재화(용역)과 부수되는 재화(용역)에 대한 대가를 받았지만, 그중 얼마가 부수되는 재화(용역)에 대한 대가인지 알 수 없기 때문이다. 따라서 주된 거래인 재화(용역)에 따른다.

☞ 주된 사업에 부수되는 재화(용역)의 공급은 부수적으로 발생할 뿐 독립된 개별의 거래이다. 거래가 따로 발생하고 대가 역시 각각 따로 받기 때문이다. 따라서 별도의 공급으로 본다.

**답** ③

# ⑥ 재화의 수입

[2022년 9급] ★★★

**01.** 「부가가치세법」상 재화의 수입에 대한 설명으로 옳지 <u>않은</u> 것은?

① 재화의 수입시기는 「관세법」에 따른 수입신고가 수리된 때로 한다.

② 외국으로부터 국가, 지방자치단체에 기증되는 재화의 수입에 대하여는 부가가치세를 면제한다.

③ 재화의 수입에 대한 부가가치세의 과세표준은 그 재화에 대한 관세의 과세가격과 관세, 개별소비세, 주세, 교육세, 농어촌특별세 및 교통·에너지·환경세를 합한 금액으로 한다.

④ 재화를 수입하는 자의 부가가치세 납세지는 수입자의 주소지로 한다.

**해설**

④ 재화를 수입하는 자의 부가가치세 납세지는 관세법에 따라 수입을 신고하는 세관의 소재지로 한다.

☞ 재화를 수입하는 경우 세관장이 부가가치세를 징수한다. 세관장은 수입신고를 하는 때에 관세 및 부가가치세 등을 징수한다. 따라서 재화를 수입하는 자의 부가가치세 납세지는 세관의 소재지로 규정하였다.

답 ④

# ⑦ 공급시기

**01.** 「부가가치세법」상 재화의 공급시기(폐업 전에 공급한 재화의 공급시기가 폐업일 이후에 도래하는 경우에는 제외한다)로 옳지 않은 것은?

① 현금판매, 외상판매 또는 할부판매의 경우에는 재화가 인도되거나 이용가능하게 되는 때

② 전력이나 그 밖에 공급단위를 구획할 수 없는 재화를 계속적으로 공급하는 경우에는 대가의 각 부분을 받기로 한 때

③ 재화의 공급으로 보는 가공의 경우에는 재화의 가공이 완료된 때

④ 무인판매기를 이용하여 재화를 공급하는 경우에는 해당 사업자가 무인판매기에서 현금을 꺼내는 때

**🔍 해설**

③ 재화의 공급으로 보는 가공은 재화의 공급을 기준으로 공급시기를 판단하여야 한다. 재화의 공급은 원칙적으로 재화를 인도하는 때를 공급시기로 본다.

**目** ③

**02.** 부가가치세법령상 용역의 공급시기에 대한 설명으로 옳지 않은 것은?

① 장기할부조건부로 용역을 공급하는 경우에는 대가의 각 부분을 받기로 한 때로 한다.

② 사업자가 부동산 임대용역을 공급하고 전세금 또는 임대보증금을 받는 경우(「부가가치세 시행령」 제65조에 따라 계산한 금액을 공급가액으로 함)에는 예정신고기간 또는 과세기간의 종료일로 한다.

③ 중간지급조건부로 용역을 공급하는 경우 역무의 제공이 완료되는 날 이후 받기로 한 대가의 부분에 대해서는 역무의 제공이 완료되는 날 이후 그 대가를 받는 때로 한다.

④ 헬스클럽장 등 스포츠센터를 운영하는 사업자가 연회비를 미리 받고 회원들에게 시설을 이용하게 하는 것을 둘 이상의 과세기간에 걸쳐 계속적으로 제공하고 그 대가를 선불로 받는 경우에는 예정신고기간 또는 과세기간의 종료일로 한다.

**🔍 해설**

③ 중간지급조건부로 용역을 공급하는 경우 역무의 제공이 완료되는 날 이후 받기로 한 대가의 부분에 대해서는 역무의 제공이 완료되는 날을 공급시기로 한다.

☞ 용역의 공급시기는 원칙적으로 역무의 제공이 완료된 때이다. 다만, 부가가치세는 소비자가 납부해야할 세금을 가지고 있다가 세무서에 납부하는 특징을 가지고 있다. 따라서 중간지급조건부 같이 미리 대금을 나누어 받는 것에 대하여 대가의 각 부분을 받기로 한 때를 공급시기로 규정하고 있는 것이다. 부가가치세를 '미리' 징수하기 위한 규정이기에 역무의 제공이 완료되는 날 이후에 그 대가를 받더라도 역무의 제공이 완료되는 날(원칙)을 공급시기로 하는 것이다.

**目** ③

# ❽ 영세율과 면세

[2005년 9급] ★★

**01.** 「부가가치세법」상 영세율과 면세에 대한 설명으로 옳지 <u>않은</u> 것은?

① 국외에서 국외로 항행하는 자국 선박 내에서 승객에게 제공하는 재화 또는 용역은 영세율을 적용한다.

② 면세를 적용하는 경우에는 매입시에 부담한 매입세액이 환급되지 아니하므로 면세제도는 조세이론상 부분면세제도에 해당된다.

③ 식용에 공하지 않는 미가공 농·축·수·임산물은 국산이나 외국산 모두 면세하지 않는다.

④ 사업자가 비거주자 또는 외국법인인 경우에는 그 외국에서 대한민국의 거주자 또는 내국법인에게 동일한 면세를 하는 경우에 한하여 영세율을 적용한다.

## 🔍 해설

③ 식용에 공하지 않는 농·축·수·임산물의 경우는 외국산은 면세하지 않는다.

☞ 미가공 식료품의 경우 국내산과 외국산의 구별 없이 모두 면세를 적용한다. 식재료와 같이 서민의 소비물품에 대하여 부가가치세를 면세하여 가격부담을 완화시키기 위함이다.

☞ 비식용 농·축·수·임산물의 경우는 국내산만 면세를 적용한다. 비식용 농·축·수·임산물은 생필품이 아니다. 아마도 국내산은 서민의 소비물품이 될 수 있으나 외국산은 다소 사치적 목적이 있다고 판단한 것 같다.

**답** ③

**02.** 부가가치세법령상 영세율제도에 대한 설명으로 옳지 않은 것은?

① 대한민국 선박에 의하여 잡힌 수산물을 외국으로 반출하는 것은 영세율을 적용한다.

② 사업자가 대통령령으로 정한 중계무역 방식으로 수출하는 경우로서 국내 사업장에서 계약과 대가 수령 등 거래가 이루어지는 것은 영세율을 적용한다.

③ 외교공관 등의 소속 직원으로서 해당 국가로부터 공무원 신분을 부여받은 자 중 내국인에게 대통령령으로 정하는 방법에 따라 재화 또는 용역을 공급하는 경우에는 영세율을 적용한다.

④ 선박 또는 항공기에 의하여 여객이나 화물을 국외에서 국내로 또는 국외에서 국외로 수송하는 것에 대하여는 영세율을 적용한다.

**🔍 해설**

③ 외교공관 등의 소속 직원으로서 해당 국가로부터 공무원 신분을 부여받은 자 중 내국인이 아닌자에게 대통령령으로 정하는 방법에 따라 재화 또는 용역을 공급하는 경우에는 영세율을 적용한다.

☞ 우리나라에서 상주하는 외교공관, 영사기관, 국제연합과 이에 준하는 국제기구 국제연합군 또는 미국군 등에 재화 또는 용역을 공급하는 경우 영세율이 적용된다. 또한 국내에서 비거주자 또는 외국법인에게 공급하는 재화 또는 용역도 영세율이 적용된다.(요건 충족 시) 이는 외화를 획득하기 위한 재화 또는 용역에 대해 영세율의 해택을 주는 것이다.

☞ 외교공관 등의 소속 직원이라고 하더라도 내국인에게 지급하는 경우에는 영세율이 적용되지 않는다.

**답 ③**

**03.** 「부가가치세법」상 국내에 사업장이 있는 사업자가 행하는 재화 또는 용역의 공급에 대한 영세율 적용과 관련한 설명으로 옳지 않은 것은?

① 내국물품을 외국으로 반출하는 것에 대해서는 영세율이 적용된다.

② 국외에서 공급하는 용역에 대해서는 영세율이 적용된다.

③ 항공기에 의하여 여객을 국내에서 국외로 수송하는 것에 대해서는 영세율이 적용되지 않는다.

④ 외화를 획득하기 위한 것으로서 우리나라에 상주하는 국제연합과 이에 준하는 국제기구(우리나라가 당사국인 조약과 그 밖의 국내법령에 따라 특권과 면제를 부여받을 수 있는 경우에 한함)에 재화 또는 용역을 공급하는 것에 대해서는 영세율을 적용한다.

**🔍 해설**

③ 항공기에 의하여 여객을 국내에서 국외로 수송하는 것에 대해서는 영세율이 적용된다.

☞ 항공기는 여러 나라를 항행한다. 소비가 외국에서 이루어졌는지, 국내에서 이루어졌는지 알기 어렵다. 따라서 외국을 거치면 영세율을 적용한다. 외국-외국, 국내-외국, 외국-국내는 영세율을 적용하고 외국을 거치지 않는 국내-국내는 영세율이 적용되지 않는다.

**답 ③**

**04.** 부가가치세법령상 면세되는 재화 또는 용역에 해당하지 않는 것은?

① 도서

② 국방부가 「군인사법」 제2조에 따른 군인에게 제공하는 골프연습장 운영업과 관련한 재화 또는 용역

③ 미술관에 입장하게 하는 것

④ 국가에 무상으로 공급하는 재화 또는 용역

**🔍해설**

② 국방부 또는 국군이 군인, 일반군무원, 그 밖에 이들의 직계존속·비속에게 제공하는 소매업, 음식점업·숙박업, 기타 스포츠시설 운영업(골프 연습장 운영업은 제외) 관련 재화 또는 용역은 면세대상에 해당된다.

**답** ②

## ❾ 과세표준과 과세기간

[2010년 7급] ★★

**01.** 「부가가치세법」상 과세표준에 관한 설명으로 옳지 <u>않은</u> 것은?

① 환입된 재화의 가액은 과세표준에 포함하지 않는다.

② 할부판매의 이자 상당액은 과세표준에 포함하지 않는다.

③ 재화 또는 용역을 공급한 후의 그 공급가액에 대한 대손금은 과세표준에서 공제하지 않는다.

④ 재화의 수입에 대한 부가가치세의 과세표준은 관세의 과세가격, 관세, 개별소비세·주세·교육세·농어촌특별세 및 교통·에너지·환경세를 합한 금액으로 한다.

**🔍해설**

② 할부판매의 이자상당액은 과세표준에 포함한다.

☞ 기업회계는 발생주의에 따른다. 따라서 수익·비용의 대응이 중요하며 현재가치에 평가가 중요하다. 세법은 권리의무 확정주의를 따른다. 세법은 받기로한 금액이 중요하며 원칙적으로 현재가치 평가는 적용하지 않는다. 따라서 할부판매의 이자상당액은 과세표준에 포함된다.

**답** ②

**02.** 부가가치세법령상 공급가액에 대한 설명으로 옳은 것만을 모두 고르면? (단, 특수관계인과의 거래는 아닌 것으로 가정함)

> ㄱ. 개별소비세, 주세 및 교통·에너지·환경세가 부과되는 재화는 개별소비세, 주세 및 교통 ·에너지·환경세의 과세표준에 해당 개별소비세, 주세, 교육세, 농어촌특별세 및 교통·에너지·환경세 상당액을 공제한 금액을 공급가액으로 한다.
> ㄴ. 기부채납의 경우에는 해당 기부채납의 근거가 되는 법률에 따라 기부채납된 가액으로 하되, 기부채납된 가액에 부가가치세가 포함된 경우 그 부가가치세는 제외한다.
> ㄷ. 재화나 용역을 공급할 때 그 품질이나 수량, 인도조건 또는 공급대가의 결제방법이나 그 밖의 공급조건에 따라 통상의 대가에서 일정액을 직접 깎아 주는 금액은 공급가액에 포함하지 아니한다.
> ㄹ. 사업자가 재화 또는 용역을 공급하고 그 대가로 받은 금액에 부가가치세가 포함되어 있는지가 분명하지 아니한 경우에는 그 대가로 받은 금액을 <u>공급가액으로 한다.</u>

① ㄱ, ㄴ        ② ㄴ, ㄷ
③ ㄱ, ㄷ, ㄹ        ④ ㄴ, ㄷ, ㄹ

🔍 **해설**

② ㄴ. ㄷ. 옳은 설명이다.

ㄱ. 개별소비세, 주세 및 교통·에너지·환경세가 부과되는 재화는 개별소비세, 주세 및 교통 ·에너지·환경세의 과세표준에 해당 개별소비세, 주세, 교육세, 농어촌특별세 및 교통·에너지·환경세 상당액을 포함한 금액을 공급가액으로 한다.

ㄹ. 사업자가 재화 또는 용역을 공급하고 그 대가로 받은 금액에 부가가치세가 포함되어 있는지가 분명하지 아니한 경우에는 받은 대가의 100/110을 공급가액으로 한다.

답 ②

**03.** 과세사업을 영위하는 ㈜한국이 미국에 $20,000의 제품을 수출한 경우, 부가가치세법령상 ㈜한국의 2022년 제2기 과세기간의 부가가치세 과세표준은?

> • 10월 1일 선수금으로 $10,000을 송급받아 당일에 1$당 1,000원에 환가하였다.
> • 10월 15일 수출물품을 선적하였고, 당일의 기준환율은 1$당 1,100원이다.
> • 10월 30일 수출대금 잔액 $10,000를 외화로 송급받아 1$당 1,200원에 환가하였다.

① 20,000,000원  ② 21,000,000원
③ 22,000,000원  ④ 24,000,000원

**해설**

② 제품을 수출한 경우 공급시기 이전에 환가한 것은 환가한 금액을 과세표준으로 한다. 환가하지 않거나 공급시기 이후에 환가하는 경우 공급시기의 기준환율(또는 재정환율)을 적용하여 과세표준을 계산한다.

| 날짜 | 과세표준 | 비고 |
|---|---|---|
| 10월 01일 | $10,000 × 1,000원 = 10,000,000원 | 선수금 |
| 10월 15일 | $10,000 × 1,100원 = 11,000,000원 | 선적일=공급시기 |
| 10월 30일 | | – |
| 합계 | 21,000,000 | |

$10,000 × 1,000 + $10,000 × 1,100 = 21,000,000원

**답** ②

**04.** 부가가치세법령상 과세표준에 대한 설명으로 옳은 것은? (단, 제시된 금액은 부가가치세가 포함되지 않은 금액임)

① 시가 500원, 원가 450원인 재화를 공급하고 시가 480원인 재화를 대가로 받을 경우 과세표준은 480원이다.

② 특수관계인에게 시가 1,000원인 사업용 부동산 임대용역(「부가가치세법 시행령」에서 제외하는 사업용 부동산 임대용역은 아님)을 무상으로 제공한 경우 용역의 공급으로 보지 않으므로 과세표준은 없다.

③ 사업을 위하여 대가를 받지 않고 다른 사업자에게 인도한 견본품의 시가 200원, 원가가 150원일 경우 과세표준은 150원이다.

④ 재화의 공급에 해당되는 폐업 시 남아 있는 재화(감가상각자산은 아님)의 시가가 1,000원, 원가가 800원일 경우 과세표준은 1,000원이다.

---

**해설**

① 시가 500원, 원가 450원인 재화를 공급하고 시가 480원인 재화를 대가로 받을 경우 과세표준은 500원이다.

☞ 공급한 시가인 500원을 과세표준으로 한다.

② 특수관계인에게 시가 1,000원인 사업용 부동산 임대용역(「부가가치세법 시행령」에서 제외하는 사업용 부동산 임대용역은 아님)을 무상으로 제공한 경우 과세표준은 1,000원이다.

☞ 특수관계인에 대한 사업용부동산의 무상임대는 공급한 시가를 과세표준으로 한다.

③ 사업을 위하여 대가를 받지 않고 다른 사업자에게 인도한 견본품의 시가 200원, 원가가 150원일 경우 과세표준은 0원이다.

☞ 무상견본품은 공급에 해당하지 않는다.

답 ④

**05.** 다음 자료를 이용할 경우, 부가가치세법령상 2020년 제2기 과세표준에 포함되는 금액은?

| 구분 | 금액 | 인도 시점 | 대가 수취 시점 |
|---|---|---|---|
| 전력을 계속적으로 공급 | 5,000,000원 | 2020년 6월 25일 | 2020년 7월 25일 |
| 재화의 외상판매 | 3,000,000원 | 2020년 6월 25일 | 2020년 7월 25일 |
| 기획재정부령으로 정하는 장기할부판매 | 4,000,000원 | 2020년 7월 25일 | 2021년 7월 25일 |
| 재화의 공급시기가 되기 전에 재화의 대가 전부를 받고 즉시 세금계산서를 발급 | 6,000,000원 | 2020년 7월 25일 | 2020년 6월 25일 |

※ 장기할부판매는 매년 동일한 시점(5년간)에 대가를 수취하고 있음

※ 대가(의 각 부분)를 받기로 한 때와 대가 수취 시점은 동일하며, 제시된 금액은 부가가치세가 포함되지 않은 금액임

① 5,000,000원

② 7,000,000원

③ 9,000,000원

④ 11,000,000원

**해설**

① 전력을 계속적으로 공급한 것에 대하여 2020년 2기 과세표준에 포함된다.(5,000,000원)

| 구분 | 금액 | 인도 시점 | 대가 수취 시점 | 공급시기 |
|---|---|---|---|---|
| 전력을 계속적으로 공급 | **5,000,000원** | 2020년 6월 25일 | **2020년 7월 25일** | **받기로 한 때** |
| 재화의 외상판매 | 3,000,000원 | 2020년 6월 25일 | 2020년 7월 25일 | 인도일 |
| 장기할부판매 | 4,000,000원 | 2020년 7월 25일 | 2021년 7월 25일 | 받기로 한 때 |
| 재화의 공급시기가 되기 전에 재화의 대가 전부를 받고 즉시 세금계산서를 발급 | 6,000,000원 | 2020년 7월 25일 | 2020년 6월 25일 | 세금계산서를 발급한 때 (선세금계산서) |

답 ①

**06.** 다음은 과세사업자인 ㈜B의 2022년 제1기 부가가치세 신고자료이다.2022년 제1기 과세기간의 부가가치세 과세표준은? (단, 제시된 금액은 부가가치세가 포함되지 않은 금액이다)

- 과세재화의 외상판매액: 20,000,000원
  (매출에누리 1,000,000원이 차감되지 않은 금액)
- 거래처로부터 받은 판매장려금: 500,000원
- 사업을 위하여 대가를 받지 아니하고 다른 사업자에게 인도한 견본품(원가): 2,000,000원(시가 2,500,000원)
- 업무용 소형승용차(매입세액을 공제받지 못함)매각액: 1,500,000원(장부가액 1,000,000원)
- 과세재화의 할부판매액: 10,000,000원
  (2022년 1월 31일에 제품을 인도하고, 대금은 2022년 1월 31일부터 10회로 분할하여 매월 말일에 1,000,000원씩 받기로 함)

① 26,500,000원  ② 29,000,000원
③ 30,500,000원  ④ 33,000,000원

**해설**

- 외상판매액: 20,000,000 − 1,000,000 = 19,000,000원
- 거래처로부터 받은 판매장려금: 0원(과세표준에 해당하지 않음)
- 견본품: 0원(공급에 해당하지 않음)
- 소형승용차 매각액: 1,500,000원(실질공급에 해당)
- 할부판매액: 10,000,000원(장기할부판매X)
- ※ 합계: 30,500,000원

답 ③

**07.** 「부가가치세법」상 일반과세자의 과세표준으로 보는 공급가액에 대한 설명으로 옳지 않은 것은?

① 자기가 공급한 재화에 대해 금전 외의 대가를 받는 경우에는 부가가치세를 포함한 그 대가를 공급가액으로 한다.

② 폐업하는 경우에는 폐업 시 남아 있는 재화의 시가를 공급가액으로 한다.

③ 완성도기준지급조건부로 재화를 공급하는 경우에는 계약에 따라 받기로 한 대가의 각 부분을 공급가액으로 한다.

④ 조세의 부담을 부당하게 감소시킬 것으로 인정되는 경우로서 특수관계인에게 아무런 대가를 받지 아니하고 재화를 공급하는 경우에는 공급한 재화의 시가를 공급가액으로 본다.

**해설**

① 재화 또는 용역의 공급 시 금전 외의 대가를 받는 경우에는 공급한 재화 또는 용역의 시가를 과세표준으로 한다.

**답** ①

# ⑩ 세금계산서등

[2007년 7급] ★★

**01.** 「부가가치세법」상 세금계산서와 관련된 설명으로 옳지 않은 것은?

① 면세사업자는 세금계산서를 발급할 수 없다.

② 사업자가 부동산임대용역을 공급하고 전세금 또는 임대보증금을 받는 경우 법령에 의하여 계산한 금액(간주임대료)에 대해서도 세금계산서를 발급하여야 한다.

③ 재화 또는 용역의 공급시기가 도래하기 전에 세금계산서를 발급하고 그 세금계산서발급일로부터 7일 이내에 대가를 지급받는 경우에는 정당한 세금계산서를 발급한 것으로 본다.

④ 부가가치세납세의무자로 등록한 사업자로서 세금계산서 발급의무가 있는 사업자가 재화 또는 용역을 공급하고 그 거래시기에 세금계산서를 발급하지 않은 경우, 그 재화 또는 용역을 공급받은 자는 법령이 정하는 바에 따라 관할세무서장의 확인을 받아 세금계산서를 발행할 수 있다.

**해설**

② 사업자가 부동산임대용역을 공급하고 전세금 또는 임대보증금을 받는 경우 법령에 의하여 계산한 금액(간주임대료)은 세금계산서를 발급할 수 없다.

☞ 간주임대료는 보증금을 임대료로 간주하여 적용하는 것으로 실제 공급이 아니므로 세금계산서를 발급할 수 없다.

**답** ②

**02.** 「부가가치세법」상 세금계산서와 영수증에 대한 설명으로 <u>옳지 않은</u> 것은?

① 신규로 사업을 시작하는 간이과세자로 하는 최초의 과세기간 중에 있는 자 또는 직전연도 공급대가의 합계액이 4,800만 원 미만인 간이과세자는 세금계산서를 발급하지 못하며 영수증을 발급하여야 한다.

② 간이과세자는 세금계산서를 발급받아도 세금계산서에 기재된 부가가치세액의 전부를 자기가 납부할 부가가치세에서 공제받을 수는 없다.

③ 세금계산서는 '공급자 보관용', '공급받는 자 보관용', '세무서 제출용'으로 이루어져 있다.

④ 재화를 직접 수출하는 경우에는 세금계산서 발급의무가 면제된다.

---

**해설**

③ 세금계산서는 '공급자 보관용', '공급받는 자 보관용'으로 이루어져 있다.

☞ 세금계산서는 '공급자 보관용', '공급받는 자 보관용'으로 2매를 발급한다. 세무서에는 각 세금계산서를 제출하는 것이 아닌 발급한 세금계산서를 정리한 세금계산서 합계표를 제출하게 된다. 따라서 세금계산서를 세무서 제출용을 별도 발급하는 경우는 없다.

☞ 참고사항 : 홈택스에서 전자세금계산서의 발급이 가능하나 이는 공급자가 공급받는 자에게 발급하는 것이고, 발급명세를 국세청장에게 전송하는 것이지 따로 세무서에 발급하는 것은 아니다. 발급명세는 국세청 전산망에 저장되기 때문에 세금계산서 보존의무가 면제되고, 저장된 명세를 바탕으로 세금계산서 합계표가 자동으로 작성되기 때문에 합계표 제출의무가 면제된다.

**답** ③

**03.** 부가가치세법상 세금계산서를 교부하지 않는 경우에 세금계산서 불성실가산세를 적용받게 되는 경우로서 옳은 것은?

① 국내에서 국내사업장이 없는 외국법인에게 재화를 공급하고 그 대금은 외화로 직접 송금 받아 외국환은행에 매각한 경우 (재화는 외국법인이 지정하는 국내사업자에게 인도되고 이는 해당 사업자의 과세사업에 사용)

② 수출업자와 직접 도급계약에 의하여 수출하는 재화의 임가공 용역을 공급하는 경우

③ 부동산임대사업자가 수령한 임대보증금에 대한 간주임대료를 계산하는 경우

④ 면세사업자가 면세재화를 과세사업자에게 공급하는 경우

**해설**

① 수탁가공방식의 수출재화는 국내거래이지만 실질적으로는 수출이므로 영세율을 적용한다. 또한 국외사업자와의 거래로 세금계산서 발급의무가 면제된다.

② 영세율이 적용되는 국내사업자간의 거래로 0%의 세금계산서를 발급하여야 한다.

☞ 수출재화 임가공용역의 경우 수출하는 국내업자와 직접 도급계약에 의하여 수출재화를 임가공 하는 것으로서 수출이 예상되기 때문에 영세율이 적용된다. 다만, '국내'에서 '국내 사업자간 거래'이기 때문에 영의 세율인 세금계산서를 발급 하여야 한다.

③ 간주임대료는 세금계산서 발급의무가 면제된다.

☞ 간주임대료는 단어 그대로 임대료로 간주하여 부가가치세를 과세하는 것으로 실제 공급된 것이 아니므로 세금계산서의 발급의무가 없다. 실무상 부가가치세 신고시 무증빙매출(건별)에 기입한다.

④ 면제사업자가 면세재화를 과세사업자, 면세사업자, 개인등 어디에 공급하더라도 부가가치세가 면세된다. 따라서 세금계산서 발급을 할 수 없다.

답 ②

**04.** 부가가치세법령상 세금계산서를 발급하는 때를 재화 또는 용역의 공급시기로 보는 경우에 해당하지 않는 것은? (단, 재화 또는 용역의 공급시기 및 세금계산서는 법령에 따른 것으로 본다)

① 사업자가 부가가치세법 시행령 제28조제3항제4호에 따라 전력이나 그 밖에 공급단위를 구획할 수 없는 재화를 계속적으로 공급하는 경우의 공급시기가 되기 전에 세금계산서를 발급하는 경우

② 사업자가 부가가치세법 제15조 또는 제16조에 따른 재화 또는 용역의 공급시기가 되기 전에 재화 또는 용역에 대한 대가의 전부 또는 일부를 받고, 그 받은 대가에 대하여 세금계산서를 발급하는 경우

③ 사업자가 부가가치세법에 따른 장기할부 판매로 재화를 공급하는 경우의 공급시기가 되기 전에 세금계산서를 발급하는 경우

④ 대가를 지급하는 사업자가 거래 당사자 간의 계약서 등에 대금 청구시기와 지급시기를 따로 적고, 대금 청구시기와 지급시기 사이의 기간이 60일인 경우로서 재화 또는 용역을 공급하는 사업자가 그 재화 또는 용역의 공급시기가 되기 전에 세금계산서를 발급하고 그 세금계산서 발급일부터 7일이 지난 후에 대가를 받는 경우

### 🔍 해설

④ 대가를 지급하는 사업자가 거래 당사자 간의 계약서 등에 대금 청구시기와 지급시기를 따로 적고, 대금 청구시기와 지급시기 사이의 기간이 30일 이내인 경우에는 재화 또는 용역을 공급하는 사업자가 그 재화 또는 용역의 공급시기가 되기 전에 세금계산서를 발급하고 그 세금계산서 발급일 부터 7일이 지난 후에 대가를 받는 경우에도 세금계산서를 발급한 때를 공급시기로 본다.

① 사업자가 전력이나 그 밖의 공급단위를 구획할 수 없는 재화를 계속적으로 공급하는 경우는 세금계산서 특례로서 공급시기가 되기 전 세금계산서를 발급할 수 있다. 따라서 발급한 때를 공급시기로 본다.

☞ 장기할부판매나 전력등의 공급은 이미 재화나 용역을 공급하였지만, 실무상의 이유로 공급시기는 '받기로 한때'이다. 따라서 돈을 청구하기 위해 공급한 내역을 세금계산서로 먼저 발급하는 것이 일반적이다. 한국전력공사를 예를 들면 전기를 공급하고, 1개월 단위로 계산하여 고지서를 발송한다. 이때 고지서를 보면 '이 청구서는~전자세금계산서 입니다.'라고 적혀있다. 이미 공급한 전력에 대하여 세금계산서를 선 발급하여 청구하고 대금을 받는 것이 실무상 일반적이다.(전력의 공급시기는 '받기로 한 때'이지만, 실무적으로는 선세금계산서의 적용으로 고지서 작성일자가 공급시기가 된다.)

② 사업자가 공급시기가 되기 전에 대금을 수령 후 그 받은 대가에 대하여 세금계산서를 발급하는 것은 세금계산서 특례로서 공급시기가 되기 전 세금계산서를 발급할 수 있다. 따라서 발급한 때를 공급시기로 본다.

☞ 실무상 세금계산서는 '영수증'으로의 역할을 하고 있기 때문에 받은 대가에 대해 영수증으로 발급해준 세금계산서의 공급시기를 인정해주는 것이다.

답 ④

# 📘 매입세액 공제와 불공제

[2018년 9급 일부 수정] ★★

**01.** 부가가치세법령상 매입세액공제에 대한 설명으로 옳지 않은 것은?

① 세금계산서의 필요적 기재사항 중 일부가 착오로 사실과 다르게 적혔으나 그 세금계산서에 적힌 나머지 필요적 기재사항 또는 임의적 기재사항으로 보아 거래사실이 확인되지 않는 경우의 매입세액은 매출세액에서 공제하지 아니한다.

② 재화를 공급받고 실제로 그 재화를 공급한 사업장이 아닌 사업장을 적은 세금계산서를 발급받은 경우 그 사업장이 사업자 단위 과세 사업자에 해당하는 사업장인 경우로서 그 재화를 실제로 공급한 사업자가 부가가치세 확정신고를 통하여 해당 과세기간에 대한 납부세액을 신고하고 납부하였다면 그 매입세액은 매출세액에서 공제한다.

③ 토지의 조성 등을 위한 자본적 지출에 관련된 것으로서 토지의 가치를 현실적으로 증가시켜 토지의 취득원가를 구성하는 비용에 관련된 매입세액은 매출세액에서 공제하지 아니한다.

④ 「부가가치세법」 제8조에 따른 사업자등록을 신청하기 전의 매입세액은 그 공급시기가 속하는 과세기간이 끝난 후 30일 이내에 등록을 신청한 경우에는 해당 세액을 매출세액에서 공제할 수 있다.

## 🔍 해설

④ 「부가가치세법」 제8조에 따른 사업자등록을 신청하기 전의 매입세액은 그 공급시기가 속하는 과세기간이 끝난 후 20일 이내에 등록을 신청한 경우에는 해당 세액을 매출세액에서 공제할 수 있다.

☞ 사업자등록을 신청하기 전의 매입세액은 그 공급시기가 속하는 과세기간이 끝난 후 20일 이내에 등록을 신청한 경우 공제가 된다. 왜냐하면 부가가치세 신고는 공급시기가 속하는 과세기간이 끝난 후 25일 이내에 해야 한다. 최소한 사업자 등록신청을 20일에는 해야지 21일에 사업자등록증이 나오고 4일간 정리해서 부가가치세 신고를 할 수 있다.

답 ④

## 02. 부가가치세법령상 매입세액과 관련된 설명으로 옳은 것은?

① 매입세액에서 대손세액에 해당하는 금액을 뺀(관할 세무서장이 결정 또는 경정한 경우 포함) 사업자가 대손금액을 변제한 경우에는 대통령령으로 정하는 바에 따라 변제한 대손금액에 관련된 대손세액에 해당하는 금액을 변제한 날이 속하는 과세기간의 매입세액에 더한다.

② 면세사업을 위한 투자에 관련된 매입세액은 공제한다.

③ 건축물이 있는 토지를 취득하여 그 건축물을 철거하고 토지만 사용하는 경우 철거한 건축물의 취득 및 철거 비용과 관련된 매입세액은 공제한다.

④ 사업자가 면세농산물을 원재료로 하여 제조한 재화의 공급에 대하여 부가가치세가 과세되는 경우(면세를 포기하고 영세율을 적용받는 경우 포함)에는 면세농산물을 공급받을 때 매입세액이 있는 것으로 보아 의제매입세액을 공제한다.

### 🔍 해설

② '면세사업' 관련 매입세액은 공제하지 않는다.

③ 건축물이 있는 토지를 취득하여 그 건축물을 철거하고 토지만 사용하는 경우 철거한 건축물의 취득 및 철거 비용과 관련된 매입세액은 공제하지 않는다.

☞ 토지만 구입하고 싶지만 토지 위에 건축물이 있어서 구입하자마자 건축물을 철거하고 토지만 사용하는 경우가 있다. 이때는 토지를 구입할 목적으로 건축물을 취득하고 철거한 것이기 때문에 사실상 토지를 위해 취득한 것으로 봅니다.

④ 사업자가 면세농산물을 원재료로 하여 제조한 재화의 공급에 대하여 부가가치세가 과세되는 경우에는 면세농산물을 공급받을 때 매입세액이 있는 것으로 보아 의제매입세액을 공제한다. 단, 면세를 포기하고 영세율을 적용받는 경우에는 의제매입세액을 공제하지 아니한다.

☞ 의제매입세액공제는 과세사업자가 면세농산물등을 원재료로 제조·가공하여 과세사업에 사용하는 경우 0적용된다. 면세를 포기하고 영세율을 적용 받는 경우는 면세농산물등을 제조·가공하여 과세사업에 사용하는 것이 아니고 면세인 상태 그대로이지만 매입세액공제를 위하여 면세를 포기 및 영세율을 적용받는 것이다. 따라서 의제매입세액공제가 적용되지 않는다.

답 ①

**03.** 다음 중 「부가가치세법」상 일반과세자의 의제매입세액에 대한 설명으로 옳지 않은 것은?

① 제조업을 영위하는 사업자가 농·어민으로부터 면세농산물 등을 직접 공급받는 경우에는 의제 매입세액공제신고서만을 제출한다.

② 면세사업을 위하여 사용·소비하는 경우 또는 기타의 목적을 위해 사용하거나 소비하는 경우에는 의제매입세액공제를 적용하지 않으며, 적용된 의제매입세액은 추징된다.

③ 과세사업을 영위하는 사업자가 면세농산물(농산물·축산물·수산물 또는 임산물을 말하며, 1차 가공을 거친 것, 단순가공식료품, 1차 가공과정에서 발생하는 부산물, 소금을 포함) 등을 원재료로 하여 과세되는 재화·용역을 공급하는 경우에는 의제매입세액공제가 적용된다.

④ 수정신고, 경정 등의 청구 또는 기한후신고와 함께 제출하는 경우에는 의제매입세액공제를 적용하나, 경정에 있어서 경정기관의 확인을 거쳐 제출하는 경우에는 의제매입세액공제를 적용하지 않는다.

**해설**

④ 수정신고, 경정 등의 청구 또는 기한후신고와 함께 제출하는 경우 의제매입세액공제를 적용하며, 경정에 있어서 경정기관의 확인을 거쳐 제출하는 경우에도 의제매입세액공제를 적용한다.

☞ 의제매입세액공제는 혜택이나 의무보다는 누적효과와 환수효과를 제거해주기 위한 목적이 강하다. 경정기관의 확인을 거쳐 제출하는 경우에도 의제매입세액공제를 적용받을 수 있다. 경정기관의 확인을 거치는 경우에도 누적효과와 환수효과는 제거해주어야 하기 때문이다.

**답 ④**

**04.** 「부가가치세법」상 예정 또는 확정신고시에 공제받지 못한 의제매입세액을 공제받기 위하여 서류를 제출하는 경우에 해당하는 것만을 모두 고르면?

> ㄱ. 해당서류를 경정청구서와 함께 제출하여 경정기관이 경정하는 경우
> ㄴ. 해당서류와 함께 신용카드매출전표등수취명세서를 경정기관의 확인을 거쳐 정부에 제출하는 경우
> ㄷ. 해당서류를 기한 후 과세표준신고서와 함께 제출하여 관할세무서장이 결정하는 경우
> ㄹ. 해당서류를 과세표준수정신고서와 함께 제출하는 경우

① ㄱ, ㄷ

② ㄴ, ㄷ

③ ㄱ, ㄴ, ㄹ

④ ㄱ, ㄴ, ㄷ, ㄹ

**해설**

④ 사업자가 예정신고시에 해당 서류를 제출하지 못하여 공제받지 못한 의제매입세액은 확정신고시에 제출하여 공제받을 수 있으며, 예정 또는 확정신고시에 공제받지 못한 의제매입세액은 해당 서류를 경정기관이 경정하는 경우, 신용카드매출전표등수취명세서를 경정기관의 확인을 거쳐 정부에 제출하는 경우, 수정신고하는 경우, 기한 후 신고하는 경우, 경정청구하는 경우에 공제받을 수 있다.

**답 ④**

**05.** 부가가치세법령상 납부세액을 계산할 때 매출세액에서 공제하지 아니하는 매입세액이 아닌 것은?

① 부가가치세법 제32조에 따라 발급받은 세금계산서의 필요적 기재사항 중 일부가 착오로 사실과 다르게 적혔으나 그 세금 계산서에 적힌 나머지 필요적 기재사항으로 보아 거래사실이 확인되는 경우의 매입세액

② 사업과 직접 관련이 없는 지출로서 부가가치세법 시행령으로 정하는 것에 대한 매입세액

③ 접대비 및 이와 유사한 비용으로서 부가가치세법 시행령으로 정하는 비용의 지출에 관련된 매입세액

④ 면세사업 등에 관련된 매입세액

---

**해설**

① 세금계산서는 매입세액공제의 증명서류로서의 기능을 가지고 있다. 매입세액공제를 위해서는 필요적 기재사항이 전부 기재되어 있어야 한다. 잘못 기재된 경우라고 하더라도 그 외 기재사항으로 보아 거래의 사실이 확인되는 경우에는 매입세액을 인정해준다. 매입세액을 공제하지 않는 것은 매우 큰 불이익이기 때문에 기재사항으로 보아 거래가 확인되는 경우 매입세액을 공제해 준다.

☞ 실제 사업자등록번호가 아닌 주민등록번호로 세금계산서를 받아 불공제된 처분에 대하여 그 밖의 기재사항으로 보아 거래사실이 확인되어 매입세액을 공제한 사례가 있다.

②, ④ 사업과 직접 관련 없거나 면세사업등에 관련된 매입세액은 공제하지 않는다.

③ 접대비는 매출세액에서 공제하지 않는다.

☞ 접대비를 매출세액에서 공제하지 않는 정확한 이유는 확인이 어렵다. 개인적으로는 세 가지 이유라고 생각한다. 1) 부가가치세의 논리상 특정고객에게 접대하는 것은 재화나 용역의 가치증대에 기여하지 않는다. 2) 실제 사업을 위해 사용하였는지 확인이 어렵다. 따라서 사업자가 임의로 신고하더라도 과세관청에서 확인하기가 어렵다. 3) 사회적으로 불건전한 지출일 가능성이 높다.

**답** ①

**06.** 「부가가치세법」상 대손세액공제에 대한 설명으로 <u>옳지 않은</u> 것은? (단, 폐업은 고려하지 않기로 한다)

① 재화 또는 용역의 공급자가 대손세액을 매출세액에서 차감한 경우 공급자의 관할세무서장은 대손세액공제 사실을 공급받는 자의 관할세무서장에게 통지하여야 한다.

② 대손세액공제를 받은 사업자가 그 대손금액의 전부 또는 일부를 회수한 경우에는 회수한 대손금액에 관련된 대손세액을 회수한 날이 속하는 과세기간의 매출세액에 더한다.

③ 대손세액공제를 적용받고자 하는 사업자는 대손사실을 증명하는 서류와 함께 해당 신고서를 예정신고 또는 확정신고 시 세무서장에게 제출(국세정보통신망에 의한 제출을 포함)하여야 한다.

④ 「법인세법 시행령」 및 「소득세법 시행령」에 따른 대손금으로 인정되는 경우 대손세액공제를 적용받을 수 있다.

🔍 **해설**

③ 대손세액공제를 적용받고자 하는 사업자는 대손사실을 증명하는 서류와 함께 해당 신고서를 확정신고 시 세무서장에게 제출(국세정보통신망에 의한 제출을 포함)하여야 한다.

☞예정신고시 적용하지 않는 것 : 대손세액공제, 과세사업 전환 매입세액, 가산세, 납부·환급세액 재계산, 전자신고세액공제, 의제매입세액 공제한도

답 ③

**07.** 소매업을 영위하는 (주)한국은 과세사업과 면세사업을 겸영하고 있다. 2022년 제1기 과세 및 면세사업의 공급가액과 매입세액이 다음과 같을 때, 확정신고 시 공제받을 수 없는 매입세액은? (단, 모든 거래에 대한 세금계산서 및 계산서는 적법하게 발급받았으며, 주어진 자료 이외의 다른 사항은 고려하지 않는다)

(단위: 만 원)

| 구분 | 공급가액 | 매입세액 |
|---|---|---|
| 과세사업 | 300 | 25 |
| 면세사업 | 200 | 10 |
| 과세·면세공통(실지귀속 불분명) | – | 20 |
| 합계 | 500 | 55 |

① 8만 원

② 10만 원

③ 18만 원

④ 30만 원

**해설**

공제받을 수 없는 매입세액은 면세사업관련 매입과 공통매입세액이다.

(1) 면세사업 : 100,000원

(2) 공통사업 불공제 : 80,000원

　 200,000원 × 2,000,000원(면세사업 공급가액) / 5,000,000원(과세사업과 면세사업의 공급가액 합계액)

= 180,000원

답 ③

# ⑫ 차가감세액계산

**01.** 「부가가치세법」상 납부세액에 관한 설명으로 옳지 않은 것은?

① 자기의 사업과 관련하여 생산한 재화를 국가에 무상으로 공급하는 경우 해당 재화의 매입세액은 매출세액에서 공제한다.

② 면세사업에 사용한 건물을 과세사업과 면세사업에 공통으로 사용하는 때에 그 과세사업에 사용한 날이 속하는 과세기간의 과세공급가액이 총공급가액의 5% 미만인 경우에는 공제세액이 없는 것으로 본다.

③ 부도발생일이 2021년 1월 10일인 어음상의 채권에 대한 대손세액은 2021년 제1기 과세기간의 매출세액에서 공제받을 수 있다.

④ 대손세액공제를 받고자 하는 사업자는 부가가치세 확정신고서에 대손세액공제신고서와 대손사실을 증명하는 서류를 첨부하여 관할 세무서장에게 제출하여야 한다.

### 🔎 해설

① 자기의 사업과 관련하여 생산하거나 취득한 재화를 국가·지방자치단체 등에 무상으로 공급하는 경우 해당 재화의 매입세액은 매출세액에서 공제하나, 자기의 사업과 관련없이 취득한 재화를 국가·지방자치단체 등에 무상으로 공급하는 경우 해당 재화의 매입세액은 공제하지 아니한다(부기통 38-0-6).

③ 부도발생일이 2021년 1월 10일인 어음상의 채권에 대한 대손세액은 대손확정일이 6개월이 지난 시점인 2021년 7월 11일이므로 2021년 제2기 과세기간의 매출세액에서 공제받을 수 있다.

답 ③

# ⑬ 신고와 납부

[2021년 7급] ★★★

## 01. 「부가가치세법」상 신고와 납부에 대한 설명으로 옳지 않은 것은?

① 국외사업자로부터 권리를 공급받는 경우에는 공급받는 자의 국내에 있는 사업장의 소재지 또는 주소지를 해당 권리가 공급되는 장소로 본다.

② 국외사업자로부터 국내에서 용역을 공급받는 자(공급받은 그 용역을 과세사업에 제공하는 경우는 제외하되, 매입세액이 공제되지 않은 용역을 공급받는 경우는 포함)는 그 대가를 지급하는 때에 그 대가를 받은 자로부터 부가가치세를 징수하여야 한다.

③ 국외사업자가 「부가가치세법」에 따른 사업자등록의 대상으로서 위탁매매인을 통하여 국내에서 용역을 공급하는 경우에는 국외사업자가 해당 용역을 공급한 것으로 본다.

④ 국외사업자가 전자적 용역을 국내에 제공하는 경우(사업자등록을 한 자의 과세사업 또는 면세사업에 대하여 용역을 공급하는 경우는 제외)에는 사업의 개시일부터 20일이내에 간편사업자등록을 하여야 한다.

### 🔍 해설

③ 국외사업자가 「부가가치세법」에 따른 사업자등록의 대상으로서 위탁매매인을 통하여 국내에 용역을 공급하는 경우에는 **위탁매매인 등이** 해당 용역을 공급한 것으로 본다.

답 ③

**02.** 부가가치세법령상 국외사업자의 전자적 용역 공급에 대한 설명으로 옳지 않은 것은?

① 간편사업자등록을 한 사업자가 국내에 전자적 용역을 공급하는 경우에는 국내사업자와 동일하게 세금계산서 및 영수증을 발급하여야 한다.

② 국내사업장이 없는 비거주자 또는 외국법인이 정보통신망 등을 이용하여 전자적 용역의 거래가 가능하도록 오픈마켓이나 그와 유사한 것을 운영하고 관련 서비스를 제공하는 자를 통하여 국내에 전자적 용역을 공급하는 경우(국내사업자의 용역등 공급 특례가 적용되는 경우는 제외)에는 그 오픈마켓을 운영하고 관련 서비스를 제공하는 자가 해당 전자적 용역을 국내에서 공급한 것으로 본다.

③ 간편사업자등록을 한 자의 국내로 공급되는 전자적 용역의 공급시기는 구매자가 공급하는 자로부터 전자적 용역을 제공 받은 때와 구매자가 전자적 용역을 구매하기 위하여 대금의 결제를 완료한 때 중 빠른 때로 한다.

④ 국내사업장이 없는 비거주자 또는 외국법인이 국내에 이동통신 단말장치 또는 컴퓨터 등을 통하여 구동되는 전자적 용역을 공급하는 경우( 부가가치세법 , 소득세법 또는 법인세법 에 따라 사업자등록을 한 자의 과세사업 또는 면세사업에 대하여 용역을 공급하는 경우는 제외)에는 국내에서 해당 전자적 용역이 공급되는 것으로 본다.

**🔍 해설**

① 간편사업자등록을 한 사업자가 국내에 전자적 용역을 공급하는 경우에는 세금계산서의 발급의무가 존재하지 않는다.

☞ 간편사업자등록은 해외의 사업자가 국내에 전자적용역등을 공급할 때 소비지국과세원칙을 실현하기 위한 제도이다. 부가가치세법은 해외의 사업자를 간편사업자로 등록하게 하여 간편사업자등록번호를 부여 소비자에게 부가가치세를 징수하여 납부할 수 있도록 규정하고 있다.

☞ 해외에 있는 사업자가 국내사업자와 동일하게 한국의 규정에 맞춰 세금계산서를 발급하는 것은 상당히 비현실적이다. 따라서 세금계산서 및 영수증 발급없이 간단하게 간편사업자등록번호를 통하여 신고할 수 있게 규정하고 있는 것이다.

 ①

**03.** 부가가치세법령상 환급 및 조기환급에 대한 설명으로 옳지 않은 것은?

① 조기환급신고를 할 때 매출·매입처별 세금계산서합계표를 제출한 경우에는 예정신고 또는 확정신고를 할 때 함께 제출하여야 하는 매출·매입처별 세금계산서합계표를 제출한 것으로 본다.

② 사업자는 각 과세기간에 대한 과세표준과 납부세액 또는 환급세액을 그 과세기간이 끝난 후 25일(폐업하는 경우 폐업일이 속한 달의 다음 달 25일) 이내에 납세지 관할 세무서장에게 신고하여야 하며, 조기에 환급을 받기 위하여 신고한 사업자는 이미 신고한 과세표준과 환급받은 환급세액도 신고하여야 한다.

③ 관할 세무서장은 결정·경정에 의하여 추가로 발생한 환급세액이 있는 경우에는 지체 없이 사업자에게 환급하여야 한다.

④ 조기환급이 적용되는 사업자가 조기환급신고기한에 조기환급 기간에 대한 과세표준과 환급세액을 관할 세무서장에게 신고하는 경우에는 조기환급기간에 대한 환급세액을 각 조기환급기간 별로 해당 조기환급신고기한이 지난 후 15일 이내에 사업자에게 환급하여야 한다.

**해설**

② 사업자는 각 과세기간에 대한 과세표준과 납부세액 또는 환급세액을 그 과세기간이 끝난 후 25일(폐업하는 경우 폐업일이 속한 달의 다음 달 25일) 이내에 납세지 관할 세무서장에게 신고하여야 하며, 조기에 환급을 받기 위하여 신고한 사업자는 이미 신고한 과세표준과 환급받은 환급세액은 제외한다.

**답 ②**

# ⑭ 결정·경정과 징수·환급

[2010년 9급] ★★

**01.** 「부가가치세법」상 부가가치세의 결정·경정·징수와 환급에 관한 설명으로 옳지 않은 것은?

① 재화의 수입에 대한 부가가치세는 세관장이 관세징수의 예에 의하여 징수한다.

② 조기환급 사유에 해당하는 경우를 제외하고 환급세액은 각 과세기간별로 그 확정신고기한 경과 후 30일 내에 사업자에게 환급하여야 한다.

③ 추계하는 경우를 제외하고 각 과세기간에 대한 과세표준과 납부세액을 결정하는 경우에는 세금계산서·장부 또는 그 밖의 증명자료를 근거로 하여야 한다.

④ 사업장별로 사업자등록을 하지 않은 경우에는 과세표준과 납부세액 또는 환급세액을 조사하여 결정 또는 경정하고 국세징수의 예에 따라 징수할 수 있다.

---

**해설**

④ 사업장별로 사업자등록을 하지 않은 경우에는 과세표준과 납부세액 또는 환급세액을 조사하여 결정 또는 경정하고 국세징수의 예에 따라 징수할 수 없다.

☞ 부가가치세는 사업장별 사업자등록이 원칙이다. 하지만, 사업자단위과세 규정에 의하여 사업장이 아닌 사업자 단위로 사업자등록이 가능하다. 사업자단위과세로 사업자등록을 하였다고 결정 또는 경정하고 국세징수의 예에 따라 징수할 수 없다.

답 ④

# 15 간이과세자

[2013년 7급 일부 수정] ★★★

**01.** 「부가가치세법」상 간이과세에 대한 설명으로 옳지 않은 것은?

① 공급대가요건이 충족된 사업자의 경우에도 부동산매매업을 경영하는 자에 대하여는 간이과세 규정을 적용하지 아니한다.

② 휴업자·폐업자 및 과세기간 중 과세유형을 전환한 간이과세자에 대하여는 그 과세기간 개시일부터 휴업일·폐업일 및 과세유형 전환일까지의 공급대가의 합계액을 12개월로 환산한 금액을 기준으로 납세의무의 면제 여부를 판정하며, 이 경우 1개월 미만의 끝수가 있을 때에는 이를 1개월로 한다.

③ 신규로 사업을 시작하는 간이과세자로 하는 최초의 과세기간 중에 있는 자 또는 직전연도 공급대가의 합계액이 4,800만 원 미만인 간이과세자가 재화 또는 용역을 공급하는 경우 영수증을 교부하여야 하며, 상대방이 사업자등록증을 제시하고 세금계산서의 발급을 요구하는 경우에는 세금계산서를 발급할 수 있다.

④ 간이과세자가 일반과세자에 관한 규정을 적용받기 위하여 간이과세 포기신고를 한 경우에는 그 적용받으려는 달의 1일부터 3년이 되는 날이 속하는 과세기간까지는 일반과세자에 관한 규정을 적용받아야 한다.

### 🔍 해설

③ 신규로 사업을 시작하는 간이과세자로 하는 최초의 과세기간 중에 있는 자 또는 직접연도 공급대가의 합계액이 4,800만 원 미만인 간이과세자는 거래상대방이 세금계산서 발급을 요구하는 경우에도 세금계산서를 발급할 수 없다.

☞ 신규 간이과세자의 최초 과세기간과 직전연도 공급대가 4,800만원 미만의 간이과세자는 어떠한 경우에도 세금계산서 발급이 불가능하다. 개정 전 간이과세자는 세금계산서 발급이 불가능한 논리의 제도였으나, 간이과제자의 범위를 공급대가 8,000만원으로 개정하면서 세금계산서 발급이 가능하도록 개정되었다. 이는 4,800만원~8,000만원의 사업자들이 간이과세자 변경으로 세금계산서를 발급할 수 없는 문제를 보완하기 위한 규정이기 때문에 신규 또는 4,800만원 미만의 간이과세자(개정전 간이과세자)는 여전히 세금계산서를 발급할 수 없다.

답 ③

**02.** 부가가치세법령상 일반과세자와 간이과세자를 비교하여 설명한 내용으로 옳지 <u>않은</u> 것은?

① 법정요건을 충족하는 경우 일반과세자에 대해서는 업종제한 없이 면세농산물 등에 대한 의제매입세액공제특례가 적용될 수 있으나, 간이과세자는 음식점업과 제조업을 영위하는 자에 한하여 적용될 수 있다.

② 재화 또는 용역의 공급에 대한 일반과세자의 부가가치세 과세표준은 해당 과세기간에 공급한 재화 또는 용역의 공급가액을 합한 금액으로 하는데 반하여, 간이과세자의 과세표준은 해당 과세기간의 공급대가의 합계액으로 한다.

③ 일반과세자의 경우에는 세금계산서관련 가산세가 적용되지만, 간이과세자의 경우 세금계산서관련 가산세가 적용되는 경우는 없다.

④ 법정요건을 충족하는 경우 일반과세자와 간이과세자 모두에 대해 영세율이 적용될 수 있다.

**해설**

③ 일반과세자의 경우에는 세금계산서관련 가산세가 적용되며, 간이과세자의 경우 세금계산서관련 가산세가 적용되는 경우가 존재한다.

☞ 직전 연도의 공급대가의 합계액이 4,800만원 이상인 간이과세자는 원칙적으로 세금계산서를 발급하여야 한다. 세금계산서 발급의무가 있기 때문에 세금계산서를 발급하지 않은 경우에는 가산세가 적용된다.

답 ③

**03.** 부가가치세법령상 과세유형의 전환에 대한 설명으로 옳지 <u>않은</u> 것은?

① 일반과세자가 간이과세자로 변경되는 경우 그 변경되는 해에 간이과세자에 관한 규정이 적용되는 기간의 부가가치세의 과세기간은 그 변경 이후 1월 1일부터 12월 31일까지이다.

② 간이과세자가 일반과세자로 변경되는 경우 그 변경되는 해에 간이과세자에 관한 규정이 적용되는 기간의 부가가치세의 과세기간은 그 변경 이전 1월 1일부터 6월 30일까지이다.

③ 간이과세자가 「부가가치세법 시행령」 제109조제2항에 따른 사업(간이과세자로 보지 아니하는 사업)을 신규로 겸영하는 경우에는 해당 사업의 개시일이 속하는 과세기간의 다음 과세기간부터 간이과세자에 관한 규정을 적용하지 않는다.

④ 「부가가치세법 시행령」 제109조제2항에 따른 사업(간이과세자로 보지 아니하는 사업)을 신규로 겸영하여 일반과세자로 전환된 사업자로서 해당 연도 공급대가의 합계액이 8천만원 미만인 사업자가 해당 간이과세자로 보지 아니하는 사업을 폐지하는 경우에는 해당 사업의 폐지일이 속하는 연도의 다음 연도 7월 1일부터 간이과세자에 관한 규정을 적용한다.

**해설**

② 간이과세자가 일반과세자로 변경되는 경우 그 변경되는 해에 간이과세자에 관한 규정이 적용되는 기간의 부가가치세의 과세기간은 그 변경 이전 7월 1일부터 12월 31일까지이다.

답 ②

**Chapter**

# 04 소득세법

## ❶ 기초이론

[2012년 9급] ★★

**01.** 「소득세법」상 총칙 규정에 대한 설명으로 옳지 않은 것은?

① 소득세의 납세의무자(원천징수납부의무자 제외)는 거주자와 비거주자로서 국내원천소득이 있는 개인으로 구분한다.

② 거주자의 종합소득에는 「국민연금법」에 따라 지급받는 일시금액을 포함한다.

③ 소득세의 과세기간을 1월 1일부터 12월 31일까지로 한다.

④ 거주자의 소득세 납세지는 그 주소지로 하되, 주소지가 없는 경우에는 그 거소지로 한다.

**해설**

② 「국민연금법」에 따라 지급받는 일시금액은 퇴직소득으로 분류과세에 해당한다.

답 ②

[2016년 9급] ★★

**02.** 「소득세법」에서 사용하는 용어의 뜻으로 옳지 않은 것은?

① 거주자란 국내에 주소를 두거나 183일 이상의 거소를 둔 개인을 말한다.

② 비거주자란 거주자가 아닌 개인을 말한다.

③ 내국법인이란 국내에 본점이나 주사무소 또는 사업의 실질적 관리장소를 둔 법인을 말한다.

④ 외국법인이란 외국에 본점이나 주사무소를 둔 단체(국내에 사업의 실질적 관리장소가 소재하는 경우 포함)로서 구성원이 유한책임사원으로만 구성된 단체를 말한다.

**해설**

③ 외국법인이란 외국에 본점 또는 주사무소를 둔 단체(국내에 사업의 실질적 관리장소가 소재하지 아니하는 경우)를 말한다.

☞ 외국법인의 구분에 있어 구성원이 유한책임사원인지 여부와는 관계가 없다.

답 ④

**03.** 소득세에 대한 설명으로 옳지 <u>않은</u> 것은?

① 신고납부제도에 의하므로 납세의무자의 신고에 의해 납세의무가 확정되는 효력이 있다.

② 소득세는 이자·배당·사업·근로·연금·기타소득에 대하여 종합과세하며, 퇴직소득과 양도소득에 대하여는 분류과세한다.

③ 현행 「소득세법」상 모든 소득에 대하여 초과누진세율을 적용하고 있다.

④ 이자소득과 배당소득 및 사업소득에 대해서는 유형별포괄주의를 채택하고 있다.

### 해설

③ 현행 「소득세법」상 모든 소득에 대하여 초과누진세율을 적용하는 것은 아니다.

☞ 분리과세하는 소득은 원천징수로 인하여 과세가 종결되는데 이때 적용하는 원천징수세율은 초과누진세율이 아닌 각 소득별로 법에서 정한 일정한 세율이다. 또한 양도소득은 자산의 종류나 보유기간 등에 따라 별도의 세율을 적용한다.

답 ③

**04.** 「소득세법」상 소득의 종류가 나머지와 다른 것은?

① 법령의 규정에 따른 공동사업에서 발생한 소득금액 중 출자공동사업자에 대한 손익분배비율에 상당하는 금액

② 금융업자가 대출과 관련하여 받는 이자

③ 가사서비스업에서 발생하는 소득

④ 운수업 및 통신업에서 발생하는 소득

### 해설

① 법령의 규정에 따른 공동사업에서 발생한 소득금액 중 출자공동사업자에 대한 손익분배비율에 상당하는 금액은 배당소득에 해당한다.

☞ 금융업자의 대출이자는 사업소득(대부업)이다. 가사서비스업은 사업소득이다. 운수업 및 통신업 소득도 사업소득이다.

답 ①

**05.** 「소득세법」상 소득의 구분에 관한 설명으로 옳지 않은 것은?

① 비상장법인 주식의 양도에 따른 소득: 양도소득

② 법인으로 보는 단체로부터의 이익: 배당소득

③ 비영업대금의 이익: 이자소득

④ 「국민연금법」에 의하여 지급받는 각종 연금: 기타소득

---

**해설**

④ 「국민연금법」에 의하여 지급받는 각종 연금은 「소득세법」상 연금소득에 해당한다.

답 ④

## ② 납세의무자

[2017년 9급] ★★★

**01.** 「소득세법」상 납세의무의 범위에 대한 설명으로 옳지 않은 것은?

① 상속에 따라 피상속인의 소득금액에 대해서 과세하는 경우에는 그 상속인이 납세의무를 진다.

② 증여 후 양도행위의 부인규정에 따라 증여자가 자산을 직접 양도한 것으로 보는 경우에 증여받은 자는 그 양도소득에 대한 납세의무를 지지 않는다.

③ 원천징수되는 소득으로서 「소득세법」 제14조제3항에 따른 종합소득과세표준에 합산되지 않는 소득이 있는 자는 그 원천징수되는 소득세에 대해서 납세의무를 진다.

④ 신탁재산에 귀속되는 소득이 그 신탁의 수익자에게 귀속되는 경우에는 신탁의 위탁자는 그 신탁재산에 귀속되는 소득에 대한 납세의무를 지지 않는다.

**해설**

② 증여 후 양도행위의 부인규정에 따라 증여자가 자산을 직접 양도한 것으로 보는 경우에 증여받은 자는 그 양도소득에 대하여 연대납세의무를 진다.

☞ 증여 후 양도행위 부인규정의 적용 효과는 '증여한 특수관계인이 해당 자산을 직접 양도한 것으로 보아 양도소득세를 과세 하는 것'이다. 즉, 증여자가 납세의무를 진다. 이는 증여자가 수증자를 활용하여(증여재산공제 등) 양도소득세를 낮추는 행위를 막기 위함이다. 그렇다면 수증자는 납세의무가 없는 것일까? 재산의 명의는 수증자에게 있고, 증여 후 양도행위가 수증자의 동의를 통해 진행된 것이기 때문에 증여자와 연대하여 납부할 의무가 있다.

☞ 이와 비교하여 이해해야하는 것이 '이월과세'이다. 이월과세는 과세를 증여자가 아닌 수증자에게 이월시키는 것으로 납세의무자는 수증자가 되고, 연대납세의무도 존재하지 않는다.

**답** ②

**02.** 소득세법 상 주소와 거주자 여부 판정에 대한 설명으로 옳지 않은 것은?

① 내국법인의 국외사업장에 파견된 직원은 비거주자로 본다.

② 국외에 근무하는 자가 외국국적을 가진 자로서 국내에 생계를 같이하는 가족이 없고 그 직업 및 자산상태에 비추어 다시 입국하여 주로 국내에 거주하리라고 인정되지 아니하는 때에는 국내에 주소가 없는 것으로 본다.

③ 국내에 거주하는 개인이 계속하여 183일 이상 국내에 거주할 것을 통상 필요로 하는 직업을 가진 때에는 국내에 주소를 가진 것으로 본다.

④ 외국을 항행하는 선박 또는 항공기의 승무원의 경우 그 승무원과 생계를 같이하는 가족이 거주하는 장소 또는 그 승무원이 근무기간 외의 기간 중 통상 체재하는 장소가 국내에 있는 때에는 당해 승무원의 주소는 국내에 있는 것으로 본다.

**해설**

① 내국법인의 국외사업장에 파견된 직원은 거주자로 본다.

☞ 거주자 또는 내국법인의 국외사업장 또는 해외현지법인(100%출자법인)에 파견된 임원 또는 직원이나 국외에서 근무하는 공무원은 거주자로 본다.

**답** ①

**03.** 「소득세법」상 법인격 없는 단체에 대한 설명으로 옳지 않은 것은?

① 1거주자로 보는 법인격 없는 단체의 소득은 그 단체의 대표자나 관리인의 다른 소득과 합산하여 과세한다.

② 법인격 없는 단체를 구성원들의 공동사업으로 보는 경우 그 단체는 납세의무를 지지 아니하며 구성원들이 각자 납세의무를 진다.

③ 「국세기본법」상 법인으로 보는 단체 외의 단체 중 대표자 또는 관리인이 선임되어 있으나 이익의 분배방법이나 분배비율이 정해져 있지 아니한 경우 그 단체를 1거주자로 본다.

④ 1거주자로 보는 법인격 없는 단체로서 명시적으로 이익의 분배방법이나 분배비율이 정해져 있지 아니하더라도 사실상 이익이 분배되는 경우네는 구성원의 공동사업으로 본다.

**해설**

① 1거주자로 보는 법인격 없는 단체의 소득은 그 단체의 대표자나 관리인의 다른 소득과 합산하지 않고 별도로 과세해야 한다.

☞ 단체를 1거주자로 본다는 것은 단체 자체가 소득세 납세의무자가 되는 것이다. 단체의 대표자나 관리인에게 소득이 배분되지 않기에 합산하지 않고 단체에 대한 소득세를 별도로 과세해야하는 것이다.

**답** ①

## ❸ 납세지

**[2011년 9급] ★★**

**01.** 소득세법상 원천징수 등의 경우의 납세지에 대한 설명으로 옳은 것은? (단, 해당 납세지는 가지고 있다고 전제한다)

① 원천징수하는 거주자가 주된 사업장 외의 사업장에서 원천징수를 하는 경우에는 그 거주자의 주소지 또는 거소지를 원천징수하는 소득세의 납세지로 한다.

② 원천징수하는 비거주자가 국내사업장이 없는 경우에는 그 비거주자의 거류지 또는 체류지를 원천징수하는 소득세의 납세지로 한다.

③ 소득세를 원천징수하는 자가 법인인 경우로서 그 법인의 지점·영업소 기타 사업장이 독립채산제에 의하여 독자적으로 회계사무를 처리하는 경우에는 그 사업장의 소재지만이 원천징수하는 소득세의 납세지가 된다.

④ 납세조합이 원천징수하는 소득세의 납세지는 업무를 집행하는 조합원의 주소지로 한다.

### ✎ 해설

① 원천징수하는 거주자가 주된 사업장 외의 사업장에서 원천징수를 하는 경우에는 그 사업장의 소재지를 원천징수하는 소득세의 납세지로 하고, 사업장이 없는 경우에는 그 거주자의 주소지 또는 거소지로 한다.

☞ 결론적으로 원천징수하는 사업장의 소재지를 원천징수하는 납세지로 하고, 사업장이 없는 경우에는 (어쩔 수 없이) 그 거주자의 주소지 또는 거소지로 하는 것이다.

③ 소득세를 원천징수하는 자가 법인인 경우로서 그 법인의 지점·영업소 기타 사업장이 독립채산제에 의하여 독자적으로 회계사무를 처리하는 경우에는 그 사업장의 소재지가 원천징수하는 소득세의 납세지가 된다.(원칙) 다만, 예외적으로 다음에 해당하는 경우에는 그 법인의 본점 또는 주사무소의 소재지를 이자소득·배당소득·근로소득 또는 퇴직소득에 대한 소득세 원천징수세액의 납세지로 할 수 있다.

　㉠ 국세청장으로부터 본점 또는 주사무소의 소재지를 해당 법인의 지점·영업소, 그 밖의 사업장에서 지급하는 소득에 대한 소득세 원천징수액의 납세지로 승인을 받은 경우

　㉡ 부가가치세법에 따라 사업자단위로 등록한 경우

④ 납세조합이 원천징수하는 소득세의 납세지는 그 납세조합의 소재지로 한다.

**답 ②**

# ④ 금융소득

**01.** 「소득세법」상 이자소득에 해당하지 않는 것은?

① 내국법인이 발행한 채권 또는 증권의 이자와 할인액

② 대금업을 영위하는 자가 영리를 목적으로 금전을 대여하고 받은 이자

③ 국가나 지방자치단체가 발행한 채권 또는 증권의 이자와 할인액

④ 비영업대금의 이익

### 🔍 해설

② 대금업을 영위하지 아니한 자의 금전대여는 비영업대금의 이익인 이자소득으로 본다.

☞ 사업소득이 이자소득에 우선한다. 즉, 사업소득에 속하지 않을 때 이자소득일 수 있다. 대금업을 하는 자가 영리를 목적으로 금전을 대여하는 것은 '영리를 목적으로 독립된 지위에서 계속적으로 영위하는 사업에서 발생한 소득'으로 사업소득의 범위에 속한다.

**답** ②

**02.** 「소득세법」상 배당소득에 관한 설명으로 옳지 않은 것은?

① 「국제조세조정에 관한 법률」상 특정 외국법인의 배당가능한 유보소득 중 거주자에게 귀속될 금액은 배당소득으로 본다.

② 공동사업에서 발생하는 소득금액 중 공동사업에 성명 또는 상호를 사용하게 한 자에 대한 손익분배비율에 상당하는 금액은 배당소득으로 보고 종합과세한다.

③ 주식의 소각이나 자본의 감소로 인하여 주주가 취득하는 금전 기타 재산의 가액이 주주가 당해 주식을 취득하기 위하여 소요된 금액을 초과하는 금액은 배당소득에 해당된다.

④ 법인이 이익 또는 잉여금의 처분에 의한 배당소득을 그 처분을 결정한 날부터 3월이 되는 날까지 지급하지 아니한 때에는 그 3월이 되는 날에 배당소득을 지급한 것으로 본다.

### 🔍 해설

② 공동사업에서 발생하는 소득금액 중 공동사업에 성명 또는 상호를 사용하게 한 자에 대한 손익분배비율에 상당하는 금액은 사업소득으로 보고 종합과세한다.

**답** ②

**110** _____ 2024 손진호 세법 기출문제집

**03.** 「소득세법」상 이자소득, 배당소득의 과세에 관한 설명으로 옳은 것은?

① 이자소득금액 또는 배당소득금액을 계산할 때 필요경비에 산입할 금액은 해당 과세기간의 총수입금액에 대응하는 비용으로서 일반적으로 용인되는 통상적인 것의 합계액으로 한다.

② 발행일(2020.1.1. 발행)부터 원금 전부를 일시에 상환하기로 약정한 날까지의 기간이 10년 이상인 국가가 발행한 장기채권의 이자와 할인액이 기준금액(2,000만 원)을 초과하면 종합과세 대상에 해당된다.

③ 공동사업에서 발생하는 소득금액 중 출자공동사업자에 대한 손익분배비율에 상당하는 금액은 100분의 25의 세율로 원천징수하고 분리과세한다.

④ 직장공제회 초과반환금은 분리과세하는 것이 원칙이나 기준금액을 초과하는 경우에는 종합과세한다.

**해설**

① 이자소득금액 또는 배당소득금액을 계산할 때에는 필요경비가 인정되지 아니한다.

③ 공동사업에서 발생하는 소득금액 중 출자공동사업자에 대한 손익분배비율에 상당하는 금액은 100분의 25의 세율로 원천징수하고 무조건 종합과세한다.

④ 직장공제회 초과반환금은 무조건 분리과세대상에 해당된다.

답 ②

**04.** 소득세법령상 출자공동사업자에 대한 설명으로 옳지 않은 것은?

① 출자공동사업자가 있는 공동사업의 경우에는 공동사업장을 1거주자로 보아 공동사업장별로 그 소득금액을 계산한다.

② 출자공동사업자의 배당소득 수입시기는 그 지급을 받은 날로 한다.

③ 출자공동사업자의 배당소득은 부당행위계산부인의 규정이 적용되는 소득이다.

④ 출자공동사업자의 배당소득에 대해서는 100분의 25의 원천징수세율을 적용한다.

**해설**

② 출자공동사업자의 배당소득 수입시기는 그 출자공동사업의 과세기간 종료일로 한다.

☞ 출자공동사업자의 배당소득은 배당소득으로 보아 과세하지만 사업소득의 특성을 많이 가지고 있다. 실제 같이 공동사업을 진행하지만, 사업적인 활동을 하지 않고 현금등을 출자만 한 경우에는 사업을 통해 돈을 분배하는 것이 아닌 투자금에 대해 이익을 분배받은 것(배당)으로 보기 때문이다.

☞ ③ 부당행위계산부인은 필요경비가 있는 소득에 대하여 적용된다. 출자공동사업자의 배당소득은 필요경비가 존재하기 때문에 부당행위계산부인이 적용된다.

답 ②

## ⑤ 사업소득

[2015년 9급] ★★

**01.** 「소득세법」상 사업소득으로 과세되는 소득유형으로 옳지 <u>않은</u> 것은?

　① 가구 내 고용활동에서 발생하는 소득

　② 연예인이 사업활동과 관련하여 받는 전속계약금

　③ 부동산에 대한 지역권을 공익사업과 관련하여 대여함으로써 발생하는 소득

　④ 계약에 따라 그 대가를 받고 연구 또는 개발용역을 제공하는 연구개발업에서 발생하는 소득

### 🔍 해설

③ 공익사업 관련 지역권의 설정과 대여함으로써 발생하는 소득은 기타소득에 해당한다.

☞ ① '가구 내 고용활동'이란 가구(가정)에 고용되지 않고 가사서비스를 제공하는 개인등으로 가구내고용활동, 가사서비스, 가정교사, 개인가사서비스(가정에 고용된)등을 의미한다.

**답** ③

[2017년 7급] ★★

**02.** 소득세법령상 총수입금액의 계산에 대한 내용으로 옳지 <u>않은</u> 것은?

　① 거주자가 재고자산 또는 임목을 가사용으로 소비하거나 종업원 또는 타인에게 지급한 경우에도 이를 소비하거나 지급하였을 때의 가액에 해당하는 금액은 그 소비하거나 지급한 날이 속하는 과세기간의 사업소득금액 또는 기타소득금액을 계산할 때 총수입금액에 산입한다.

　② 복식부기의무자가 업무용승용차를 매각하는 경우 그 매각 가액을 매각일이 속하는 과세기간의 사업소득금액을 계산할 때에 총수입금액에 산입한다.

　③ 건설업을 경영하는 거주자가 자기가 생산한 물품을 자기가 도급받은 건설공사의 자재로 사용한 경우 그 사용된 부분에 상당하는 금액은 해당 과세기간의 소득금액을 계산할 때 총수입금액에 산입한다.

　④ 해당 과세기간에 2개의 주택을 임대하여 받은 임대료의 합계액이 2,500만원(전액 해당 과세기간의 귀속임대료임)인 거주자의 주택임대소득은 주거용 건물임대업의 소득금액 계산시 총수입금액에 산입한다.

### 🔍 해설

③ 건설업을 경영하는 거주자가 자기가 생산한 물품을 자기가 도급받은 건설공사의 자재로 사용한 경우 그 사용된 부분에 상당하는 금액은 해당 과세기간의 소득금액을 계산할 때 필요경비에 산입한다.

☞ 생산한 물품을 정상적으로 건설공사에 사용하였으니 총수입금액이 아닌 필요경비에 산입하는 것이다.

**답** ③

[2007년 7급 변형] ★★

**03.** 부동산임대업에서 발생한 사업소득의 소득세 과세에 관한 설명으로 옳지 않은 것은?

① 부동산상의 권리대여는 부동산임대업에서 발생하는 사업소득으로 한다.

② 공장재단의 대여로 인하여 발생하는 소득은 부동산임대업에서 발생한 사업소득이다.

③ 부동산임대업에서 발생한 사업소득 총수입금액의 수입할 시기는 계약 또는 관습에 의하여 지급일이 정하여진 경우에는 그 정하여진 날이다.

④ 광업권자 등이 자본적 지출이나 수익적 지출의 일부 또는 전부를 제공하는 조건으로 광업권에 관한 권리를 대여하고 덕대 또는 분덕대로부터 받는 분철료는 부동산임대업에서 발생한 사업소득에 포함된다.

**해설**

④ 광업권자 등이 자본적 지출이나 수익적 지출의 일부 또는 전부를 제공하는 조건으로 광업권에 관한 권리를 대여하고 덕대 또는 분덕대로부터 받는 분철료는 부동산임대업이 아닌 일반사업에서 발생한 사업소득에 포함된다.

**답** ④

[2016년 9급] ★★

**04.** 「소득세법」상 거주자가 해당 과세기간에 지급한 금액 중 사업소득금액을 계산할 때 필요경비에 산입하는 것은?

① 소득세와 개인지방소득세

② 「국세징수법」에 따른 가산금과 강제징수비

③ 세금계산서 발급의무가 존재하지 아니하는 부가가치세 간이과세자인 거주자가 납부한 부가가치세액

④ 선급비용

**해설**

③ 세금계산서 발급의무가 존재하지 아니하는 부가가치세 간이과세자인 거주자가 납부한 부가가치세액은 사업소득금액을 계산할 때 필요경비에 산입한다.

☞ 원칙적으로 부가가치세는 필요경비에 산입하지 아니한다. 실제로 타인의 세금을 예치하여 납부하는 개념으로 사업자의 손비가 아니다. 다만, 간이과세자의 경우 타인의 세금을 예치하여 납부하는 것이 아닌, 사업자가 부가가치세를 납부하는 개념으로 사업자의 비용에 해당한다.(따라서 면세사업자의 매입세액이나 일부 부가가치세 불공제된 것의 매입세액도 필요경비에 산입한다.)

☞ 참고 : 간이과세자는 부가가치세를 사업자의 돈으로 내야함에도 왜 사업자가 선호할까? 이유는 물건가격에 있다. 일반과세자가 물건을 1,000원에 판매하면 구매하는 소비자는 1,100원을 지불하여야 한다.(100원은 부가가치세) 간이과세자의 경우 1,000원에 판매하는 경우 구매하는 소비자는 1,000원을 지불하게 된다. 소비자의 경우 매입세액공제의 개념이 없기 때문에(최종소비자가 부가가치세를 부담) 저렴한 상품을 구매할 것이다. 따라서 간이과세자 사업자는 부가가치세를 본인이 내더라도 이득인 경우가 많다. 인터넷에서 저렴한 상품을 판매하는 사업자를 보면 간이과세자가 많은 것도 이러한 이유이다.

**답** ③

## 05. 소득세법 상 대손충당금에 대한 설명으로 옳지 않은 것은?

① 필요경비에 산입하는 대손충당금은 해당 과세기간 종료일 현재의 외상매출금·미수금, 그 밖에 사업과 관련된 채권의 합계액(채권잔액)의 100분의 1에 상당하는 금액과 채권잔액에 대손실적률을 곱하여 계산한 금액 중 적은 금액으로 한다.

② 대손충당금과 상계한 대손금 중 회수된 금액은 그 회수한 날이 속하는 과세기간의 총수입금액에 산입한다.

③ 대손실적률은 당해 과세기간의 대손금을 직전 과세기간 종료일 현재의 채권잔액으로 나누어 계산한다.

④ 소득세법에 따라 필요경비에 산입한 대손충당금의 잔액은 다음 과세기간의 소득금액을 계산할 때 총수입금액에 산입한다.

**해설**

① 필요경비에 산입하는 대손충당금은 해당 과세기간 종료일 현재의 외상매출금·미수금, 그 밖에 사업과 관련된 채권의 합계액(채권잔액)의 100분의 1에 상당하는 금액과 채권잔액에 대손실적률을 곱하여 계산한 금액 중 큰 금액으로 한다.

☞ 대손실적률이 없거나 1%에 미달하는 경우에도 최소한 1%는 인정해주겠다는 의미이다.

답 ①

## 6 근로소득

[2013년 7급] ★★

**01.** 소득세법 상 근로소득에 포함되는 것을 모두 고르면?

> ㄱ. 식사 기타 음식물을 사내급식 또는 이와 유사한 방법으로 제공 받지 아니하는 근로자가 받는 월 20만원 이하의 식사대
> ㄴ. 판공비를 포함한 기밀비·교제비 기타 이와 유사한 명목으로 받는 것으로서 업무를 위하여 사용된 것이 분명하지 아니한 급여
> ㄷ. 계약기간 만료전 또는 만기에 종업원에게 귀속되는 단체환급부보장성보험의 환급금
> ㄹ. 임직원의 고의(중과실 포함) 외의 업무상 행위로 인한 손해의 배상청구를 보험금의 지급사유로 하고 임직원을 피보험자로 하는 보험의 보험료를 사용자가 부담하는 경우
> ㅁ. 퇴직 전에 부여받은 주식매수선택권을 퇴직 후에 행사하거나 고용관계 없이 주식매수선택권을 부여받아 이를 행사함으로써 얻는 이익

① ㄱ, ㄴ      ② ㄴ, ㄷ
③ ㄷ, ㄹ      ④ ㄹ, ㅁ

### 해설

| 내용 | 소득구분 |
|---|---|
| ㄱ. 식사 기타 음식물을 사내급식 또는 이와 유사한 방법으로 제공받지 아니하는 근로자가 받는 월 20만원 이하의 식사대 | 비과세 / 과세제외 근로소득 |
| ㄴ. 판공비를 포함한 기밀비·교제비 기타 이와 유사한 명목으로 받는 것으로서 업무를 위하여 사용된 것이 분명하지 아니한 급여 | 근로소득 |
| ㄷ. 계약기간 만료전 또는 만기에 종업원에게 귀속되는 단체환급부보장성보험의 환급금 | 근로소득 |
| ㄹ. 임직원의 고의(중과실 포함) 외의 업무상 행위로 인한 손해의 배상청구를 보험금의 지급사유로 하고 임직원을 피보험자로 하는 보험의 보험료를 사용자가 부담하는 경우 | 비과세 / 과세제외 근로소득 |
| ㅁ. 퇴직 전에 부여받은 주식매수선택권을 퇴직 후에 행사하거나 고용관계 없이 주식매수선택권을 부여받아 이를 행사함으로써 얻는 이익 | 기타소득 |

**답** ②

**02.** 「소득세법」상 근로소득공제 및 근로소득세액공제에 대한 설명으로 옳지 <u>않은</u> 것은?

① 근로소득이 있는 거주자에 대해서는 총급여액에서 근로소득공제를 적용하여 근로소득금액을 계산한다.

② 일용근로자에게는 1일 15만 원의 근로소득공제를 적용한다. (다만, 총급여액이 공제액에 미달하는 경우에는 그 총급여액을 공제액으로 한다)

③ 근로소득이 있는 거주자에 대해서는 그 근로소득에 대한 종합소득산출세액에서 근로소득세액 공제하되 한도가 있다.

④ 일용근로자의 근로소득에 대해서 원천징수를 하는 경우에는 근로소득세액공제를 적용하지 아니한다.

**해설**

④ 일용근로자의 근로소득에 대해서 원천징수를 하는 경우에는 15만원의 근로소득공제와 산출세액의 55%인 근로소득세액 공제를 적용한다.

**답** ④

**03.** 「소득세법」상 일용근로자인 거주자 갑의 일당이 250,000원인 경우에 원천징수의무자 A가 징수해야 하는 갑의 근로소득 원천징수세액으로 옳은 것은?

① 1,080원            ② 1,320원

③ 2,160원            ④ 2,700원

**해설**

④ 일용근로자의 원천징수세액은 일당에서 10만원을 차감한 금액에서 45%를 곱한 후(근로소득세액공제 55% 적용) 6%의 세율을 적용하여 계산한다. 따라서 갑의 원천징수세액은 2,700원이다. (250,000 − 150,000) × 45% × 6% = 2,700원

**답** ④

# ⑦ 연금소득

[2019년 9급] ★★

**01.** 소득세법령상 거주자의 연금소득에 대한 설명으로 옳지 않은 것은?

① 공적연금 관련법에 따라 받는 각종 연금도 연금소득에 해당한다.

② 연금소득금액은 해당 과세기간의 총연금액에서 법령에 따른 연금소득공제를 적용한 금액으로 한다.

③ 연금소득공제액이 900만원을 초과하는 경우에는 900만원을 공제한다.

④ 공적연금소득만 있는 자는 다른 종합소득이 없는 경우라 하더라도 과세표준확정신고를 하여야 한다.

---

**해설**

④ 공적연금소득만 있는 자로서 다른 종합소득이 없는 경우에는 과세표준확정신고를 하지 않아도 된다.

☞ 공적연금소득은 여러 부분에 있어서 근로소득과 유사한 점이 많다. 근로소득과 동일하게 공적연금소득만 있는 경우에도 연말정산을 해야 하는데 연말정산한 공적연금 이외의 종합소득이 없으면 확정신고할 내용이 없으므로 연말정산으로 납세의무가 종결된다.

답 ④

# 8 기타소득

[2010년 9급] ★★★

## 01. 「소득세법」상 기타소득에 관한 설명으로 옳지 않은 것은?

① 토지와 함께 영업권을 양도하는 경우 그 대가로 받는 금품은 기타소득으로 본다.

② 뇌물과 알선수재 및 배임수재에 따라 받은 금품은 기타소득에 해당한다.

③ 계약의 위약 또는 해약으로 인하여 받는 위약금과 배상금 중 주택입주지체상금의 필요경비 산입액은 거주자가 받은 금액의 100분의 80에 상당하는 금액과 실제 소요된 필요경비 중 큰 금액으로 한다.

④ 「한국마사회법」에 따른 승마투표권의 구매자가 받는 환급금에 대해서는 그 구매자가 구입한 적중된 투표권의 단위투표 금액을 필요경비로 한다.

### 해설

① 토지와 함께 영업권을 양도하는 경우 그 대가로 받는 금품은 양도소득으로 본다.

**답 ①**

[2022년 7급] ★★★

## 02. 소득세법령상 거주자의 기타소득 중 최소 80% 이상의 필요경비를 인정받을 수 있는 것만을 모두 고르면?

> ㄱ. 「소득세법」 제21조제1항제10호에 따른 위약금과 배상금 중 주택입주 지체상금
> ㄴ. 산업재산권을 양도하거나 대여하고 그 대가로 받는 금품
> ㄷ. 「공익법인의 설립·운영에 관한 법률」의 적용을 받는 공익법인이 주무관청의 승인을 받아 시상하는 상금
> ㄹ. 「법인세법」 제67조에 따라 기타소득으로 처분된 소득

① ㄱ, ㄷ        ② ㄱ, ㄹ

③ ㄴ, ㄷ        ④ ㄴ, ㄹ

### 해설

① 기타소득에서 최소 80% 이상의 필요경비를 인정받을 수 있는 것은 위약금과 배상금 중 주택입주 지체상금과 공익법인 주무관청 승인을 받아 시상하는 상금이다. 주택입주 지체상금은 공사지연등으로 주택에 입주하는 날짜가 지연되어 받는 금액이다. 입주가 늦어지면 다른 주택에 거주하여야하고 이때 많은 경비가 발생할 수 있다. 입주가 지체된 기간을 호텔에서 생활한다면 필요경비가 명확하겠지만, 부모님 집에서 거주한다면 필요경비를 명확하게 산정할 수 없다. 따라서 높은 필요경비율을 적용해주는 것이다.

**답 ①**

**03.** 소득세법령상 거주자 갑의 2021년 귀속 소득 자료에 의해 종합과세되는 기타소득금액을 계산하면?
(단, 필요경비의 공제요건은 충족하며, 주어진 자료 이외의 다른 사항은 고려하지 않는다)

○산업재산권의 양도로 인해 수령한 대가 300만 원(실제 소요된 필요경비는 150만 원임)
○문예 창작품에 대한 원작자로서 받는 원고료 300만 원(실제 소요된 필요경비는 100만 원임)
○고용관계 없이 다수인에게 일시적으로 강연을 하고 받은 강연료 400만 원(실제 소요된 필요경비는 100만 원임)
○(주)한국의 종업원으로서 퇴직한 후에 수령한 직무발명보상금 400만 원(실제 소요된 필요경비는 없음)

① 360만 원

② 400만 원

③ 600만 원

④ 800만 원

### 해설

②

| 구분 | 총수입금액 | 실제 필요경비 | 최소필요경비 | 소득금액 |
|---|---|---|---|---|
| 산업재산권 양도 | 3,000,000 | 1,500,000 | 1,800,000 | 1,200,000 |
| 문예 창작품 원고료 | 3,000,000 | 1,000,000 | 1,800,000 | 1,200,000 |
| 일시 강연료 | 4,000,000 | 1,000,000 | 2,400,000 | 1,600,000 |
| 직무발명보상금 | 비과세 | | | |
| 합계 | 10,000,000 | 3,500,000 | 6,000,000 | 4,000,000 |

☞ 500만원 이하의 직무발명보상금은 비과세소득으로 종합과세되는 기타소득에 해당하지 않는다.

☞ 기타소득은 실제 소요된 필요경비와 최소한 인정되는 필요경비 중 큰 금액을 필요경비로 적용한다.

답 ②

## 📎 소득금액계산특례

[2017년 7급] ★★★

**01.** 소득세법령상 소득금액계산의 특례에 대한 설명으로 <u>옳지 않은</u> 것은?

① 주거용 건물 임대업에서 발생하는 이월결손금은 해당 과세기간의 사업소득금액을 계산할 때 먼저 공제하고, 남은 금액은 근로소득금액, 기타소득금액, 연금소득금액, 배당소득금액, 이자소득금액에서 순서대로 공제한다.

② 사업소득이 발생하는 사업을 공동으로 경영하고 그 손익을 분배하는 공동사업(출자공동사업자가 있는 경우 공동사업 포함)의 경우에는 공동사업장을 1거주자로 보아 공동사업장별로 그 소득금액을 계산한다.

③ 연금계좌의 가입자가 사망하였으나 그 배우자가 연금외수령 없이 해당 연금계좌를 상속으로 승계하는 경우에는 해당 연금계좌에 있는 피상속인의 소득금액은 상속인의 소득금액으로 보아 소득세를 계산한다.

④ 거주자가 채권 등을 내국법인에게 매도(환매조건부채권 매매거래 등 대통령령으로 정하는 경우는 제외)하는 경우에는 대통령령으로 정하는 기간계산방법에 따른 원천징수기간의 이자 등 상당액을 거주자의 이자소득으로 보고 채권 등을 매수하는 법인이 소득세를 원천징수한다.

### 🔦 해설

① 주거용 건물 임대업에서 발생하는 이월결손금은 해당 과세기간의 사업소득금액을 계산할 때 먼저 공제하고, 남은 금액은 근로소득금액, 연금소득금액, 기타소득금액, 이자소득금액, 배당소득금액에서 순서대로 공제한다.

답 ①

## 🔟 부당행위계산부인

[2021년 9급] ★★

**01.** 「소득세법」상 부당행위계산부인규정의 적용대상 소득으로 옳은 것만을 모두 고르면?

> ㄱ. 양도소득
> ㄴ. 기타소득
> ㄷ. 사업소득
> ㄹ. 공동사업에서 발생한 소득금액 중 출자공동사업자의 손익분배비율에 해당하는 금액

① ㄱ, ㄹ                ② ㄱ, ㄴ, ㄷ

③ ㄴ, ㄷ, ㄹ            ④ ㄱ, ㄴ, ㄷ, ㄹ

### 🔍해설

④ ㄱ, ㄴ, ㄷ, ㄹ 모두 필요경비가 존재하는 소득으로 부당행위계산의 부인대상 소득에 해당된다.

**답 ④**

[2011년 9급] ★★

**02.** 「소득세법」상 특수관계인인 갑과 을 간의 거래내용이다. 갑의 소득금액계산에 있어 부당행위계산의 부인 대상으로 옳지 않은 것은?

① 갑은 을에게 시가 5억 원의 토지를 6억 원에 양도하였다.

② 갑은 을로부터 무수익자산을 5억 원에 매입하여 그 유지비용을 매년 3억씩 부담하고 있다.

③ 갑은 을로부터 정상적 요율이 4억 원인 용역을 제공받고 5억 원을 지불하였다.

④ 갑은 을로부터 시가 6억 원의 토지를 9억 원에 매입하였다.

### 🔍해설

① 특수관계인에게 시가보다 고가로 양도하는 것은 부당행위계산부인유형에 해당하지 않는다.

**답 ①**

# 결손금

## 01.

소득세법상 거주자의 결손금 및 이월결손금의 공제에 대한 설명으로 옳은 것으로만 묶은 것은? (단, 이월결손금은 세법상 공제 가능하고, 국세부과의 제척기간이 지난 후에 그 제척기간 이전 과세기간의 이월결손금이 확인된 경우가 아니며, 추계신고· 추계조사결정하는 경우에도 해당하지 않는다)

> ㄱ. 사업자(부동산임대업은 제외하되 주거용 건물 임대업은 포함)가 비치·기록한 장부에 의하여 해당 과세기간의 사업소득금액을 계산할 때 발생한 결손금은 그 과세기간의 종합소득과세표준을 계산할 때 근로소득금액·연금소득 금액·기타소득금액·이자소득금액·배당소득금액에서 순서대로 공제한다.
>
> ㄴ. 부동산임대업(주거용 건물 임대업 포함)에서 발생한 이월결손금은 해당 과세기간의 부동산임대업의 소득금액에서만 공제한다.
>
> ㄷ. 결손금 및 이월결손금을 공제할 때 종합과세되는 배당소득 또는 이자소득이 있으면 그 배당소득 또는 이자소득 중 기본세율을 적용받는 부분에 대해서는 사업자가 그 소득금액의 범위에서 공제 여부 및 공제금액을 결정할 수 있다.
>
> ㄹ. 결손금 및 이월결손금을 공제할 때 해당 과세기간에 결손금이 발생하고 이월결손금이 있는 경우에는 그 과세기간의 이월결손금을 먼저 소득금액에서 공제한다.

① ㄱ, ㄴ            ② ㄱ, ㄷ

③ ㄴ, ㄹ            ④ ㄷ, ㄹ

### 🔍 해설

ㄴ. 부동산임대업(주거용 건물 임대업 제외)에서 발생한 이월결손금은 해당 과세기간의 부동산임대업의 소득금액에서만 공제한다.

ㄹ. 결손금 및 이월결손금을 공제할 때 해당 과세기간에 결손금이 발생하고 이월결손금이 있는 경우에는 그 과세기간의 결손금을 먼저 소득금액에서 공제한 후 이월결손금을 공제한다.

🔳 ②

**02.** 「소득세법」상 결손금소급공제에 의한 환급에 관한 설명으로 <u>옳지 않은</u> 것은?

① 환급규정은 해당 거주자가 과세표준 확정신고기한까지 결손금이 발생한 과세기간과 그 직전 과세기간의 소득에 대한 소득세의 과세표준 및 세액을 각각 신고한 경우에만 적용한다.

② 납세지 관할 세무서장은 소득세를 환급한 후 결손금이 발생한 과세기간에 대한 소득세의 과세 표준과 세액을 경정함으로써 이월결손금이 감소된 경우에는 환급세액 중 그 감소된 이월 결손 금에 상당하는 세액을 법령으로 정하는 바에 따라 그 이월결손금이 발생한 과세기간의 소득세 로서 징수한다.

③ 중소기업을 경영하는 거주자가 그 중소기업의 사업소득금액을 계산할 때 해당 과세기간의 이 월결손금(부동산 임대업에서 발생한 이월결손금 포함)이 발생한 경우에는 이를 소급공제 하여 직전 과세기간의 그 중소기업의 사업소득에 대한 종합 소득세액을 환급신청할 수 있다.

④ 소급공제한 이월결손금에 대해서 이월결손금의 이월공제 규정을 적용할 때에는 그 이월결손금 을 공제받은 금액으로 본다.

**해설**

③ 중소기업을 경영하는 거주자가 그 중소기업의 사업소득금액을 계산할 때 해당 과세기간의 이월결손금(부동산임대업에서 발생한 이월결손금은 제외)이 발생한 경우에는 이를 소급공제 하여 직전 과세기간의 그 중소기업의 사업소득에 대한 종합 소득세액을 환급신청할 수 있다.

답 ③

# 🎖 공동사업

[2021년 7급] ★★★

**01.** 「소득세법」상 공동사업에 대한 소득금액 계산과 납세의무의 범위에 대한 설명으로 옳은 것은?

① 사업소득이 발생하는 사업을 공동으로 경영하고 그 손익을 분배하는 공동사업의 경우에는 공동사업장을 1거주자로 보아 공동사업장별로 그 소득금액을 계산한다.

② 공동사업에서 발생한 소득금액은 해당 공동사업을 경영하는 각 거주자 간에 약정된 손익분배비율이 있더라도 지분비율에 의하여 분배되었거나 분배될 소득금액에 따라 각 공동사업자별로 분배한다.

③ 거주자 1인과 그의 특수관계인이 공동사업자에 포함되어 있는 경우 그 특수관계인의 소득금액은 손익분배비율이 큰 공동사업자의 소득금액으로 본다.

④ 주된 공동사업자에게 합산과세되는 경우 그 합산과세되는 소득금액에 대해서는 주된 공동사업자의 특수관계인은 공동사업소득금액 전액에 대하여 주된 공동사업자와 연대하여 납세의무를 진다.

---

**🔍 해설**

② 공동사업에서 발생한 소득금액은 해당 공동사업을 경영하는 각 거주자 간에 약정된 손익분배비율(약정된 손익분배비율이 없는 경우에는 지분비율)에 의하여 분배되었거나 분배될 소득금액에 따라 각 공동사업자별로 분배한다.

☞ 손익분배비율은 손실이나 이익을 나누는 비율이다. 지분비율은 공동사업 소유권에 대한 비율이다. 5:5로 투자하여 지분비율이 5:5라고 하더라도 누군가 조금 더 일을 많이 하는 대신 손익분배비율은 6:4로 할 수도 있다. 따라서 약정된 손익분배비율을 원칙적으로 적용하고, 손익분배비율이 없는 경우 통상 지분비율로 나누기 때문에 지분비율을 적용하는 것이다.

③ 거주자 1인과 그의 특수관계인이 공동사업자에 포함되어 있는 경우 그 특수관계인의 소득금액은 해당 공동사업을 경영하는 각 거주자 간에 약정된 손익분배비율(약정된 손익분배비율이 없는 경우에는 지분비율)에 의하여 분배되었거나 분배될 소득금액에 따라 각 공동사업자별로 분배한다.

☞ 특수관계인이 포함되어 있다고 하더라도 '손익분배비율을 거짓으로 정하는 등'의 사유가 있는 경우에만 공동사업합산과세를 적용한다.

④ 주된 공동사업자에게 합산과세되는 경우 그 합산과세되는 소득금액에 대해서는 주된 공동사업자의 특수관계인은 손익분배비율에 해당하는 소득금액을 한도로 주된 공동사업자와 연대하여 납세의무를 진다.

☞ 주된 공동사업자의 특수관계인은 연대납세의무를 진다. 다만, 전액에 대하여 연대납세의무를 지는 것은 너무 가혹하다. 따라서 손익분배비율에 해당하는 소득금액을 한도로 하는 것이다.(손익분배비율로 공동사업소득금액에 대하여 소득세 신고하는 것을 허락했으니 그만큼 책임을 지는 것이다)

답 ①

**02.** 「소득세법」상 사업소득이 발생하는 사업을 공동으로 경영하고 그 손익을 분배하는 공동사업에 관한 설명으로 옳지 않은 것은?

① 공동사업에 관한 소득금액을 계산할 때에는 당해 공동사업장별로 납세의무를 지는 것이 원칙이다.

② 공동사업장을 1거주자(1비거주자)로 보아 공동사업장별로 그 소득금액을 계산한다.

③ 공동사업에서 발생한 소득금액은 해당 공동사업을 경영하는 공동사업자간에 약정된 손익분배비율에 의하여 분배되었거나 분배될 소득금액에 따라 각 공동사업자별로 분배한다.

④ 거주자 1인과 그와 법령이 정하는 특수관계에 있는 자가 공동사업자에 포함되어 있는 경우로서 조세를 회피하기 위하여 공동으로 사업을 경영하는 것이 확인되는 경우에는 당해 특수관계인의 소득금액은 주된 공동사업자의 소득금액으로 본다.

🔍 **해설**

공동사업장별로 소득금액을 계산하고 공동사업자에 대한 손익분배비율에 따라 분배한다. 손익분배비율에 따라 분배받은 소득을 각 공동사업자가 다른 종합소득과 합산하여 신고하고 납부한다.

답 ①

# 13 소득공제

[2016년 7급] ★★★

**01.** 소득세법에 따라 다음 자료를 이용하여 2020년 종합소득공제액을 계산할 때 인적공제의 합계액은? (단, 공제대상임을 증명하는 서류는 정상적으로 제출하였고, 부양가족은 모두 당해 과세연도 종료일 현재(모친은 사망일 현재) 주거형편상 별거 중, 연령은 당해 과세연도 종료일 현재(모친은 사망일 현재)임)

| 부양가족 | 연령 | 소득현황 | 비고 |
|---|---|---|---|
| 본인(남성) | 51세 | 총급여액 5천만원 | |
| 배우자 | 48세 | 총급여액 1천만원 | 장애인 |
| 아들 | 18세 | | 장애인 |
| 딸 | 13세 | | |
| 모친 | 72세 | | 당해연도 12월1 일 사망 |

① 900만원  ② 1,050만원

③ 1,100만원  ④ 1,250만원

**해설**

| 부양가족 | 연령 | 소득현황 및 특이사항 | 인적공제액 | 비고 |
|---|---|---|---|---|
| 본인(남성) | 51 | 총급여액 5천만원 | 150만원 | 본인의 경우 소득/나이와 무관하게 공제 |
| 배우자 | 48 | 총급여액 1천만원 / 장애인 | | 총급여역 500만원 초과로 인적공제 적용x |
| 아들 | 18 | 장애인 | 350만원 | 기본공제(150) 및 장애인 추가공제(200) 적용 |
| 딸 | 13 | | 150만원 | 기본공제(150) 적용 |
| 모친 | 72 | 당해연도 12월 1일 사망 | 250만원 | 기본공제(150) 및 경로자 추가공제(100) 적용 |
| 합계 | | | 900만원 | |

☞ 과세기간 중 사망자 또는 장애치유자는 사망일 전날 또는 장애치유일 전날 상황에 따른다.

답 ①

## 02. 「소득세법」상 거주자의 종합소득공제에 대한 설명으로 옳은 것만을 모두 고르면?

> ㄱ. 기본공제대상자가 70세 이상인 경우 1명당 연 100만 원을 추가로 공제한다.
> ㄴ. 거주자의 직계존속은 나이와 소득에 관계없이 기본공제 대상자가 된다.
> ㄷ. 분리과세이자소득, 분리과세배당소득, 분리과세연금소득과 분리과세기타소득만이 있는 자에 대해서는 종합
>    소득공제를 적용하지 아니한다.
> ㄹ. 주택담보노후연금에 대해서 발생한 이자비용 상당액은 연금소득금액을 초과하지 않는 범위에서 300만 원을
>    연금소득금액에서 공제한다.

① ㄱ, ㄴ                    ② ㄱ, ㄷ

③ ㄴ, ㄹ                    ④ ㄷ, ㄹ

---

🔍 **해설**

ㄱ. ㄷ.「소득세법」상 거주자의 종합소득공제에 대한 옳은 설명이다.

ㄴ. 직계존속은 나이와 소득요건을 충족한 경우 공제대상으로 한다.

ㄹ. 주택담보노후연금이자비용은 200만 원을 한도로 공제한다.

답 ②

# 14 세액공제와 세액감면

[2016년 7급] ★

**01.** 소득세법과 법인세법상에 공통으로 해당하는 세액공제로 옳은 것은?

① 배당세액공제와 재해손실세액공제

② 기장세액공제와 외국납부세액공제

③ 근로소득세액공제와 재해손실세액공제

④ 재해손실세액공제와 외국납부세액공제

### 🔍 해설

① 배당세액공제는 소득세법만 적용한다. 법인세법은 수입배당금 익금불산입 규정을 적용한다.(세액공제x)

② 기장세액공제는 소득세법만 적용한다. 법인은 모두 기장의무가 있어 기장세액공제가 적용될 수 없다.

③ 근로소득세액공제는 소득세법만 적용한다. 법인은 근로소득이 존재하지 않는다.

④ 재해손실세액공제는 소득세법과 법인세법 모두 적용한다. 또한 외국납부세액공제도 국제적 이중과세를 조정하기 위한 세액공제로 소득세법과 법인세법 모두 적용한다.

**달 ④**

[2020년 9급] ★

**02.** 소득세법령상 조세에 관한 법률을 적용할 때 소득세의 감면에 관한 규정과 세액공제에 관한 규정이 동시에 적용되는 경우 그 적용순위를 순서대로 바르게 나열한 것은? ※ ⓒ, ⓒ은 이월공제가 인정되는 세액공제임

> ⓒ 이월공제가 인정되지 아니하는 세액공제
> ⓒ 해당 과세기간 중에 발생한 세액공제액
> ⓒ 이전 과세기간에서 이월된 미공제 세액공제액
> ⓔ 해당 과세기간의 소득에 대한 소득세의 감면

① ⓒ → ⓒ → ⓒ → ⓔ

② ⓒ → ⓒ → ⓒ → ⓔ

③ ⓔ → ⓒ → ⓒ → ⓒ

④ ⓔ → ⓒ → ⓒ → ⓒ

### 🔍 해설

④ 소득세의 감면에 관한 규정과 세액공제에 관한 규정이 동시에 적용되는 경우 해당 과세기간의 소득에 대한 소득세의 감면 → 이월공제가 인정되지 아니하는 세액공제 → 이전 과세기간에서 이월된 미공제 세액공제액 → 해당 과세기간 중에 발생한 세액공제액 순으로 적용한다.

☞ 납세자한테 유리한 순서로 적용한다. '감면'은 특정한 소득에 대하여 세금을 감하여 면제해주는 것이다. 지출과 관계 없이 소득에 대하여 적용하기에 이월되지 않는다. 따라서 가장 먼저 적용하는 것이 납세자에게 유리하다. 세액공제는 특정한 지출에 대하여 세액을 공제해주는 것이다. 대부분은 세액공제는 이월공제가 가능하나 이월공제가 인정되지 않는 경우 먼저 적용하는 것이 납세자에게 유리하다.

**달 ④**

# 15 원천징수

[2016년 9급] ★

**01.** 「소득세법」상 국내에서 거주자에게 소득을 지급하는 경우 원천징수대상이 되는 소득을 모두 고른 것은? (단, 원천징수의 면제 또는 배제 등 원천징수의 특례는 고려하지 아니함)

> ㄱ. 이자소득
> ㄴ. 배당소득
> ㄷ. 뇌물
> ㄹ. 연금소득
> ㅁ. 알선수재 및 배임수재에 의하여 받는 금품

① ㄱ, ㄴ, ㄷ       ② ㄱ, ㄴ, ㄹ

③ ㄴ, ㄹ, ㅁ       ④ ㄷ, ㄹ, ㅁ

### 🔍 해설

② 뇌물, 알선수재 및 배임수재에 의하여 받는 금품은 원천징수가 배제된다.

☞ 뇌물, 알선수재, 배임수재를 할 때 세법에 따라 원천징수를 하는 경우는 실무상 존재하지 않을 것이다. 불법적인 자금이 나가는데 합법적으로 원천징수하여 신고하는 것이 논리상 맞지 않다. 이러한 실무에 맞게 세법에서는 원천징수 배제 기타소득으로 규정하고 있다.

**답 ②**

[2021년 9급] ★★

**02.** 소득세법령상 원천징수에 대한 설명으로 옳은 것은?

① 매월분의 근로소득에 대한 원천징수세율을 적용할 때에는 기본세율(일용근로자의 근로소득은 100분의 6)을 적용한다.

② 매월분의 공적연금소득에 대한 원천징수세율을 적용할 때에는 100분의 3을 적용한다.

③ 비거주자가 원천징수하는 소득세의 납세지는 국내사업장과 관계없이 그 비거주자의 거류지 또는 체류지로 한다.

④ 서화·골동품의 양도로 발생하는 소득에 대하여 양수자인 원천징수의무자가 국내사업장이 없는 비거주자 또는 외국법인인 경우로서 원천징수를 하기 곤란하여 원천징수를 하지 못하는 경우에는 서화·골동품의 양도로 발생하는 소득을 지급받는 자를 원천징수의무자로 본다.

### 🔍 해설

① 근로소득을 원천징수할 때에는 근로소득 간이세액표에 따라 원천징수한다.

② 공적연금을 원천징수할 때 연금소득 간이세액표에 따라 원천징수한다.

③ 비거주자가 원천징수하는 경우 국내사업장이 있으면 사업장소재지를 납세지로 한다.

**답 ④**

# 16 퇴직소득

[2019년 9급] ★★

**01.** 거주자의 「소득세법」상 퇴직소득, 양도소득을 종합소득과 달리 구분하여 과세하는 것에 대한 설명으로 옳지 않은 것은?

① 양도소득은 다른 종합소득과 합산하지 않고 별도의 과세표준을 계산하고 별도의 세율을 적용한다.

② 양도소득은 기간별로 합산하지 않고 그 소득이 지급될 때 소득세를 원천징수함으로써 과세가 종결된다.

③ 퇴직소득, 양도소득은 장기간에 걸쳐 발생한 소득이 일시에 실현되는 특징을 갖고 있다.

④ 퇴직소득, 양도소득을 다른 종합소득과 합산하여 과세한다면 그 실현시점에 지나치게 높은 세율이 적용되는 현상이 발생한다.

---

**해설**

② 양도소득은 개인이 해당 과세기간에 일정한 자산의 양도로 발생하는 소득으로, 그 소득의 종류별로 구분하여 별도로 과세한다.

☞ 지문은 분리과세에 대한 내용이다.

답 ②

# 양도소득

[2010년 7급 변형] ★★

**01.** 「소득세법」상 1세대 1주택에 관한 설명으로 옳은 것은?

① 조합원입주권을 1개 보유한 1세대가 양도일 현재 1조합원입주권 외에 1주택을 소유한 경우(분양권을 보유하지 않은 경우로 한정한다)로서 해당 1주택을 취득한 날부터 3년 이내에 해당 조합원입주권을 양도하는 경우 해당 조합원입주권을 양도하여 발생하는 소득은 과세하지 아니한다.

② 거주자가 그 배우자와 같은 주소에서 생계를 같이하고 있다면 1세대로 보되, 별거하고 있으면 각각 별도의 세대로 본다.

③ 상속받은 주택과 일반주택을 국내에 각각 1개씩 소유하고 있는 1세대가 상속주택을 양도하는 경우에는 국내에 1개의 주택을 소유하고 있는 것으로 본다.

④ 비과세되는 1세대 1주택에 있어서 부부가 각각 단독세대를 구성하였을 경우에는 동일한 세대로 보지 아니한다.

---

**해설**

② 거주자가 그 배우자와 같은 주소에서 별거하고 있는 경우에도 동일한 세대로 본다.

③ 상속받은 주택과 일반주택을 국내에 각각 1개씩 소유하고 있는 1세대가 일반주택을 양도하는 경우에는 국내에 1개의 주택을 소유하고 있는 것으로 본다.

④ 비과세되는 1세대 1주택에 있어서 부부가 각각 단독세대를 구성하였을 경우에도 동일한 세대로 본다.

**답** ①

# ⑱ 납세절차

[2017년 9급] ★★

**01.** 「소득세법」상 신고에 대한 설명으로 옳지 않은 것은?

① 근로소득과 퇴직소득만 있는 자는 과세표준확정신고를 하지 아니할 수 있다.

② 부동산매매업자는 토지 등의 매매차익(매매차익이 없거나 매매차손이 발생한 경우 포함)과 그 세액을 매매일이 속하는 달의 말일부터 2개월이 되는 날까지 납세지관할세무서장에게 신고하여야 한다.

③ 종합소득금액과 분리과세 주택임대소득이 있는 거주자(종합소득과세표준이 없거나 결손금이 있는 거주자를 포함)는 종합소득 과세표준을 그 과세기간의 다음 연도 5월 1일부터 5월 31일까지(성실신고확인대상 사업자가 성실신고확인서를 제출하는 경우에는 6월 30일까지) 납세지관할세무서장에게 신고하여야 한다.

④ 거주자가 사망한 경우 그 상속인은 그 상속개시일이 속하는 달의 말일부터 3개월이 되는 날(이 기간 중 상속인이 출국하는 경우에는 출국일 전날)까지 사망일이 속하는 과세기간에 대한 그 거주자의 과세표준을 납세지관할세무서장에게 신고하여야 한다.

### 🔍 해설

④ 거주자가 사망한 경우 그 상속인은 그 상속개시일이 속하는 달의 말일부터 6개월이 되는 날(이 기간 중 상속인이 출국하는 경우에는 출국일 전날)까지 사망일이 속하는 과세기간에 대한 그 거주자의 과세표준을 납세지관할세무서장에게 신고하여야 한다.

🔲 ④

[2014년 9급] ★★

**02.** 「소득세법」상 성실신고확인제도에 대한 설명으로 옳지 않은 것은?

① 성실신고확인대상사업자가 성실신고확인서를 제출하는 경우에는 종합소득세과세표준 확정신고를 그 과세기간의 다음 연도 5월 1일부터 6월 30일까지 하여야 한다.

② 세무사가 성실신고확인대상사업자에 해당하는 경우에는 자신의 사업소득금액의 적정성에 대하여 해당 세무사가 성실신고확인서를 작성·제출해서는 아니된다.

③ 법률에 따라 비치·기록된 장부와 증명서류에 의하여 계산한 사업소득금액의 적정성을 세무사 등 법령으로 정하는 자가 확인하고 작성한 확인서를 납세지 관할세무서장에게 제출하여야 한다.

④ 성실신고확인대상사업자는 성실신고를 확인하는 세무사 등을 선임하여 해당 과세기간의 다음 연도 5월 31일까지 법령으로 정하는 서식에 따라 납세지 관할세무서장에게 신고하여야 한다.

### 🔍 해설

④ 2020년부터 성실신고확인자 선임신고서 제출의무에 대한 법이 삭제되었다.

☞ 구법) 성실신고확인대상사업자는 성실신고를 확인하는 세무사등을 선임하여 해당 과세기간의 다음 연도 4월 30일까지 납세지 관할 세무서장에게 신고하여야 한다.

🔲 ④

# ⑲ 비거주자등

[2018년 9급] ★★

**01.** 「소득세법」상 거주자·비거주자에 관한 설명으로 옳지 <u>않은</u> 것은?

① 국내에 주소가 없더라도 183일 이상의 거소를 둔 개인은 거주자에 해당한다.

② 「국세기본법」 제13조제1항에 따른 법인 아닌 단체 중 같은 조 제4항에 따른 법인으로 보는 단체 외의 법인 아닌 단체는 국내에 주사무소 또는 사업의 실질적 관리장소를 두었는지 여부를 불문하고 거주자로 보아 「소득세법」을 적용한다.

③ 거주자가 사망한 경우의 소득세 과세기간은 1월 1일부터 사망한 날까지로 한다.

④ 내국법인의 주식을 보유한 거주자가 출국하는 경우 출국 당시 소유한 주식의 평가이익에 대해 소득세 납세의무를 부과하는 경우에는 그 평가이익을 양도소득으로 보아 과세표준과 세액을 계산한다.

## 🔍 해설

② 국세기본법 제13조제1항에 따른 법인 아닌 단체 중 같은 조 제4항에 따른 법인으로 보는 단체 외의 법인 아닌 단체는 국내에 주사무소 또는 사업의 실질적 관리장소를 두었을 때 거주자로 보아 소득세법 을 적용한다.

☞ 국내에 주사무소 또는 사업의 실질적 장소를 두지 않았다면, 국외에 주사무소 또는 사업의 실질적 장소를 둔 것이다. 따라서 비거주자로 보아 소득세법을 적용한다.

① 365일 ÷ 2 = 182.5일이다. 즉 183일 이상은 1년의 절반 이상이라는 의미이다. 1년의 절반 이상을 국내에 거소를 둔 개인은 거주자에 해당하는 것이다.

③ 왜냐하면 사망한 그 날까지 소득이 존재할 수 있기 때문이다.

④ 내국법인의 주식을 보유한 거주자가 출국하는 경우 출국당시 소유한 주식의 평가이익에 대해 소득세 납세의무를 부과한다. 이는 일종의 출국세와 같은 역할을 하는데 실현된 이익이 아닌 평가이익에 대하여 양도소득세를 부과하기 때문에 납세자 입장에서는 부담될 수 있을 것이다. 따라서 출국을 억제하는 효과가 있다.

☞ 국외로 전출시 납세증명서를 해외이주 신고서에 첨부하여야 한다. 이는 체납액이 있는 상태에서 출국하는 것을 제한하기 위함이다. 이후 납세관리인을 신고하여야 한다. 해외에서 양도소득세를 신고 및 납부하여야 하기 때문에 세금을 납부해줄 관리인이 필요하다. 출국 이후에는 3개월 이내에 국외전출자 주식 등 양도소득세 신고를 하여야 한다.

**답 ②**

**Chapter**

# 05 법인세법

## ① 총칙

[2010년 7급] ★★

**01.** 「법인세법」상 주요 용어에 관한 설명으로 옳지 않은 것은?

① 연결납세방식이란 둘 이상의 내·외국법인을 하나의 과세표준과 세액을 계산하는 단위로 하여 법인세를 신고·납부하는 방식을 말한다.

② 연결모법인이란 연결집단 중 다른 연결법인을 연결지배하는 연결법인을 말한다.

③ 사업연도란 법인의 소득을 계산하는 1회계기간을 말한다.

④ 손금이란 자본 또는 출자의 환급, 잉여금의 처분 및 법인세법에서 규정하는 것을 제외하고 당해 법인의 순자산을 감소시키는 거래로 인하여 발생하는 손비의 금액을 말한다.

### 해설

① 연결납세방식이란 둘 이상의 내국법인을 하나의 과세표준과 세액을 계산하는 단위로 하여 법인세를 신고·납부하는 방식을 말한다.

☞ 연결납세방식은 내국법인에 한해 적용하며 외국법인에게는 적용하지 않는다.

답 ①

[2006년 9급] ★★

**02.** 법인세 납세의무로 옳지 않은 것은?

① 법인으로 보는 법인격 없는 단체는 비영리내국법인으로 납세의무를 지지 않는다.

② 법인세 납세지는 본점 또는 주사무소이며 구분할 수 없는 경우 사업의 실질적 관리장수로 구분한다.

③ 국가 또는 지방자치단체는 납세의무를 지지 아니한다.

④ 청산소득에 대하여는 내국영리법인만 납세의무를 진다.

### 해설

① 법인으로 보는 법인격 없는 단체는 비영리내국법인으로서 수익사업에서 생기는 소득에 대한 법인세와 토지 등 양도소득에 대한 법인세 납세의무를 진다.

답 ①

**03.** 「법인세법」상 납세의무 및 과세소득의 범위에 대한 설명으로 <u>옳지 않은</u> 것은?

① 내국법인 중 국가 및 지방자치단체에 대하여는 법인세를 부과하지 않는다.

② 외국법인의 청산소득에 대해서는 법인세를 부과하지 않는다.

③ 외국법인은 「법인세법」에 의하여 원천징수하는 법인세를 납부할 의무가 있다.

④ 비영리내국법인의 청산소득에 대해서는 법인세를 부과한다.

**해설**

④ 「법인세법」상 청산소득에 대해서는 법인세를 부과하지 아니한다.

☞ 청산소득은 내국+영리법인이 납세의무를 진다.

☞ 외국법인은 해당 국가에서 청산소득에 대한 납세의무를 질 것이며, 비영리법인은 청산소득이 국가에 귀속되기 때문이다.

답 ④

**04.** 다음 「법인세법」과 관련된 내용 중 <u>옳지 않은</u> 것으로만 묶어진 것은?

> ㄱ. 내국법인은 국내에 본점·주사무소 또는 사업의 실질적 관리장소가 있는 법인이다.
> ㄴ. 법인세의 사업연도는 원칙적으로 1년을 초과할 수 없다.
> ㄷ. 법인세 과세표준의 신고는 각 사업연도 종료일로부터 3개월 이내에 하여야 한다.
> ㄹ. 영리목적 유무에 불구하고 모든 내국법인은 청산소득에 대하여 법인세 납세의무가 있다.
> ㅁ. 비영리내국법인도 법령이 정한 수익사업에 대하여는 각 사업연도소득에 대한 법인세 납세의무가 있다.
> ㅂ. 법인이 법령이 정하는 비사업용 토지를 양도한 경우에는 각 사업연도소득에 대한 법인세에 추가하여 토지 등 양도소득에 대한 법인세를 납부하여야 한다.

① ㄱ, ㄷ, ㄹ         ② ㄴ, ㄷ, ㅁ

③ ㄷ, ㄹ, ㅁ         ④ ㄷ, ㄹ

**해설**

ㄷ, ㄹ. 옳지 않은 내용이다.

ㄷ. 납세의무가 있는 법인은 각 사업연도 종료일이 속하는 달의 말일부터 3월 이내에 해당 사업연도의 소득에 대한 법인세의 과세표준과 세액을 납세지 관할 세무서장에게 신고하여야 한다.

ㄹ. 청산소득에 대해서는 내국영리법인만이 납세의무를 진다.

답 ④

**05.** 법인기업과 개인기업의 세법상 차이에 관한 설명으로 <u>옳지 않은</u> 것은?

① 개인기업의 소득에 대하여는 종합소득세가 과세되나, 법인기업에 대해서는 법인세가 과세된다.

② 개인기업이 기계장치를 폐기하는 경우에는 그 폐기손실을 필요경비로 산입할 수 있다.

③ 법인기업의 대표이사가 법인으로부터 급여를 받는 경우 그 법인기업은 대표이사에게 지급한 급여에 대하여 손비로 인정받을 수 있다.

④ 법인기업의 경우 사업용 유형자산(부동산 포함)을 양도하여 얻은 이익이 있는 경우 법인세가 과세되며, 또 일부 부동산에 대하여서는 양도소득에 대한 법인세도 추가하여 과세된다.

**해설**

개인기업이 시설개체·기술낙후 사유로 인한 생산설비인 기계장치를 폐기하는 경우에 그 폐기시에는 필요경비로 산입되지 않고 처분시에 처분가액과 장부가액의 차액을 필요경비로 산입할 수 있다.

**답** ②

## ❷ 각사업연도소득

[2018년 9급] ★★

**01.** 「법인세법」상 사업연도에 대한 설명으로 <u>옳지 않은</u> 것은?

① 법령이나 정관 등에 사업연도에 관한 규정이 없는 내국법인은 따로 사업연도를 정하여 「법인세법」에 따른 법인 설립신고 또는 사업자등록과 함께 납세지 관할세무서장에게 사업연도를 신고하여야 한다.

② 내국법인이 사업연도 중에 합병에 따라 해산한 경우에는 그 사업연도 개시일부터 합병등기일 전날까지의 기간을 그 해산한 법인의 1사업연도로 본다.

③ 내국법인이 사업연도 중에 연결납세방식을 적용받는 경우에는 그 사업연도 개시일부터 연결사업연도 개시일의 전날까지의 기간을 1사업연도로 본다.

④ 국내사업장이 있는 외국법인이 사업연도 중에 그 국내사업장을 가지지 아니하게 된 경우(단, 국내에 다른 사업장을 계속하여 가지고 있는 경우는 제외)에는 그 사업연도 개시일부터 그 사업장을 가지지 아니하게 된 날까지의 기간을 그 법인의 1사업연도로 본다.

### 해설

② 내국법인이 사업연도 중에 합병에 따라 해산한 경우에는 그 사업연도 개시일부터 합병등기일까지의 기간을 그 해산한 법인의 1사업연도로 본다.

☞ 사업연도 중에 연결납세방식을 적용하는 경우에만 '전일'기준이다. 나머지는 사업연도 개시일부터 그날(합병등기일 등) 까지의 기간을 1사업연도로 본다.

답 ②

**02.** 법인세의 사업연도와 소득세의 과세기간에 대한 설명으로 옳지 않은 것은?

① 법인의 최초 사업연도의 개시일은 내국법인의 경우 설립등기일로 한다.

② 사업연도 신고를 하여야 할 법인이 그 신고를 하지 아니하는 경우에는 매년 1월 1일부터 12월 31일까지를 그 법인의 사업연도로 한다.

③ 소득세의 과세기간은 신규사업개시자의 경우 사업개시일부터 12월 31일까지로 하며, 폐업자의 경우 1월 1일부터 폐업일까지로 한다.

④ 사업연도를 변경하려는 법인은 그 법인의 직전 사업연도 종료일부터 3개월 이내에 납세지 관할 세무서장에게 이를 신고하여야 한다.

**🔍 해설**

③ 소득세의 과세기간은 신규사업개시자와 폐업자의 경우 1월 1일부터 12월 31일 까지로 한다.

☞ 소득세는 개인에 대한 세금이다. 따라서 과세기간은 사업 개업 및 폐업여부와 관계없이 1월 1일부터 12월 31일 까지로 한다.

☞ '개인'에 대한 소득세이기 때문에 개인이 사망하는 경우는 1월 1일부터 사망일까지를 과세기간으로 한다. 또한 출국하는 경우 비거주자가 되어 세법의 적용을 달리하게 되니 1월 1일부터 출국일까지를 과세기간으로 한다.

**답** ③

## ❸ 세무조정과소득처분

[2018년 7급] ★★

**01.** 「법인세법령」상 내국법인의 소득처분에 대한 설명으로 옳지 않은 것은?

① 대표자가 2명 이상인 법인에서 익금에 산입한 금액이 사외에 유출되고 귀속이 불분명한 경우에는 사실상의 대표자에게 귀속된 것으로 본다.

② 익금에 산입한 금액이 사외에 유출되지 아니한 경우에는 사내유보로 처분한다.

③ 세무조사가 착수된 것을 알게 된 경우로 경정이 있을 것을 미리 알고 법인이 국세기본법 제45조의 수정신고 기한내에 매출누락 등 부당하게 사외유출된 금액을 익금에 산입하여 신고하는 경우의 소득처분은 사내유보로 한다.

④ 사외유출된 금액의 귀속자가 불분명하여 대표자에게 귀속된 것으로 보아 대표자에 대한 상여로 처분한 경우 해당 법인이 그 처분에 따른 소득세를 대납하고 이를 손비로 계상함에 따라 익금에 산입한 금액은 기타사외유출로 처분한다.

### 🔍 해설

③ 세무조사가 착수된 것을 알게 된 경우로 경정이 있을 것을 미리 알고 법인이 국세기본법 제45조의 수정신고 기한내에 매출누락 등 부당하게 사외유출된 금액을 익금에 산입하여 신고하는 경우의 소득처분은 귀속자에 따라 상여 등으로 처분한다.

☞ 법인이 수정신고 기한내에 매출누락 등 부당하게 사외유출된 금액을 익금에 산입하여 신고하는 경우의 소득처분은 사내유보로 한다. 사외유출된 금액을 회수하고 익금에 산입할 수 있는 기회를 주기 위한 규정이다.

☞ 경정이 있을 것을 미리 알고 수정신고를 한 경우 이러한 기회를 부여할 필요가 없다. 따라서 귀속자에 따라 상여등으로 처분한다.

답 ③

**02.** ㈜甲은 제9기 사업연도(2022.1.1.~12.31.) 중 특수관계인인 개인 乙로부터 다음과 같이 자산을 매입하고 매입가액을 취득가액으로 계상하였다. ㈜甲의 세무조정을 옳게 표시한 것은?

> • 토지 1,000㎡(시가 1억 원)를 6,000만 원에 매입하였다.
> • 상장법인인 ㈜ABC테크노의 주식 500주(시가 500만 원)를 300만 원에 매입하였다.

① 익금산입 – 토지 및 유가증권 4,200만 원(유보)

② 익금산입 – 토지 4,000만 원(유보)

③ 익금산입 – 유가증권 200만 원(유보)

④ 자산의 종류에 상관없이 세무조정 없음

**해설**

③ 토지와 주식을 저가로 매입한 상황이다. 저가매입은 법인이 손해본 것이 없기 때문에 이익을 분여했다고 보기 어렵다. 따라서 부당행위계산부인 규정이 적용되지 않는다. 다만, 법인이 특수관계인인 개인으로부터 유가증권을 저가로 매입한 경우에는 특이하게도 시가와 매입가액의 차액을 익금산입 유보로 조정한다. 개인이 유가증권을 저가로 양도하면서 손해를 보았기 때문에 개인에게 부당행위계산부인이 적용되어야 한다. 그러나 유가증권이 과세되지 않는 경우가 많고 과세된다 하더라도 세율이 낮은 경우가 많기 때문에 법인을 통하여 조정하는 것이다.

**답** ③

**03.** 법인세법 상 세무조정에 관한 설명으로 옳지 않은 것만을 모두 고른 것은?

> ㄱ. 접대비, 지정기부금, 임원에 대한 퇴직급여의 경우 세법에서 정한 일정한 한도를 초과하는 금액은 손금불산입된다.
> ㄴ. 영리내국법인이 특수관계 없는 개인으로부터 유가증권을 시가보다 낮은 가액으로 양수했을 때, 그 시가와 실제양수가액과의 차액은 익금이 아니다.
> ㄷ. 해당 법인의 주주 등(소액주주 등은 제외)이 사용하고 있는 사택의 유지비·관리비·사용료는 손금에 산입된다.
> ㄹ. 유형자산의 취득에 사용된 특정차입금 중 건설 등이 준공된 후에 남은 차입금에 대한 이자는 손금에 산입하지 않는다.

① ㄱ, ㄴ          ② ㄴ, ㄷ

③ ㄷ, ㄹ          ④ ㄱ, ㄹ

**해설**

ㄷ. 해당 법인의 주주 등(소액주주 등은 제외)이 사용하고 있는 사택의 유지비·관리비·사용료는 손금에 산입하지 않는다.

☞ 소액주주를 제외한 주주가 사용하는 사택관련 비용은 손금에 산입하지 않는다. 사적사용의 가능성이 매우 높기 때문이다.

ㄹ. 유형자산의 취득에 사용된 특정차입금 중 건설 등이 준공된 후에 남은 차입금에 대한 이자는 손금에 산입할 수 있다.

☞ 유형자산을 취득하고 발생하는 이자로 건설자금 이자가 아닌 일반적인 이자비용으로 보아야 한다.

답 ③

**04.** 법인세법령상 각 사업연도 소득금액을 구하기 위해 세무조정을 해야 하는 것은?

① 영업자가 조직한 단체로서 법인이거나 주무관청에 등록된 조합 또는 협회에 지급한 일반회비를 손익계산서상 비용 계상하였다.

② 전기요금의 납부지연으로 인한 연체가산금을 납부하고 손익계산서에 비용 계상하였다.

③ 부동산의 임차보증금에 대한 부가가치세 매입세액을 임차법인이 납부하고 손익계산서상 비용 계상하였다.

④ 대통령령으로 정하는 이월결손금을 보전하는 데에 충당한 무상으로 받은 자산의 가액(「법인세법」 제36조에 따른 국고보조금 등이 아님)을 손익계산서상 수익 계상하였다.

**해설**

④ 대통령령으로 정하는 이월결손금을 보전하는 데에 충당한 무상으로 받은 자산의 가액(「법인세법」 제36조에 따른 국고보조금 등이 아님)을 손익계산서상 수익 계상한 경우에는 익금불산입으로 세무조정하고 기타로 소득처분하여야 한다.

답 ④

**05.** 다음 중 결산조정과 신고조정에 관한 설명으로 <u>옳지 않은</u> 것은?

① 파손·부패로 인한 재고자산 평가차손의 손금산입은 결산조정사항이다.

② 일시상각충당금은 본래 결산조정사항이나, 신고조정도 허용된다.

③ 「상법」에 따른 소멸시효가 완성된 외상매출금 및 미수금의 손금산입은 결산조정사항이다.

④ 대손충당금의 손금산입은 결산조정사항이다.

**🔍 해설**

「상법」에 따른 소멸시효가 완성된 외상매출금 및 미수금의 손금산입은 신고조정사항이다.

**답 ③**

**06.** ㈜서울의 대주주이자 대표이사인 김서울씨는 보유하던 토지(시가 2억 원, 취득가액 5천만 원)를 ㈜서울에 2억 5천만 원을 받고 매각하였다. ㈜서울이 장부상 당해 토지를 2억 5천만 원으로 계상한 경우 ㈜서울의 입장에서 필요한 세무조정과 소득처분으로 옳은 것은?

① 5천만 원 익금산입(상여) 및 5천만 원 손금산입(사내유보)

② 5천만 원 익금산입(배당) 및 5천만 원 손금산입(사내유보)

③ 5천만 원 익금산입(상여) 및 5천만 원 손금산입(기타)

④ 5천만 원 익금산입(기타사외유출) 및 5천만 원 손금산입(사내유보)

**🔍 해설**

특수관계인으로부터의 고개매입에 해당하므로 시가를 초과하여 계상되어 있는 장부금액에 대해서는 손금산입(사내유보)해야 하며, 시가를 초과하여 매입한 금액에 대해서는 귀속자인 대표이사의 상여로 보아 익금산입(상여)으로 처분한다.

**답 ①**

[2019년 9급] ★★

**07.** 법인세법령상 내국법인의 각 사업연도의 소득금액을 계산할 때 세무조정이 필요 없는 경우는?

① 재고자산 평가방법을 원가법으로 신고한 법인이 재고자산의 시가하락(파손·부패 등의 사유로 인한 것이 아님)으로 재고자산평가손실을 계상한 경우

② 국세의 과오납금의 환급금에 대한 이자를 영업외수익으로 계상한 경우

③ 기업회계기준에 따른 화폐성 외화자산이 아닌 외화선급금을 사업연도종료일 현재의 매매기준 율에 의해 평가하고, 그 평가손익을 영업외손익으로 계상한 경우

④ 법인이 사채를 발행한 경우로서 법령에 따라 계산된 사채할인발행차금을 기업회계기준에 의한 상각방법에 따라 이를 손금에 산입한 경우

**해설**

① 재고자산 평가방법을 원가법으로 신고한 법인이 재고자산의 시가하락(파손·부패 등의 사유로 인한 것이 아님)으로 재고자산평가손실을 계상한 경우 손금불산입하고 유보로 소득처분한다.

② 국세의 과오납금의 환급금에 대한 이자를 영업외수익으로 계상한 경우 익금불산입하고 기타로 소득처분한다.

③ 기업회계기준에 따른 화폐성 외화자산이 아닌 외화선급금을 사업연도종료일 현재의 매매기준율에 의해 평가하고, 그 평가손익을 영업외손익으로 계상한 경우 익금불산입(손금불산입)하고 유보(△유보)로 소득처분한다.

답 ④

# ❹ 익금과 익금불산입

[2013년 9급] ★★

**01.** 「법인세법」상 익금의 계산에 관한 설명으로 <u>옳지 않은</u> 것은?

① 특수관계인인 개인으로부터 유가증권을 시가(時價)보다 낮은 가액으로 매입하는 경우 시가와 그 매입가액의 차액에 상당하는 금액은 익금으로 본다.

② 법인이 자기주식 또는 자기출자지분을 보유한 상태에서 자본전입을 함에 따라 그 법인 외의 법인주주의 지분 비율이 증가한 경우 증가한 지분 비율에 상당하는 주식등의 가액은 법인주주의 익금에 산입하지 아니한다.

③ 부가가치세의 매출세액은 내국법인의 각 사업연도의 소득금액을 계산할 때 익금에 산입하지 아니한다.

④ 국세 또는 지방세의 과오납금의 환급금에 대한 이자는 각 사업연도의 소득금액을 계산할 때 익금에 산입하지 아니한다.

**🔍 해설**

② 법인이 자기주식 또는 자기출자지분을 보유한 상태에서 자본전입을 함에 따라 그 법인 외의 주주등의 지분 비율이 증가한 경우 증가한 지분 비율에 상당하는 주식등의 가액은 해당 법인으로부터 이익을 배당받았거나 잉여금을 분배받은 금액으로 보아 익금에 산입한다.

**답** ②

[2011년 7급 변형] ★★

**02.** 2022년 3월 10일 A법인이 잉여금을 자본전입함에 따라 이 회사의 주주인 B법인은 무상주를 교부받았다.자본전입의 재원이 다음과 같을 때, 교부받은 무상주의 가액이 B법인의 익금에 해당하지 않는 것은? (단, 잉여금의 자본전입에 따른 B법인의 지분비율 변동은 없음)

> ㄱ. 2021년 9월 1일 자기주식을 처분하여 발생한 이익
> ㄴ. 2020년 3월 15일 발생한 「상법」에 따른 이익준비금
> ㄷ. 「자산재평가법」에 따른 건물 재평가적립금
> ㄹ. 2020년 5월 1일 발생한 자기주식소각이익(소각 당시 시가가 취득가액을 초과하지 아니함)

① ㄱ                                    ② ㄴ

③ ㄷ                                    ④ ㄹ

**🔍 해설**

ㄷ. 재평가적립금은 재평가세 1%가 과세된 토지에 한하여 의제배당으로 과세된다. 따라서 건물에 대한 재평가적립금의 자본전입에 따른 무상주는 의제배당에 해당하지 않는다.

**답** ③

[2007년 7급] ★★

**03.** 「법인세법」상 이중과세의 방지 또는 완화를 목적으로 한 항목이 아닌 것은?

① 내국법인이 자기가 출자한 다른 내국법인으로부터 받은 수입배당금액의 익금불산입

② 「자본시장과 금융투자법에 관한 법률」에 따른 투자회사가 법령이 정하는 배당가능이익의 100분의 90 이상을 배당한 경우 적용받는 소득공제

③ 감자차익의 익금불산입

④ 내국법인 중 법령이 정하는 지주회사가 자회사로부터 받은 수입배당금에 대한 익금불산입

**🔍 해설**

③ 익금불산입은 자본거래, 이중과세 방지, 부채·보상성격, 미실현손익 등을 목적으로 한다. 감자차익은 자본거래로 익금불산입 항목에 해당된다.(이중과세와 관련이 없다)

답 ③

[2018년 7급] ★★

**04.** 법인세법 상 주식발행액면초과액에 대한 설명으로 옳은 것은?

① 기존 주주에게 공모절차를 거쳐 액면주식을 발행한 경우 그 액면금액을 초과하여 발행된 금액은 익금에 산입한다.

② 기존 주주에게 공모절차를 거쳐 무액면주식을 발행한 경우 발행가액 중 자본금으로 계상한 금액을 초과하는 금액은 익금에 산입한다.

③ 채무의 출자전환으로 액면금액 5,000원인 주식을 시가 10,000원 으로 발행하는 경우 그 주식의 액면금액을 초과하여 발행된 금액은 익금에 산입하지 아니한다.

④ 채무의 출자전환으로 액면금액 5,000원이며 시가 10,000원인 주식을 20,000원으로 발행하는 경우 그 주식의 시가를 초과하여 발행된 금액은 익금에 산입하지 아니한다.

**🔍 해설**

① 기존 주주에게 공모절차를 거쳐 액면주식을 발행한 경우 그 액면금액을 초과하여 발행된 금액은 익금에 산입하지 아니한다.

☞ 주식발행초과금으로 자본거래 항목이다.

② 기존 주주에게 공모절차를 거쳐 무액면주식을 발행한 경우 발행가액 중 자본금으로 계상한 금액을 초과하는 금액은 익금에 산입하지 아니한다.

☞ 무액면주식 발행시의 주식발행초과금이다. 자본거래 항목이다.

④ 채무의 출자전환으로 액면금액 5,000원이며 시가 10,000원인 주식을 20,000원으로 발행하는 경우 그 주식의 시가를 초과하여 발행된 금액은 익금에 산입한다.

☞ 시가 10,000원의 주식을 발행하고 그 대가로 20,000원의 채무를 출자전환한 경우 시가 초과분은 채무를 주식으로 전환 한 것이 아닌 채무를 '면제'한 것으로 본다. 따라서 시가와 발행액의 차이인 1만원은 채무면제이익으로 익금에 산입한다.

답 ③

## 05. 「법인세법」상 익금불산입 항목에 해당되지 않는 것은?

① 국세 과오납금의 환급금에 대한 이자

② 주식발행액면초과액

③ 손금에 산입한 금액 중 환입된 금액

④ 무상으로 받은 자산가액 중 법인세법 시행령이 정하는 이월결손금의 보전에 충당된 금액

**해설**

③ 손금에 산입한 금액 중 환입된 금액은 익금에 해당한다.

☞ 손금불산입 하였는데 환급된 경우 익금에 해당하지 않고, 손금에 산입하였는데 환입된 경우 익금에 해당한다.

답 ③

## 06. 다음은 제조업을 영위하는 영리내국법인 (주)한국의 세무조정 관련 자료이다. 법인세법령상 각 사업연도의 소득금액을 계산하면? (단, 주어진 자료에서 제시되지 않은 사항은 고려하지 않는다)

- 포괄손익계산서상 당기순이익은 1억 원이다.
- 보유 중인 토지에 대한 평가이익(법률의 규정에 따른 평가이익은 아님) 1천만 원을 수익으로 계상하였다.
- 소액주주인 임원이 사용하고 있는 사택의 유지비 1천만 원을 비용으로 계상하였다.
- 포괄손익계산서상 복리후생비에는 우리사주조합의 운영비가 5백만 원 계상되어 있다.
- 상근이 아닌 임원에게 지급한 보수 1백만 원을 비용으로 계상하였다(부당행위계산의 부인에는 해당하지 않음).

① 9천만 원        ② 9천1백만 원

③ 1억 원        ④ 1억 1백만 원

**해설**

① 당기순이익 1억원에서 토지평가이익에 대한 1천만원을 익금불산입하여 각사업연도소득금액은 9천만원으로 계산된다.

| 구분 | 회계 | 세법 |
| --- | --- | --- |
| 토지 임의 평가증 1천만원 | 수익 | 익금불산입 |
| 소액주주임원 사택 유지비1천만원 | 비용 | 손금산입 |
| 우리사주조합 운영비 5백만원 | 비용 | 손금산입 |
| 비상근임원 보수 1백만원(부계부x) | 비용 | 손금산입 |

답 ①

# ⑤ 의제배당

[2019년 7급 변형] ★★

**01.** A법인은 제20기 사업연도(2022년 1월 1일 ~ 12월 31일) 중 3년 전에 취득하고 양도일까지 계속 보유하던 B법인의 보통주 지분 25% 중 5%를 B법인에게 1억 원에 양도하였다. A법인이 해당 5% 보통주 지분을 취득하기 위하여 사용한 금액은 5천만 원이다. 해당 5% 보통주 지분의 양도가 A법인의 제20기 각 사업연도의 소득금액에 미친 영향은?

① 5천만 원 증가

② 4천만 원 증가

③ 3천5백만 원 증가

④ 1천만 원 증가

### 해설

④ 감자시 의제배당과 수입배당금익금불산입에 대한 문제이다.
- 의제배당 100,000,000 − 50,000,000 = 50,000,000원
- 수입배당금 익금불산입(지분율 50% 미만) 50,000,000 × 80% = 40,000,000원
※ 소득금액 증가 50,000,000 − 40,000,000 = 10,000,000원

답 ④

[2014년 7급] ★★

**02.** 「법인세법」상 의제배당에 관한 설명으로 옳지 않은 것은?

① 의제배당이란 법인의 잉여금 중 사내에 유보되어 있는 이익이 일정한 사유로 주주나 출자자에게 귀속되는 경우 이를 실질적으로 현금배당과 유사한 경제적 이익으로 보아 과세하는 제도이다.

② 주식의 소각으로 인하여 주주가 취득하는 금전과 그 밖의 재산가액의 합계액이 주주가 해당 주식을 취득하기 위하여 사용한 금액을 초과하는 경우 그 초과 금액을 의제배당 금액으로 한다.

③ 감자 절차에 따라 주식을 주주로부터 반납받아 소각함으로써 발생한 일반적 감자차익은 자본에 전입하더라도 의제배당에 해당하지 않는다.

④ 자기주식을 소각하여 생긴 이익은 소각 당시 시가가 취득가액을 초과하지 아니하는 경우라면 소각 후 2년 내에 자본에 전입 하더라도 의제배당에 해당하지 않는다.

### 해설

④ 자기주식을 소각하여 생긴 이익은 소각 당시 시가가 취득가액을 초과하는 경우 또는 소각당시 시가가 취득가액을 초과하지 아니하는 경우로서 소각 후 2년 내에 자본에 전입하는 경우에는 의제배당에 해당한다.

답 ④

**03.** 「법인세법」상 의제배당에 해당하지 않는 것은?

① 주식의 소각으로 인하여 주주 등이 취득하는 금전과 그 밖의 재산가액의 합계액이 주주 등이 해당 주식 등을 취득하기 위하여 사용한 금액을 초과하는 금액

② 분할법인 또는 분할신설법인 또는 분할합병의 상대방 법인으로부터 분할로 인하여 취득하는 분할대가가 그 분할법인 또는 소멸한 분할합병의 상대방 법인의 주식(분할법인이 존속하는 경우에는 소각 등에 의하여 감소된 주식만 해당한다)을 취득하기 위하여 사용한 금액을 초과하는 금액

③ 합병법인의 주주 등이 피합병법인으로부터 그 합병으로 인하여 취득하는 합병대가가 그 합병 법인의 주식 등을 취득하기 위하여 사용한 금액을 초과하는 금액

④ 해산한 법인의 주주 등이 그 법인의 해산으로 인한 잔여재산의 분배로서 취득하는 금전과 그 밖의 재산의 가액이 그 주식 등을 취득하기 위하여 사용한 금액을 초과하는 금액

**해설**

③ 피합병법인의 주주 등이 합병법인으로부터 그 합병으로 인하여 취득하는 합병대가가 그 피합병법인의 주식 등을 취득하기 위하여 사용한 금액을 초과하는 금액

☞ 피합병법인은 합병을 당하는 법인이다. 합병법인에게 합병을 당하면서 피합병법인의 주주가 합병대가를 수령하는데 이때 의제배당 문제가 발생한다. 실질에 있어 피합병법인의 주주는 주주의 자격으로서 분배받는 배당금과 그 형태가 동일하기 때문에 배당으로 의제하는 것이다.

답 ③

## 📎 6 손금과 손금불산입

[2011년 9급] ★★

**01.** 법인세법상 손금에 대한 설명으로 <u>옳지 않은</u> 것은?

① 손금은 자본 또는 출자의 환급, 잉여금의 처분 및 법인세법에서 규정하는 것을 제외하고 당해 법인의 순자산을 감소시키는 거래로 인하여 발생하는 손비의 금액으로 한다.

② 손비는 법인세법과 다른 법률에 달리 정하고 있는 것을 제외하고는 그 법인의 사업과 관련하여 발생하거나 지출된 손실 또는 비용으로서 일반적으로 용인되는 통상적인 것이거나 수익과 직접 관련되는 것으로 한다.

③ 장식·환경미화 등의 목적으로 사무실·복도 등 여러 사람이 볼 수 있는 공간에 상시 비치하는 미술품의 취득가액을 그 취득한 날이 속하는 사업연도의 손금으로 계상한 경우에는 그 취득가액(취득가액이 거래단위별로 1천만원 이하인 것에 한한다)을 손금으로 한다.

④ 건물의 양도가액에서 공제할 취득가액에 포함되는 자본적 지출은 법인이 소유하는 고정자산의 원상을 회복하거나 능률유지를 위하여 지출한 비용이다.

### 🔍 해설

④ 건물의 양도가액에서 공제할 취득가액에 포함되는 자본적 지출은 법인이 소유하는 감가상각자산의 내용연수를 연장시키거나 당해자산의 가치를 현실적으로 증가시키기 위하여 지출한 수선비를 말한다.

☞ 법인이 소유하는 고정자산의 원상을 회복하거나 능률유지를 위하여 지출한 비용은 수익적 지출에 해당한다. 당해 수익에 대응하는 비용을 수익적 지출이라고 이해하면 된다. 간단하게 원상을 회복시키거나 능률유지를 위한 것은 지금 당장의 수익을 발생시키기 위함이다.

☞ 자본적 지출은 미래의 수익을 창출하기 위한 것이다. 내용연수가 연장되거나 자산의 가치가 현실적으로 증가하는 지출은 미래에도 계속 사용하면서 수익을 창출하기 위하여 지출하는 것이다.

답 ④

**02.** 다음 중 「법인세법」상 손금산입이 불가능한 것은?

① 책임준비금

② 수선충당금

③ 고유목적사업준비금

④ 대손충당금

🔍 **해설**

② 법인세법은 순자산증가설과 권리의무확정주의에 의하여 충당금과 준비금을 원칙적으로 인정하지 않고 있다. 다만, 기업회계 기준에 따라 대부분의 기업이 적용하는 대손충당금·퇴직급여충당금·책임준비금에 대하여 손금에 산입할 수 있다. 또한 조세정책적 목적으로 퇴직연금충당금·구상채권충당금·일시상각충당금(또는 압축기장충당금)·고유목적사업준비금·비상위험준비금을 손금에 산입할 수 있다.

**답** ②

**03.** 「법인세법」상 인건비의 손금산입에 대한 설명으로 옳지 않은 것은?

① 합명회사 또는 합자회사의 노무출자사원에게 지급하는 보수는 손금에 산입하지 아니한다.

② 비상근임원에게 건전한 사회통념 및 상거래 관행에 따라 지급하는 보수는 손금에 산입하지 아니한다.

③ 임원에 대한 상여금의 지급이 정관·주주총회 또는 이사회에서 결정된 급여지급규정을 초과하여 지급하는 경우에는 그 초과 금액은 손금에 산입하지 아니한다.

④ 법인의 해산에 의하여 퇴직하는 임원 또는 사용인에게 지급하는 해산수당은 최종사업연도의 손금으로 한다.

🔍 **해설**

② 비상근임원에게 건전한 사회통념 및 상거래 관행에 따라 지급하는 보수는 손금에 산입한다.

☞ 비상근임원은 회사에 상시 근로하는 임원은 아니다. 하지만, 근로업무에 대하여 당연히 근로성이 존재하며 이에 대하여 급여를 지급할 수 있다.

☞ 건전한 사회통념 및 상거래 관행에 따라 지급하지 않으면 부당행위계산의 부인에 의하여 손금에 산입하지 않을 수 있다. 그 외에는 정상적인 인건비로 보아 손금으로 산입한다.

**답** ②

## 04. 「법인세법」상 접대비와 기부금에 대한 설명으로 옳은 것은?

① 영업자가 조직한 단체로서 법인이거나 주무관청에 등록된 조합 또는 협회에 지급한 회비는 접대비로 보아 한도 내에서 손금인정한다.

② 접대비를 지출(그 지출사실은 객관적으로 명백함)한 국외에서 현금 외 다른 지출수단이 없어 적격증빙을 갖추지 못한 경우에는 해당 국외 지출을 접대비로 보지 아니한다.

③ 법인이 새마을금고(특수관계인이 아님)에 정당한 사유 없이 자산을 정상가액보다 낮은 가액으로 양도한 경우 그 차액이 실질적으로 증여한 것으로 인정되는 금액은 지정기부금으로 의제하여 한도 내에서 손금산입한다.

④ 법인이 특수관계인에게 지정기부금을 금전 외의 자산으로 제공한 경우 해당 자산의 가액은 이를 제공한 때의 장부가액과 시가 중 큰 금액으로 한다.

### 🔎 해설

① 영업자가 조직한 단체로서 법인이거나 주무관청에 등록된 조합·협회에 지급한 일반회비는 한도 없이 손금으로 인정한다.

☞ 영업자가 조직한 단체로서 법인이거나 주무관청에 등록된 조합·협회는 상공회의소 등을 의미한다.

☞ 상업과 공업을 영위하는 사업자는 법에 따라 상공회의소에 회비를 납부한다. 이렇게 법령 또는 정관에 따라 정상적인 회비징수방식으로 경상경비 충당 등을 목적으로 하는 것을 일반회비라고 한다.

☞ 이렇게 지출한 일반회비는 세금과공과금으로 회계처리하고, 손금으로 인정된다.

② 지출사실이 객관적으로 명백한 국외에서 현금 외 다른 지출수단이 없어 적격증빙을 갖추지 못한 경우에도 해당 국외 지출을 접대비로 본다.

☞ 외국은 한국과 사정이 다를 수 있다. 카드결제가 불가능할 수도 있고, 영수증을 교부하는 시스템이 없을 수도 있다. 따라서 적격증빙을 갖추지 못한 경우에도 접대비로 인정해주는 규정이 존재한다.

③ 법인이 새마을금고(특수관계인이 아님)에 정당한 사유 없이 자산을 정상가액보다 낮은 가액으로 양도한 경우 그 차액이 실질적으로 증여한 것으로 인정되는 금액은 비지정기부금으로 보아 손금에 산입하지 아니한다.

답 ④

[2009년 7급] ★★

## 05. 「법인세법」상 건설자금에 충당한 차입금의 이자에 관한 설명으로 옳지 않은 것은?

① 차입한 건설자금의 연체로 인하여 생긴 이자를 원본에 가산한 경우 그 가산한 금액은 이를 당해 사업연도의 자본적 지출로 하고, 그 원본에 가산한 금액에 대한 지급이자는 이를 손금으로 한다.

② 건설자금에 충당한 차입금의 일시예금에서 생기는 수입이자는 원본에 가산하는 자본적 지출금액에서 차감한다.

③ 차입한 건설자금의 일부를 운영자금에 전용한 경우에는 그 부분에 상당하는 지급이자는 이를 손금에 산입하지 아니한다.

④ 일반차입금에 대한 지급이자는 자본화를 선택할 수 있다.

**해설**

③ 차입한 건설자금의 일부를 운영자금에 전용한 경우에는 그 부분에 상당하는 지급이자는 이를 손금에 산입한다.

☞ 차입한 건설자금의 지급이자는 건설원가에 산입하여야 한다. 건설을 목적으로 사용하지 않고 운영자금으로 사용한 경우에는 그 운영자금에 상당하는 지급이자를 손금에 산입한다. 운영목적 사용으로 건설의 원가를 구성하지 않기 때문이다.

답 ③

**06.** 「법인세법」상 지급이자 손금불산입에 대한 설명으로 옳은 것은?

① 투자부동산에 대한 건설자금이자를 취득원가로 계상한 경우 그 계상액을 손금산입(△유보)하고 그 투자부동산의 처분 혹은 감가상각 시 익금산입(유보)으로 추인한다.

② 특정차입금의 연체로 인하여 생긴 이자를 원본에 가산한 경우 그 가산한 금액과 그 원본에 가산한 금액에 대한 지급이자는 해당 사업연도의 자본적 지출로 한다.

③ 특수관계인으로부터 시가를 초과하는 가액으로 업무무관자산을 매입한 경우 부당행위계산의 부인규정에 의한 시가초과액을 포함하지 않은 가액으로 업무무관자산을 평가하여 지급이자를 계산한다.

④ 지급이자에 대한 손금불산입 규정이 동시에 적용되는 경우 지급받은 자가 불분명한 채권·증권이자, 채권자가 불분명한 사채이자, 업무무관자산에 대한 지급이자, 건설자금에 충당한 차입금이자 순으로 부인된다.

## 🔍 해설

② 특정차입금의 연체로 인하여 생긴 이자를 원본에 가산한 경우 그 가산한 금액과 그 원본에 가산한 금액에 대한 지급이자는 해당 사업연도의 손금으로 한다.

☞ 특정차입금(건설자금으로 사용되는 차입금)에서 발생하는 이자에 대하여 어디까지를 건설원가를 구성한다고 볼 수 있을까? 특정차입금에 대한 이자와 그 이자를 늦게 지급하여 발생하는 연체이자에 대하여 건설원가를 구성한다고 보고 있다.

☞ 하지만, 연체이자를 지급하지 못하여 해당 연체이자를 추가로 대출받아 지급하고('원본에 가산한 경우'라고 표현) 그 연체이자 관련 대출에 대하여 또 대출 이자가 발생한 경우에는 손금에 산입한다. 직접적인 건설 목적 이자가 아닌 연체이자 지급 목적의 지급이자로 보기 때문에 건설원가를 구성하지 못하는 것이다.

③ 특수관계인으로부터 업무무관자산을 시가를 초과하는 금액으로 매입함으로서 부당행위계산 부인규정에 의한 시가초과액을 포함한 가액으로 업무무관자산을 평가하여 지급이자를 계산한다.

☞ 지급이자 손금불산입은 자금 지출액을 기준으로 지급이자를 부인하는 규정이다. 고가 매입을 하였어도 지출된 금액은 높은 금액이니 부당행위계산부인 적용과 무관하게 지출된 금액(부당행위계산 부인규정에 의한 시가초과액을 포함한 가액)으로 지급이자를 부인한다.

④ 지급이자에 대한 손금불산입 규정이 동시에 적용되는 경우 채권자불분명 사채이자, 비실명채권증권이자, 건설자금이자, 업무무관자산에 대한 지급이자 순으로 부인된다.

**답 ①**

**07.** 「법인세법」 규정에 의해 차입금에 대한 지급이자 손금불산입이 동시에 적용 시 가장 먼저 적용되는 거래와 가장 나중에 적용되는 것은?

① 건설자금에 충당한 차입금이자, 채권자불분명사채이자

② 채권자불분명사채이자, 업무무관자산 등에 대한 차입금이자

③ 업무무관자산 등에 대한 차입금이자, 채권자불분명사채이자

④ 지급받은 자가 불분명한 채권·증권의 이자, 건설자금에 충당한 차입금

**해설**

② 특정할 수 있는 이자 중 불법성이 가장 높은 채권자불분명 사채이자를 먼저 적용하고, 적법하나 확인이 어려운 비실명 채권 및 증권이자를 적용하며, 이후 자본화를 위한 건설자금이자를 적용한다. 가장 마지막에는 이자를 특정할 수 없는 업무무관자산 등에 대한 지급이자를 적용한다.

| 구분 | 부인순서 | 소득처분 |
|---|---|---|
| 1순위 | 채권자불분명 사채이자 | 대표자 상여 |
| 2순위 | 비실명 채권·증권 이자 | (원천징수금액은 기타사외유출) |
| 3순위 | 건설자금이자 | 유보 |
| 4순위 | 업무무관자산 등에 대한 지급이자 | 기타사외유출 |

**답 ②**

**08.** 법인세법령상 업무용승용차 관련비용의 손금불산입에 대한 설명으로 옳지 않은 것은? (단, 부동산임대업을 주된 사업으로 하는 등 법령으로 정하는 요건에 해당하는 내국법인은 아니며, 사업연도가 1년 미만이거나 사업연도 중 일부 기간 동안 보유하거나 임차한 경우에도 해당하지 않는다)

① 업무용승용차는 정액법을 상각방법으로 하고 내용연수를 5년으로 하여 계산한 금액을 감가상각비로 하여 손금에 산입하여야 한다.

② 내국법인이 업무용승용차를 취득하거나 임차함에 따라 해당 사업연도에 발생하는 감가상각비, 임차료, 유류비 등 업무용 승용차 관련비용 중 업무사용금액에 해당하지 아니하는 금액은 해당 사업연도의 소득금액을 계산할 때 손금에 산입하지 아니한다.

③ 업무사용금액 중 업무용승용차별 감가상각비가 해당 사업연도에 800만 원을 초과하는 경우 그 초과하는 금액은 해당 사업연도의 손금에 산입하지 아니하고 이월하여 손금에 산입한다.

④ 업무용승용차를 처분하여 발생하는 손실로서 업무용승용차별로 800만 원을 초과하는 금액은 해당 사업연도에 손금에 산입하지 않고 유보로 소득처분한다.

**해설**

④ 업무용승용차의 처분손실로 인한금액이 800만 원을 초과하는 경우에는 손금불산입 기타사외유출로 세무조정한다.

**답 ④**

**09.** 다음은 법인세법령상 내국법인 (주)B의 제6기(2022.1.1.~2022.12.31.) 손익계산서에 손비로 계상한 항목이다. 해당 항목 중 제6기 각 사업연도의 소득금액을 계산할 때 손금불산입할 합계액은?

- 법인 소유 차량에 대해 부과된 과태료: 1,500,000원
- 본사 건물에 대한 재산세: 5,500,000원(재산세에 대한 납부지연가산세 1,000,000원이 포함된 금액임)
- 판매하지 아니한 제품에 대한 반출필의 주세의 미납액(제품가격에 해당 세액이 가산되지 않음): 5,500,000원
- 「국민건강보험법」에 따라 사용자로서 부담한 보험료: 2,500,000원
- 「제조물 책임법」 제3조제2항에 따라 지급한 손해배상금(실제 발생한 손해액이 분명하지 않음): 4,500,000원

① 9,500,000원

② 11,000,000원

③ 12,500,000원

④ 13,500,000원

---

### 해설

② 손금불산입은 총 11,000,000원이다.

| 구분 | 회계 비용인식 | 세법 필요경비 | 손금불산입액 |
|---|---|---|---|
| 과태료 | 1,500,000원 | 0원 | 1,500,000원 |
| 재산세 | 4,500,000원 | 4,500,000원 | 0원 |
| 납부지연가산세 | 1,000,000원 | 0원 | 1,000,000원 |
| 주세 미납액 | 5,500,000원 | 0원 | 5,500,000원 |
| 건강보험료 | 2,500,000원 | 2,500,000원 | 0원 |
| 손해배상금 | 4,500,000원 | 1,500,000원 | 3,000,000원 |
| 합계 | 19,500,000 | 8,500,000 | 11,000,000 |

☞ 과태료 및 납부지연가산세는 제재의 목적을 유지하기 위하여 손금불산입된다.

☞ 판매하지 아니한 제품에 대한 주세 미납액은 손금이 산입하지 아니한다. 반출과세제도상 제조에서 유통과정으로 이전되는 최초의 단계인 반출시점에 과세하기 때문에 이때 법인이 세액을 납부하는 경우 이는 자산으로 처리하여야 한다. 제품을 판매할 때 주세를 거래상대방으로부터 징하는데 이때는 익금으로 산입되고, 이에 대응되는 비용으로 종전에 지출한 주세를 적용하기 위해서는 자산으로 처리되어야 한다.

*이해하기 어렵다면 부가가치 세법과 같이 미리 지급한 돈으로 비용처리될 수 없다고 간단하게 생각하자.

☞ 손해배상금의 경우 손해를 초과하여 지급한 경우 '징벌'목적의 손해배상금은 징벌의 효과를 유지하기 위하여 손금불산입된다. 실제 손해액의 확인이 어려운 경우 1/3을 실제 손해액으로 본다. 그렇다면 손해배상금 450만원 중 2/3에 해당하는 300만원은 징벌목적 손해배상금으로 징벌의 효과를 유지하기 위하여 손금에 불산입되어야 한다.

**답** ②

# 7 손익의 귀속시기

[2012년 7급] ★★

**01.** 법인세법상 거래형태별 권리의무확정주의에 의한 손익의 귀속 시기에 대한 설명으로 <u>옳지 않은</u> 것은?

① 자본시장과 금융투자에 관한 법률 제9조 제13항에 따른 증권시장에서 같은 법 제393조 제1항에 따른 증권시장 업무규정에 따라 보통거래방식으로 한 유가증권의 매매의 경우에는 인도일로 한다.

② 법인세가 원천징수되지 않는 이자수익으로 결산 확정시에 기간 경과분을 수익으로 계상한 경우에는 익금으로 인정한다.

③ 사채할인발행차금은 기업회계기준에 의한 사채할인발행차금의 상각방법에 따라 손금에 산입해야 한다.

④ 물품을 수출하는 경우에는 수출물품을 계약상 인도하여야 할 장소에 보관한 날에 익금으로 확정된다.

## 🔍 해설

① 증권시장에서 보통거래방식으로 한 유가증권의 매매의 경우 매매계약을 체결한 날이 속하는 사업연도로 한다.

☞ 우리가 주식을 사고파는 일반적인 방식이 보통거래방식이다.(매매계약을 체결한 날부터 기산하여 3일째 되는 날에 결제하는 매매거래) 대부분 매매계약체결한 날과 인도일이 같지만, 일치하지 않는 경우도 있다. 보통거래방식에서 매매계약 체결은 일반적인 계약서보다 거래가 확정적이다. 따라서 권리의무확정주의에 의해 매매계약을 체결한 날이 속하는 사업연도를 귀속시기로 하는 것 같다.

답 ①

## 02. 「법인세법」상 손익의 귀속시기에 대한 설명으로 <u>옳지 않은</u> 것은?

① 매출할인금액은 거래상대방과의 약정에 의한 지급기일(그 지급기일이 정하여 있지 아니한 경우에는 지급한 날)이 속하는 사업연도의 매출액에서 차감한다.

② 법인이 2년 간 임대계약을 체결하고 1년마다 임대료를 지급받기로 하였으나 사업연도 종료일 현재 이미 경과한 기간에 대응하는 임대료 상당액(지급약정기일이 도래하지 않아 미수령)과 이에 대응하는 비용을 결산서에 계상하지 아니하였을 경우 세무조정을 통해 해당 사업연도의 익금과 손금으로 각각 산입하여야 한다.

③ 「부가가치세법」 제36조제4항을 적용받는 업종을 영위하며 영수증을 교부할 수 있는 법인이 금전등록기를 설치·사용하는 경우 그 수입하는 물품대금과 용역대가의 귀속사업연도는 그 금액이 실제로 수입된 사업연도로 할 수 있다.

④ 잉여금의 처분에 따른 배당소득의 귀속사업연도는 잉여금을 처분한 법인의 잉여금처분결의일(무기명주식의 보유에 의해 받는 배당소득의 경우 그 지급을 받은 날)이 속하는 사업연도로 한다.

---

### 🔍해설

② 법인이 2년 간 임대계약을 체결하고 1년마다 임대료를 지급받기로 하였으나 사업연도 종료일 현재 이미 경과한 기간에 대응하는 임대료 상당액(지급약정기일이 도래하지 않아 미수령)과 이에 대응하는 비용을 결산서에 계상하지 아니하였을 경우 해당 사업연도의 익금과 손금으로 산입할 수 없다.

☞ 임대료지급기간이 1년 이하인 경우에는 해당 임대손익의 귀속연도는 원칙적으로 지급하거나 지급받기로 한 날로 한다. 다만, 기간경과분에 대한 미수임대료 또는 미지급임차료를 결산에 계산한 경우에는 이를 해당 사업연도의 익금 또는 손금으로 인정한다. 이는 결산조정항목으로 결산서에 계상하지 아니한 경우 해당 사업연도의 익금과 손금으로 산입할 수 없다.

답 ②

**03.** 법인세법령상 손익의 귀속시기와 자산·부채의 평가에 대한 설명으로 옳지 않은 것은?

① 계약기간이 1년 미만인 단기건설도급공사의 경우에 법인이 당해 사업연도의 결산을 확정함에 있어서 작업진행률을 기준 으로 손익을 계상한 경우 세법상 이를 인정한다.

② 재고자산이 파손되어 정상가격으로 판매할 수 없게 된 경우 에는 당해 감액사유가 발생한 사업연도에 당해 재고자산의 장부가액을 사업연도 종료일 현재 처분가능한 시가로 평가한 가액으로 감액할 수 있다.

③ 임대료 지급기간이 1년을 초과하는 경우 이미 경과한 기간에 대응하는 임대료 상당액과 비용은 이를 각각 그 당해 사업 연도의 익금과 손금으로 한다.

④ 특수관계인 외의 자로부터 정당한 사유없이 유형고정자산을 취득하면서 정상가액보다 높은 가격으로 매입하고 실제 지급한 매입가액을 장부상 취득원가로 계상한 경우, 그 실제 매입 가액을 세무상 취득가액으로 인정한다.

**해설**

④ 특수관계인 외의 자로부터 정당한 사유없이 유형고정자산을 취득하면서 정상가액보다 높은 가격으로 매입하고 실제 지급한 매입가액을 장부상 취득원가로 계상한 경우, 그 정상가액을 세무상 취득가액으로 본다.

답 ④

**04.** 법인세법령상 내국법인의 손익의 귀속시기와 자산·부채의 평가에 대한 설명으로 옳지 않은 것은?

① 자산을 「법인세법 시행령」 제68조제4항에 따른 장기할부조건 등으로 취득하여 발생한 채무를 기업회계기준에 따라 현재가치로 평가하여 현재가치할인차금을 계상한 경우의 당해 현재가치 할인차금은 자산의 취득가액에 포함하지 않는다.

② 감가상각자산이 진부화, 물리적 손상 등에 따라 시장가치가 급격히 하락하여 법인이 기업회계 기준에 따라 손상차손을 계상한 경우(천재지변·화재 등의 사유로 손상된 경우 등 「법인세법」 제42조제3항제2호에 해당하는 경우는 제외)에는 해당 손상차손이 「법인세법」 제23조제1항에 따른 상각범위액을 초과하더라도 이를 전액 손금에 산입한다.

③ 보유하던 주식의 발행법인이 파산한 경우, 해당 감액사유가 발생한 사업연도에 주식의 장부가 액을 사업연도 종료일 현재 시가(시가로 평가한 가액이 1천원 이하인 경우에는 1천원으로 한 다)로 평가한 가액으로 감액할 수 있으며, 이 경우 그 감액한 금액을 해당 사업연도의 손비로 계상하여야 한다.

④ 「자본시장과 금융투자업에 관한 법률」에 따른 투자회사등(같은 법 제230조에 따른 환매금지형 집합투자기구는 제외)이 보유하는 「법인세법 시행령」 제73조제2호 다목의 집합투자재산은 시 가법에 따라 평가한다.

---

**해설**

② 감가상각자산이 진부화, 물리적 손상 등에 따라 시장가치가 급격히 하락하여 법인이 기업회계기준에 따라 손상차손을 계 상한 경우(천재지변·화재 등의 사유로 손상된 경우 등 「법인세법」 제42조제3항제2호에 해당하는 경우는 제외)에는 해당 손상차손이 「법인세법」 제23조제1항에 따른 상각범위액을 초과하면 그 초과액은 손금에 산입하지 아니한다.

**답** ②

## ⑧ 취득가액과 평가

[2019년 7급] ★★

**01.** 법인세법령상 내국법인의 자산·부채의 평가와 손익의 귀속 사업연도에 대한 설명으로 옳지 않은 것은?

① 법인세법 시행령 제61조제2항제1호부터 제7호까지의 금융회사 등 외의 법인이 보유하는 기업회계기준에 따른 화폐성 외화자산과 부채를 사업연도 종료일 현재의 매매기준율로 평가하는 방법으로 관할세무서장에게 신고한 경우에는 이 방법을 적용할 수 있다.

② 내국법인이 한국채택국제회계기준을 최초로 적용하는 사업연도에 재고자산평가방법을 법인세법 시행령 제74조제1항제1호다목에 따른 후입선출법에서 법인세법 시행령 제74조제1항 각호에 따른 다른 재고자산평가방법으로 납세지 관할세무서장에게 변경신고한 경우에는 해당 사업연도의 소득금액을 계산할 때 법인세법 제42조의2제1항에 따른 재고자산평가차익을 익금에 산입하지 아니할 수 있다.

③ 내국법인이 재고자산의 평가방법을 신고하지 아니하여 법인세법 시행령 제74조제4항에 따른 평가방법을 적용받는 경우에 그 평가방법을 변경하려면 변경할 평가방법을 적용하려는 사업연도의 종료일 전 3개월이 되는 날까지 변경신고를 하여야 한다.

④ 내국법인이 법인세법 시행령 제74조제3항에 따른 기한 내에 관할 세무서장에게 유가증권의 평가방법을 신고하지 아니한 경우에는 개별법(채권의 경우에 한한다), 총평균법 및 이동평균법 중 가장 큰 금액을 해당 유가증권의 평가액으로 한다.

---

### 🔍 해설

④ 내국법인이 「법인세법 시행령」 제74조제3항에 따른 기한 내에 관할 세무서장에게 유가증권의 평가방법을 신고하지 아니한 경우에는 총평균법을 해당 유가증권의 평가액으로 한다.

☞ 무신고시에는 총평균법을 유가증권의 평가액으로 한다.

☞ 만약에 무신고하였는데 개별법(채권의 경우에 한함), 이동평균법으로 신고한 경우 개별법(채권의 경우에 한함), 이동평균법, 총평균법 중 가장 큰 금액을 해당 유가증권의 평가액으로 한다.

답 ④

**02.** 「법인세법」상 재고자산의 평가에 관한 설명으로 <u>옳지 않은</u> 것은?

① 법정 기한내에 재고자산 평가방법을 신고하지 아니한 경우 매매를 목적으로 소유하는 부동산은 납세지 관할세무서장이 선입선출법에 의하여 평가한다.

② 재고자산은 영업장별로 다른 방법에 의하여 평가할 수 있다.

③ 신설법인이 재고자산 평가방법을 신고하고자 하는 때에는 설립일이 속하는 사업연도의 법인세 과세표준 신고기한내에 신고하여야 한다.

④ 법인이 신고한 재고자산 평가방법을 변경하고자 하는 경우 변경할 평가방법을 적용하고자 하는 사업연도의 종료일 이전 3월이 되는 날까지 신고하여야 한다.

**해설**

① 법인이 법정 기한 내에 재고자산의 평가방법을 신고하지 아니한 경우 매매를 목적으로 소유하는 부동산은 납세지 관할세무서장이 개별법에 의하여 평가한다.

☞ 일반적인 재고자산의 경우 납세지 관할세무서장이 선입선출법에 의하여 평가한다. 부동산은 개별로 구분될 수 있으며, 각 각의 자산 금액이 크다. 따라서 개별적으로 관리하고 평가하는 것이 합리적이다.

**답 ①**

**03.** 「법인세법」상 자산 및 부채의 평가손익이 인정되지 않는 것은?

① 「보험업법」에 의한 유형자산 및 무형자산 등의 평가손실

② 「은행법」에 의한 인가를 받아 설립한 금융기관이 보유하는 통화선도와 통화스왑의 평가손실

③ 「은행법」에 의한 인가를 받아 설립한 금융기관이 보유하는 화폐성 외화자산 및 부채의 평가이익

④ 파손, 부패 등의 사유로 인해 정상가격으로 판매할 수 없는 재고자산 평가손실

**해설**

① 「보험업법」에 의한 유형·무형자산의 평가이익이 「법인세법」상 인정된다.

☞ 평가손실을 인정하는 경우 해당 평가를 통하여 의도적으로 법인세를 조정할 수 있다. 따라서 법인세법에서는 「보험업법」에 의한 유형자산 및 무형자산 등의 평가손실은 인정하고 있지 않다.

**답 ①**

**04.** 「법인세법」상 유가증권의 평가방법에 대한 설명으로 옳지 않은 것은?

① 「간접투자자산운용업법」에 의한 투자회사가 아닌 법인이 보유한 주식의 평가는 총평균법 또는 이동평균법에 의한다.

② 「간접투자자산운용업법」에 의한 투자회사가 보유한 주식의 평가는 시가법에 의한다.

③ 「간접투자자산운용업법」에 의한 투자회사가 아닌 법인이 보유한 채권의 평가는 총평균법, 이동평균법 또는 개별법에 의한다.

④ 유가증권평가방법 변경신고를 하지 않고 임의로 평가방법을 변경한 경우에는 총평균법에 의하여 평가한 가액과 이동평균법에 의하여 평가한 가액 중 큰 금액으로 평가한다.

🔍 **해설**

④ 유가증권평가방법 변경신고를 하지 않고 임의로 평가방법을 변경한 경우에는 총평균법에 의하여 평가한 가액과 당초 신고방법에 따른 가액 중 큰 금액으로 평가한다.

☞ 유가증권 평가방법을 신고하지 아니한 경우 총평균법으로 평가한다. 유가증권 평가방법을 변경신고하지 않고 임의로 변경한 경우 임의 변경을 제재하기 위하여 무신고일 때의 평가방법인 총평균법과 당초 신고방법에 따른 평가가액 중 큰 금액으로 평가한다.

답 ④

**05.** 「법인세법」상 자산의 취득가액에 대한 설명으로 옳지 않은 것은?

① 시가가 1억 원인 토지를 정당한 사유 없이 특수관계가 없는 자로부터 1억 3천만 원에 매입하고 당해 금액을 취득가액으로 계상한 경우 세법상 취득가액으로 인정된다.

② 재고자산 등의 매입을 위하여 조달한 차입금에 대한 이자비용은 취득가액에 포함되지 않는다.

③ 시가 5천만 원인 주식을 발행하여 시가 4천만 원의 건물을 현물출자 받은 경우 세법상 건물의 취득가액은 5천만 원이다.

④ 자산을 법령의 규정에 의한 장기할부조건 등으로 취득하는 경우 발생한 채무를 기업회계기준에 따라 현재가치로 평가하여 계상하는 현재가치할인차금은 이를 취득가액에 포함하지 않는다.

③ 시가 5천만 원인 주식을 발행하여 시가 4천만 원의 건물을 현물출자 받은 경우 세법상 건물의 취득가액은 4천만 원이다.

☞ 법인이 취득하는 자산은 취득하는 자산이 취득가액 산정의 기준이 된다. 따라서 대가로 지급한 주식이 아닌 취득한 건물의 시가을 취득가액으로 하는 것이다.

답 ③

# ❾ 감가상각비

[2007년 7급] ★★★

## 01. 「법인세법」상 감가상각에 관한 설명으로 옳지 않은 것은?

① 감가상각자산에 대한 자본적 지출금액을 손금으로 계상한 경우에는 이를 즉시상각의제로 보아 시부인 계산한다.

② 법인이 감가상각자산에 대하여 감가상각과 평가증을 병행하는 경우에는 먼저 감가상각을 한 후 평가증을 하는 것으로 보아 상각범위액을 계산한다.

③ 해당 사업연도에 감가상각비를 손금으로 계상하지 아니한 경우에는 전년도 상각부인액이 있어도 이를 손금으로 산입할 수 없다.

④ 시설의 개체·기술의 낙후 등으로 인하여 생산설비의 일부를 폐기한 경우에는 해당 자산의 장부가액에서 1,000원을 공제한 금액을 폐기일이 속하는 사업연도의 손금에 산입할 수 있다.

### 🔍 해설

③ 해당 사업연도에 감가상각비를 손금으로 계상하지 아니한 경우에는 전년도 상각부인액을 시인부족액을 한도로 하여 이를 손금으로 추인한다.

☞ 장부상 감가상각비를 계상하지 아니한 경우 세법상 상각범위액만큼 시인부족액이 발생한다. 이때 상각부인액이 존재한다면 이를 추인하는 것이다.

답 ③

**02.** 「법인세법」상 유형·무형자산의 감가상각에 관한 설명으로 옳지 않은 것은?

① 재해를 입은 자산에 대한 외장의 복구비 1,000만 원을 지출하고 이를 손비로 계상한 경우 동 지출에 대해서는 시부인 계산을 할 필요가 없다.

② 시험연구용자산에 대해 「법인세법 시행규칙」 [별표 2] 시험연구용자산의 내용연수표를 적용한 경우에는 내용연수의 변경 및 특례규정을 적용할 수 없다.

③ 감가상각방법이 서로 다른 법인이 합병하고 상각방법의 변경승인을 받지 아니한 경우에는 감가상각방법이 변경되지 않는다.

④ 감가상각방법을 변경하는 경우 상각범위액은 감가상각누계액을 공제한 장부가액과 전기 이월 상각한도초과액의 합계액에 변경시점 이후의 잔존내용연수에 의한 상각률을 곱하여 계산한다.

### 해설

④ 감가상가방법을 변경하는 경우에는 감가상각누계액을 공제한 장부가액에서 전기 이월된 상각부인액을 가산한 금액에 당초에 신고한 내용연수에 의한 상각률을 곱하여 계산한다.

☞ '감가상각방법'을 변경한다는 것은 정률법, 정액법, 생산량비례법 등의 상각방법을 변경한다는 것이지 내용연수를 변경한다는 것은 아니다.

☞ 합병 등으로 인하여 상각방법이 서로 다른 사업자가 합쳐진 경우 감가상각방법을 한쪽에 맞출 필요가 있다. 이렇게 변경되는 감가상각방법은 기업회계상 회계추정의 변경으로 전진법으로 회계처리한다. 세법이 기업회계기준을 따라 전진법과 유사하게 적용한다. 따라서 변경 시점의 회계상 미상각잔액에 세법상 전기이월상각부인액을 가산하여 세법상의 미상각잔액을 계산한다. 이후 당초에 신고한 내용연수에 의하여 상각률을 적용한다.

답 ④

**03.** 「법인세법」상 감가상각비의 손금산입에 대한 설명으로 <u>옳지 않은</u> 것은?

① 건물의 감가상각방법으로서는 정액법만이 인정된다.

② 당해 감가상각자산의 장부가액을 직접 감액하는 방법도 인정된다.

③ 취득 후 사용하지 않고 보관 중인 기계 및 장치도 감가상각자산에 해당한다.

④ 감가상각방법이 서로 다른 법인이 합병한 경우에는 감가상각방법을 변경할 수 있다.

**해설**

③ 취득 후 사용하지 않고 보관 중인 기계 및 장치는 감가상각자산에 해당하지 아니한다.

☞ 세법상 미사용자산은 감가상각자산에 포함하지 않는다. 회계에서는 미사용자산이라고 하더라도 사용가능한 때부터 감가상각자산에 포함한다. 법인세법은 기업회계에 따라 미사용자산을 감가상각자산에 포함하려고 했을 것이다. 하지만, 도대체 언제가 '사용가능한 때'일까? 법인세법은 기준이 명확하지 않은 경우 법인의 의사에 따라 세금을 회피하기 위한 전략으로 사용될 수 있다고 보고 있다. 따라서 미사용 보관 기계장치 등은 감가상각자산에서 제외하고 있다.

☞ (참고) 사업에 사용하고 있으나 일시적 조업중단 등으로 인하여 가동되지 않고 있는 유휴설비는 감가상각자산에 해당한다.

**답** ③

**04.** 법인세법령상 즉시상각의 의제에 대한 설명으로 <u>옳지 않은</u> 것은?

① 법인이 개별자산별로 수선비로 지출한 금액이 600만 원 미만인 경우로서 그 수선비를 해당 사업연도의 손비로 계상한 경우에는 자본적 지출에 포함하지 않는다.

② 자본적 지출이란 법인이 소유하는 감가상각자산의 내용연수를 연장시키거나 해당 자산의 가치를 현실적으로 증가시키기 위하여 지출한 수선비를 말한다.

③ 재해를 입은 자산에 대한 외장의 복구·도장 및 유리의 삽입에 대한 지출은 자본적 지출에 포함한다.

④ 시설의 개체 또는 기술의 낙후로 인하여 생산설비의 일부를 폐기한 경우에는 해당 자산의 장부가액에서 1천 원을 공제한 금액을 폐기일이 속하는 사업연도의 손금에 산입할 수 있다.

**해설**

③ 재해를 입은 자산에 대한 외장의 복구·도장 및 유리의 삽입에 대한 지출은 수익적 지출에 포함한다.

☞ 외장의 복구·도장 및 유리의 삽입은 현상을 유지하기 위한 지출이다. 이러한 지출은 감가상각자산의 내용연수를 연장시키거나 자산의 가치를 현실적으로 증가시키지 못한다. 따라서 자본적 지출이 아닌 수익적 지출로 보아야 한다.

**답** ③

**05.** 다음 자료에 의하여 (주)서울의 제2기(2020년 7월 1일부터 12월 31일까지)의 기계장치에 대한 감가상각범위액을 계산하면 얼마인가? (단, (주)서울의 사업연도는 6개월임)

- 취득가액:50,000,000원
- 취득일자:2020년 10월 1일
- 신고내용연수:5년
- 감가상각방법:정액법

① 2,500,000원        ② 3,000,000원

③ 4,500,000원        ④ 5,000,000원

**해설**

① 취득일자 : 10월 1일 / 사업연도 종료일 : 12월 31일

따라서 10월~12월 3개월의 기간에 대한 감가상각비를 계산하면 된다.

50,000,000원(취득가액) × 1/5(5년 정액법) × 3개월/12개월 = 2,500,000원

**답** ①

# ⑩ 대손충당금

**01.** 법인세법령상 내국법인의 대손금 및 대손충당금에 대한 설명으로 옳지 않은 것은? (단, 법인세법령에 따른 손금산입요건은 충족하고, 조세특례제한법 에 따른 특례는 고려하지 아니한다)

① 법인이 다른 법인과 합병하거나 분할하는 경우로서 채무자의 파산으로 회수할 수 없는 채권에 해당하는 대손금을 합병등기일 또는 분할등기일이 속하는 사업연도까지 손비로 계상하지 아니한 경우 그 대손금은 해당 법인의 합병등기일 또는 분할 등기일이 속하는 사업연도의 손비로 보지 아니한다.

② 채무자 회생 및 파산에 관한 법률 에 따른 회생계획인가의 결정 또는 법원의 면책결정에 따라 회수불능으로 확정된 채권은 해당 사유가 발생한 날이 속하는 사업연도의 소득금액을 계산할 때 손금에 산입한다.

③ 법인세법 제34조제1항에 따라 대손충당금을 손금에 산입한 내국법인이 합병하는 경우 그 법인의 합병등기일 현재의 해당 대손충당금 중 합병법인이 승계(해당 대손충당금에 대응하는 채권이 함께 승계되는 경우만 해당한다)받은 금액은 그 합병법인이 합병등기일에 가지고 있는 대손충당금으로 본다.

④ 법인세법 제34조제1항에 따라 대손충당금을 손금에 산입한 내국법인은 대손금이 발생한 경우 그 대손금을 대손충당금과 먼저 상계하여야 하고, 상계하고 남은 대손충당금의 금액은 다음 사업연도의 소득금액을 계산할 때 익금에 산입한다.

---

**해설**

① 법인이 다른 법인과 합병하거나 분할하는 경우로서 채무자의 파산으로 회수할 수 없는 채권에 해당하는 대손금을 합병등기일 또는 분할등기일이 속하는 사업연도까지 손비로 계상하지 아니한 경우 그 대손금은 해당 법인의 합병등기일 또는 분할등기일이 속하는 사업연도의 손비로 본다.

☞ 채무자의 파산으로 회수할 수 없는 채권에 해당하는 대손금은 결산조정사항으로써 원칙적으로 손비로 계상하지 아니한 경우 손비로 보지 아니한다. 그러나 합병이나 분할의 경우에는 합병등기일 또는 분할등기일 전에 발생한 피합병법인 또는 분할법인의 대손금과 대손충당금을 승계할 수 있기 때문에 결산조정사항으로써 손비로 계상하지 아니한 경우에도 합병등기일 또는 분할등기일이 속하는 사업연도의 손비로 본다.

**답** ①

**02.** 법인세법 상 충당금에 대한 설명으로 옳지 않은 것은?

① 내국법인이 동일인에 대하여 매출채권과 매입채무를 가지고 있는 경우에는 당해 매입채무를 상계하지 아니하고 대손충당금으로 계상할 수 있다. (단, 당사자 간의 약정에 의하여 상계하기로 한 경우는 제외함)

② 일시상각충당금 또는 압축기장충당금은 신고조정에 의한 손금산입이 허용된다.

③ 대손충당금을 손금으로 계상한 내국법인은 대손금이 발생한 경우 그 대손금을 대손충당금과 먼저 상계하여야 하고, 대손금과 상계하고 남은 대손충당금의 금액은 다음 사업연도의 소득금액을 계산할 때 손금에 산입한다.

④ 국고보조금 등 상당액을 손금에 산입한 내국법인이 손금에 산입한 금액을 기한 내에 사업용 자산의 취득에 사용하기 전에 합병하고, 손금에 산입한 금액을 합병법인에게 승계하는 경우 그 금액은 합병법인이 손금에 산입한 것으로 본다.

**해설**

③ 대손충당금을 손금으로 계상한 내국법인은 대손금이 발생한 경우 그 대손금을 대손충당금과 먼저 상계하여야 하고, 대손금과 상계하고 남은 대손충당금의 금액은 다음 사업연도의 소득금액을 계산할 때 익금에 산입한다.

☞ 세법상 대손충당금은 총액법으로 처리한다. 매년 대손충당금을 새롭게 설정하는 개념이기 때문에 기말에 남아 있는 대손충당금 잔액은 다음 사업연도에 익금에 산입하여 '0'원을 만들어준다.

**답 ③**

**03.** 제조업을 영위하는 영리내국법인인 (주)한국의 제17기 사업연도(1월 1일~12월 31일) 자료를 이용하여 「법인세법」상 각 사업연도의 소득금액을 계산할 때 대손충당금에 대한 세무조정의 결과가 제17기 각 사업연도의 소득금액에 미친 영향은?

---

• 매출채권과 관련된 대손충당금 계정은 다음과 같다.

**대손충당금**

(단위: 원)

| | | | |
|---|---|---|---|
| 당 기 상 계 | 10,000,000 | 전 기 이 월 | 12,000,000 |
| 차 기 이 월 | 15,000,000 | 당 기 설 정 | 13,000,000 |
| 계 | 25,000,000 | 계 | 25,000,000 |

– 전기이월 중에는 전기에 한도초과로 부인된 금액 3,000,000원이 포함되어 있다.
– 당기상계는 「법인세법」에 따른 대손요건을 충족한 매출채권과 상계된 것이며, 그 외 대손처리된 매출채권은 없다.

• 대손충당금 설정대상이 되는 「법인세법」상 매출채권 잔액은 다음과 같다.
– 제16기 말 현재 매출채권: 250,000,000원
– 제17기 말 현재 매출채권: 300,000,000원

---

① 2,000,000원 감소
② 1,000,000원 감소
③ 0원(변동 없음)
④ 1,000,000원 증가

---

**해설**

③ 전기이월 : 전기에 한도초과로 부인된 금액 3,000,000원에 대해서는 바로 손금에 산입해주어야 한다.
〈손금산입〉 전기대손충당금 한도초과 3,000,000 (△유보)'

당기상계 : 법인세법상 손금과 동일하니 세무조정이 존재하지 않는다.

당기설정 : 법인세법상 세무조정은 당기설정이 아닌 차기이월 금액과 비교한다.

차기이월 : 법인세법상 한도 12,000,000원을 초과한 3,000,000원에 대하여 손금불산입의 세무조정이 필요하다.
〈손금불산입〉 대손충당금 한도초과 3,000,000 (유보)'

* 한도 : 300,000,000 × Max (1%, 10,000,000/250,000,000) = 12,000,000

**답 ③**

# ① 준비금

[2019년 9급] ★★

**01.** 갑을복지재단(사업연도: 1월 1일~12월 31일)은 2020년에 설립된 비영리내국법인으로서 2020년에 국내에서 예금이자 1억 원을 받고 14%의 원천징수세액을 제외한 8천6백만 원을 수령하였다. 또한 2020년에 수익사업에 해당하는 건물의 임대소득 1억 원이 있다.갑을복지재단이 예금이자를 과세표준 신고에 포함한다는 가정 하에 법인세를 최소화하고자 한다면 신고해야 할 2020년 각 사업연도의 소득금액은? (단, 갑을복지재단은 고유목적사업준비금의 손금산입요건을 충족하고, 고유목적사업 등에 대한 지출액 중 100분의 50 이상의 금액을 장학금으로 지출하는 법인이 아니며, 기부금과 지방소득세 및 「조세특례제한법」상의 특례는 고려하지 않는다)

① 0원

② 5천만 원

③ 1억 원

④ 1억 8천6백만 원

---

🔍 **해설**

② (각사업연도소득금액 = (예금이자 1억원+임대소득 1억원)-고유목적사업준비금(예금이자 1억원×100%+임대소득 1억원×50%)=5천만원

☞ 공익법인의 설립·운영에 관한 법률에 의하여 설립된 법인으로서 고유목적사업 등에 대한 지출액 중 50% 이상의 금액을 장학금으로 지출하는 법인의 경우에는 80%를 적용한다.

답 ②

# ⑫ 부당행위계산부인

[2010년 7급] ★★

**01.** 「법인세법」상 부당행위계산부인에 관한 설명으로 <u>옳지 않은</u> 것은?

① 부당성 여부는 경제적 합리성을 기준으로 판단한다는 것이 판례의 입장이다.

② 부당행위계산부인은 특수관계인과의 거래(특수관계인 외의 자를 통한 거래 포함)에만 적용된다.

③ 허위의 거래이든 실제의 거래이든 관계없이 부당성의 요건을 충족하면 부당행위계산부인의 대상이 된다.

④ 행위 또는 계산의 결과 조세부담이 부당히 감소하여야 한다.

---

**해설**

③ 실제의 거래에 대하여 부당성의 요건을 충족하면 부당행위계산부인의 대상이 된다.

☞ 허위의 거래는 실질과세원칙에 의하여 거래가 없는 것(허위)로 보아야 한다. 존재하지 않는 거래는 부당한 행위에 대한 계산을 부인할 이유가 없다.(허위거래=존재하지 않는 거래=행위에 대한 계산이 없음)

☞ 실제의 거래에 대하여 부당한지 여부를 판단하고, 부당행위계산부인을 적용한다.

답 ③

## 02. 법인세법 상 부당행위계산의 부인 규정을 적용하기 위한 시가에 대한 설명으로 옳은 것은?

① 시가를 산정할 때 해당 거래와 유사한 상황에서 해당 법인이 특수관계인 외의 불특정다수인과 계속적으로 거래한 가격 또는 특수관계인이 아닌 제3자간에 일반적으로 거래된 가격에 따른다.

② 금전의 대여기간이 5년을 초과하는 대여금이 있는 경우 해당 대여금에 한정하여 가중평균차입이자율을 시가로 한다.

③ 시가가 확인되는 경우에도 부동산가격공시 및 감정평가에 관한 법률에 의한 감정평가법인이 감정한 가액에 따를 수 있다.

④ 주권상장법인이 발행한 주식을 자본시장과 금융투자업에 관한 법률에 따른 증권시장 외에서 거래한 경우 해당 주식의 시가는 그 거래일의 전후 3개월간 최종시세가액의 평균으로 한다.

### 🔍 해설

② 금전의 대여기간이 5년을 초과하는 대여금이 있는 경우 해당 대여금에 한정하여 당좌대출이자율을 시가로 한다.

☞ 가중평균차입이자율은 법인의 차입금에 대하여 평균적인 이자를 계산한 것이다. 따라서 대여금에 대하여 부당행위계산부인을 적용할 때 이자율로 사용하기에 적절하다. 다만, 다음과 같이 법인의 차입금에 대한 이자를 신뢰할 수 없는 상황에서는 임의로 정해놓은 당좌대출이자율을 시가로 적용한다.
1. 가중평균차입이자율의 적용이 불가능한 경우(특수관계인이 아닌 자로부터 차입한 금액이 없는 경우/차입금 전액이 채권자불분명 사채 또는 매입자가 불분명한 채권·증권의 발생으로 조달된 경우/자금을 대여한 법인의 가중평균차입이자율과 대여금리가 해당 대여시험 현재 자금을 차입한 법인의 가중평균차입이자율보다 높아 가중평균차입이자율이 없는 것으로 보는 경우)
2. 대여기간이 5년을 초과하는 대여금이 있는 경우
3. 당좌대출이자율을 시가로 선택한 경우

③ 시가가 확인되는 경우에는 감정가액 등이 아닌 확인된 시가를 적용한다.

④ 주권상장법인이 발행한 주식을 자본시장과 금융투자업에 관한 법률에 따른 증권시장 외에서 거래한 경우 해당 주식의 시가는 그 거래일의 최종시세가액으로 한다.

답 ①

[2007년 7급 변형] ★★

**03.** 「법인세법」상 시가와 거래가액의 차액이 3억 원 이상이거나 시가의 5% 이상인 경우에 한하여 부당행위계산부인의 규정이 적용되는 유형에 해당하지 않는 것은?

① 자산을 무상 또는 시가보다 낮은 가격으로 양도 또는 현물출자한 경우

② 주권상장법인이 발행한 주식을 한국거래소에서 시가보다 높은 가액으로 매입한 경우

③ 자산을 시가보다 높은 가액으로 매입한 경우

④ 금전 또는 기타자산을 시가보다 높은 이율·요율이나 임차료로 차용하거나 제공받은 경우

**해설**

② 주권상장법인이 발행한 주식을 시가보다 높은 가액으로 매입한 경우에는 3억 원 이상 또는 시가의 5% 이상 여부에 상관없이 부당행위계산부인을 적용한다.

☞ 부당행위계산부인 규정을 적용할 때 자산의 고가매입, 저가양도, 저리대여, 고리차용 등의 경우 정확하게 시가를 산정하기가 어렵다. 따라서 3억원, 5%의 현저한이익분여 요건을 적용하여 모호한 시가규정을 보완하고있다, 하지만, 주권상장법인이 발행한 주식을 한국거래소에서 거래한 경우 시가가 명확하기 때문에 현저한이익분여 요건을 적용하지 않는다.

**답 ②**

[2017년 9급] ★★

**04.** 영리내국법인 ㈜C는 제10기(2020년 1월 1일~12월 31일) 중 출자직원으로부터 토지(시가 150백만원)를 구입하면서 현금 지급액 200백만원을 장부에 계상하였다.매입한 토지와 관련하여 ㈜C가 수행해야 할 제10기 세무조정으로 옳은 것은?

| | 익금산입 | 손금산입 |
|---|---|---|
| ① | 부당행위계산의 부인 50백만원(배당) | - |
| ② | 부당행위계산의 부인 50백만원(배당) | 토지 50백만원(△유보) |
| ③ | 부당행위계산의 부인 50백만원(상여) | 토지 50백만원(△유보) |
| ④ | 부당행위계산의 부인 50백만원(기타소득) | 토지 50백만원(△유보) |

**해설**

③ 시가(150백만원)를 초과하여 지급한 금액(50백만원)에 대하여 부당행위계산부인이 적용 되어야 한다. 1) 200백만원이 취득원가로 잡힌 토지 가액 중 50백만원 만큼 낮추는 세무조정을 하여야하고, 2) 낮아진 토지가액 50백만원이 회사에 유보된 것이 아닌 출자사용인에게 사외유출되었으니 이에 대한 세무조정이 필요하다.

B　(차) 토지 200백만원　　　　　　　　　(대) 현 금 200백만원

T　(차) 토지 150백만원　　　　　　　　　(대) 현 금 200백만원
　　　부당행위계산부인 50백만원

D　(차) 부당행위계산부인 50백만원(사외유출)　　(대)토 지 50백만원(△유보)
　　〈익금산입〉부당행위계산부인 50백만원(상여)　　〈손금산입〉토 지 50백만원(△유보)

**답 ③**

## 🔞 결손금

[2015년 7급] ★★

**01.** 법인세법 상 내국법인의 각 사업연도 소득에서 공제하는 이월결손금에 대한 설명으로 옳지 않은 것은?

① 한 사업연도에서 발생한 결손금을 다른 사업연도의 소득에서 공제하는 방법과 관련하여, 예외적으로 법령에 의하여 소급공제를 허용하는 경우를 제외하고는, 그 후 사업연도의 소득에서 이월공제한다.

② 이월결손금공제에 있어서는 먼저 발생한 사업연도의 결손금부터 순차로 공제한다.

③ 법인세 과세표준을 추계결정하는 경우에도 이월결손금을 공제할 수 있는 경우가 있다.

④ 이월결손금으로 공제될 수 있는 결손금은 법인세 과세표준 신고에 포함되었거나 과세행정청의 법인세 결정·경정에 포함된 결손금이어야 하며, 그 외 납세자가 국세기본법 제45조에 따라 수정신고하면서 과세표준에 포함된 경우에는 그 대상이 될 수 없다.

**🔍 해설**

④ 이월결손금으로 공제될 수 있는 결손금은 법인세 과세표준 신고에 포함되었거나 과세행정청의 법인세 결정·경정에 포함된 결손금이어야 하며, 그 외 납세자가 국세기본법 제45조에 따라 수정신고하면서 과세표준에 포함된 경우에는 그 대상이 될 수 있다.

☞ 법인세의 과세표준을 계산함에 있어서 이월결손금으로 공제될 수 있는 결손금은 각 사업연도의 개시일 전 10년 이내에 개시한 사업연도에 발생한 결손금으로서 그 후의 각 사업연도의 과세표준을 계산할 때 공제되지 아니한 금액을 말한다. 수정신고하면서 과세표준에 포함된 경우에도 이월결손금으로 공제될 수 있다.

☞ 이월결손금은 혜택의 규정이기 보다는 사업연도로 나누어 과세하는 법인세법을 보완하기 위한 규정이다. 따라서 수정신고시에도 공제되어야 한다.

답 ④

# 14 과세표준

[2009년 9급] ★★★

**01.** 「법인세법」상 내국법인의 각 사업연도의 소득과 과세표준의 계산에 관한 설명 중 옳지 않은 것은?

① 각 사업연도의 소득은 그 사업연도에 속하는 익금의 총액에서 그 사업연도에 속하는 손금의 총액을 공제한 금액으로 한다.

② 각 사업연도의 결손금은 그 사업연도에 속하는 손금의 총액이 그 사업연도에 속하는 익금의 총액을 초과하는 경우에 그 초과하는 금액으로 한다.

③ 각 사업연도의 개시일 전 7년 이내에 발생한 이월결손금에 한해서 각 사업연도의 소득에서 공제할 수 있다.

④ 각 사업연도의 소득에 대한 과세표준은 총 익금에서 총손금을 공제하여 산출한 소득에서 이월결손금, 비과세소득, 소득공제액을 순차로 공제한 금액으로 한다.

### 🔍 해설

③ 각 사업연도의 개시일 전 15년 이내에 개시한 사업연도에서 발생한 결손금으로서 그 후의 각 사업연도의 과세표준 계산에 있어서 공제되지 않은 금액은 각 사업연도 소득금액의 범위 안에서 이를 공제한다.

**답 ③**

## 15 세액공제와 세액감면

[2008년 7급] ★★

**01.** 「법인세법」상 세액감면과 세액공제에 관한 규정이 동시에 적용되는 경우 그 적용순서로 옳은 것은?

> ㄱ. 재해손실세액공제
> ㄴ. 사실과 다른 회계처리로 인한 경정에 따른 세액공제
> ㄷ. 외국납부세액공제
> ㄹ. 중소기업에 대한 특별세액감면

① ㄴ → ㄹ → ㄱ → ㄷ

② ㄹ → ㄴ → ㄷ → ㄱ

③ ㄹ → ㄷ → ㄱ → ㄴ

④ ㄹ → ㄱ → ㄷ → ㄴ

### 해설

ㄹ → ㄱ → ㄷ → ㄴ. 순으로 적용된다.

目 ④

**02.** 법인세법령상 제조업을 영위하는 내국법인이 자신의 국외사업장에서 발생한 소득(국외원천소득)에 대해 부담한 외국법인세액에 대한 국제적 이중과세조정을 위한 조치와 관련한 설명으로 옳은 것만을 모두 고른 것은?

> ㄱ. 내국법인의 각 사업연도의 소득에 대한 과세표준에 국외원천소득이 포함되어 있는 경우로서 그 국외원천소득에 대하여 외국법인세액을 납부하였거나 납부할 것이 있는 경우에는 공제한도금액내에서 외국법인세액을 해당 사업연도의 산출세액에서 공제할 수 있다.
> ㄴ. 외국납부세액공제방식의 적용 시 공제한도를 계산함에 있어서 국외사업장이 2 이상의 국가에 있는 경우에는 국가별로 구분하지 않고 일괄하여 이를 계산한다.
> ㄷ. 외국납부세액이 공제한도를 초과하는 경우 그 초과하는 금액은 해당 사업연도의 다음 사업연도 개시일부터 5년 이내에 끝나는 각 사업연도에 이월하여 그 이월된 사업연도의 공제한도 범위에서 공제받을 수 있다.
> ㄹ. 국외원천소득이 있는 내국법인이 조세조약의 상대국에서 해당 국외원천소득에 대하여 법인세를 감면받은 세액 상당액은 그 조세조약으로 정하는 범위에서 외국납부세액공제방식에서의 공제 대상이 되는 외국법인세액으로 본다.

① ㄱ, ㄴ, ㄷ

② ㄱ, ㄴ, ㄹ

③ ㄱ, ㄷ, ㄹ

④ ㄱ, ㄴ, ㄷ, ㄹ

---

**해설**

③ 외국납부세액공제방식의 적용 시 공제한도를 계산함에 있어서 국외사업장이 2 이상의 국가에 있는 경우에는 국가별로 구분하여 계산한다.

☞ 현재 외국납부세액은 일괄한도방식이 인정되지 않고, 국별한도방식만 인정된다. 과거에는 일괄한도방식도 가능하였으나, 저세율국을 통해 과도하게 외국납부세액공제를 적용하는 사례가 있어 이를 방지하고자 국별한도액방법만 허용하게 되었다.(2015년 개정)

답 ③

# 16 기납부세액

[2005년 7급] ★★★

**01.** 다음은 법인세 중간예납에 관한 설명이다. 옳지 않은 것은?

① 중간예납세액은 중간예납기간이 경과한 날로부터 2개월 이내에 납부하여야 한다.

② 신설법인(합병신설법인 포함) 또는 사업연도가 6개월 이내인 법인은 중간예납세액에 대한 납부의무가 없다.

③ 중간예납세액을 직전 사업연도에 확정된 법인세에 의하여 계산하는 경우 직전연도의 산출세액에 가산세액을 포함한다.

④ 「국세기본법」 제45조의 수정신고규정은 중간예납에는 적용하지 않는다.

**해설**

② 신설법인 또는 사업연도가 6개월 이내인 법인은 중간예납세액에 대한 납부의무가 없다.

☞ 신설법인은 직전 사업연도가 없으니 중간예납의무가 없고, 사업연도가 6개월 이내인 법인은 이미 6개월 이전의 사업연도에 대하여 신고를 하니 사업연도 개시일부터 6개월간을 중간예납으로 하는 중간예납의무가 없다.(이미 해당 기간에 대하여 과세표준신고 의무가 있음)

☞ 합병 또는 분할에 의하여 신설된 경우에는 기존의 법인이 합쳐거나 분리된 것이 불과하니 신설법인으로 볼 수 없어 최초사업연도에도 중간예납의무를 진다.

답 ②

# 17 신고와 납부

[2021년 7급 변형] ★★

**01.** 중소기업인 ㈜A의 제10기(2021.1.1.~ 12.31.) 사업연도의 법인세 납부세액이 22,000,000원인 경우, 법인세법령상 ㈜A의 최대 분납가능금액과 분납기한에 대한 설명으로 옳은 것은? [단, ㈜A는 성실신고확인서를 제출한 경우에 해당하지 않으며, 「국세기본법」에 따른 기한의 특례는 고려하지 않는다]

① 최대 10,000,000원을 2022년 4월 30일까지 분납할 수 있다.
② 최대 10,000,000원을 2022년 5월 31일까지 분납할 수 있다.
③ 최대 11,000,000원을 2022년 4월 30일까지 분납할 수 있다.
④ 최대 11,000,000원을 2022년 5월 31일까지 분납할 수 있다.

### 해설

④ 중소기업은 2개월 뒤에 분납할 수 있으므로 5월 31일까지 전체금액의 50% 이하 금액을 분납할 수 있다.

답 ④

**02.** 법인세법령상 내국법인의 신고 및 납부에 대한 설명으로 옳은 것만을 모두 고르면?

> ㄱ. 성실신고확인서를 제출하는 법인의 경우 과세표준과 세액의 신고기한은 각 사업연도의 종료일이 속하는 달의 말일부터 3개월이다.
> ㄴ. 중소기업에 해당하는 내국법인의 납부할 세액이 2천만 원인 경우에는 1천만 원을 초과하는 금액을 납부기한이 지난날부터 2개월 이내에 분납할 수 있다.
> ㄷ. 주식회사 등의 외부감사에 관한 법률 에 따라 감사인에 의한 감사를 받아야 하는 내국법인이 해당 사업연도의 감사가 종결되지 아니하여 결산이 확정되지 아니하였다는 사유로 대통령령으로 정하는 바에 따라 신고기한의 연장을 신청한 경우에는 그 신고기한을 2개월의 범위에서 연장할 수 있다.
> ㄹ. 사업연도의 기간이 6개월을 초과하는 고등교육법에 따른 사립학교를 경영하는 학교법인은 각 사업연도 (합병이나 분할에 의하지 아니하고 새로 설립된 법인의 최초 사업연도는 제외) 중 중간예납세액을 납부할 의무가 있다.

① ㄴ        ② ㄹ
③ ㄱ, ㄷ       ④ ㄴ, ㄹ

🔍 **해설**

ㄱ. 성실신고확인서를 제출하는 법인의 경우 과세표준과 세액의 신고기한은 각 사업연도의 종료일이 속하는 달의 말일부터 4개월이다.

ㄷ. 「주식회사 등의 외부감사에 관한 법률」에 따라 감사인에 의한 감사를 받아야 하는 내국법인이 해당 사업연도의 감사가 종결되지 아니하여 결산이 확정되지 아니하였다는 사유로 대통령령으로 정하는 바에 따라 신고기한의 연장을 신청한 경우에는 그 신고기한을 "1개월의 범위"에서 연장할 수 있다.

ㄹ. 사업연도의 기간이 6개월을 초과하는 「고등교육법」에 따른 사립학교를 경영하는 학교법인은 각 사업연도(합병이나 분할에 의하지 아니하고 새로 설립된 법인의 최초 사업연도는 제외) 중 중간예납세액을 납부할 의무가 없다.

답 ①

# 🔶 비영리법인

[2015년 7급] ★★

**01.** 법인세법 상 비영리내국법인에 대한 설명으로 옳지 <u>않은</u> 것은?

① 비영리내국법인의 고유목적사업에 직접 사용하는 자산의 처분으로 인한 대통령령으로 정하는 수입은 각 사업연도의 소득에 포함되어 과세되지 않는다.

② 모든 비영리내국법인은 복식부기의 방식으로 장부를 기장하고 이를 비치할 의무는 있지만, 이를 이행하지 않았을 경우에 무기장가산세의 부과대상은 아니다.

③ 비영리내국법인의 경우에는 국내뿐만 아니라 국외의 수익사업 소득에 대해서도 각 사업연도의 소득으로 법인세가 과세된다.

④ 주식회사의 외부감사에 관한 법률에 따른 감사인의 회계감사를 받는 비영리내국법인이 법인세법 제29조에 따른 고유목적사업준비금을 세무조정계산서에 계상한 경우로서 그 금액에 상당하는 금액이 해당 사업연도의 이익처분에 있어서 그 준비금의 적립금으로 적립되어 있는 경우 그 금액은 손금으로 계상한 것으로 본다.

---

**🔍 해설**

② 비영리내국법인은 사업소득 및 채권매매익의 수익사업을 하는 경우 복식부기 방식으로 장부를 기장하고 이를 비치할 의무는 있지만, 이를 이행하지 않았을 경우에 무기장가산세의 부과대상은 아니다.

☞ 비영리내국법인이 사업소득이나 채권매매익에 해당하는 수익사업을 영위하지 않는 경우 기장의무가 없다.

**답** ②

## ⑲ 청산소득

**01.** **법인세법 상 청산소득에 대한 설명으로 옳은 것은?**

① 비영리내국법인은 청산소득에 대하여 법인세의 납세의무를 진다.

② 법인이 해산등기일 현재의 자산을 청산기간 중에 처분한 금액은 청산소득에 포함 하지만, 청산 기간 중에 해산 전의 사업을 계속하여 영위하는 경우 당해 사업에서 발생한 사업 수입이나 임 대수입, 공·사채 및 예금의 이자수입 등은 포함 하지 않는다.

③ 청산소득 금액을 계산할 때 해산등기일 전 3년 이내에 자본금 또는 출자금에 전입한 잉여금이 있는 경우에는 해당 금액을 자본금 또는 출자금에 전입하지 아니한 것으로 보고 계산한다.

④ 청산소득에 대한 법인세를 납부기한까지 완납하지 아니하였을 때에는 납부지연가산세(납부고 지서에 따른 납부기한의 다음날부터 부과되는 분)를 징수한다.

### 🔍 해설

① 비영리내국법인은 청산소득에 대하여 법인세의 납세의무를 지지 아니한다.

③ 청산소득 금액을 계산할 때 해산등기일 전 2년 이내에 자본금 또는 출자금에 전입한 잉여금이 있는 경우에는 해당 금액을 자본금 또는 출자금에 전입하지 아니한 것으로 보고 계산한다.

④ 청산소득에 대한 법인세를 납부기한까지 완납하지 아니하였을 때에는 납부지연가산세(납부고지서에 따른 납부기한의 다음날부터 부과되는 분)를 적용하지 아니한다.

☞ 법인세를 납부기한까지 완납하지 아니한 경우 이자상당액에 대하여 납부지연가산세가 부과된다. 납부하지 않은 법인세에 대하여 고지한 경우 법정납부기한까지 납부하지 아니한 세액에 대하여 3%의 납부지연가산세가 부과된다.(=납부고지서에 따른 납부지한의 다음날 부터 부과되는 분)

☞ 3%의 납부지연가산세는 고지한 조세의 성실한 납부를 확보하기 위하여 부과하는 것이다. 청산소득의 경우 법인의 잔여재산가액이 청산인에게 분배되어 납부할 자금이 없는 경우가 많다. 이러한 현실을 반영하여 3%의 납부지연가산세를 적용하지 않는 것 같다. 청산법인의 자금이 없는 경우 제2차 납세의무자를 통하여 징수하게 된다.

답 ②

## 📐 토지등 양도소득

[2014년 9급 변형] ★★

**01.** 중소기업이 아닌 ㈜한국은 등기된 비사업용 토지(장부가액 5억 원)를 10억 원(취득시기: 2018년 3월 2일, 양도시기: 2022년 3월 3일)에 양도하였다. ㈜한국의 법인세 산출세액은? [단, ㈜한국의 사업연도는 2022년 1월 1일부터 2022년 12월 31일까지이며, 다른 소득은 없다고 가정한다]

① 50,000,000원

② 85,000,000원

③ 100,000,000원

④ 125,000,000원

### 🔍 해설

• 각 사업연도 소득 산출세액
  ㉠ 과세표준 = 10억 원 − 5억 원 = 5억 원
  ㉡ 산출세액 = 2억 원 × 9% + 3억 원 × 19% = 7천 5백만 원
• 토지 등 양도소득 산출세액
  = (10억 원 − 5억 원) × 10% = 5천만 원
※ 법인세 산출세액
  = 7천 5백만 원 + 5천만 원 = 1억 2천 5백만 원

답 ④

# ② 외국법인

[2009년 7급] ★★

**01.** 「법인세법」상 외국법인의 국내사업장에 관한 설명으로 옳지 않은 것은?

① 외국법인이 국내사업장을 가지고 있지 아니한 경우에도 국내에 자기를 위하여 계약을 체결한 권한을 가지고 그 권한을 반복적으로 행사하는 자를 두고 사업을 영위하는 경우에는 그 자의 사업장소재지(사업장이 없는 경우에는 주소지로 하고, 주소지가 없는 경우에는 거소지로 한다)에 국내사업장을 둔 것으로 본다.

② 외국법인이 자산의 단순한 구입만을 위하여 사용하는 일정한 장소는 국내사업장에 포함되지 아니한다(해당 활동은 예비적·보조적 활동에 해당됨).

③ 외국법인이 국내에 사업의 전부를 수행하는 고정된 장소를 가지고 있는 경우에는 국내사업장이 있는 것으로 한다.

④ 외국법인이 국내에서 사업의 일부를 수행하는 작업장·공장 또는 창고를 가지고 있는 경우에는 국내사업장이 없는 것으로 본다.

### ◀◎해설◀

④ 외국법인이 국내에서 사업의 일부를 수행하는 작업장·공장 또는 창고를 가지고 있는 경우 국내사업장이 있는 것으로 본다.

☞ 외국법인이 국내에 사업의 전부 또는 일부를 수행하는 고정된 장소를 가지고 있는 경우에는 국내사업장이 있는 것으로 한다. 자산을 단순히 구입하거나 저장 및 보관만을 위한 장소는 사업의 전부 또는 일부를 수행한다고 볼 수 없지만, 사업의 일부를 수행하는 작업장이나 공장 및 창고는 사업의 전부 또는 일부를 수행한다고 볼 수 있다.

**目** ④

# 연결납세

[2009년 9급] ★★

**01.** 「법인세법」상 연결납세제도에 관한 설명으로 <u>옳지 않은</u> 것은?

① 내국법인과 완전자법인에 연결납세방식을 적용하는 경우 완전자법인이 2 이상인 때에는 해당 법인 모두에 연결납세방식을 적용하여야 하는 것은 아니다.

② 연결납세방식을 적용받는 각 연결법인의 사업연도는 연결사업연도와 일치하여야 한다.

③ 연결납세방식을 최초로 적용받은 연결사업연도와 그 다음 연결사업연도의 개시일부터 4년 이내에 종료하는 연결사업연도까지는 연결납세방식의 적용을 포기할 수 없다.

④ 연결모법인은 각 연결사업연도의 종료일이 속하는 달의 말일부터 4개월 이내에 해당 연결사업연도의 소득에 대한 법인세의 과세표준과 세액을 납세지 관할 세무서장에게 신고하여야 한다.

**해설**

① 내국법인과 완전자법인에 연결납세방식을 적용하는 경우 완전자법인 2 이상인 때에는 해당법인 모두에 연결납세방식을 적용하여야 한다.

☞ 연결납세방식은 완전하게 지분으로 연결되어 있는 모든 법인에 대하여 적용한다. 만약에 완전자법인을 임의로 선택하여 연결납세방식을 적용할 수 있다면, 결손이 발생한 완전자법인을 활용하여 법인세를 조정할 수 있다.

**답** ①

# 🔷 합병분할

[2007년 7급] ★★

**01.** 「법인세법」상 적격합병의 규정이 적용되기 위한 요건으로 옳지 않은 것은?

① 합병등기일 현재 1년 이상 계속하여 사업을 영위하던 내국법인간의 합병일 것

② 피합병법인의 주주 등이 합병으로 인하여 받은 합병대가의 총합계액 중 주식가액이 80% 이상일 것

③ 합병등기일 1개월 전 당시 피합병법인에 종사하는 「근로기준법」에 따라 근로계약을 체결한 내국인 근로자 중 합병법인이 승계한 근로자의 비율이 50% 이상이고, 합병등기일이 속하는 사업연도의 종료일까지 그 비율을 유지해야 한다.

④ 합병법인이 합병등기일이 속하는 사업연도가 끝나는 날까지 피합병법인으로부터 승계받은 사업을 계속할 것

---

## 🔍 해설

③ 합병등기일 1개월 전 당시 피합병법인에 종사하는 「근로기준법」에 따라 근로계약을 체결한 내국인 근로자 중 합병법인이 승계한 근로자의 비율이 80% 이상이고, 합병등기일이 속하는 사업연도의 종료일까지 그 비율을 유지해야 한다.

☞ 적격합병은 동일성이 유지되기에 피합병법인의 미실현이익 등을 과세하지 않는다. 따라서 합병 전과 후의 피합병법인이 동일하다고 인정될 수 있는 것을 요건으로 하고 있다. 법인세법에서 규정하는 적격합병의 요건에는 사업목적의 합병, 지분의 연속성, 사업의 계속성, 고용의 연속성이 있다.

☞ 고용의 연속성은 80% 이상을 기준으로 하고 있다. 일반적인 기업에서 20% 미만의 구조조정은 발생할 수 있다고 보고 있다. 하지만, 50%의 구조조정은 일반적이지 않다. 실무상 합병 이후 20% 이상의 구조조정이 발생하였다면, 관리자급의 직원이 교체되었을 가능성이 높고, 이러한 경우 합병전과 동일한 회사로 보기가 어렵다.

답 ③

# ① 국세기본법 세목별1

**1.** 국세기본법상 기간과 기한에 대한 설명으로 옳지 않은 것을 모두 고르면?

> ㄱ. 우편으로 과세표준신고서를 제출한 경우로서 우편날짜도장이 찍히지 아니하였거나 분명하지 아니한 경우에는 신고서가 도달한 날에 신고된 것으로 본다.
>
> ㄴ. 세법에서 규정하는 신고기한 만료일 또는 납부기한 만료일에 국세정보통신망이 장애로 가동이 정지되어 전자신고 또는 전자납부를 할 수 없게 되는 경우에는 그 장애가 복구되어 신고 또는 납부할 수 있게 된 날을 기한으로 한다.
>
> ㄷ. 천재지변 등의 사유로 세법에서 규정하는 신고를 정해진 기한까지 할 수 없다고 관할 세무서장이 인정하는 경우에는 납세자의 신청이 없는 경우에도 그 기한을 연장할 수 있다.
>
> ㄹ. 국세기본법 또는 세법에서 규정하는 신고, 신청, 청구, 그밖에 서류의 제출, 통지, 납부 또는 징수에 관한 기한이 토요일, 일요일, 공휴일이거나 근로자의 날일 때에는 토요일, 일요일, 공휴일 또는 근로자의 날의 다음날을 기한으로 한다.

① ㄱ, ㄴ      ② ㄴ, ㄷ
③ ㄴ, ㄹ      ④ ㄷ, ㄹ

**2.** 「국세기본법」상 서류의 송달에 대한 설명으로 옳지 않은 것은?

① 국세정보통신망에 접속하여 서류를 열람할 수 있게 하였음에도 불구하고 해당 납세자가 2회 연속하여 전자송달된 해당 서류의 납부기한까지 열람하지 아니한 경우에는 두 번째로 열람하지 아니한 서류의 납부기한의 다음날에 전자송달 신청을 철회한 것으로 본다.

② 서류를 송달받아야 할 자의 주소 또는 영업소가 분명하지 아니한 경우에는 공시송달을 할 수 있고 서류의 주요 내용을 공고한 날부터 14일이 지나면 「국세기본법」 제8조에 따른 서류 송달이 된 것으로 본다.

③ 전자송달은 송달받을 자가 지정한 전자우편주소에서 해당 서류를 열람한 것으로 확인되었을 때 그 송달받아야 할 자에게 도달한 것으로 본다.

④ 교부에 의한 서류 송달은 해당 행정기관의 소속 공무원이 서류를 송달할 장소에서 송달받아야 할 자에게 서류를 교부하는 방법으로 해야 하지만 송달을 받아야 할 자가 송달받기를 거부하지 아니하면 다른 장소에서 교부할 수 있다.

**3.** 국세기본법상 과세관청이 납세의무를 확정하는 결정을 한 후 이를 다시 경정하는 경우에 관한 설명으로 옳지 않은 것은? (단, 다툼이 있을 경우에는 판례에 의함)

① 세법의 규정에 의해 당초 확정된 세액을 증가시키는 경정은 당초 확정된 세액에 관한 권리·의무 관계를 소멸시킨다.

② 과세관청의 당초 결정에 대하여 행정소송법에 따른 소송에 대한 판결이 확정된 경우, 판결확정일로부터 1년이 지나기 전까지는 판결에 따라 경정결정이나 기타 필요한 처분을 할 수 있다.

③ 납세의무자는 증액경정처분의 취소를 구하는 항고소송에서 당초 결정의 위법사유도 주장할 수 있다.

④ 세법의 규정에 의해 당초 확정된 세액을 감소시키는 경정은 그 경정으로 감소되는 세액 외의 세액에 관한 권리·의무 관계에 영향을 미치지 아니한다.

**4.** 「국세기본법」 및 「국세징수법」상 납세담보와 국세우선권에 관한 설명으로 옳은 것은 모두 몇 개인가?

> ㄱ. 납세보증보험증구너으로 납세담보를 제공할 때에는 담보할 국세의 100분의 110 이상의 가액에 상당하는 담보를 제공하여야 한다.
> ㄴ. 납세자가 국세의 법정기일 전 1년 내에 법령으로 정하는 친족이나 그 밖의 특수관계인과 전세권·질권 또는 저당권 설정계약을 한 경우에는 짜고 한 거짓 계약으로 추정한다.
> ㄷ. 국세의 법정기일 전에 저당권 등에 담보된 채권은 저당권 등이 설정된 그 재산에 대하여 부과된 국세(상속세, 증여세 및 종합부동산세)보다 우선하지 못한다.
> ㄹ. 「자본시장과 금융투자업에 관한 법률」에 따른 유가증권시장에 상당된 유가증권을 납세담보로 제공한 자는 그 담보물로 담보한 국세와 강제징수비를 납부할 수 있다. 이때 납부하려고 하는 자는 그 뜻을 기재한 문서로 관할 세무서장에게 신청하여야 한다.

① 1개
② 2개
③ 3개
④ 4개

**5.** 국세기본법 상 경정청구에 관한 설명으로 옳지 않은 것은?

① 법인세 납세의무자가 법정신고기한까지 과세표준확정신고를 한 후 다시 적법한 경정청구를 한 경우에는 그 금액에 대해 납세자의 경정청구만으로도 납세의무가 확정되는 효력이 있다.

② 납세자의 신고에 의하여 확정되는 국세 뿐만 아니라 정부의 결정에 의하여 확정되는 국세도 경정청구를 할 수 있다.

③ 납세자가 과세표준신고서를 법정신고기한까지 제출하였으나 해당 국세를 자진 납부하지 않은 경우에도 경정청구를 할 수 있다.

④ 납세자가 과세표준신고서를 법정신고기한까지 제출한 후 관할 세무서장이 경정처분을 한 경우에도 납세자는 경정청구를 할 수 있다.

**6.** 국세기본법상 후발적 사유에 의한 경정청구(제45조의2 제2항에 따른 경정청구)에 대한 설명으로 옳지 않은 것은? (다툼이 있는 경우 판례에 의함)

① 최초에 결정한 과세표준 및 세액의 계산근거가 된 거래가 그에 관한 소송에 대한 판결에 의하여 다른 것으로 확정된 때에는 그 사유가 발생한 것을 안 날부터 3개월 이내의 경우라도, 납세의무자는 해당 거래에 대한 국세부과제척기간이 경과하였다면 경정청구를 할 수 없다.

② 국세의 과세표준 및 세액의 결정을 받은 자는 소득이나 그 밖의 과세물건의 귀속을 제3자에게로 변경시키는 경정이 있는 경우 국세기본법 제45조의2 제1항에서 규정하는 기간에도 불구하고 그 사유가 발생한 것을 안 날부터 3개월 이내에 경정을 청구할 수 있다.

③ 국세기본법 에 따라 경정의 청구를 받은 세무서장은 그 청구를 받은 날부터 2개월 이내에 과세표준 및 세액을 경정하거나경정하여야 할 이유가 없다는 뜻을 그 청구를 한 자에게 통지하여야 한다.

④ 최초의 결정을 할 때 과세표준 및 세액의 계산 근거가 된 거래의 효력과 관계되는 계약이 국세의 법정신고기한이 지난 후에 해제권의 행사에 의하여 해제된 경우도 경정청구사유가 된다.

**7.** 국세기본법 상 가산세에 대한 설명으로 옳지 않은 것은?

① 세법에 따른 제출기한이 지난 후 1개월 이내에 해당 세법에 따른 제출의무를 이행하는 경우 제출의무위반에 대하여 세법에 따라 부과되는 해당 가산세액의 100분의 50에 상당하는 금액을 감면한다.

② 납세자가 의무를 이행하지 아니한 데 대한 정당한 사유가 있는 때에는 해당 가산세를 부과하지 아니한다.

③ 가산세는 해당 의무가 규정된 세법의 해당 국세의 세목으로 하며, 해당 국세를 감면하는 경우에는 가산세도 그 감면대상에 포함한 것으로 한다.

④ 과세전적부심사 결정 및 통지기간에 그 결과를 통지하지 아니한 경우 결정 및 통지가 지연됨으로써 해당 기간에 부과되는 납부지연가산세의 50%를 감면한다.

**8.** 국세기본법 상 국세의 환급에 대한 설명으로 옳지 않은 것은?

① 국세환급금의 소멸시효는 세무서장이 납세자의 환급청구를 촉구하기 위하여 납세자에게 하는 환급청구의 통지로 인하여 중단되지 아니한다.

② 국세환급금과 국세환급가산금을 과세처분의 취소 또는 무효 확인청구의 소 등 행정소송으로 청구한 경우 시효의 중단에 관하여 민법 에 따른 청구를 한 것으로 본다.

③ 납세자가 상속세를 물납한 후 그 부과의 전부 또는 일부를 취소하거나 감액하는 경정 결정에 따라 환급하는 경우에는 해당 물납재산으로 환급하면서 국세환급가산금도 지급하여야 한다.

④ 2020년 1월 1일 이후 국세를 환급하는 분부터 과세의 대상이 되는 소득의 귀속이 명의일 뿐이고 실질귀속자가 따로 있어 명의대여자에 대한 과세를 취소하고 실질귀속자를 납세의무자로 하여 과세하는 경우 명의대여자 대신 실질귀속자가 납부한 것으로 확인된 금액은 실질귀속자의 기납부세액으로 먼저 공제하고 남은 금액이 있는 경우에는 실질귀속자에게 환급한다.

**9.** 다음은 「국세기본법」상 국세환급금의 충당과 환급 및 기한 후 신고에 관한 규정이다. (가), (나)에 들어갈 내용을 바르게 연결한 것은?

---

**제51조(국세환급금의 충당과 환급)**

⑥ 국세환급금 중 제2항에 따라 충당한 후 남은 금액은 국세환급금의 결정을 한 날부터  (가)  내에 대통령령으로 정하는 바에 따라 납세자에게 지급하여야 한다.

**제45조의3(기한 후 신고)**

③ 제1항에 따라 기한후과세표준신고서를 제출하거나 제45조제1항에 따라 기한후과세표준신고서를 제출한 자가 과세표준수정신고서를 제출한 경우 관할 세무서장은 세법에 따라 신고일부터  (나)  이내에 해당 국세의 과세표준과 세액을 결정 또는 경정하여 신고인에게 통지하여야 한다.

---

| | (가) | (나) |
|---|---|---|
| ① | 20일 | 2개월 |
| ② | 20일 | 3개월 |
| ③ | 30일 | 2개월 |
| ④ | 30일 | 3개월 |

**10.** 「국세기본법」상 국세의 불복절차에 대한 설명으로 옳지 않은 것은?

① 조세심판관회의는 심판청구에 대한 결정을 할 때 심판청구를 한 처분 외의 처분에 대해서는 그 처분의 전부 또는 일부를 취소 또는 변경하거나 새로운 처분의 결정을 하지 못한다.

② 심사청구 또는 심판청구의 대상이 된 처분에 대한 재조사 결정에 따른 처분청의 처분에 대해서는 해당 재조사 결정을 한 재결청에 대하여 심사청구 또는 심판청구를 제기할 수 있다.

③ 담당 조세심판관에게 공정한 심판을 기대하기 어려운 사정이 있다고 의심될 때에는 심판청구인은 그 조세심판관의 제척을 신청할 수 있다.

④ 「감사원법」에 따른 심사청구를 한 처분에 대하여는 「국세기본법」에 따른 취소 또는 변경을 청구할 수 없다.

**11.** 「국세기본법」상 다른 법률과의 관계에 대한 설명으로 옳지 않은 것은?

① 국세에 관하여 세법에 별도의 규정이 있는 경우를 제외하고는 「국세기본법」에서 정하는 바에 따른다.

② 조세조약에 따른 상호합의절차가 개시된 경우 상호합의 절차의 개시일부터 종료일까지의 기간은 심판청구의 청구기간에 산입하지 아니한다.

③ 심사청구 또는 심판청구에 대한 결정기간에 결정의 통지를 받지 못한 경우에는 결정의 통지를 받기 전이라도 그 결정기간이 지난 날부터 행정소송을 제기할 수 있다.

④ 위법 또는 부당한 처분에 대하여 감사원 심사청구를 거친 경우에는 바로 행정소송을 제기할 수 없다.

**12.** 「국세기본법」상 조세심판에 관한 설명으로 옳지 않은 것은?

① 「감사원법」에 따라 심사청구를 한 처분이나 그 심사청구에 대한 처분은 심판청구의 대상이 되는 처분에 포함되지 아니한다.

② 심판청구인은 변호사 이외에도 세무사 또는 「세무사법」의 규정에 따라 등록한 공인회계사를 대리인으로 선임할 수 있다.

③ 심판청구는 세법에 특별한 규정이 있는 것을 제외하고는 그 결정이 있기 전까지 당해 과세처분의 집행을 중지시킨다.

④ 조세심판관회의는 심판청구에 대한 결정을 할 때 심판청구를 한 처분보다 청구인에게 불리한 결정을 하지 못한다.

**13.** 국세기본법 상 심사와 심판에 대한 설명으로 옳은 것으로만 묶은 것은?

> ㄱ. 심사청구가 이유 있다고 인정되어 행한 재조사 결정에 따른 처분청의 처분에 대한 행정소송은 심사청구와 그에 대한 결정을 거치지 아니하면 제기할 수 없다.
>
> ㄴ. 감사원법 에 따라 심사청구를 한 처분이나 그 심사청구에 대한 처분에 대해서는 국세기본법 에 따른 처분의 취소 또는 변경을 청구하거나 필요한 처분을 청구할 수 없다.
>
> ㄷ. 국세청장은 심사청구의 내용이나 절차가 국세기본법 또는 세법에 적합하지 아니하나 보정(補正)할 수 있다고 인정되면 20일 이내의 기간을 정하여 보정할 것을 요구할 수 있고, 보정할 사항이 경미한 경우에는 직권으로 보정할 수 있다.
>
> ㄹ. 심판청구를 제기한 후 같은 날 심사청구를 제기한 경우에는 심사청구를 기각하는 결정을 한다.

① ㄱ, ㄴ          ② ㄱ, ㄹ

③ ㄴ, ㄷ          ④ ㄷ, ㄹ

**14.** 「국세기본법」상 납세자의 권리에 대한 설명으로 옳지 않은 것은?

① 세무공무원은 사업자등록증을 발급하는 경우에는 납세자권리헌장의 내용이 수록된 문서를 납세자에게 내주어야 한다.

② 납세자 본인의 권리 행사에 필요한 정보를 납세자(세무사 등 납세자로부터 세무업무를 위임받은 자를 포함한다)가 요구하는 경우 세무공무원은 신속하게 정보를 제공하여야 한다.

③ 세무공무원은 세무조사를 시작할 때 조사원증을 납세자 또는 관련인에게 제시한 후 납세자권리헌장을 교부하고 그 요지를 직접 낭독해 주어야 하며, 조사사유, 조사기간, 납세자보호위원회에 대한 심의 요청사항.절차 및 권리구제 절차 등을 설명하여야 한다.

④ 세무공무원은 납세자가 자료의 제출을 지연하는 등 대통령령으로 정하는 사유로 세무조사를 진행하기 어려운 경우에는 세무조사를 중지할 수 있으며, 세무조사의 중지기간 중에도 납세자에 대하여 국세의 과세표준과 세액을 결정 또는 경정하기 위한 질문을 하거나 장부등의 검사.조사 또는 그 제출을 요구할 수 있다.

**15.** 「국세기본법」상 세무조사에 대한 설명으로 옳지 않은 것은?

① 정기선정하여 세무조사를 하는 경우 세무공무원은 객관적 기준에 따라 공정하게 그 대상을 선정하여야 한다.

② 세무공무원은 과세관청의 조사결정에 의하여 과세표준과 세액이 확정되는 세목의 경우 과세표준과 세액을 결정하기 위하여 세무조사를 할 수 있다.

③ 납세자가 조사를 기피하는 행위가 명백한 경우 세무공무원은 세무조사 기간을 연장할 수 있다.

④ 세무공무원은 거래상대방에 대한 조사가 필요한 경우에도 같은 세목에 대하여 재조사를 할 수 없다.

**16.** 「국세기본법」상 세무조사 중 통합조사의 원칙에 대한 설명으로 옳지 <u>않은</u> 것은?

① 세금탈루 혐의 등을 고려하여 특정 세목만을 조사할 필요가 있는 경우에는 특정한 세목만을 조사할 수 있다.

② 조세채권의 확보 등을 위하여 특정 세목만을 긴급히 조사할 필요가 있는 경우에는 특정한 세목만을 조사할 수 있다.

③ 명의위장, 차명계좌의 이용을 통하여 세금을 탈루한 혐의에 대한 확인이 필요한 경우에 해당하는 사유로 인한 부분조사는 같은 세목 및 같은 과세기간에 대하여 2회를 초과하여 실시할 수 있다.

④ 「국세기본법」에 따른 경정 등의 청구에 대한 처리를 위하여 확인이 필요한 경우에는 부분조사를 실시할 수 있다.

**17.** 「국세기본법」상 정기선정 세무조사 사유로 옳지 <u>않은</u> 것은?

① 국세청장이 납세자의 신고내용에 대하여 과세자료, 세무정보 및 감사의견, 외부감사 실시내용 등 회계성실도 자료 등을 고려하여 정기적으로 성실도를 분석한 결과 불성실 혐의가 있다고 인정하는 경우

② 최근 4과세기간(또는 4사업연도) 이상 동일세목의 세무조사를 받지 아니한 납세자에 대하여 업종, 규모 등을 고려하여 대통령령이 정하는 바에 따라 신고내용이 적정한지를 검증할 필요가 있는 경우

③ 신고내용에 탈루나 오류의 혐의를 인정할 만한 명백한 자료가 있는 경우

④ 무작위추출방식에 의하여 표본조사를 하려는 경우

**18.** 국세기본법 상 세무공무원이 세무조사시 같은 세목 및 같은 과세기간에 대하여 재조사를 할 수 있는 경우에 해당하지 않는 것은?

① 조세탈루가 의심되는 경우

② 거래상대방에 대한 조사가 필요한 경우

③ 2개 이상의 사업연도와 관련하여 잘못이 있는 경우

④ 국세환급금의 결정을 위한 확인조사를 하는 경우

**19.** 국세기본법 상 과세전적부심사에 대한 설명으로 옳지 <u>않은</u> 것은?

① 세무서장으로부터 세무조사 결과에 대한 서면통지를 받은 자는 과세전적부심사를 청구하지 아니한 채, 통지를 한 세무서장에게 통지받은 내용의 전부 또는 일부에 대하여 과세표준 및 세액을 조기에 결정하거나 경정결정해 줄 것을 신청할 수 없다.

② 세무서장으로부터 세무조사 결과에 대한 서면통지를 받은자에게 국세징수법 에 규정된 납기전 징수의 사유가 있거나 세법에서 규정하는 수시부과 사유가 있는 경우에는 과세전적부심사를 청구할 수 없다.

③ 과세전적부심사 청구를 받은 지방국세청장은 해당 국세심사위원회의 심사를 거쳐 결정을 하고 그 결과를 청구를 받은 날부터 30일 이내에 청구인에게 통지하여야 한다.

④ 과세전적부심사 청구기간이 지났거나 보정기간에 보정하지 아니한 경우에는 과세전적부심사 청구를 받은 세무서장은 해당 국세심사위원회의 심사를 거쳐 심사하지 아니한다는 결정을 한다.

**20.** 세무공무원의 비밀유지의무에도 불구하고 국세청장이 인적사항 등을 공개할 수 있는 자가 아닌 것은? (이의신청·심사청구 등 불복청구 중에 있거나 그 밖에 대통령령으로 정하는 사유는 없다)

① 체납발생일부터 1년이 지난 국세가 2억 원 이상인 체납자

② 대통령령으로 정하는 불성실기부금수령단체

③ 「조세범 처벌법」 제3조제1항에 따른 범죄로 유죄판결이 확정된 자로서 포탈세액이 연간 1억 원 이상인 자

④ 「국제조세조정에 관한 법률」 제34조제1항에 따른 해외금융계좌정보의 신고의무자로서 신고기한 내에 신고하지 아니한 금액이나 과소신고한 금액이 50억 원을 초과하는 자

# 국세기본법 세목별1

[2012년 7급] ★★

1. 국세기본법상 기간과 기한에 대한 설명으로 옳지 않은 것을 모두 고르면?

ㄱ. 우편으로 과세표준신고서를 제출한 경우로서 우편날짜도장이 찍히지 아니하였거나 분명하지 아니한 경우에는 통상 걸리는 배송일수를 기준으로 발송한 날로 인정되는 날에 신고된 것으로 본다.

☞ 우편으로 과세표준신고서를 제출한 경우 원칙적으로 발신주의가 적용된다. 통신일부인이 찍히지 않았거나 분명하지 않은 경우가 있을 수 있다. 이 경우 발신주의를 적용하기 위해서는 배송일수를 기준으로 발송한 날을 추정하는 것이 합리적이다.

☞ 단순히 우편날짜도장이 찍히지 않았다고 도달주의를 적용한다면, 신고기한 전에 발송한 신고서가 신고기한 이후에 도달되는 경우 무신고 가산세가 부과될 수 있다. 납세자는 의무불이행을 한 것도 아니고, 예상할 수 없었던 사유로 가산세가 부과되는 것인데 이는 납세자의 재산권을 침해하는 것이다.

ㄴ. 세법에서 규정하는 신고기한 만료일 또는 납부기한 만료일에 국세정보통신망이 장애로 가동이 정지되어 전자신고 또는 전자납부를 할 수 없게 되는 경우에는 그 장애가 복구되어 신고 또는 납부 할 수 있게 된 날의 다음 날을 기한으로 한다.

☞ 장애가 복구된 날을 기한으로 한다면, 납세자는 하루종일 장애의 복구를 확인 해야할 것이다.

📄 ④

[2017년 9급] ★★

2. 「국세기본법」상 서류의 송달에 대한 설명으로 옳지 않은 것은?

③ 전자송달은 송달받을 자가 지정한 전자우편주소에 입력된 때(국세정보통신망에 저장하는 경우에는 저장된 때)에 그 송달받아야 할 자에게 도달한 것으로 본다.

☞ 도달주의는 확인한 것을 의미하는 것이 아니다. 서류를 우편이나 등기로 발송하는 경우 납세자가 해당 서류를 받고 열어보지 않을 수도 있다. 도달주의의 효력은 도달한 것에 따르는 것이고 확인 유무는 납세자의 책임인 것이다. 세무공무원이 전자우편주소에 서류를 입력하면 해당 메일서비스회사의 서버에 저장되고, 해당 서버에 저장되면 납세자의 메일에 새로운 메일이 도착하는 것이다. 또한 세무공무원이 국세정보통신망(홈택스)에 저장하면(국세청의 내부 서버망이기 때문에 입력이 아닌 저장이라는 표현을 사용한다) 자동으로 납세자가 확인해 볼 수 있게 된다.

📄 ③

[2014년 7급] ★★

3. 국세기본법 상 과세관청이 납세의무를 확정하는 결정을 한 후 이를 다시 경정하는 경우에 관한 설명으로 옳지 않은 것은? (단, 다툼이 있을 경우에는 판례에 의함)

① 세법에 따라 당초 확정된 세액을 증가시키는 경정은 당초 확정된 세액에 관한 권리·의무관계에 영향을 미치지 아니한다.

☞ 당초 확정된 세액이 100원이고, 이후 150원으로 증가되는 경정을 했다고 생각해보자. 실무상 추가되는 50원에 대하여 징수하게 되는 것이지 150원을 징수하고 100원을 환급해주는 것이 아니다. 따라서 당초에 확정된 세액인 100원에는 어떠한 영향도 없고 추가 50원만 징수하게 된다.

📄 ①

[2011년 7급 변형] ★

4. 「국세기본법」 및 「국세징수법」상 납세담보와 국세우선권에 관한 설명으로 옳은 것은 모두 몇 개인가?

☞ 옳은 것은 3개(ㄱ, ㄴ, ㄷ)이다.

ㄹ. 납세담보물로 해당 국세 등을 납부할 수 있는 것은 금전에 한한다. 따라서 유가증권을 담보로 제공한 경우는 해당 유가증권으로 국세 등을 납부할 수 없다.

📄 ③

[2011년 7급] ★★

5. 국세기본법 상 경정청구에 관한 설명으로 옳지 않은 것은?

① 경정청구만으로는 확정력을 갖지 못한다.

☞ 신고납부세목이어도 기한 후 신고와 경정청구는 신고 시 확정력을 갖지 못한다. 경정청구가 신고 시 확정력을 갖는다고 하면 납세자가 임의로 환급신청, 결손처분등을 할 가능성이 있다. 따라서 세무서에서

최종적으로 확인하여 확정하는 절차가 필요하다.

답 ①

[2015년 7급] ★★
6. 국세기본법 상 후발적 사유에 의한 경정청구(제45조의 2 제2항에 따른 경정청구)에 대한 설명으로 옳지 않은 것은? (다툼이 있는 경우 판례에 의함)

① 최초에 결정한 과세표준 및 세액의 계산근거가 된 거래가 그에 관한 소송에 대한 판결에 의하여 다른 것으로 확정된 때에는 그 사유가 발생한 것을 안 날부터 3개월 이내의 경우, 납세의무자는 해당 거래에 대한 국세부과제척기간이 경과하였다고 하더라도 경정청구를 할 수 있다.

☞ 후발적 사유에 의한 경정청구는 최초 과세표준 및 세액의 계산 근거가 된 것이 판결 등 외부요인에 의해 최초와는 다르게 확정된 것이다. 그 전에는 변경 확정되지 않아 알 수 없었던 것이니 일반 경정청구 기한을 적용하는 것은 적절하지 않다. 그렇다고 사유가 발생했을 때부터 5년의 경정청구기한을 적용하게 되면 그 기간이 너무 길어질 수 있다. 따라서 세법에서는 해당 사유를 안날로부터 3개월 이내에 청구할 수 있게 하였다.(late 최초 5년, 안날 3개월)

☞ ③ 기한 후 신고는 최초의 신고이니 모든 것을 검토가 필요하여 3개월이 소요된다. 경정청구는 먼저 신고된 내역이 있으니 경정청구된 부분을 위주로 검토하게 된다. 따라서 다소 짧은 2개월 이내에 경정하거나 경정하여야 할 이유가 없다는 뜻을 그 청구를 한 자에게 통지하여야 한다.

답 ①

[2015년 7급] ★★
7. 국세기본법 상 가산세에 대한 설명으로 옳지 않은 것은?

③ 가산세는 해당 의무가 규정된 세법의 해당 국세의 세목으로 한다. 다만, 해당 국세를 감면하는 경우에는 가산세는 그 감면대상에 포함시키지 아니하는 것으로 한다.

답 ③

[2020년 7급] ★★★
8. 국세기본법 상 국세의 환급에 대한 설명으로 옳지 않은 것은?

③ 납세자가 상속세를 물납한 후 그 부과의 전부 또는 일부를 취소하거나 감액하는 경정 결정에 따라 환급하는 경우에는 해당 물납재산으로 환급하되, 국세환급가산금은 지급하지 아니한다.

☞ 물납재산을 환급하는 경우 국세환급가산금 규정을 적용하지 않는다. 이자상당액 만큼 물납재산의 가치가 올라가기 때문이다.

답 ③

[2021년 7급] ★★
9. 다음은 「국세기본법」상 국세환급금의 충당과 환급 및 기한 후 신고에 관한 규정이다. (가), (나)에 들어갈 내용을 바르게 연결한 것은?

④ 국세환급금은 결정일로부터 30일 이내에 지급하여야 하며, 기한 후 신고서를 제출한 경우 3개월 이내에 세액을 결정하여야 한다.

답 ④

[2022년 7급] ★★
10. 「국세기본법」상 국세의 불복절차에 대한 설명으로 옳지 않은 것은?

④ 「감사원법」에 따른 심사청구를 한 처분에 대하여는 행정소송을 통하여 「국세기본법」에 따른 취소 또는 변경을 청구할 수 있다.

☞ 감사원의 심사청구를 거친 경우에는 바로 행정소송을 제기할 수 있다.

답 ④

[2021년 7급] ★★
11. 「국세기본법」상 다른 법률과의 관계에 대한 설명으로 옳지 않은 것은?

④ 위법 또는 부당한 처분에 대하여 감사원 심사청구를 거친 경우에는 바로 행정소송을 제기할 수 있다.

답 ④

**12. 「국세기본법」상 조세심판에 관한 설명으로 옳지 않은 것은?**

③ 심판청구는 세법에 특별한 규정이 있는 것을 제외하고는 그 결정이 있기 전까지 당해 과세처분의 집행을 진행한다.

☞ 집행부정지의 원칙에 따라 이의신청·심사청구 또는 심판청구는 세법에 특별한 규정이 있는 경우를 제외하고는 집행이 정지되지 않는다.

**답 ③**

**13. 국세기본법 상 심사와 심판에 대한 설명으로 옳은 것으로만 묶은 것은?**

ㄱ. 심사청구가 이유 있다고 인정되어 행한 재조사 결정에 따른 처분청의 처분에 대한 행정소송은 심사청구와 그에 대한 결정을 거치지 아니한 경우에도 제기할 수 있다.

☞ 심사청구를 거친 후 재조사 결정을 한다. 즉, 이미 심사청구에서 심사한 것이기 때문에 심사청구와 그에 대한 결정을 거치지 않아도 행정소송을 제기할 수 있다.

ㄹ. 심판청구를 제기한 후 같은 날 심사청구를 제기한 경우에는 심사청구를 "각하"하는 결정을 한다.

☞ 검토할 필요도 없으면 각하(서류를 아래로 던짐), 검토를 하였는데 인정되지 않으면 기각(현 사안을 기각합니다.), 인정되면 인용한다.

**답 ③**

**14. 「국세기본법」상 납세자의 권리에 대한 설명으로 옳지 않은 것은?**

④ 세무공무원은 납세자가 자료의 제출을 지연하는 등 대통령령으로 정하는 사유로 세무조사를 진행하기 어려운 경우에는 세무조사를 중지할 수 있으며, 세무조사의 중지기간 중에도 납세자에 대하여 국세의 과세표준과 세액을 결정 또는 경정하기 위한 질문을 하거나 장부등의 검사.조사 또는 그 제출을 요구할 수 없다.

**답 ④**

**15. 「국세기본법」상 세무조사에 대한 설명으로 옳지 않은 것은?**

④ 세무공무원은 거래상대방에 대한 조사가 필요한 경우 같은 세목에 대하여 재조사를 할 수 있다.

☞ 세무공무원은 다음 중 어느 하나에 해당하는 경우가 아니면 같은 세목 및 같은 과세기간에 대하여 재조사를 할 수 없다.
 1. 조세탈루의 혐의를 인정할 만한 명백한 자료가 있는 경우
 2. 거래상대방에 대한 조사가 필요한 경우
 3. 2개 이상의 과세기간과 관련하여 잘못이 있는 경우
 4. 심사청구가 이유 있다고 인정될 때로서 그 청구의 대상이 된 처분의 취소·경정 결정을 하거나 필요한 처분의 결정에 따라 조사를 하는 경우
 5. 부동산투기·매점매석·무자료거래 등 경제질서교란 등을 통한 탈세혐의가 있는 자에 대하여 일제조사를 하는 경우
 6. 각종 과세자료의 처리를 위한 재조사나 국세환급금의 결정을 위한 확인조사 등을 하는 경우
 7. 조세범칙행위의 혐의를 인정할 만한 명백한 자료가 있는 경우

**답 ④**

**16. 「국세기본법」상 세무조사 중 통합조사의 원칙에 대한 설명으로 옳지 않은 것은?**

통합조사 원칙에도 다음의 어느 하나에 해당하는 경우에는 해당 사항에 대한 확인을 위하여 필요한 부분에 한정한 조사(부분조사)를 실시할 수 있다.

단, 아래의 3부터 6까지에 해당하는 사유로 인한 부분조사는 같은 세목 및 같은 과세기간에 대하여 2회를 초과하여 실시할 수 없다.

1. 경정 등의 청구에 대한 처리 또는 국세환급금의 결정을 위하여 확인이 필요한 경우
2. 재조사 결정에 따라 사실관계의 확인 등이 필요한 경우
3. 거래상대방에 대한 세무조사 중에 거래 일부의 확인이 필요한 경우
4. 납세자에 대한 구체적인 탈세 제보가 있는 경우로서 해

당 탈세 혐의에 대한 확인이 필요한 경우

5. 명의위장, 차명계좌의 이용을 통하여 세금을 탈루한 혐의에 대한 확인이 필요한 경우

6. 그 밖에 세무조사의 효율성 및 납세자의 편의 등을 고려하여 특정 사업장, 특정 항목 또는 특정 거래에 대한 확인이 필요한 경우로서 대통령령으로 정하는 경우

답 ③

[2009년 7급] ★★
17. 「국세기본법」상 정기선정 세무조사 사유로 옳지 않은 것은?

③ 납세자가 조사를 기피하는 행위가 명백한 경우 세무공무원은 세무조사 기간을 연장할 수 있다.

☞ 신고내용에 탈루나 오류의 혐의를 인정할 만한 명백한 자료가 있는 경우는 수시선정 세무조사 사유에 해당된다.

답 ③

[2011년 7급] ★★
18. 국세기본법 상 세무공무원이 세무조사시 같은 세목 및 같은 과세기간에 대하여 재조사를 할 수 있는 경우에 해당하지 않는 것은?

① 조세탈루의 혐의를 인정할 만한 명백한 자료가 있는 경우 같은 세목 및 같은 과세기간에 대하여 재조사를 할 수 있다.

☞ 단순히 조세탈루가 의심되는 경우에 재조사가 가능하다면 중복조사 금지규정은 세무조사권의 남용을 막을 수 없을 것이다.

답 ①

[2017년 7급] ★★
19. 국세기본법 상 과세전적부심사에 대한 설명으로 옳지 않은 것은?

① 세무조사 결과에 대해 서면통지를 받으면 '과세전적부심사'를 청구할 수 있고, 또한 '조기 결정(경정)'을 신청할 수 있다.

☞ 과세전적부심사는 사전적 구제제도이나 심사중에 납부불성실 가산세가 발생한다. 따라서 사전적 구제가 필요 없는 경우(세무조사 결과에 대해 이의가

없는 경우) 조기 결정(경정)을 신청하여 조기에 납부하면서 납부불성실 가산세를 줄일 수 있다.

답 ①

[2017년 9급] ★★
20. 세무공무원의 비밀유지의무에도 불구하고 국세청장이 인적사항 등을 공개할 수 있는 자가 아닌 것은? (이의신청·심사청구 등 불복청구 중에 있거나 그 밖에 대통령령으로 정하는 사유는 없다)

③ 유죄판결이 확정된 자로서 포탈세액이 연간 2억 원 이상인자에 대해 인적사항 등을 공개할 수 있다.

답 ③

## ② 국세기본법 세목별2

**1.** 「국세기본법」상 용어의 정의로 옳지 않은 것은?

    ① 국세란 국가가 부과하는 조세로서 소득세, 법인세, 부가가치세, 관세, 주세, 증권거래세 등을 말한다.

    ② 가산세란 세법에서 규정하는 의무의 성실한 이행을 확보하기 위하여 세법에 따라 산출한 세액에 가산하여 징수하는 금액을 말한다.

    ③ 과세표준이란 세법에 따라 직접적으로 세액산출의 기초가 되는 과세대상의 수량 또는 가액을 말한다.

    ④ 전자신고란 과세표준신고서 등 국세기본법 또는 세법에 따른 신고 관련 서류를 국세정보통신망을 이용하여 신고하는 것을 말한다.

**2.** 국세기본법상 기간 및 기한에 대한 설명으로 옳은 것은?

    ① 기간의 계산에 대한 국세기본법 또는 세법의 규정이 민법의 규정과 상충되면 민법의 규정에 따른다.

    ② 금융기관 또는 체신관서의 휴무의 경우 기한연장 사유에 해당하지 않는다.

    ③ 납기전 징수의 고지가 아닌 경우에 납세고지서 또는 독촉장이 도달한 날에 이미 납부기한이 경과하였거나 도달일로부터 14일 이내에 납부기한이 도래하는 것은 도달한 날부터 14일이 지난 날을 납부기한으로 한다.

    ④ 증여세 신고기한이 4월 1일(금요일)이고 공휴일인 경우 4월 3일까지 신고하여야 한다.

**3.** 국세기본법령과 「소득세법」의 기간 및 기한에 대한 설명으로 옳은 것은?

    ① 수시부과 후 추가발생소득이 없는 거주자는 그 종합소득과세표준을 다음 연도 5월 1일부터 5월 31일까지 확정신고하고 종합소득 산출세액을 자진납부하여야 한다.

    ② 부담부증여의 채무액에 해당하는 부분으로서 양도로 보는 경우 그 양도일이 속하는 달의 말일부터 4개월 이내에 양도소득과세표준을 납세지 관할 세무서장에게 신고하여야 한다.

    ③ 세무조사의 결과에 대한 서면통지를 받은 자는 통지를 받은 날로부터 90일 이내에 과세전적부심사 청구를 할 수 있다.

    ④ 「국세기본법」 또는 세법에서 규정하는 납부기한 만료일에 정전으로 국세정보통신망의 가동이 정지되어 전자납부를 할 수 없는 경우 그 장애가 복구되어 납부할 수 있게 된 날의 다음 날을 기한으로 한다.

**4.** 국세기본법 상 서류의 송달에 대한 설명으로 옳은 것은?

    ① 연대납세의무자에게 강제징수에 관한 서류를 송달할 때에는 연대납세의무자 모두에게 각각 송달하여야 한다.

    ② 소득세 중간예납세액이 100만 원인 납세고지서의 송달을 우편으로 할 때는 일반우편으로 하여야 한다.

    ③ 정보통신망의 장애로 납세고지서의 전자송달이 불가능한 경우에는 교부에 의해서만 송달을 할 수 있다.

    ④ 납세고지서를 송달받아야 할 자의 주소를 주민등록표에 의해 확인할 수 없는 경우, 서류의 주요 내용을 공고한 날부터 14일이 지나면 서류 송달이 된 것으로 본다.

**5.** 「국세기본법」상 법인 아닌 단체에 대한 설명으로 옳지 않은 것은?

① 「국세기본법」에 의하여 법인으로 보는 법인 아닌 단체는 「법인세법」에서 비영리법인으로 본다.

② 주무관청의 허가 또는 인가를 받아 설립된 단체로서 수익을 구성원에게 분배하지 않는 경우에는 대표자나 관리인이 관할세무서장에게 신청하여 승인을 받아야 법인으로 본다.

③ 법인 아닌 단체가 「국세기본법」에 의하여 법인으로 의제되지 않더라도 「소득세법」에 의하여 그 단체를 1거주자로 보아 과세할 수도 있다.

④ 법인으로 보는 법인 아닌 단체의 국세에 관한 의무는 그 대표자나 관리인이 이행하여야 한다.

**6.** 「국세기본법」상 국세 부과의 원칙에 대한 설명이 아닌 것은?

① 과세의 대상이 되는 소득, 수익, 재산, 행위 또는 거래의 귀속이 명의(名義)일 뿐이고 사실상 귀속되는 자가 따로 있을 때에는 사실상 귀속되는 자를 납세의무자로 하여 세법을 적용한다.

② 세무공무원이 국세의 과세표준을 조사·결정할 때에는 해당 납세의무자가 계속하여 적용하고 있는 기업회계의 기준 또는 관행으로서 일반적으로 공정·타당하다고 인정되는 것은 존중하여야 한다. 다만, 세법에 특별한 규정이 있는 것은 그러하지 아니하다.

③ 납세의무자가 세법에 따라 장부를 갖추어 기록하고 있는 경우에는 해당 국세 과세표준의 조사와 결정은 그 장부와 이와 관계되는 증거자료에 의하여야 한다.

④ 정부는 국세를 감면한 경우에 그 감면의 취지를 성취하거나 국가정책을 수행하기 위하여 필요하다고 인정하면 세법에서 정하는 바에 따라 감면한 세액에 상당하는 자금 또는 자산의 운용 범위를 정할 수 있다.

**7.** 「국세기본법」상 실질과세의 원칙에 대한 설명으로 옳지 않은 것은?

① 세법 중 과세표준의 계산에 관한 규정은 소득, 수익, 재산, 행위 또는 거래의 명칭이나 형식에 관계없이 그 실질내용에 따라 적용한다.

② 과세의 대상이 되는 소득, 수익, 재산, 행위 또는 거래의 귀속이 명의일 뿐이고 사실상 귀속되는 자가 따로 있을 때에는 명의자를 납세의무자로 하여 세법을 적용한다.

③ 제3자를 통한 간접적인 방법이나 둘 이상의 행위 또는 거래를 거치는 방법으로 「국세기본법」 또는 세법의 혜택을 부당하게 받기 위한 것으로 인정되는 경우에는 그 경제적 실질내용에 따라 당사자가 직접 거래를 한 것으로 보거나 연속된 하나의 행위 또는 거래를 한 것으로 보아 「국세기본법」 또는 세법을 적용한다.

④ 세법에서 「국세기본법」상 실질과세원칙에 대한 특례규정을 두고 있는 경우에는 그 세법에서 정하는 바에 따른다.

**8.** 거주자 甲이 A회사와 판매수익의 귀속주체를 甲으로 하는 판매약정을 체결한 후 A회사 영업이사 직함을 사용하여 A회사가 생산한 정제유를 A회사 명의로 판매하였다. 甲이 독자적으로 관리·사용하던 A회사 명의의 계좌를 통한 거래 중 무자료 거래에서 확인된 매출누락 등에 따른 세금을 과세관청이 A회사가 아닌 甲에게 부담시키기 위한 국세부과의 원칙은?

① 실질과세의 원칙

② 신의성실의 원칙

③ 근거과세의 원칙

④ 조세감면의 사후관리의 원칙

9. 국세기본법 상 국세부과의 원칙과 세법적용의 원칙에 대한 설명으로 옳지 않은 것은? (다툼이 있는 경우 판례에 의함)

① 국세를 조사.결정할 때 장부의 기록 내용이 사실과 다르거나 장부의 기록에 누락된 것이 있을 때에는 그 부분에 대해서만 정부가 조사한 사실에 따라 결정할 수 있다.

② 과세기간 진행중 법률의 개정이나 해석의 변경이 있는 경우 이미 진행한 과세기간 분에 대하여 소급과세 하는 것은 원칙적으로 허용되지 아니한다.

③ 납세자가 그 의무를 이행할 때에는 신의에 따라 성실하게 하여야 한다. 세무공무원이 직무를 수행할 때에도 또한 같다.

④ 과세의 대상이 되는 소득, 수익, 재산, 행위 또는 거래의 귀속이 명의일 뿐이고 사실상 귀속되는 자가 따로 있을 때에는 사실상 귀속되는 자를 납세의무자로 하여 세법을 적용한다.

10. 「국세기본법」상 납세의무의 성립에 대한 설명으로 옳지 않은 것은?

① 청산소득에 대한 법인세는 그 법인이 해산하는 때에 성립한다.

② 무신고가산세는 법정신고기한이 경과하는 때에 성립한다.

③ 금융업자의 수익금액에 부과되는 교육세는 해당 금융업자의 법인세 납세의무가 확정하는 때에 성립한다.

④ 납세조합이 징수하는 소득세 또는 예정신고납부하는 소득세는 과세표준이 되는 금액이 발생한 달의 말일에 성립한다.

11. 「국세기본법」 또는 세법령상 납세의무에 대한 설명으로 옳은 것만을 모두 고르면?

ㄱ. 「소득세법」 제43조제3항에 따른 주된 공동사업자가 없는 공동사업에서 발생한 소득금액에 대해서는 공동사업자 간에 연대하여 납부할 의무를 진다.

ㄴ. 법인이 「채무자 회생 및 파산에 관한 법률」 제215조에 따라 신회사를 설립하는 경우 기존의 법인에 부과되거나 납세의무가 성립한 국세 및 강제징수비는 신회사가 연대하여 납부할 의무를 진다.

ㄷ. 법인이 해산한 경우에 「법인세법」 제73조 및 제73조의2에 따라 원천징수하여야 할 법인세를 징수하지 아니하였거나 징수한 법인세를 납부하지 아니하고 잔여재산을 분배한 때에는 청산인과 잔여재산의 분배를 받은 자가 각각 그 분배한 재산의 가액과 분배받은 재산의 가액을 한도로 그 법인세를 연대하여 납부할 책임을 진다.

ㄹ. 법인이 합병한 경우 합병 후 존속하는 법인 또는 합병으로 설립된 법인은 합병으로 소멸된 법인에 부과되거나 그 법인이 납부할 국세 및 강제징수비를 합병으로 소멸된 법인과 연대하여 납부할 의무를 진다.

① ㄱ, ㄷ      ② ㄱ, ㄹ

③ ㄴ, ㄷ      ④ ㄴ, ㄹ

12. 국세기본법상 국세부과 제척기간과 국세징수권 소멸시효에 대한 설명으로 옳지 않은 것은?

① 국세부과의 제척기간이란 국세부과권의 법정존속기간을 말하며, 국세징수권의 소멸시효란 국가가 징수권을 일정기간 행사하지 아니하면 당해 권리를 소멸시키는 제도를 말한다.

② 국세부과의 제척기간이 만료된 경우와 국세징수권이 소멸시효의 완성에 의하여 소멸하는 경우 형식상 결손처분을 거치게 된다.

③ 국세징수권 소멸시효의 중단사유는 납부고지.독촉.교부청구.압류가 있다.

④ 국세징수권의 소멸시효는 분납기간, 납부고지의 유예기간, 압류.매각의 유예기간, 연부연납기간 또는 세무공무원이 국세징수법에 따른 사해행위 취소의 소를 제기하여 그 소송이 진행 중인 기간에는 진행되지 아니한다.

**13.** 국세기본법 상 국세를 납부할 의무가 소멸되는 사유로 옳지 않은 것은?

① 세무서장이 국세환급금으로 결정한 금액을 체납된 국세에 충당한 때
② 국세를 부과할 수 있는 기간에 국세가 부과되지 아니하고 그 기간이 끝난 때
③ 국세의 부과결정이 철회된 때
④ 국세징수권의 소멸시효가 완성된 때

**14.** 거주자 甲의 2020년 귀속 종합소득세에 대한 자료이다. 국세기본법령상 국세의 부과제척기간과 국세징수권의 소멸시효에 대한 설명으로 옳지 않은 것은?

> • 거주자 甲이 2020년도 귀속 종합소득세를 신고하지 않자 관할 세무서장은 종합소득세 2,000만 원을 결정하여 2022년 2월 27일 납부고지서(납부기한: 2022년 3월 20일)를 우편송달하였고, 2022년 3월 2일 甲에게 도달되었다.
> • 납부고지된 종합소득세는 역외거래에서 발생한 것이 아니고, 부정행위로 포탈한 것도 아니다.
> • 甲은 2022년 12월 31일 현재 위 고지된 세액을 납부하지 않고 있다.
> • 甲은 성실신고확인대상사업자가 아니다.

① 甲의 2020년 귀속 종합소득세의 부과제척기간의 기산일은 2021년 6월 1일이다.
② 국세징수권의 소멸시효는 2022년 3월 3일부터 5년이 경과하면 완성된다.
③ 甲의 2020년 귀속 종합소득세 부과제척기간은 해당 국세를 부과할 수 있는 날부터 7년이다.
④ 관할 세무서장의 납부고지는 국세징수권의 소멸시효를 중단시키는 효력을 가진다.

**15.** 국세기본법 상 제2차 납세의무에 대한 설명으로 옳지 않은 것은?

① 청산인 등의 제2차 납세의무는 청산인의 경우 분배하거나 인도한 재산의 가액을 한도로 하고, 그 분배 또는 인도를 받은 자의 경우에는 각자가 받은 재산의 가액을 한도로 한다.
② 자본시장과 금융투자업에 관한 법률 에 따른 유가증권시장에 상장한 법인의 과점주주는 그 법인이 납부하는 국세에 대하여 제2차 납세의무를 지지 아니한다.
③ 법인의 출자자가 소유한 주식의 양도가 법률에 의해 제한된 경우에는, 그 출자자가 납부할 국세에 대하여 법인은 제2차 납세의무를 진다.
④ 사업양수인의 제2차 납세의무에 있어서 사업양수인이란 사업장별로 그 사업에 관한 미수금을 포함한 모든 권리와 모든 의무를 포괄적으로 승계한 자를 말한다.

**16.** 국세의 우선에 대한 설명으로 옳지 않은 것은?

① 과세표준과 세액을 정부가 결정하는 경우 고지한 해당 세액 관련 법정기일은 그 납부고지서의 발송일이다.
② 납세자가 국세의 법정기일 전 1년 내에 저당권 설정계약을 한 경우에는 짜고 한 거짓계약으로 간주한다.
③ 임금채권(최종 3개월분의 임금채권, 재해보상금채권이 아님)에 우선하는 저당권부채권이 있고, 국세채권이 그 저당권부채권에 우선하는 경우에는, 국세채권이 임금채권에 우선한다.
④ 지방세 강제징수에 의하여 납세자의 재산을 압류한 경우에 국세 및 강제징수비의 교부청구가 있으면 교부청구된 국세 및 강제징수비는 압류에 관계되는 지방세의 다음 순위로 징수한다.

**17.** 「국세기본법」상 경정청구의 청구기간과 관련한 다음 제시문의 ㉠~㉢에 들어갈 내용을 바르게 연결한 것은?

> 납세자가 법정신고기한까지 과세표준신고서를 제출한 경우에는 「국세기본법」 제45조의2제1항에 따라 경정청구를 할 수 있는데 이 경우 법정신고기한이 지난 후 ( ㉠ ) 이내에 관할세무서장에게 그 경정청구를 해야 한다. 다만, 결정 또는 경정으로 인하여 증가된 과세표준 및 세액에 대하여는 해당 처분이 있음을 안 날(처분의 통지를 받은 때에는 그 받은 날)부터 ( ㉡ ) 이내[법정신고기한이 지난 후 ( ㉢ ) 이내로 한정한다]에 경정을 청구할 수 있다.

|     | ㉠  | ㉡   | ㉢  |
|-----|-----|------|-----|
| ①  | 5년 | 60일 | 5년 |
| ②  | 3년 | 60일 | 3년 |
| ③  | 5년 | 90일 | 5년 |
| ④  | 3년 | 90일 | 3년 |

**18.** 「국세기본법」상 수정신고와 경정청구에 대한 설명으로 옳지 않은 것은?

① 과세표준신고서를 법정신고기한까지 제출한 자는 과세표준신고서에 기재된 과세표준 및 세액이 세법에 따라 신고하여야 할 과세표준 및 세액보다 큰 경우 과세표준수정신고서를 제출할 수 있다.

② 국세의 과세표준 및 세액의 결정 또는 경정을 받은 자가 소득의 귀속을 제3자에게로 변경시키는 결정 또는 경정이 있을 때에는 그 사유가 발생한 것을 안 날부터 3개월 이내에 결정 또는 경정을 청구할 수 있다.

③ 과세표준신고서를 법정신고기한까지 제출한 자는 과세표준신고서에 기재된 환급세액이 세법에 따라 신고하여야 할 환급세액을 초과할 때는 법에 정한 바에 따라 과세표준수정신고서를 제출할 수 있다.

④ 결정 또는 경정의 청구를 받은 세무서장은 그 청구를 받은 날부터 2개월 이내에 과세표준 및 세액을 결정 또는 경정하거나 결정 또는 경정하여야 할 이유가 없다는 뜻을 그 청구를 한 자에게 통지하여야 한다.

**19.** 국세기본법령상 역외거래 등에 관련된 설명으로 옳지 않은 것은? (단, 조세조약과 국제조세조정에 관한 법률 관련 규정 등은 고려하지 아니한다)

① 국세기본법 제26조의2제1항에 따른 역외거래에서 발생한 부정행위로 국세를 포탈하거나 환급. 공제받은 경우에는 국세는 그 국세를 부과할 수 있는 날부터 15년이 끝난 날 후에는 부과할 수 없다.

② 납세의무자가 역외거래에서 발생한 부정행위로 법정신고기한까지 세법에 따른 국세의 과세표준신고를 하지 아니한 경우에는 국세기본법 제47조의2제1항에 따른 무신고납부세액에 100분의 60을 곱한 금액을 가산세로 한다.

③ 납세의무자가 법정신고기한까지 세법에 따른 국세의 과세표준을 신고한 경우로서 역외거래에서 발생한 부정행위로 납부할 세액을 과소신고한 경우에는 국세기본법 제47조의3제1항에 따른 과소신고납부세액 등에 100분의 40을 곱한 금액을 가산세로 한다.

④ 역외거래를 이용하여 세금을 탈루하거나 국내 탈루소득을 해외로 변칙유출한 혐의로 조사하는 경우에는 국세기본법 제81조의8제2항에 따른 세무조사 기간의 제한 및 같은 조 제3항에 따른 세무조사 연장기간의 제한을 받지 아니한다.

**20.** 국세기본법 상 불복에 대한 설명으로 옳지 않은 것은?

① 이의신청을 하는 경우에 조사한 세무서장과 과세처분한 세무서장이 서로 다른 경우에는 과세처분한 세무서장의 관할지방국세청장에게 하여야 한다.

② 이의신청, 심사청구 또는 심판청구의 재결청은 결정서에 그 결정서를 받은 날부터 90일 이내에 이의신청인은 심사청구 또는 심판청구를, 심사청구인 또는 심판청구인은 행정소송을 제기할 수 있다는 내용을 적어야 한다.

③ 대리인은 본인을 위하여 그 신청 또는 청구에 관한 모든 행위를 할 수 있으므로 그 신청 또는 청구의 취하에 있어서도 특별한 위임을 받을 필요는 없다.

④ 이의신청, 심사청구 또는 심판청구는 세법에 특별한 규정이 있는 것을 제외하고는 해당 처분의 집행에 효력을 미치지 아니하나 해당 재결청이 필요하다고 인정할 때에는 그 처분의 집행을 중지하게 하거나 중지할 수 있다.

# 국세기본법 세목별2

[2012년 7급] ★

**1. 「국세기본법」상 용어의 정의로 옳지 않은 것은?**

① 국세기본법은 국내의 국세에 대하여 규정한 법이기에 국세기본법상 국세란 지방세, 관세와는 구별된다.

☞ 국세란 국가가 부과하는 조세 중 다음의 것을 말한다. ① 소득세, ② 법인세, ③ 상속세와 증여세, ④ 종합부동산세 ⑤ 부가가치세, ⑥ 개별소비세, ⑧ 교통·에너지·환경세, ⑧ 주세 ⑨ 인지세, ⑩ 증권거래세, ⑪ 교육세, ⑫ 농어촌특별세

**답 ①**

[2011년 9급] ★★

**2. 국세기본법상 기간 및 기한에 대한 설명으로 옳은 것은?**

① 기간의 계산은 국세기본법 또는 그 세법에 특별한 규정이 있는 것을 제외하고는 「민법」에 따른다.

☞ 법체계를 보면 일반적으로 특별한 법이 일반적인 법에 우선한다. 민법은 여러 가지 상황에 대한 법을 가장 일반적으로 규정한 법이고, 국세기본법인 국세의 기본을 규정한 법이다. 세법은 구체화된 상황에 대한 특별한 법과 같다. 따라서 세법>국세기본법>민법으로 적용된다.

② 금융회사 또는 체신관서의 휴무로 정상적인 세금납부가 곤란한 경우는 기한연장사유에 해당한다.

☞ 계좌등 납부를 못하여 은행에 방문납부만 가능한 사람들이 있다. 금융회사가 휴무인 경우 정상적인 세금의 납부가 곤란하다. 따라서 기한연장사유에 해당한다.

④ 신고기한이 4월 1일(금요일)이고 공휴일인 경우 4월2일과 4월 3일은 토요일과 일요일이므로 4월 4일(월요일)까지 신고하여야 한다.

**답 ③**

[2022년 9급] ★★

**3. 국세기본법령과 「소득세법」의 기간 및 기한에 대한 설명으로 옳은 것은?**

① 수시부과 후 추가발생소득이 없는 거주자는 종합소득과세표준을 확정신고를 하지 않을 수 있다.

☞ 수시부과는 '수시'로 부과하는 것으로 부과당시까지 발생한 소득에 대하여 세금을 계산하여 부과하는 것이다. 따라서 추가발생소득이 없다면 수시부과할 때까지 발생한 소득에 대하여 이미 부과하였기 때문에 종합소득과세표준을 확정신고할 필요가 없다.

② 부담부증여의 채무액에 해당하는 부분으로서 양도로 보는 경우에는 그 양도일이 속하는 달의 말일부터 3개월 이내에 납세지 관할세무서장에게 예정신고 및 납부를 하여야 한다.

☞ 부담부증여란 채무를 부담하여 증여하는 형식을 말한다. 5억원의 주택을 2억원의 저당권이 있는 상태로 자녀에게 증여하는 것을 생각해보자. 자녀는 5억의 주택을 증여받음과 동시에 2억원의 주택 저당차입금을 갚아야할 채무가 발생한다. 저당차입금이라는 부채를 부담하면서 증여받은 것이다. 세법은 5억원 중 주택 저당차입금 2억원을 제외한 3억원만 증여로 본다(2억원은 자녀가 갚을 돈이니 자녀가 이득본 것은 3억원이다) 그리고 채무 2억원은 자녀가 채무를 인수하는 대가로 주택을 구입한 것으로 본다.

☞ 양도소득세는 양도일이 속하는 달의 말일부터 2개월 이내에, 증여세는 증여일이 속하는 달이 말일부터 3개월 이내에 신고해야 한다. 하지만, 부담부증여는 양도와 증여가 동시에 발생하는 것으로 신고기한에 차이가 있다면 납세자가 혼란스러울 수 있다. 따라서 부담부증여의 양도소득세는 증여세와 같이 신고할 수 있도록 양도일이 속하는 달의 말일부터 3개월 이내에게 신고하여야 하는 것이다.

③ 과세전적부심사의 청구기한은 해당 통지를 받은 날로부터 30일 이내로 한다.

☞ 처분을 받고 90일 이내에 불복청구나 경정청구를 할 수 있다. 과세전적부심사는 처분을 '받기 전'에 과세를 예고한 것이 과세하기 전에 적합한 것인지 부적합한 것인지 심사하는 것이다. 고지 전에 심사를 하기 때문에 집행이 정지된다. 과세전적부심사의 청구기한을 길게 하는 경우 집행이 정지되어 이를 악용할 수 있다. 이 때문에 90일이 아닌 30일을 적용하는 것이라고 생각하자.

**답 ④**

4. 국세기본법 상 서류의 송달에 대한 설명으로 옳은 것은?

① 연대납세의무자에게 서류를 송달하고자 할 때에는 그 대표자를 명의인으로 하며, 대표자가 없는 때에는 연대납세의무자 중 국세징수상 유리한 자를 명의인으로 한다. 다만, 납세의 고지와 독촉에 관한 서류는 연대납세의무자 모두에게 각각 송달하여야 한다.

☞ 고지와 독촉은 납세자의 권리의무에 큰 영향을 줄 수 있어서 모두에게 각각 송달하는 것 같다. 강제징수에 관한 서류는 이미 독촉된 세금을 납부하지 못하여 강제징수가 예정된 것으로 원칙에 따라 대표자등을 명의인으로 한다.

② 소득세 중간예납세액이 50만 원 미만인 납세고지서는 일반우편으로 송달할 수 있다. 소득세 중간예납세액이 100만 원인 납세고지서는 등기우편으로 송달하여야 한다.

③ 정보통신망의 장애로 인하여 전자송달이 불가능한 경우에는 교부 또는 우편에 의하여 송달할 수 있다.

답 ④

[2015년 9급] ★★

5. 「국세기본법」상 법인 아닌 단체에 대한 설명으로 옳지 않은 것은?

② 주무관청의 허가 또는 인가를 받아 설립된 단체로서 수익을 구성원에게 분배하지 않는 경우 법인으로 본다.

☞ 법인 등기를 하면 법인이 된다. 미등기된 법인은 '법인으로 보는 단체'라고 한다. 이 중 허가, 인가, 등록된 단체, 재산이 출연된 단체의 경우 법인 등기 절차만 이행하지 않은 것이고, 나머지는 법인과 동일하다. 따라서 당연히 법인으로 본다.(당연의제법인)

☞ 이외의 경우(미등기+인·허가×) 수익 미분배등의 요건을 갖춘 경우에 세무서에 승인을 받아 법인으로 의제될 수 있다.(승인의제법인)

답 ②

[2022년 7급] ★★★

6. 「국세기본법」상 국세 부과의 원칙에 대한 설명이 아닌 것은?

② 기업회계의 존중은 세법적용의 원칙에 해당한다.

답 ②

[2016년 9급] ★★★

7. 「국세기본법」상 실질과세의 원칙에 대한 설명으로 옳지 않은 것은?

② 과세의 대상이 되는 소득, 수익, 재산, 행위 또는 거래의 귀속이 명의일 뿐이고 사실상 귀속되는 자가 따로 있을 때에는 실질귀속자를 납세의무자로 하여 세법을 적용한다.

답 ②

[2019년 7급] ★★

8. 거주자 甲이 A회사와 판매수익의 귀속주체를 甲으로 하는 판매약정을 체결한 후 A회사 영업이사 직함을 사용하여 A회사가 생산한 정제유를 A회사 명의로 판매하였다. 甲이 독자적으로 관리·사용하던 A회사 명의의 계좌를 통한 거래 중 무자료 거래에서 확인된 매출누락 등에 따른 세금을 과세관청이 A회사가 아닌 甲에게 부담시키기 위한 국세부과의 원칙은?

☞ ① 과세의 대상이 되는 소득 수익, 재산, 행위 또는 거래의 귀속이 명의일 뿐이고 사실상 귀속되는 자가 따로 있을 때에는 사실상 귀속되는 자를 납세의무자로 하여 세법을 적용하는 것은 실질과세원칙(귀속에 따른 실질과세의 원칙)이다.

답 ①

[2016년 7급] ★★★

9. 국세기본법 상 국세부과의 원칙과 세법적용의 원칙에 대한 설명으로 옳지 않은 것은? (다툼이 있는 경우 판례에 의함)

② 국세를 납부할 의무가 성립한 이후 법률의 개정이나 해석의 변경이 있는 경우 새로운 세법에 따라 소급과세 하는 것은 원칙적으로 허용되지 아니한다.

☞ 이미 납세의무가 성립된 소득에 대해 납세의무 성립일 이후에 개정된 세법·해석을 소급하여 적용하는 진정소급은 금지되나, 납세의무성립 전인 과세기간 중에 개정된 세법 등을 그 과세기간 개시일로부터 소급하여 적용하는 부진정소급은 허용된다.

답 ②

[2012년 9급] ★★

**10.**「국세기본법」상 납세의무의 성립에 대한 설명으로 옳지 않은 것은?

③ 국세에 부과되는 교육세는 해당 국세의 납세의무가 성립하는 때에 성립한다. 다만, 금융·보험업자의 수익금액에 부과되는 교육세는 과세기간이 끝나는 때에 성립된다.

**답** ③

[2022년 7급] ★★

**11.**「국세기본법」또는 세법령상 납세의무에 대한 설명으로 옳은 것만을 모두 고르면?

③

ㄱ.「소득세법」제43조제3항에 따른 주된 공동사업자가 없는 공동사업에서 발생한 소득금액에 대해서는 공동사업자 간에 약정된 손익분배비율에 의하여 분배되었거나 분배될 소득금액에 따라 각 공동사업자별로 납세의무를 진다.

ㄹ. 법인이 합병한 경우 합병 후 존속하는 법인 또는 합병으로 설립된 법인은 합병으로 소멸된 법인에 부과되거나 그 법인이 납부할 국세 및 강제징수비를 납부할 의무를 진다.

☞ 분할 및 분할합병되는 경우 특정할 수 없어 연대납세의무를 지지만, 법인이 합병으로 소멸되는 경우 소멸되는 법인의 납세의무는 자연스럽게 합병 후의 법인(존속하거나 새로 설립되었거나)에게 승계된다.

**답** ③

[2011년 9급] ★★

**12.**국세기본법상 국세부과 제척기간과 국세징수권 소멸시효에 대한 설명으로 옳지 않은 것은?

② 국세부과의 제척기간이 만료된 경우에는 결손처분을 거치지 않는다. 국세징수권이 소멸시효의 완성에 의하여 소멸하는 경우 결손처분을 거쳐야 한다.

☞ 제척기간이 만료되면, 납세의무가 성립되지 않은 상태에서 만료되기 때문에 결손처분할 것이 없다. 소멸시효가 완성되면, 확정된 조세채권이 소멸되어야 한다. 예를들어 1천만원의 조세채권이 소멸하게

되면, 1천만원의 채권을 결손처분하여 소멸시키게 된다.

**답** ②

[2017년 7급] ★★★

**13.**국세기본법 상 국세를 납부할 의무가 소멸되는 사유로 옳지 않은 것은?

☞ 부과의 철회는 부과의 취소와 다르다. 취소의 경우 부과한 내역이 원인무효등으로 없던 것이 되는 것인데 부과의 철회는 잠깐 멈추는 개념이다. 임시적으로 잠깐 보류하는 것이기에 언제든 부과할 수 있으면 다시 부과권을 행사할 수 있다. 따라서 부과의 철회는 국세를 납부할 의무가 소멸 되는 것이 아닌 잠깐 보류되고 있는 것이다.

**답** ③

[2021년 7급] ★★

**14.**거주자 甲의 2020년 귀속 종합소득세에 대한 자료이다. 국세기본법령상 국세의 부과제척기간과 국세징수권의 소멸시효에 대한 설명으로 옳지 않은 것은?

② 소멸시효는 고지서에 따른 납부기한의 다음날을 기산일로 하므로 2023년 5월 21일부터 5년으로 한다.

**답** ②

[2013년 7급] ★★

**15.**국세기본법 상 제2차 납세의무에 대한 설명으로 옳지 않은 것은?

④ 사업양수인의 제2차 납세의무에 있어서 사업양수인이란 사업장별로 그 사업에 관한 미수금을 제외한 모든 권리와 그 사업에 관한 미지급금을 제외한 모든 의무를 포괄적으로 승계한자를 말한다.

☞ 미수금과 미지급금을 포괄적으로 승계하는 것은 실무상 매우 어려운 일이다.

**답** ④

[2020년 9급] ★★

**16.**국세의 우선에 대한 설명으로 옳지 않은 것은?

② 납세자가 국세의 법정기일 전 1년 내에 저당권 설정계약을 한 경우에는 짜고 한 거짓계약으로 추정한다.

☞ 간주는 의제하는 것인데 이 경우 의심의 여지가 없이 그렇게 본다. 그런데 법정기일 1년 내에 저당권 설정계약을 한 것에 대해 무조건 짜고 한 것으로 보면 정당한 사유에 의해 그러한 행동을 한 납세자에게 재산권을 침해할 수 있다. 따라서 짜고 한 거짓 계약으로 추정하는 것이다.

추정은 일종의 의심이 된다는 것인데 의심을 해소시키기 위해서는 납세자가 입증을 해야한다. 추정은 입증의 책임이 과세관청에서 납세자로 이전되는 효과가 있다.

**답 ②**

[2018년 9급] ★★
**17.「국세기본법」상 경정청구의 청구기간과 관련한 다음 제시문의 ㉠~㉢에 들어갈 내용을 바르게 연결한 것은?**

☞ ③ 경정청구는 법정신고기한이 지난 후 5년 이내에 청구하는 것이 원칙이다. 다만, 결정 또는 경정으로 인하여 증가된 과세표준 및 세액에 대하여는 해당 처분이 있음을 안 날(처분의 통지를 받은 때에는 그 받은 날)부터 90일 이내에 경정을 청구할 수 있다. 다만, 이는 법정신고기한이 지난 후 5년 이내로 한정한다.

**답 ③**

[2014년 9급] ★★
**18.「국세기본법」상 수정신고와 경정청구에 대한 설명으로 옳지 않은 것은?**

① 과세표준신고서를 법정신고기한까지 제출한 자는 과세표준신고서에 기재된 과세표준 및 세액이 세법에 따라 신고하여야 할 과세표준 및 세액보다 큰 경우 경정청구신고서를 제출할 수 있다.

☞ 과세표준신고서에 기재된 과세표준 및 세액 〉 세법에 따라 신고하여야할 과세표준 및 세액 = 경정청구

**답 ①**

[2019년 7급] ★★★
**19.국세기본법령상 역외거래 등에 관련된 설명으로 옳지 않은 것은? (단, 조세조약과 국제조세조정에 관한 법률 관련 규정 등은 고려하지 아니한다)**

③ 납세의무자가 법정신고기한까지 세법에 따른 국세의 과세표준을 신고한 경우로서 국제거래에서 발생한 부정행위로 납부할 세액을 과소신고한 경우에는 「국세기본법」 제47조의3제1항에 따른 과소신고납부세액 등에 100분의 60을 곱한 금액을 가산세로 한다.

**답 ③**

[2016년 7급] ★★
**20.국세기본법 상 불복에 대한 설명으로 옳지 않은 것은?**

③ 대리인은 본인을 위하여 그 신청 또는 청구에 관한 모든 행위를 할 수 있다. 다만, 그 신청 또는 청구의 취하는 특별한 위임을 받은 경우에만 할 수 있다.

☞ 신청 또는 청구의 취하는 납세자의 권리의무에 너무 큰 영향을 미칠 수 있다. 만약에 대리인과 납세자의 사이가 틀어져 악의로 조세불복을 취하한다고 생각해보자. 조세불복의 청구기간이 지난 경우 납세자가 구제받을 수 없게 된다.

**답 ③**

# ③ 국세징수법 세목별1

**1.** 「국세징수법」상 납세증명서 제도에 관한 설명으로 옳은 것은?

① 납세증명서는 발급일 현재 독촉장에서 정하는 기한의 연장에 관계된 금액과 압류·매각의 유예액 등을 포함한 체납액이 없다는 사실을 증명하는 것이다.

② 「출입국관리법」에 따른 외국인등록 또는 「재외동포의 출입국과 법적 지위에 관한 법률」에 따른 국내거소신고를 한 외국인이 체류기간 연장허가 등 체류 관련 허가를 법무부장관에게 신청하는 경우 납세증명서를 제출하여야 한다.

③ 지방자치단체가 국가로부터 대금을 지급받아 그 대금이 지방자치단체 금고에 귀속되는 경우 납세증명서를 제출하여야 한다.

④ 법원의 전부명령에 따라 원래의 계약자 외의 자가 지방자치단체로부터 대금을 지급받는 경우 압류채권자와 채무자의 납세증명서를 제출하여야 한다.

**2.** 「국세징수법」상 관허사업의 제한에 대한 설명으로 옳지 않은 것은?

① 세금체납이 있었지만 그 원인이 납세자가 재해를 입어 세금납부가 곤란한 경우로 세무서장이 인정하는 경우에는 세무서장은 인·허가 주무관서에 그 납세자에 대한 인·허가를 하지 아니할 것을 요구할 수 없다.

② 인·허가를 받아 사업을 경영하는 납세자가 국세를 3회 이상 체납한 경우로서 그 체납세액이 500만원 이상이라고 하더라도 납세자의 동거가족의 질병이나 중상해로 6개월 이상의 치료가 필요한 경우로서 세무서장이 인정하는 경우에는 세무서장은 그 주무관서에 사업의 정지 또는 허가의 취소를 요구할 수 없다.

③ 인·허가 주무관서에 관허사업의 제한요구를 한 후 해당 국세를 징수하였을 때에는 세무서장은 지체 없이 그 요구를 철회하여야 한다.

④ 세무서장은 납세자가 정당한 사유 없이 사업과 관련된 소득세, 법인세, 부가가치세와 증여세를 체납한 때에는 관허사업의 제한을 요구할 수 있다.

**3.** 세법상 체납자로 하여금 간접적으로 국세를 납부하도록 유인하는 제도에 대한 설명으로 옳지 않은 것은?

① 세무서장은 허가 등을 받아 사업을 경영하는 자가 사업과 관련된 국세(관허사업의 제한이 허용된 국세)를 3회 이상 체납한 경우로서 그 체납액이 500만원 이상일 때에는 법령으로 정하는 경우를 제외하고 그 주무관서에 사업의 정지 또는 허가 등의 취소를 요구할 수 있다.

② 「주택임대차보호법」에 따른 주거용 건물을 임차하여 사용하려는 자는 해당 건물에 대한 임대차계약을 하기 전에 임대인의 동의를 받아 임대인이 납부하지 아니한 국세의 열람을 임차할 건물 소재지의 관할세무서장에게 신청할 수 있다.

③ 국세청장은 정당한 사유 없이 5천만원 이상의 국세를 체납한 자 중 배우자 또는 직계존비속이 국외로 이주(국외에 3년 이상 장기체류 중인 경우를 포함한다)한 사람에 대하여 법무부장관에게 출국금지를 요청하여야 한다.

④ 체납된 국세가 심사청구 등 불복청구 중에 있는 경우에도 체납발생일부터 1년이 지나고 국세가 2억원 이상인 체납자의 인적사항은 공개할 수 있다.

**4.** 「국세징수법」상 징수절차에 대한 설명으로 옳지 않은 것은?

① 세무서장은 국세를 징수하려면 납세자에게 그 국세의 과세기간, 세목, 세액, 납부기한을 적은 과세안내서, 과세예고통지서, 납세고지서 등을 발급하여야 한다.

② 세무서장은 제2차 납세의무자에게 납부고지서를 발급하는 경우 납세자에게도 그 사실을 통지하여야 한다.

③ 납부고지서는 징수결정 즉시 발급하여야 한다. 다만, 납부고지를 유예한 경우 유예기간이 끝난 날의 다음 날에 발급한다.

④ 납세자가 국세의 체납으로 강제징수를 받은 때에는 세무서장은 납기 전이라도 이미 납세의무가 확정된 국세는 징수할 수 있다.

**5.** 「국세기본법」 및 국세징수법령상 지정납부기한과 관련된 설명으로 옳지 않은 것은?

① 「국세기본법」에 따른 납부지연가산세 및 원천징수 등 납부지연가산세 중 지정납부기한이 지난 후의 가산세를 징수하는 경우에는 납부고지서를 발급하지 아니할 수 있다.

② 납세자가 국세를 지정납부기한까지 완납하지 아니하였다 하더라도 「국세기본법」 및 세법에 따라 물적납세의무를 부담하는 경우에는 독촉장을 발급하지 아니할 수 있다.

③ 납부고지서의 송달이 지연되어 도달한 날에 이미 지정납부기한이 지난 경우에는 도달한 날부터 14일이 지난 날을 지정납부기한으로 한다.

④ 국세징수권의 소멸시효는 지정납부기한의 연장으로 중단된다.

**6.** 「국세징수법」상 재난 등으로 인한 납부기한 등의 연장 및 납부고지의 유예에 대한 설명으로 옳지 않은 것은?

① 관할 세무서장은 납세자가 일정한 사유로 국세를 납부기한 또는 독촉장에서 정하는 납부기한 등까지 납부할 수 없다고 인정되는 경우 납부기한 등을 연장(세액을 분할하여 납부하도록 하는 것을 포함한다)할 수 있다.

② 납부기한 등의 연장을 받으려는 납세자가 납부기한 등의 만료일(납부고지의 유예는 납부고지 예정인 국세의 납부하여야 할 기한의 만료일) 3일 전까지 신청을 하였으나 관할 세무서장이 그 신청일로부터 3일 이내에 승인 여부를 통지하지 아니한 경우에는 신청일로부터 3일이 되는 날에 신청을 승인한 것으로 본다.

③ 관할 세무서장은 납부기한 등의 연장을 하는 경우 그 연장기간을 연장한 날(또는 납부고지의 유예를 하는 경우 그 유예기간을 유예한 날)의 다음 날부터 9개월 이내로 정하며, 연장 또는 유예기간 중의 분납기한 및 분납금액을 정할 수 있다. 이 경우 관할 세무서장은 연장 또는 유예 기간이 6개월을 초과하는 경우에는 가능한 한 연장 또는 유예기간 시작 후 6개월이 지난 날부터 3개월 이내에 균등액을 분납할 수 있도록 정해야 한다.

④ 관할 세무서장은 납부기한 등의 연장 또는 납부고지의 유예를 하는 경우 그 연장 또는 유예와 관계되는 금액에 상당하는 납세담보의 제공을 요구할 수 있다.

**7.** 국세징수법 상 납기 전 징수 사유와 교부청구 사유에 공통으로 해당하는 것은?

① 국제조세조정에 관한 법률에 따른 상호합의절차가 진행 중인 경우

② 담보권 실행 등을 위한 경매가 시작된 경우

③ 국세를 포탈하려는 행위가 있다고 인정되는 경우

④ 납세관리인을 정하지 아니하고 국내에 주소 또는 거소를 두지 아니하게 된 경우

**8.** 납세담보에 대한 설명으로 옳지 않은 것은?

① 등록된 유가증권을 납세담보로 제공하려는 자는 그 유가증권을 공탁하고 그 공탁수령증을 세무서장(세법에 따라 국세에 관한사무를 세관장이 관장하는 경우에는 세관장을 말함)에게 제출하여야 한다.

② 보험에 든 등기된 건물을 납세담보로 제공하려는 자는 그 화재보험증권을 제출하여야 한다. 이 경우 그 보험기간은 납세 담보를 필요로 하는 기간에 30일 이상을 더한 것이어야 한다.

③ 납세담보를 제공한 자는 세무서장의 승인을 받아 그 담보를 변경할 수 있다.

④ 납세담보로서 금전을 제공한 자는 그 금전으로 담보한 국세와 강제징수비를 납부할 수 있다.

**9.** 국세징수법령상 국세를 납부하도록 강제하는 제도에 대한 설명으로 옳지 않은 것은?

① 세무서장은 허가 등을 받아 사업을 경영하는 자가 해당 사업과 관련된 소득세, 법인세 및 부가가치세를 3회 이상 체납한 경우로서 그 체납액이 5백만 원 이상이면 공시송달의 방법으로 납세가 고지된 경우에도 그 주무관서에 사업의 정지를 요구할 수 있다.

② 납세자는 「국가를 당사자로 하는 계약에 관한 법률 시행령」에 따른 수의계약(비상재해가 발생한 경우에 국가가 소유하는 복구용 자재를 재해를 당한 자에게 매각하는 경우는 제외)과 관련하여 국가로부터 대금을 지급받는 경우 납세증명서를 제출하지 아니하여도 된다.

③ 세무서장은 이자소득에 대한 지급명세서 등 금융거래에 관한 정보를 체납자의 재산조회와 강제징수를 위하여 사용할 수 있다.

④ 국세청장은 정당한 사유 없이 5천만 원 이상의 국세를 체납한 자 중 미화 5만 달러 상당액 이상의 국외자산이 발견되었으나, 관할 세무서장이 압류 등으로 조세채권을 확보할 수 없고, 강제징수를 회피할 우려가 있다고 인정되는 자에 대하여 법무부장관에게 법령에 따라 출국금지를 요청하여야 한다.

**10.** 국세징수법령상 신고납부 및 강제징수에 대한 설명으로 옳은 것은?

① 국세의 징수에 관하여 「국세기본법」에 특별한 규정이 있는 경우에도 「국세징수법」에서 정한 바에 따른다.

② 금전을 납세담보로 제공하는 경우에는 담보할 확정된 국세의 100분의 120 이상의 가액에 상당하는 담보를 제공해야 한다.

③ 공매재산에 설정된 저당권은 매각으로 소멸되지 아니한다.

④ 「여신전문금융업법」에 따른 신용카드 또는 직불카드로 국세를 납부하는 경우에는 국세납부 대행기관의 승인일을 납부일로 본다.

**11.** 「국세징수법」상 사해행위의 취소에 관한 설명으로 옳지 않은 것은?

① 납세보증인으로부터 국세의 전액을 징수할 수 있는 경우에는 사해행위취소권을 행사할 수 있다.

② 사해행위의 취소를 요구할 수 있는 경우는 국세의 징수를 면탈하려고 재산권을 목적으로 한 법률행위를 한 재산 이외의 다른 자력이 없어 국세를 완납할 수 없는 경우로 한다.

③ 징수하고자 하는 국세의 금액이 사해행위의 목적이 된 재산의 처분예정가액보다 적은 때에는 사해행위의 목적이 된 재산이 분할 가능하면 국세에 상당하는 사해행위의 일부의 취소와 재산의 일부의 반환을 청구하는 것으로 본다.

④ 사해행위의 취소에 의해 반환받은 재산에 대하여 강제징수를 하고 국세에 충당한 후 잔여분이 있는 경우에는 그 재산을 반환한 수익자 또는 전득자에게 반환한다.

**12.** 「국세징수법」상 압류에 관한 설명으로 옳은 것은 모두 몇 개인가?

| |
|---|
| ㄱ. 세무서장은 국세를 징수하기 위하여 필요한 재산 이외의 재산을 절대로 압류할 수 없다. |
| ㄴ. 압류할 재산이 공유물인 경우 각자의 지분이 정해져 있지 않으면 그 지분이 균등한 것으로 보아 압류한다. |
| ㄷ. 강제징수는 재판상의 가압류 또는 가처분으로 인하여 그 집행에 영향을 받지 아니한다. |
| ㄹ. 체납자가 사망한 후 체납자 명의의 재산에 대하여 한 압류는 그 재산을 상속한 상속인에 대하여 한 것을 본다. |
| ㅁ. 신원보증금·계약보증금 등의 조건부 채권은 그 조건성립 전에도 압류할 수 있다. |

① 2개                    ② 3개
③ 4개                    ④ 5개

**13.** 국세공무원이 행한 납부에 관한 설명으로 옳지 않은 것은?

① 압류하려는 채권에 국세보다 우선하는 질권이 설정되어 있어 압류에 관계된 체납액의 징수가 확실하지 아니한 경우 등 필요하다고 인정되는 경우 채권 전액을 압류할 수 있다.

② 세무서장은 채권을 압류할 때에는 그 뜻을 제3채무자에게 통지하여야 하며, 그 압류를 한 때에는 그 뜻을 체납자인 채권자에게 통지하여야 한다.

③ 부동산의 압류는 그 압류재산의 소유권이 이전되기 전에 「국세기본법」상의 법정기일이 도래한 국세에 대한 체납액에 대하여는 그 효력이 미치지 아니한다.

④ 관할 세무서장은 채권 압류의 통지를 받은 제3채무자가 채무이행의 기한이 지나도 이행하지 아니하는 경우 체납자인 채권자를 대위하여 이행의 촉구를 하여야 한다.

**14.** 세무공무원 甲이 국세징수법령에 따라 판단한 것으로 옳은 것은?

① 납부기한 전 징수사유가 없는 A가 독촉을 받은 상태(독촉장에서 정한 기한이 지나지 않음)로 국세를 완납하지 않았으므로 A의 소유재산은 압류의 대상이 된다.

② 체납자 B의 퇴직금 총액(소득세 및 소득세분 지방소득세를 뺀 총액)이 1천만 원일 경우 5백만 원까지는 압류가 금지되므로 이를 제외한 퇴직금에 대한 압류를 집행할 수 있다.

③ 납부고지의 유예를 받은 C의 경우 납부고지의 유예기간 중에는 교부청구와 참가압류는 모두 불가능하다.

④ 체납 발생일부터 2년이 지나고 체납액이 300만 원인 D에 대한 체납자료를 신용정보회사에게 제공할 수 있다.

**15.** 국세징수법 상 재산의 압류에 대한 설명으로 옳은 것은?

① 발명 또는 저작에 관한 것으로서 공표되지 아니한 것이라도 압류할 수 있다.

② 퇴직금과 퇴직연금은 동일하게 그 총액의 3분의 2에 해당하는 금액까지만 압류할 수 있다.

③ 체납자가 압류재산을 사용하는 경우 그 재산으로부터 생기는 천연과실과 법정과실에 대해서는 압류의 효력이 미치지 아니한다.

④ 관할 세무서장은 체납자가 국가 또는 지방자치단체의 재산을 매수한 경우 소유권 이전이라도 그 재산에 관한 체납자의 국가 또는 지방자치단체에 대한 권리를 압류한다.

**16.** 국세징수법 상 세무서장이 압류를 즉시 해제하여야 하는 경우에 해당하지 않는 것은?

① 압류와 관계되는 체납액의 전부가 납부 또는 충당된 경우

② 세무서장에게 소유권을 주장하고 반환을 청구하려는 증거 서류를 제출한 제3자의 소유권 주장이 상당한 이유가 있다고 인정하는 경우

③ 제3자가 체납자를 상대로 소유권에 관한 소송을 제기하여 승소 판결을 받고 그 사실을 증명한 경우

④ 압류 후 재산가격이 변동하여 체납액 전액을 현저히 초과하는 경우

**17.** 국세징수법 상 세무서장이 집행법원 등에 체납액의 교부를 청구하여야 하는 사유로 옳지 않은 것은?

① 납세관리인을 정하지 아니하고 국내에 주소 또는 거소를 두지 아니하게 된 때

② 체납자에 대하여 「민사집행법」에 따른 강제집행 및 담보권 실행 등을 위한 경매가 시작된 경우

③ 국세의 체납으로 강제징수가 시작된 경우

④ 체납자인 법인이 해산한 경우

**18.** 국세징수법상 세무공무원이 납세자의 체납된 세금 10억원을 이유로 그의 재산을 압류하려고 함에 있어서 그 재산이 다음과 같은 경우 세무공무원이 압류할 수 있는 재산의 총액은?

○ 법령에 따라 급여하는 상이급여금: 500만원
○ 체납자의 생계유지에 필요한 소액금융재산:보장성보험의 만기환급금 150만원
○ 월급여(그에 대한 근로소득세와 소득세분 지방소득세 100만원 포함) : 800만원

① 325만원  ② 350만원
③ 375만원  ④ 450만원

**19.** 거주자 甲의 2019년 귀속 종합소득세를 납부하지 않아 관할 세무서장은 甲의 주택을 2020년 10월 7일에 압류하고, 2022년 4월 5일에 매각하였다. 다음 자료에 따라 주택의 매각대금 70,000,000원 중에서 종합소득세로 징수할 수 있는 금액은?

• 강제징수비: 7,000,000원
• 종합소득세: 80,000,000원(신고일: 2020년 5월 20일)
• 해당 주택에 설정된 저당권에 의해 담보되는 채권: 10,000,000원(저당권 설정일: 2020년 5월 25일)
• 해당 주택에 대한 임차보증금(확정일자: 2020년 5월 30일): 40,000,000원(이 중 주택임대차보호법에 따라 임차인이 우선하여 변제받을 수 있는 금액은 15,000,000원임)
• 甲이 운영하는 기업체 종업원의 임금채권: 30,000,000원(이 중 최종 3개월분의 임금은 18,000,000원임)

① 0원  ② 20,000,000원
③ 30,000,000원  ④ 53,000,000원

**20.** 국세징수법상 압류재산의 매각에 대한 설명으로 옳지 않은 것은?

① 공매를 집행하는 공무원은 공매예정가격 이상으로 매수신청한 자가 없는 경우 즉시 그 장소에서 재입찰을 실시할 수 있다.

② 압류재산이 법령으로 소지가 규제된 재산인 경우에는 수의계약으로 매각할 수 있다.

③ 체납자는 자기 또는 제2자의 명의나 계산으로 압류재산을 매수하지 못한다.

④ 압류한 재산이 예술품등인 경우라 하더라도 납세자의 신청이 없으면 세무서장은 전문매각기관을 선정하여 예술품등의 매각을 대행하게 할 수 없다.

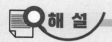

# 국세징수법 세목별1

[2013년 9급 변형] ★★

1. 「국세징수법」상 납세증명서 제도에 관한 설명으로 옳은 것은?

① 납세증명서는 발급일 현재 독촉장에서 정하는 기한의 연장에 관계된 금액과 압류·매각의 유예액 등을 제외하고 체납액이 없다는 사실을 증명하는 것이다.

☞ 납세증명서는 체납액이 없음을 증명하는 서류이다. 결국 세금 납부를 잘 하고 있다는 것을 증명하는 것이다. 기한의 연장이나 압류·매각의 유예는 사정상 세금을 천천히 그리고 계획에 맞추어 '잘' 납부하고 있는 것이다.

③ 지방자치단체가 국가로부터 대금을 지급받아 그 대금이 지방자치단체 금고에 귀속되는 경우에는 납세증명서 제출이 면제된다.

☞ 국가·지방자치단체 또는 정부관리기관으로부터 대금의 지급을 받는 경우 납세증명서를 제출하여야 한다. 하지만, 국가·지방자치단체가 대금을 지급받아 그 대금이 국고 또는 지방자치단체금고에 귀속되는 때에는 국고의 손실이 발생하지 않아 납세증명서 제출이 면제된다.

④ 법원의 전부명령에 따라 원래의 계약자 외의 자가 지방자치단체로부터 대금을 지급받는 경우 압류채권자의 납세증명서를 제출하여야 한다.

☞ 채권의 양도로 인한 경우 채권양도인과 채권양수인의 납세증명서를 제출하여야 한다. 이는 체납자가 납세증명서를 발급받지 못하는 경우 국가 등으로부터 대금을 받을 권리인 채권을 양도하는 편법을 막기 위함이다. 법원의 전부명령에 따르는 것은 어떠한 편법이 아니고 법원의 명령에 따르는 것이기 때문에 실제 대금을 수령하는 압류채권자의 납세증명서를 제출하는 것이다.

답 ②

법원 전부명령

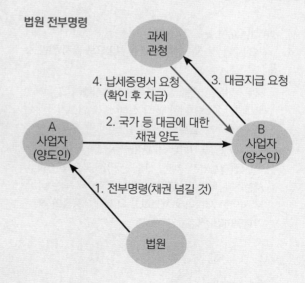

[2015년 9급] ★★

2. 「국세징수법」상 관허사업의 제한에 대한 설명으로 옳지 않은 것은?

④ 세무서장은 납세자가 정당한 사유 없이 사업과 관련된 소득세, 법인세, 부가가치세를 체납한 때에는 관허사업의 제한을 요구할 수 있다.

☞ 관허사업은 사업을 제한하는 것이기에 사업과 관련된 세금에 대해서만 가능하다(소득세, 법인세, 부가가치세).

답 ④

[2014년 9급] ★★

3. 세법상 체납자로 하여금 간접적으로 국세를 납부하도록 유인하는 제도에 대한 설명으로 옳지 않은 것은?

④ 체납된 국세가 심사청구 등 불복청구 중에 있는 경우에는 체납발생일 부터 1년이 지나고 국세가 2억원 이상인 체납자의 경우에도 인적사항을 공개할 수 없다.

☞ 심사청구 등 불복청구는 결과에 따라 체납액이 바뀔 수 있다. 불복청구중에 있는 체납자의 인적사항을 공개하였는데 추후 불복청구가 인용되어 체납사실이 무효로 되는 경우 이미 공개된 인적사항으로 납세자의 인격을 부당하게 침해할 수 있다.

답 ④

[2017년 9급] ★★
4. 「국세징수법」상 징수절차에 대한 설명으로 옳지 않은 것은?

① 세무서장은 국세를 징수하려면 납세자에게 그 국세의 과세기간, 세목, 세액 및 그 산출 근거, 납부기한과 납부장소를 적은 납부고지서를 발급하여야 한다

☞ 언제까지(납부기한), 어디서(납부장소), 무엇을(세액), 왜(과세기간, 세목, 산출 근거)는 필요적 기재사항이다. 누가(납세자)와 어떻게(계좌이체등)는 너무 당연한 사항이니 제외하고 나머지 내용들이 꼭 기재되어야 한다고 기억하자.

답 ①

[2022년 9급] ★★
5. 「국세기본법」 및 국세징수법령상 지정납부기한과 관련된 설명으로 옳지 않은 것은?

④ 국세징수권의 소멸시효는 지정납부기한의 연장으로 정지된다.

답 ④

[2012년 7급 변형] ★★
6. 「국세징수법」상 재난 등으로 인한 납부기한 등의 연장 및 납부고지의 유예에 대한 설명으로 옳지 않은 것은?

☞ 납부기한 등의 연장을 받으려는 납세자가 납부기한 등의 만료일(납부고지의 유예는 납부고지 예정인 국세의 납부하여야 할 기한의 만료일) 10일 전까지 신청을 하였으나 관할 세무서장이 그 신청일부터 10일 이내에 승인 여부를 통지하지 아니한 경우에는 신청일부터 10일이 되는 날에 신청을 승인한 것으로 본다.

답 ②

[2020년 7급] ★★
7. 국세징수법 상 납기 전 징수 사유와 교부청구 사유에 공통으로 해당하는 것은?

① 납기 전 징수 사유와 교부청구 사유에 해당하지 아니한다.
② 납기 전 징수사유와 교부청구 사유에 공통으로 해당한다.
③ 납기 전 징수 사유에만 해당한다.

④ 납기 전 징수 사유에만 해당한다.

답 ②

[2017년 7급] ★★
8. 납세담보에 대한 설명으로 옳지 않은 것은?

① 등록된 유가증권을 납세담보로 제공하려는 자는 그 유가증권을 등록하고 그 "등록확인증"을 제출하여야 한다.

☞ 유가증권은 등록된 유가증권, 미등록된 유가증권으로 구분할 수 있다. 등록된 유가증권은 등록된 내역이 기재되어 있는 등록확인증으로 존재를 파악할 수 있다. 미등록된 유가증권은 등록이 되어 있지 않아 그 존재를 파악하기 위해서는 공탁소(은행등)에 맡기고 그 공탁수령증을 제출하는 것이다. 만약 공탁하지 않으면 미등록된 유가증권의 특성상 언제든 사용해버릴 수 있다.

답 ①

[2019년 9급] ★★
9. 국세징수법령상 국세를 납부하도록 강제하는 제도에 대한 설명으로 옳지 않은 것은?

① 세무서장은 허가 등을 받아 사업을 경영하는 자가 사업과 관련된 소득세, 법인세 및 부가가치세를 3회 이상 체납한 경우로서 그 체납액이 5백만 원 이상인 경우에도 공시송달의 방법으로 납세가 고지된 경우에는 그 주무관서에 사업의 정지 또는 허가의 취소를 요구할 수 없다.

☞ 공시송달은 그 확인이 매우 어렵다. 따라서 관허사업을 제한할 수 없는 체납의 정당한 사유에 해당한다.

답 ①

[2021년 7급] ★★
10. 국세징수법령상 신고납부 및 강제징수에 대한 설명으로 옳은 것은?

① 국세징수법보다 「국세기본법」을 우선적으로 적용한다.
② 금전을 납세담보로 제공하는 경우에는 국세의 110% 이상의 가액을 담보로 제공해야 한다.
③ 공매재산에 설정된 저당권은 매각으로 소멸된다.

답 ④

[2008년 7급 변형] ★★

**11.** 「국세징수법」상 사해행위의 취소에 관한 설명으로 옳지 않은 것은?

① 납세보증인으로부터 국세의 전액을 징수할 수 있는 경우에는 사해행위취소권을 행사할 수 없다.

☞ 사해행위의 취소를 요구할 수 있는 경우는 압류를 면하고자 양도한 재산 이외에 다른 자력이 없어 국세를 완납할 수 없는 경우로 한다.

☞ 제2차 납세의무자, 보증인 등으로부터 국세의 전액을 징수할 수 있는 경우에는 납세의무자를 무자력으로 인정하지 아니한다.

**답** ①

[2011년 7급 변형] ★★

**12.** 「국세징수법」상 압류에 관한 설명으로 옳은 것은 모두 몇 개인가?

옳은 것은 4개(ㄴ, ㄷ, ㄹ, ㅁ)이다.

ㄱ. 관할 세무서장은 국세를 징수하기 위하여 필요한 재산 외의 재산을 압류할 수 없다. 다만 불가분물(不可分物) 등 부득이한 경우에는 압류할 수 있다.

**답** ③

[2007년 7급] ★★

**13.** 국세공무원이 행한 납부에 관한 설명으로 옳지 않은 것은?

☞ 부동산 등에 대한 압류의 효력은 해당 압류재산의 소유권이 이전되기 전에 「국세기본법」에 따른 법정기일이 도래한 국세의 체납액에 대해서도 미친다.

**답** ③

[2019년 7급] ★★

**14.** 세무공무원 甲이 국세징수법령에 따라 판단한 것으로 옳은 것은?

① 납부기한 전 징수사유가 없는 A가 독촉을 받은 상태(독촉장에서 정한 기한이 지나지 않음)로 국세를 완납하지 않았더라도 A의 소유재산은 압류의 대상이 되지 않는다.

☞ 독촉장에 지정된 납부기한이 지나지 않은 경우에는 체납자의 재산에 대해서 압류할 수 없다.

③ 징수유예를 받은 C의 경우 징수유예기간 중에는 교부청구는 가능하며, 참가압류는 불가능하다.

☞ 참가압류등은 납세자의 재산권에 중대한 영향을 미치나, 교부청구는 그러하지 않다. 따라서 징수유예 중에도 가능하다.

④ 체납 발생일부터 1년을 경과하고 체납액이 500만 원인 D에 대한 체납자료를 신용정보회사에게 제공할 수 있다.

**답** ②

[2018년 7급] ★★

**15.** 국세징수법 상 재산의 압류에 대한 설명으로 옳은 것은?

① 발명 또는 저작에 관한 것으로 공표되지 아니한 것은 절대적 압류금지 재산에 해당하는 경우로서 압류할 수 없다.

☞ 발명 또는 저작에 관한 것으로서 공표되지 아니한 것은 그 가치를 알 수 없다. 창작물은 완성되어 공표될 때 그 가치를 알 수 있다. 따라서 그 전까지는 압류할 수 없다.

② 퇴직연금은 그 총액의 2분의 1에 해당하는 금액으로서 해당 연금액 중 최저생계비 수준의 금액을 제외한 금액까지만 압류할 수 있으며, 퇴직금은 그 총액의 2분의 1에 해당하는 금액까지만 압류할 수 있다.

③ 체납자가 압류재산을 사용하는 경우 그 재산으로부터 생기는 천연과실에 대해서는 압류의 효력이 미치지 아니한다.

☞ 법정과실에 대하여는 사용수익의 여부에 불문하고 압류의 효력이 미친다.

**답** ④

[2016년 7급] ★★

**16.** 국세징수법 상 세무서장이 압류를 즉시 해제하여야 하는 경우에 해당하지 않는 것은?

④ 압류 후 재산가격이 변동하여 체납액을 현저히 초과하는 경우 세무서장은 압류를 해제할 수 있다.

☞ 즉시 해제하여야 하는 필요적 해제사유가 아닌 임의적 해제사유로 세무서장의 판단에 따라 압류가 가능하다.

**답** ④

[2018년 7급] ★★

**17. 국세징수법 상 세무서장이 집행법원 등에 체납액의 교부를 청구하여야 하는 사유로 옳지 않은 것은?**

① 납기 전 징수의 사유로 교부청구 사유에 해당하지 아니한다.

☞ 납기 전 징수사유에는 해당하고 교부청구 사유에는 해당하지 않는 것은 1) 국세를 포탈하려는 행위가 있다고 인정될 때 2) 납세관리인을 정하지 아니하고 국내에 주소 또는 거소를 두지 아니하게 된 때 두가지이다.

**답** ①

[2015년 7급] ★★

**18. 국세징수법상 세무공무원이 납세자의 체납된 세금 10억원을 이유로 그의 재산을 압류하려고 함에 있어서 그 재산이 다음과 같은 경우 세무공무원이 압류할 수 있는 재산의 총액은?**

③ 법령에 따라 급여하는 사망급여금과 상이급여금 및 보장성보험의 만기환급금 중 150만원 이하의 금액은 압류할 수 없다.
 1) 월 급여총액 : 800만원 − 100만원(소득세 등) = 700만원
 2) 압류금지액 : 600만원 이상으로 300만원(600만원 ×50%) + 600만원 초과액 × 25% = 325만원으로 계산된다.
 3) 압류가능금액 : MIN [체납된 세금 10억원, 700만원 − 325만원 = 375만원]

**답** ③

[2021년 7급 변형] ★★

**19. 거주자 甲의 2019년 귀속 종합소득세를 납부하지 않아 관할 세무서장은 甲의 주택을 2020년 10월 7일에 압류하고, 2022년 4월 5일에 매각하였다. 다음 자료에 따라 주택의 매각대금 70,000,000원 중에서 종합소득세로 징수할 수 있는 금액은?**

③ 매각대금 70,000,000원은 다음의 순서로 배당된다.

• 1순위: 강제징수비 7,000,000원(매각대금 잔액 63,000,000원)

• 2순위: 소액임차보증금 15,000,000원, 3개원 임금 18,000,000원(매각대금 잔액 30,000,000원)

• 3순위: 소득세 80,000,000원 중 30,000,000원(매각대금 잔액 0원)

국세의 법정기일이 저당권설정일과 확정일자보다 빠르기 때문에 우선적으로 배분받는다.

**답** ③

[2017년 7급] ★★

**20. 국세징수법상 압류재산의 매각에 대한 설명으로 옳지 않은 것은?**

④ 압류한 재산이 예술품등인 경우라 하더라도 납세자의 신청이 없으면 세무서장은 전문매각기관을 선정하여 예술품등의 매각을 대행하게 할 수 있다.

☞ 세무서장은 압류한 재산이 예술적·역사적 가치가 있어 가격을 일률적으로 책정하기 어렵고, 그 매각에 전문적인 식견이 필요하여 직접 매각하기에 적당하지 아니한 물품인 경우에는 직권이나 납세자의 신청에 따라 예술품등의 매각에 전문성과 경험이 있는 기관 중에서 전문매각기관을 선정하여 예술품등의 매각을 대행하게 할 수 있다.

**답** ④

# ④ 부가가치세법 세목별1

### 1. 신탁재산에 대한 설명으로 옳지 <u>않은</u> 것은?

① 소득세법상 신탁재산에 귀속되는 소득은 그 신탁의 수익자(수익자가 특별히 정해지지 아니하거나 존재하지 아니하는 경우에는 신탁의 위탁자 또는 그 상속인)에게 귀속되는 것으로 본다.

② 소득세법령상 신탁업을 경영하는 자는 각 과세기간의 소득금액을 계산할 때 신탁재산에 귀속되는 소득과 그 밖의 소득을 구분하여 경리하여야 한다.

③ 법인세법상 자본시장과 금융투자업에 관한 법률의 적용을 받는 법인의 신탁재산(같은 법 제251조제1항에 따른 보험회사의 특별계정은 제외)에 귀속되는 수입과 지출은 그 법인에 귀속되는 수입과 지출로 보지 아니한다.

④ 부가가치세법상 재산관리를 목적으로 하는 신탁의 신탁재산을 수탁자의 명의로 매매할 때에는 신탁법 제2조에 따른 수탁자가 재화를 공급하는 것으로 본다.

### 2. 「부가가치세법」상 과세대상 거래에 대한 설명으로 옳지 <u>않은</u> 것은?

① 재화의 공급은 계약상 또는 법률상의 모든 원인에 따라 재화를 인도하거나 양도하는 것으로 한다.

② 용역의 공급은 계약상 또는 법률상의 모든 원인에 따른 것으로서 역무를 제공하는 것과 시설물, 권리 등 재화를 사용하게 하는 것 중 어느 하나에 해당하는 것으로 한다.

③ 수출신고가 수리된 물품으로서 선적되지 아니한 물품을 보세구역에서 반입하는 것은 재화의 수입에 해당한다.

④ 고용관계에 따라 근로를 제공하는 것은 용역의 공급으로 보지 아니한다.

### 3. 부가가치세법 상 옳지 <u>않은</u> 것은?

① 하치장설치신고서를 하치장 관할세무서장에게 제출한 경우에는 하치장도 사업장으로 볼 수 있다.

② 재화와 용역을 공급하고 받은 대가에 공급가액과 세액이 별도 표시되지 아니한 경우에는 해당 거래금액의 110분의 100을 과세표준으로 한다.

③ 부동산임대에 따른 간주임대료에 대하여는 세금계산서를 발급하거나 발급받을 수 없다.

④ 재화 또는 용역의 공급대가로 외국통화를 받은 경우 공급시기 도래 후에 원화로 환산하는 것은 공급시기의 기준환율 또는 재정환율에 의하여 환산한 금액을 과세표준으로 한다.

### 4. 「부가가치세법」상 사업자단위 과세제도에 대한 설명으로 옳은 것은?

① 사업자단위 과세를 적용받는 경우에는 부가가치세 신고·납부 업무를 수행하는 사업자단위과세적용사업장을 본점(주사무소 포함) 또는 지점(분사무소 포함) 중에서 선택하여 지정할 수 있다.

② 사업자단위 과세제도를 적용하는 경우에는 사업자등록은 각 사업장별로 하고 각 사업장별 등록번호로 세금계산서를 발행하여야 한다.

③ 2개 사업장의 사업자등록을 마친 사업자가 사업자단위로 등록하려면 사업자단위 과세사업자로 적용받으려는 과세기간 개시 20일 전까지 등록하여야 한다.

④ 사업자단위 과세의 포기는 사업자단위 과세사업자로 등록한 날로부터 3년이 되는 날이 속하는 과세기간의 다음 과세기간부터 할 수 있다.

### 5. 「부가가치세법」상 과세거래인 재화의 공급으로 보지 않는 것은?

① 사업자가 위탁가공을 위하여 원자재를 국외의 수탁가공사업자에게 대가 없이 반출하는 것

② 자기가 주요자재의 전부 또는 일부를 부담하고 상대방으로부터 인도받은 재화에 공작을 가하여 새로운 재화를 만드는 가공계약에 의하여 재화를 인도하는 것

③ 재화의 인도대가로서 다른 재화를 인도받거나 용역을 제공받는 교환계약에 의하여 재화를 인도 또는 양도하는 것

④ 기한부 판매계약에 의하여 재화를 인도하는 것

**6.** 「부가가치세법」상 재화의 간주공급에 해당하지 않는 것은?

① 사업자가 자기의 사업과 관련하여 생산한 재화를 실비변상적이거나 복지후생적인 목적이 아닌 사용인의 개인적인 목적으로 무상 사용·소비하는 경우(단, 매입시 매입세액이 공제되지 아니한 재화는 제외함)

② 사업자가 자기의 사업과 관련하여 생산하거나 취득한 재화를 면세사업을 위하여 사용·소비한 경우(단, 매입시 매입세액이 공제되지 아니한 재화는 제외함)

③ 운수업을 영위하는 사업자가 운수사업용으로 법령에서 정한 승용자동차를 구입하여 매입세액을 공제받은 후 이를 임직원의 업무용으로 사용하는 경우(단, 당초 구입시 매입세액이 공제되지 아니한 재화는 제외함)

④ 사업자가 자기의 사업과 관련하여 생산하거나 취득한 재화를 사업을 위하여 대가를 받지 아니하고 다른 사업자에게 인도 또는 양도하는 견본품

**7.** 부가가치세법령상 용역의 공급시기에 대한 설명으로 옳은 것은? (단, 폐업은 고려하지 않는다)

① 역무의 제공이 완료되는 때 또는 대가를 받기로 한 때를 공급시기로 볼 수 없는 경우에는 예정신고기간 또는 과세기간의 종료일을 공급시기로 본다.

② 사업자가 용역의 공급시기가 되기 전에 세금계산서를 발급하고 그 세금계산서 발급일부터 7일 이내에 대가를 받으면 그 대가를 받은 때를 용역의 공급시기로 본다.

③ 사업자가 다른 사업자와 상표권 사용계약을 할 때 사용대가 전액을 일시불로 받고 상표권을 사용하게 하는 용역을 둘 이상의 과세기간에 걸쳐 계속적으로 제공하고 그 대가를 선불로 받는 경우에는 예정신고기간 또는 과세기간의 종료일을 공급시기로 본다.

④ 완성도기준지급조건부로 용역을 공급하는 경우 역무의 제공이 완료되는 날 이후 받기로 한 대가의 부분에 대해서는 대가의 각 부분을 받기로 한 때를 용역의 공급시기로 본다.

**8.** 「부가가치세법」상 면세에 대한 설명으로 옳은 것만을 모두 고른 것은?

> ㄱ. 면세사업만을 경영하는 자는 「부가가치세법」에 따른 사업자등록의무가 없다.
> ㄴ. 국가나 지방자치단체에 유상 또는 무상으로 공급하는 용역에 대하여는 부가가치세를 면제한다.
> ㄷ. 면세의 포기를 신고한 사업자는 신고한 날부터 3년간 부가가치세를 면제받지 못한다.
> ㄹ. 부가가치세가 면세되는 미가공 식료품에는 김치, 두부 등 기획재정부령으로 정하는 단순가공식료품이 포함된다.

① ㄱ, ㄴ, ㄷ      ② ㄱ, ㄴ, ㄹ
③ ㄱ, ㄷ, ㄹ      ④ ㄴ, ㄷ, ㄹ

**9.** 「부가가치세법」상 영세율을 적용하는 재화 또는 용역의 공급에 해당하는 것만을 모두 고르면? (단, 영세율에 대한 상호주의는 고려하지 않는다)

> ㄱ. 내국물품을 외국으로 반출하는 것에 해당하는 재화의 공급
> ㄴ. 「부가가치세법 시행규칙」으로 정하는 내국신용장에 의한 금지금(金地金)의 공급
> ㄷ. 항공기에 의하여 여객이나 화물을 국외에서 국내로 수송하는 용역의 공급
> ㄹ. 외화를 획득하기 위한 용역의 공급으로서 우리나라에 상주하는 외교공관에 공급하는 용역

① ㄱ, ㄴ, ㄷ      ② ㄱ, ㄴ, ㄹ
③ ㄱ, ㄷ, ㄹ      ④ ㄴ, ㄷ, ㄹ

**10.** 부가가치세법령상 과세표준에 포함되는 공급가액에 대한 설명으로 **옳지 않은** 것은? (단, 법령에 따른 특수관계인과의 거래가 아니다)

① 사업자가 제품을 10,000,000원에 외상으로 판매하였으나, 그 공급에 대한 대가를 약정기일 전에 받았다는 이유로 500,000원을 할인하여 9,500,000원을 받았다면 부가가치세 과세표준에 포함되는 공급가액은 9,500,000원이다.

② 사업자가 제품을 10,000,000원에 외상으로 판매하였으나, 제품의 품질이 주문한 수준에 떨어진다는 이유로 1,000,000원을 에누리하여 9,000,000원을 받았다면, 부가가치세 과세표준에 포함되는 공급가액은 9,000,000원이다.

③ 사업자가 「부가가치세법 시행규칙」 제17조에 따른 장기할부판매의 경우로서 기업회계기준에 따라 이자상당액 500,000원을 현재가치할인차금, 10,000,000원을 장기매출채권, 9,500,000원을 매출로 회계처리하였다면, 부가가치세 과세표준에 포함되는 공급가액은 9,500,000원이다.

④ 사업자가 취득 후 40개월 사용한 차량 A(취득원가 20,000,000원, 장부가액 14,000,000원, 시가 10,000,000원)를 유사 차량 B(시가 12,000,000원)와 교환한 경우에는 부가가치세 과세표준에 포함되는 차량 A의 공급가액은 10,000,000원이다.

**11.** 부가가치세법령상 건축자재 판매업을 영위하는 내국법인 (주)K가 2022년 제1기 부가가치세 확정신고 시 과세표준의 계산 내용으로 옳은 것은? (단, 거래금액은 부가가치세가 포함되지 않은 금액이다)

① 2022년 5월 1일 지방자치단체에 원가 35,000,000원, 시가 43,000,000원인 축제 준비용 건축자재를 38,000,000원에 공급하고 43,000,000원을 과세표준에 포함하였다.

② 2022년 제1기 과세기간 최종 3개월 동안에 마일리지로 결제된 매출액은 15,000,000원으로 이 중 (주)K가 적립해준 마일리지로 결제된 금액은 9,000,000원이고, 나머지는 신용카드사가 고객에게 적립해준 마일리지로 결제받고 추후 보전받는 것이기 때문에 마일리지로 결제된 매출액 중 6,000,000원만을 과세표준에 포함하였다.

③ 2022년 5월 20일 미국의 F사(특수관계인이 아님)와 $80,000의 수출계약을 체결하고 5월 25일 선수금 $20,000을 송금 받아 23,000,000원으로 환전하였고, 6월 1일 수출품 전부를 선적하고 6월 20일 잔금 $60,000을 송금받아 원화로 환가한 수출거래에 대하여 92,600,000원을 과세표준에 포함하였다. (기준환율:5월 20일 1$당 1,100원, 6월 1일 1$당 1,130원, 6월 20일 1$당 1,160원)

④ 2022년 4월 1일 특수관계인인 뿌에게 회사의 창고를 임대보증금 없이 월 임대료 600,000원(시가는 1,000,000원)에 1년간 임대하고, 그 대가로 받은 과세기간 최종 3개월의 임대료 1,800,000원을 과세표준에 포함하였다. (단, 월 임대료 600,000원은 부당하게 낮은 대가로서 조세의 부담을 부당하게 감소시킬 것으로 인정된다)

**12.** 부가가치세법령상 공급할 때 세금계산서 발급의무가 면제되는 재화 또는 용역에 해당하지 **않는** 것은?

① 미용, 욕탕 및 유사 서비스업을 경영하는 자가 공급하는 재화 또는 용역

② 원료를 대가 없이 국외의 수탁가공 사업자에게 반출하여 가공한 재화를 양도하는 경우에 그 원료의 반출로서 국내 사업장에서 계약과 대가 수령 등 거래가 이루어지는 것

③ 물품 등을 무환(無換)으로 수출하여 해당 물품이 판매된 범위에서 대금을 결제하는 계약에 의한 수출로서 국내 사업장에서 계약과 대가 수령 등 거래가 이루어지는 것

④ 국외에서 공급하는 용역으로서, 공급받는 자가 국내사업장이 없는 비거주자 또는 외국법인인 경우

**13.** 부가가치세법령상 세금계산서에 대한 설명으로 옳은 것은?

① 사업자가 재화 또는 용역의 공급시기가 되기 전에 세금계산서를 발급하고 그 세금계산서 발급일부터 7일 이내에 대가를 받으면 해당 세금계산서를 발급한 때를 재화 또는 용역의 공급시기로 본다.

② 계약의 해제로 재화 또는 용역이 공급되지 아니한 경우 수정세금계산서의 작성일은 처음 세금계산서 작성일로 한다.

③ 법인사업자와 직전 연도의 사업장별 재화 및 용역의 공급대가의 합계액이 8천만원 이상인 개인사업자는 세금계산서를 발급하려면 전자세금계산서를 발급하여야 한다.

④ 전자세금계산서를 발급하여야 하는 사업자가 아닌 사업자는 전자세금계산서를 발급할 수 없다.

**14.** 다음은 제조업을 영위하는 일반과세자 (주)E의 2016년 제1기 부가가치세 과세기간 중의 거래내역이다. 2016년 제1기 부가가치세 납부세액을 계산할 때 공제 가능한 매입세액 총액은? (단, 거래대금을 지급하고 세금계산서를 적법하게 수취한 것으로 가정함)

> • 4월 18일:배기량이 3,000cc인 승용자동차의 구입과 관련된 매입세액 100만 원
> • 4월 22일:사업에 사용할 목적으로 매입한 원료 매입세액 100만 원. 세금계산서의 필요적 기재사항 중 일부가 착오로 사실과 다르게 기재되었으나 그 세금계산서에 적힌 나머지 임의적 기재사항으로 보아 거래사실이 확인됨
> • 5월 12일:「법인세법」 제25조에 따른 접대비의 지출과 관련된 매입세액 100만 원
> • 6월 10일:공장부지의 조성과 관련된 매입세액 100만 원
> • 6월 20일:사업에 사용할 목적으로 매입하였으나 과세기간 말 현재 사용하지 않은 재료의 매입세액 100만 원

① 100만 원  ② 200만 원
③ 300만 원  ④ 400만 원

**15.** 「부가가치세법」상 매입세액공제에 대한 설명으로 옳지 않은 것은?

① 공제대상 매입세액은 자기의 사업을 위하여 사용된 재화 또는 용역의 공급 및 재화의 수입에 대한 세액에 한한다.

② 비영업용 승용자동차의 구입과 임차 및 유지에 관한 매입세액은 공제하지 아니한다.

③ 부가가치세가 면제되는 재화를 공급하는 사업의 투지에 관련된 매입세액은 공제하지 아니한다.

④ 과세사업에 사용된 토지의 형질변경에 관련된 매입세액은 공제하지 아니한다.

**16.** 부가가치세법상 대손세액공제에 대한 설명으로 옳지 않은 것은?

① 법인세법 또는 소득세법에 의한 대손사유로 인하여 재화 또는 용역에 대한 외상매출금, 기타 채권의 전부 또는 일부를 회수할 수 없는 경우에 대손세액공제가 적용가능하다.

② 대손세액공제를 받기 위해서는 부가가치세가 과세되는 재화 또는 용역을 공급한 후 그 공급일로부터 10년이 지난 날이 속하는 과세기간에 대한 확정신고기한까지 대손세액공제요건이 확정되어야 한다.

③ 대손세액은 부가가치세를 포함한 대손금액의 110분의 10으로 한다.

④ 공급하는 자의 경우에는 대손이 확정된 날이 속하는 과세기간의 확정신고시 대손세액을 매입세액에 가산한다.

**17.** 부가가치세법 상 일반과세자(면세를 포기하고 영세율을 적용받는 경우는 제외)가 면세농산물 등에 대해 의제매입세액공제를 받는 것에 대한 설명으로 옳지 않은 것은?

① 의제매입세액공제는 면세원재료를 사용하여 과세재화·용역을 공급하는 경우에 발생하는 누적효과를 제거하거나 완화시키기 위한 취지에서 마련된 제도이다.

② 의제매입세액은 면세농산물 등을 공급받은 날이 속하는 과세 기간이 아니라, 그 농산물을 이용하여 과세대상 물건을 생산한 후 공급하는 시점이 속하는 과세기간의 매출세액에서 공제한다.

③ 의제매입세액의 공제를 받은 면세농산물 등을 그대로 양도 또는 인도하는 때에는 그 공제한 금액을 납부세액에 가산 하거나 환급세액에서 공제하여야 한다.

④ 제조업을 경영하는 사업자가 법령에서 규정하는 농어민으로부터 면세농산물 등을 직접 공급받는 경우 의제매입세액공제를 받기 위해서는 세무서장에게 의제매입세액 공제신고서만 제출하면 된다.

**18.** 부가가치세법령상 신고와 납부 등에 대한 설명으로 옳은 것은? (단, 부가가치세를 징수하지 않거나 휴업 또는 사업부진 등으로 인하여 사업실적이 악화된 경우 등은 고려하지 않는다)

① 납세지 관할 세무서장은 개인사업자에 대하여는 제2기분 예정신고기간분 「부가가치세법」 제48조제3항 본문에 따른 부가가치세액(예정고지세액)에 대하여 10월 1일부터 10월 15일까지의 기간 이내에 납부고지서를 발부해야 한다.

② 세금계산서를 발급받은 국가 또는 지방자치단체는 매입처별 세금계산서합계표를 해당 과세기간이 끝난 후 25일 이내에 납세지 관할 세무서장에게 제출하여야 한다.

③ 개인사업자에 대하여는 각 예정신고기간마다 직전 과세기간 납부세액의 30퍼센트에 상당하는 금액을 결정하여 징수한다.

④ 예정신고를 한 사업자 또는 조기에 환급을 받기 위하여 신고한 사업자는 확정신고를 할 때 이미 신고한 과세표준과 납부한 납부세액 또는 환급받은 환급세액을 포함해서 신고해야 한다.

**19.** 「부가가치세법」상 환급 및 조기환급에 대한 설명으로 옳지 않은 것은?

① 납세지 관할 세무서장은 각 과세기간별로 그 과세기간에 대한 환급세액을 확정신고한 사업자에게 그 확정신고기한이 지난 후 30일 이내(조기환급 제외)에 대통령령으로 정하는 바에 따라 환급하여야 한다.

② 조기환급세액은 영세율이 적용되는 공급분에 관련된 매입세액·시설투자에 관련된 매입세액 또는 국내공급분에 대한 매입세액을 구분하여 사업장별로 해당 매출세액에서 매입세액을 공제하여 계산한다.

③ 납세지 관할 세무서장은 결정 또는 경정에 의하여 추가로 발생한 환급세액이 있는 경우에는 지체 없이 사업자에게 환급하여야 한다.

④ 조기환급을 신고할 때 이미 신고한 과세표준과 납부한 납부세액 또는 환급받은 환급세액은 예정신고 및 확정신고 대상에서 제외하며, 조기환급 신고를 할 때 매출·매입처별 세금계산서합계표를 제출한 경우에는 예정신고 또는 확정신고와 함께 매출·매입처별세금계산서합계표를 제출한 것으로 본다.

**20.** 부가가치세법령상 간이과세자에게 허용되지 않는 것은? (단, 법령상의 해당 요건은 충족한다)

① 재화의 수출에 대한 영세율 적용

② 신용카드 등의 사용에 따른 세액공제

③ 간이과세자에 관한 규정의 적용 포기

④ 법령에 따라 공제받을 금액이 각 과세기간의 납부세액을 초과하는 경우 그 초과부분의 환급

# 부가가치세법 세목별1

**[2020년 9급] ★★**

**1. 신탁재산에 대한 설명으로 옳지 않은 것은?**

☞ 종전에는 ④ 문항의 수탁자가 아닌 위탁자가 🅐 이었
으나 수탁자가 재화를 공급하는 것으로 개정되었다.

🅐 없음

**[2022년 9급] ★★**

**2. 「부가가치세법」상 과세대상 거래에 대한 설명으로 옳지
않은 것은?**

③ 수출신고가 수리된 물품으로서 선적되지 아니한 물품
을 보세구역에서 반입하는 것은 재화의 수입에 해당하
지 아니한다.

☞ 수출의 경우 수출재화의 선적일을 공급시기로 본
다. 수출에서는 수출신고보다 선적되는 것이 더 중
요하기 때문이다.

☞ 수출은 어떤 과정으로 진행이 될까? 국외에 수출을
하기 위해 먼저 수출신고를 한다. 그리고 신고된 물
건을 보세구역의 창고에 적재한다. 쌓여 있는 물건
은 순차적으로 배에 선적하여 국외로 보내게 된다.
수출신고만 하고 30일내에 선적하지 않으면 수출
신고가 취소될 수 있다. 신고가 간단하기에 실제 발
송하는 선적일을 수출시기로 보는 것 같다.

☞ 수입시 물건은 국내에 쉽게 도착하지만 이를 반입
하기 위해서는 까다롭게 검사한다. 마약류, 밀수품
등 반입불가 품목을 면밀히 검사해야하기 때문이
다. 검사 후 수입신고가 수리된다. 따라서 수입은
물건이 도착한 것보다 수입신고가 수리되는 것이
중요하다.(수입시기)

🅐 ③

**[2011년 9급] ★★**

**3. 부가가치세법 상 옳지 않은 것은?**

① 하치장설치신고서를 하치장 관할세무서장에게 제출한
경우에는 하치장도 사업장으로 볼 수 없다.

☞ 사업장은 거래의 전부 또는 일부가 이루어지는 장
소를 의미한다. 거래의 전부 또는 일부란 제조장소,
판매장소 등을 의미한다. 하치장은 재화의 보관하

고 관리할 수 있는 시설만 갖춘 장소로 거래의 전부
또는 일부가 이루어지는 장소가 아니므로 사업장에
해당하지 않는다.

🅐 ①

**[2009년 9급] ★★**

**4. 「부가가치세법」상 사업자단위 과세제도에 대한 설명으로
옳은 것은?**

① 사업자단위 과세를 총괄하는 사업장은 법인의 본점(주
사무소 포함) 또는 개인의 주사무소로 한다.

☞ 사업자단위과세는 사업장에 관계 없이 '사업자'를
단위로 과세하는 것이다. 따라서 여러 사업장에 대
하여 하나의 사업자등록번호가 부여된다. '법인'에
대하여, '개인'에 대하여 하나의 사업자등록번호가
부여되기에 본점(비영리법인은 주사무소) 또는 개
인의 주사무소를 사업장으로 하는 것이다.

② 사업자단위 과세제도를 적용하는 경우에는 주된 사업
장만 사업자등록을 하고 주된 사업장의 등록번호로 세
금계산서를 발급한다.

☞ 부가가치세는 사업장 단위과세가 원칙이나, 사업자
단위과세는 '사업자' 단위과세가 적용되며 따라서 해
당 사업자에게 하나의 사업자 등록번호만 부여된다.

④ 사업자단위 과세제도를 포기하는 기간의 제한은 없다.

🅐 ③

**[2013년 7급] ★★**

**5. 「부가가치세법」상 과세거래인 재화의 공급으로 보지 않
는 것은?**

① 사업자가 위탁가공을 위하여 원자재를 국외의 수탁가
공사업자에게 대가 없이 반출하는 것은 재화의 공급으
로 보지 않는다.

🅐 ①

**[2008년 9급] ★**

**6. 「부가가치세법」상 재화의 간주공급에 해당하지 않는 것
은?**

④ 사업자가 자기의 사업과 관련하여 생산하거나 취득한
재화를 사업을 위하여 대가를 받지 아니하고 다른 사
업자에게 인도 또는 양도하는 견본품은 재화의 공급으

로 보지 않는다.

**답 ④**

**답 ③**

[2022년 9급] ★★

7. 부가가치세법령상 용역의 공급시기에 대한 설명으로 옳은 것은? (단, 폐업은 고려하지 않는다)

③ 계속적으로 용역을 공급(상표권 사용)하는 경우로 둘 이상의 과세기간에 걸쳐 계속적으로 용역이 제공되는 상황이다. 이런 경우 그 대가를 선불로 받는 경우에는 예정신고기간 또는 과세기간의 종료일을 공급시기로 본다.

☞ 해당 지문과 같이 용역이 계속적으로 경우 공급된 기간 만큼 월할 계산하여 용역이 공급된 것으로 보는 것이 합리적이다. 월할 계산된 과세표준을 언제로 인식할지 법에서 정하여야 하는데 세법에서는 신고하는 그 신고기간의 종료일(예정신고기간 또는 과세기간의 종료일)을 공급시기로 정하고 있다.

① 역무의 제공이 완료되는 때 또는 재화가 사용되는 때를 공급시기로 한다. 다만, 특정한 경우 대가의 각 부분을 받기로 한 때 또는 예정신고기간 또는 과세기간의 종료일을 공급시기로 본다.

② 사업자가 용역의 공급시기가 되기 전에 세금계산서를 발급하고 그 세금계산서 발급일부터 7일 이내에 대가를 받으면 그 세금계산서를 발급한 때를 용역의 공급시기로 본다.

④ 완성도기준지급조건부로 용역을 공급하는 경우 역무의 제공이 완료되는 날 이후 받기로 한 대가의 부분에 대해서는 역무의 제공이 완료되는 때를 용역의 공급시기로 본다.

**답 ③**

[2016년 9급] ★★

8. 「부가가치세법」상 면세에 대한 설명으로 옳은 것만을 모두 고른 것은?

ㄱ. 면세사업만을 경영하는 자는 「부가가치세법」에 따른 사업자등록의무가 없다.

☞ 옳은 문장이다. 소득세법 및 법인세법상 사업자등록의무가 있다.

ㄴ. 국가나 지방자치단체에 무상으로 공급하는 용역에 대

[2022년 7급] ★★

9. 「부가가치세법」상 영세율을 적용하는 재화 또는 용역의 공급에 해당하는 것만을 모두 고르면? (단, 영세율에 대한 상호주의는 고려하지 않는다)

③

ㄴ. 내국신용장에 의한 금지금의 공급은 영세율의 적용대상이 아니다.

☞ 금지금은 99.5% 이상인 순금을 말한다. 금은 매우 고가의 물건임에도 부피가 작기 때문에 영세율을 적용하게 되면 탈세의 목적으로 악용될 수 있다.

**답 ③**

[2019년 7급] ★★

10. 부가가치세법령상 과세표준에 포함되는 공급가액에 대한 설명으로 옳지 않은 것은? (단, 법령에 따른 특수관계인과의 거래가 아니다)

③ 사업자가 「부가가치세법 시행규칙」 제17조에 따른 장기할부판매의 경우로서 기업회계기준에 따라 이자상당액 500,000원을 현재가치할인차금, 10,000,000원을 장기매출채권, 9,500,000원을 매출로 회계처리하였다면, 부가가치세 과세표준에 포함되는 공급가액은 10,000,000원이다.

☞ 장기할부의 경우 할부이자를 과세표준에 포함하므로 500,000원을 가산한 10,000,000원을 공급가액으로 한다.

**답 ③**

[2022년 7급] ★★

11. 부가가치세법령상 건축자재 판매업을 영위하는 내국법인 (주)K가 2022년 제1기 부가가치세 확정신고 시 과세표준의 계산 내용으로 옳은 것은? (단, 거래금액은 부가가치세가 포함되지 않은 금액이다)

① 2022년 5월 1일 지방자치단체에 원가 35,000,000원, 시가 43,000,000원인 축제 준비용 건축자재를 38,000,000원에 공급하고 38,000,000원을 과세표준에 포함하였다.

☞ 건축자재의 과세표준은 재화를 공급하고 받은 금전 대가로 하여야 한다.

③ 2022년 5월 20일 미국의 F사(특수관계인이 아님)와 $80,000의 수출계약을 체결하고 5월 25일 선수금 $20,000을 송금 받아 23,000,000원으로 환전하였고, 6월 1일 수출품 전부를 선적하고 6월 20일 잔금 $60,000을 송금받아 원화로 환가한 수출거래에 대하여 90,800,000원을 과세표준에 포함하였다. (기준환율:5월 20일 1$당 1,100원, 6월 1일 1$당 1,130원, 6월 20일 1$당 1,160원)

☞ 수출시 과세표준은 90,800,000원이다.
5월 25일 23,000,000 + 6월 1일 67,800,000
(=60,000달러 × 1,130원)

☞ 수출재화의 공급시기는 선적일이고, 공급시기까지 환가하지 않은 외화는 선적일의 기준환율을 적용한다.

④ 2022년 4월 1일 특수관계인인 甲에게 회사의 창고를 임대보증금 없이 월 임대료 600,000원(시가는 1,000,000원)에 1년간 임대하고, 그 대가로 받은 과세기간 최종 3개월의 임대료 3,000,000원을 과세표준에 포함하였다. (단, 월 임대료 600,000원은 부당하게 낮은 대가로서 조세의 부담을 부당하게 감소시킬 것으로 인정된다)

☞ 특수관계인에게 용역(임대용역)을 저가로 공급하는 경우 부당행위계산부인 규정이 적용되어 시가를 과세표준으로 한다.

**답** ②

[2020년 9급] ★★

**12.** 부가가치세법령상 공급할 때 세금계산서 발급의무가 면제되는 재화 또는 용역에 해당하지 않는 것은?

② 원료를 대가 없이 국외의 수탁가공 사업자에게 반출하여 가공한 재화를 양도하는 경우에 그 원료의 반출로서 국내 사업장에서 계약과 대가 수령 등 거래가 이루어지는 것은 국내의 사업자간에 발생한 거래로서 세금계산서를 발급하여야 한다.

☞ 국내사업장에서 거래가 발생하였는데 그 거래의 내용이 원료를 대가 없이 국외의 수탁가공 사업자에게 반출하여 지정한 사업자등에게 양도하는 것이

다. 즉, 수출의 형태이지만 국내사업자간의 거래이다. 따라서 영세율이 적용되고 세금계산서를 영의 세율로 발급하여야 한다.

**답** ②

[2021년 7급] ★★

**13.** 부가가치세법령상 세금계산서에 대한 설명으로 옳은 것은?

② 계약이 해제된 경우에는 그 작성일은 계액해제일을 적어서 수정세금계산서를 발급한다.

③ 법인 사업자는 의무적으로 전자세금계산서를 발급하여야 하며 개인사업자는 3억 원을 기준으로 판단한다 (2022.7.1. 이후는 2억 원을 기준으로 판단함).

④ 전자세금계산서는 의무발급사업자가 아닌 경우에도 발급할 수 있다.

**답** ①

[2016년 9급] ★★

**14.** 다음은 제조업을 영위하는 일반과세자 (주)E의 2016년 제1기 부가가치세 과세기간 중의 거래내역이다.
2016년 제1기 부가가치세 납부세액을 계산할 때 공제 가능한 매입세액 총액은? (단, 거래대금을 지급하고 세금계산서를 적법하게 수취한 것으로 가정함)

☞ 4월 18일 : 제조업을 영위하는 회사의 3,000cc 승용자동차는 비영업용승용차로 매입세액이 불공제 된다.

4월 22일 : 착오로 사실과 다르게 기재되었으나, 나머지 임의적 기재사항으로 보아 거래 사실이 확인되면 공제가 가능한 매입세액으로 본다.

5월 12일 : 접대비관련 매입세액은 불공제된다.

6월 10일 : 공장부지의 조성관련 매입세액은 토지에 대한 매입세액으로서 불공제된다.(면세재화)

6월 20일 : 사업에 사용할 목적으로 매입한 것은 매입세액을 공제해준다. 과세기간 말 현재 사용하지 않은지 여부는 상관이 없다.

*6월 20일 매입과 관련하여 폐업 시까지 사용하지 않은 재화는 폐업 시 잔존재화가 적용된다. 과세

기간 말은 폐업이 아니다.

답 ②

[2008년 9급] ★★
15. 「부가가치세법」상 매입세액공제에 대한 설명으로 옳지 않은 것은?

공제대상 매입세액은 자기의 사업을 위하여 사용되었거나 사용될 재화 · 용역의 공급 또는 재화의 수입에 대한 세액이다.

답 ①

[2011년 9급] ★★
16. 부가가치세법상 대손세액공제에 대한 설명으로 옳지 않은 것은?

④ 공급하는 자의 경우에는 대손이 확정된 날이 속하는 과세기간의 확정신고시 대손세액을 매출세액에서 차감한다.

*공급하는 자의 대손은 매출에 대한 대손이다. 매출세액으로 과거에 과세된 부가가치세를 대손에 의해 (−)처리해야 하니 매출세액에서 차감하는 것이다.

답 ④

[2015년 7급] ★★
17. 부가가치세법 상 일반과세자(면세를 포기하고 영세율을 적용받는 경우는 제외)가 면세농산물 등에 대해 의제매입세액공제를 받는 것에 대한 설명으로 옳지 않은 것은?

☞ ② 의제매입세액공제는 공제받은 날이 속하는 과세기간에 공제한다.
*일반매입세액과 마찬가지로 의제매입세액공제도 공제받은 날이 속하는 과세기간에 공제한다. 실무상 '공급하는 시점'을 잡아내기란 매우 힘들다. 또한 공급이 선입선출법, 후입선출법, 개별법, 이동평균법 어떤 걸 적용해서 공급시점을 확인해야하는지 규정하기도 힘들다. 따라서 부가가치세법은 매입 시 공제를 해주고, 추후 폐업 시 사용하지 않은 재화(폐업 시 잔존재화)를 과세하여 미사용재화에 대한 공제를 추징하고 있다.

답 ②

[2022년 9급] ★★
18. 부가가치세법령상 신고와 납부 등에 대한 설명으로 옳은 것은? (단, 부가가치세를 징수하지 않거나 휴업 또는 사업부진 등으로 인하여 사업실적이 악화된 경우 등은 고려하지 않는다)

① 납세지 관할 세무서장은 법 소정의 법인사업자에 대하여는 제2기분 예정신고기간분 「부가가치세법」 제48조 제3항 본문에 따른 부가가치세액(예정고지세액)에 대하여 10월 1일부터 10월 15일까지의 기간 이내에 납부고지서를 발부해야 한다.

③ 개인사업자에 대하여는 각 예정신고기간마다 직전 과세기간 납부세액의 50퍼센트에 상당하는 금액을 결정하여 징수한다.

④ 예정신고를 한 사업자 또는 조기에 환급을 받기 위하여 신고한 사업자는 확정신고를 할 때 이미 신고한 과세표준과 납부한 납부세액 또는 환급받은 환급세액을 제외하고 신고해야 한다.

답 ②

[2016년 7급] ★★
19. 「부가가치세법」상 환급 및 조기환급에 대한 설명으로 옳지 않은 것은?

② 조기환급세액은 영세율이 적용되는 공급분에 관련된 매입세액·시설투자에 관련된 매입세액 또는 국내공급분에 대한 매입세액을 구분하지 아니하고 사업장별로 해당 매출세액에 매입세액을 공제하여 계산한다.

답 ②

[2019년 9급] ★★
20. 부가가치세법령상 간이과세자에게 허용되지 않는 것은? (단, 법령상의 해당 요건은 충족한다)

④ 간이과세자의 경우 공제받을 금액이 각 과세기간의 납부세액을 초과하는 경우 초과하는 공제금액은 없는 것으로 한다.

☞ ① 간이과세자는 과세사업자 중 하나이기 때문에 영세율 적용이 가능하다.

답 ④

## 5 부가가치세법 세목별2

**1.** 부가가치세법 상 사업자등록에 대한 설명으로 옳지 않은 것은?

① 신규로 사업을 시작하려는 자는 사업 개시일 이전이라도 사업자등록을 신청할 수 있다.

② 사업장이 하나이나 추가로 사업장을 개설하려는 사업자는 사업자 단위로 해당 사업자의 본점 또는 주사무소 관할 세무서장에게 등록을 신청할 수 있다.

③ 사업장 관할 세무서장이 사업자가 사업 개시일 이전에 사업자등록신청을 하고 사실상 사업을 시작하지 아니하는 것을 알게 된 경우 해당 세무서장은 20일 이내에 사업자등록을 말소하여야 한다.

④ 사업장 단위로 등록한 사업자가 사업자 단위 과세 사업자로 변경하려면 사업자 단위 과세 사업자로 적용받으려는 과세기간 개시 20일 전까지 사업자의 본점 또는 주사무소 관할 세무서장에게 변경등록을 신청하여야 한다.

**2.** 현행 「부가가치세법」상 과세거래에 대한 다음 설명 중 옳은 것은?

① 재화 및 용역의 공급은 공급자가 사업자가 아니더라도 과세거래가 된다.

② 재화의 수입에 있어 수입자는 사업자이어야 한다.

③ 주된 사업과 관련하여 주된 과세재화·용역의 생산에 필수적으로 부수하여 생산되는 면세재화·용역도 과세된다.

④ 매입세액이 불공제된 경우에 재화의 공급으로 의제되는 경우는 없다.

**3.** 「부가가치세법」상 재화의 공급시기에 관한 설명으로 옳지 않은 것은?

① 폐업 전에 공급한 재화의 공급시기가 폐업일 이후에 도래하는 경우에는 그 폐업일을 공급시기로 본다.

② 재화의 할부판매의 경우에는 대가의 각 부분을 받기로 한 때를 공급시기로 본다.

③ 상품권 등을 현금 또는 외상으로 판매하고 그 후 해당 상품권 등에 의하여 현물과 교환하는 경우에는 재화가 실제로 인도되는 때를 공급시기로 본다.

④ 완성도기준지급조건부로 재화를 공급하는 경우에는 대가의 각 부분을 받기로 한 때를 공급시기로 본다.

**4.** 「부가가치세법」상 세금계산서의 발급에 관한 설명으로 옳지 않은 것은?

① 거래처별로 1역월의 공급가액을 합계하여 해당 월의 말일자를 작성연월일로 하여 세금계산서를 발급하는 경우에는 해당 재화 또는 용역의 공급일이 속하는 달의 다음 달 10일까지 세금계산서를 발급할 수 있다.

② 재화 또는 용역의 공급시기가 도래하기 전에 세금계산서를 발급하고 그 세금계산서 발급일로부터 7일 이내에 대가를 지급받는 경우에는 적법하게 세금계산서를 발급한 것으로 본다.

③ 세관장은 수입되는 재화에 대해 대통령령이 정하는 바에 따라 세금계산서를 수입업자에게 발급하여야 한다.

④ 관계 증명서류 등에 따라 실제 거래사실이 확인되는 경우로서 해당 거래일자를 작성연월일로 하여 세금계산서를 발급하는 경우에는 해당 재화 또는 용역의 공급일이 속하는 과세기간의 확정신고기한까지 세금계산서를 발급할 수 있다.

**5.** 「부가가치세법」상 매입세액공제에 대한 설명으로 옳지 <u>않은</u> 것은?

① 사업자가 면세농산물 등을 원재료로 하여 제조.가공한 재화 또는 창출한 용역의 공급에 대하여 부가가치세가 과세되는 경우(법에 따라 면세를 포기하고 영세율을 적용받는 경우에는 제외한다) 면세농산물 등을 공급받거나 수입할 때 매입세액이 있는 것으로 보아 공제할 수 있다.

② 토지의 가치를 현실적으로 증가시켜 토지의 취득원가를 구성하는 비용에 관련된 매입세액은 매출세액에서 공제하지 아니한다.

③ 재화의 공급시기 이후 해당 공급시기가 속하는 과세기간 내에 세금계산서를 교부받았다 하더라도 세금계산서는 공급시기에 교부받아야 하므로 매입세액공제를 받을 수 없다.

④ 사업자등록을 신청하기 전이라도 공급시기가 속하는 과세기간이 끝난 후 20일 이내에 등록을 신청한 경우 등록신청일부터 공급시기가 속하는 과세기간 기산일까지 역산한 기간 이내의 매입세액은 매출세액에서 공제한다.

**6.** 「부가가치세법」상 대손세액공제제도에 관한 설명으로 옳지 <u>않은</u> 것은?

① 공제되는 대손세액은 대손금액에 110분의 10을 곱한 금액이다.

② 대손세액공제의 범위는 사업자가 부가가치세가 과세되는 재화 또는 용역을 공급한 후 그 공급일부터 10년이 지난 날이 속하는 과세기간에 대한 확정신고기한까지 법정사유로 인하여 확정되는 대손세액으로 한다.

③ 사업자가 대손금액의 전부 또는 일부를 회수한 경우에는 회수한 대손금액에 관련된 대손세액을 회수한 날이 속하는 과세기간의 매출세액에서 가산한다.

④ 재화 또는 용역을 공급받은 사업자가 대손세액의 전부 또는 일부를 법의 규정에 의하여 매입세액으로 공제받은 경우로서 공급자의 대손이 당해 공급을 받은 사업자의 폐업 전에 확정되는 때에는 관련 대손세액 상당액을 대손이 확정된 날이 속하는 과세기간의 매입세액에 가산한다.

**7.** 「부가가치세법」상 일반과세자의 의제매입세액계산에 관한 설명으로 옳지 <u>않은</u> 것은?

① 수입되는 면세농산물 등에 대하여 의제매입세액을 계산함에 있어서의 그 수입가액은 관세의 과세가격으로 한다.

② 매입세액으로서 공제한 면세농산물 등을 그대로 양도하는 때에는 그 공제한 금액을 납부세액에 가산하여야 한다.

③ 매입세액을 공제받고자 하는 제조업을 영위하는 사업자가 농·어민으로부터 면세농산물 등을 직접 공급받는 경우에는 의제매입세액공제신고서만을 제출한다.

④ 음식점을 영위하는 법인사업자의 의제매입세액공제율은 102분의 2를 적용한다.

**8.** 우리나라의 부가가치세 제도에 관한 설명으로 옳은 것은?

① 영세율적용대상 사업자인 경우에는 「부가가치세법」상의 사업자등록을 하지 않아도 된다.

② 사업자가 조기환급기간에 대한 과세표준과 환급세액을 세무서장에게 신고하는 경우에는 조기환급기간에 대한 환급세액을 해당 조기환급신고기한이 지난 후 25일 이내에 사업자에게 환급하여야 한다.

③ 대리납부의무자가 대리납부를 하지 아니한 경우에는 대리납부가산세를 부과한다.

④ 간이과세자에 대하여는 공급가액을 과세표준으로 한다.

**9.** 「부가가치세법」상 신고와 납부에 대한 설명으로 옳지 않은 것은?

① 국외사업자로부터 권리를 공급받는 경우에는 공급받는 자의 국내에 있는 사업장의 소재지 또는 주소지를 해당 권리가 공급되는 장소로 본다.

② 국외사업자로부터 국내에서 용역을 공급받는 자(공급받은 그 용역을 과세사업에 제공하는 경우는 제외하되, 매입세액이 공제되지 않은 용역을 공급받는 경우는 포함)는 그 대가를 지급하는 때에 그 대가를 받은 자로부터 부가가치세를 징수하여야 한다.

③ 국외사업자가 「부가가치세법」에 따른 사업자등록의 대상으로서 위탁매매인을 통하여 국내에서 용역을 공급하는 경우에는 국외사업자가 해당 용역을 공급한 것으로 본다.

④ 국외사업자가 전자적 용역을 국내에 제공하는 경우(사업자등록을 한 자의 과세사업 또는 면세사업에 대하여 용역을 공급하는 경우는 제외)에는 사업의 개시일부터 20일이내에 간편사업자등록을 하여야 한다.

**10.** 「부가가치세법」상 간이과세제도에 관한 설명으로 옳지 않은 것은?

① 간이과세자가 일반과세자로 변경된 경우 그 변경 당시의 재고품등에 대하여 매입세액공제가 허용된다.

② 간이과세자도 「부가가치세법」상 사업 개시일부터 20일 이내에 사업자등록의무가 있다.

③ 간이과세자가 간이과세자에 관한 규정의 적용을 포기하고 일반과세자에 관한 규정을 적용받으려는 경우, 적용받으려는 달의 전달의 마지막 날까지 납세지 관할 세무서장에게 신고하여야 한다.

④ 부동산매매업을 경영하는 개인사업자로서 직전 연도의 공급대가의 합계액이 4천800만원에 미달하는 자는 간이과세자에 관한 규정을 적용받을 수 있다.

# 부가가치세법 세목별2

[2020년 9급] ★★

1. 부가가치세법 상 사업자등록에 대한 설명으로 옳지 않은 것은?

③ 사업장 관할 세무서장은 사업자가 폐업하거나 사업자 등록신청을 하고 사실상 사업을 시작하지 아니하게 된 경우에는 지체 없이 사업자등록을 말소하여야 한다.

☞ 현재의 시점에 사업을 하고 있지 않은 사업자에 대해서는 사업자등록을 말소하여야한다. 이미 폐업한 경우에도 현재는 사업을 하고 있지 않은 것이고, 사실상 사업을 시작하지 아니한 경우에도 현재의 시점에서 사업을 하고 있지 않은 것이다. 현재의 시점에서 사업을 하고 있지 않다면, 어떠한 유예기간이 필요가 없다. 즉, 지금 즉시 지체 없이 사업자등록을 말소해야하는 것이다.

☞ ① 사업자등록은 원칙적으로 사업 개시일부터 20일 이내에 신청하여야 한다. 다만, 신규로 사업을 시작하려는 자는 사업개시일 이전이라도 사업자등록을 신청할 수 있다. 사업개시일이란 제조업 : 제조를 시작하는 날, 광업 : 광물의 채취·채광을 시작한 날, 그 외 : 재화나 용역의 공급을 시작하는 날로 합니다. 이렇게 사업개시일이 되기 전에도 사업을 기획하고 준비하는 단계에서 사업과 관련된 비용이 지출될 수 있기 때문에 사업개시일 이전에도 사업자등록을 신청할 수 있도록 하고 있다.

답 ③

[2008년 9급] ★★

2. 현행 「부가가치세법」상 과세거래에 대한 다음 설명 중 옳은 것은?

① 재화 및 용역의 공급은 공급자가 사업자인 경우에 한하여 과세한다.

② 소비지국 과세원칙에 따라 사업자 여부를 불문하고 수입한 것에 대하여 과세한다.

④ 판매목적으로 자기의 다른 사업장(타사업장) 반출재화의 간주공급의 경우 매입세액이 불공제된 재화도 공급으로 의제된다. 즉, 매입세액이 불공제된 경우라 하더라도 재화의 공급으로 의제되는 경우는 있다.

답 ③

[2008년 7급] ★★

3. 「부가가치세법」상 재화의 공급시기에 관한 설명으로 옳지 않은 것은?

일반적인 할부판매의 경우는 재화가 인도되거나 이용가능하게 되는 때가 공급시기에 해당된다.

답 ②

[2010년 7급] ★★

4. 「부가가치세법」상 세금계산서의 발급에 관한 설명으로 옳지 않은 것은?

관계 증명서류 등에 따라 실제 거래사실이 확인되는 경우로서 해당 거래일자를 작성연월일로 하여 세금계산서를 발급하는 경우에는 해당 재화 또는 용역의 공급일이 속하는 달의 다음 달 10일까지 세금계산서를 발급할 수 있다.

답 ④

[2014년 9급] ★★

5. 「부가가치세법」상 매입세액공제에 대한 설명으로 옳지 않은 것은?

☞ ③ 재화의 공급시기 이후 해당 공급시기가 속하는 과세기간에 대한 확정신고기한까지 세금계산서를 교부받은 경우에는 매입세액공제를 받을 수 있다.
*다만, 매입세금계산서에 대하여 공급가액의 0.5% 가산세가 적용된다.

답 ③

[2009년 7급] ★★

6. 「부가가치세법」상 대손세액공제제도에 관한 설명으로 옳지 않은 것은?

재화 또는 용역을 공급받은 사업자가 대손세액의 전부 또는 일부를 법의 규정에 의하여 매입세액으로 공제받은 경우로서 공급자의 대손이 당해 공급을 받은 사업자의 폐업 전에 확정되는 때에는 관련 대손세액 상당액을 대손이 확정된 날이 속하는 과세기간의 매입세액에서 차감한다.

답 ④

[2009년 7급] ★★

7. 「부가가치세법」상 일반과세자의 의제매입세액계산에 관한 설명으로 옳지 않은 것은?

사업자가 면세농산물 등을 원재료로 하여 제조·가공한 재화 또는 창출한 용역의 공급에 대하여 과세되는 경우에는 그 면세농산물 등의 가액의 2/102(음식점업의 경우로서 개인이면 8/108 또는 9/109, 법인이면 6/106, 중소기업·개인사업자인 제조업은 4/104)에 해당하는 금액을 매입세액으로서 공제할 수 있다.

目 ④

[2007년 9급 변형] ★★
8. 우리나라의 부가가치세 제도에 관한 설명으로 옳은 것은?

① 영세율적용대상 사업자도 과세사업자에 해당하므로 사업자등록을 해야 한다.

② 사업자가 조기환급기간에 대한 과세표준과 환급세액을 세무서장에게 신고하는 경우에는 조기환급신고기한이 지난 후 15일 이내에 사업자에게 환급하여야 한다.

④ 간이과세자는 공급대가를 과세표준으로 한다.

目 ③

[2021년 7급] ★★★
9. 「부가가치세법」상 신고와 납부에 대한 설명으로 옳지 않은 것은?

③ 국외사업자가 「부가가치세법」에 따른 사업자등록의 대상으로서 위탁매매인을 통하여 국내에서 용역을 공급하는 경우에는 위탁매매인이 해당 용역을 공급한 것으로 본다.

☞ 사업자가 위탁매매인을 통하여 용역을 공급하는 경우 원칙적으로 해당 사업자가 용역을 공급한 것으로 본다. 하지만, 국외사업자의 경우 현실적으로 국내의 부가가치세법을 적용하여 의무를 이행시키는 것이 매우 어렵다. 따라서 과세편의상 위탁자가 아닌 수탁자(위탁매매인)이 용역을 공급하는 것으로 보고 국내에 있는 위탁매매인에게 국내의 부가가치세법을 적용하여 의무를 이행시키는 것이다.

目 ③

[2013년 9급] ★★★
10. 「부가가치세법」상 간이과세제도에 관한 설명으로 옳지 않은 것은?

☞ ④ 부동산매매업은 간이과세 적용배제 사업자에 해당한다.

*간이과세는 영세사업자에게 주는 혜택이다. 이러한 혜택이 배제되는 간이과세 적용배제 사업자는 1) 광업, 제조업, 도매업과 같은 최종소비자에게 공급하지 않는 사업자와 2) 부동산매매업, 법소정의 과세유흥장소 운영 및 부동산임대업과 같이 법적 제재 목적의 사업자 3) 변호사 및 세무사등 전문직 4) 포괄양수 사업자등이 있다.

目 ④

# 🔷 소득세법 세목별1

**1.** 「소득세법」 제4조 소득의 구분에서 종합소득을 구성하는 것만을 모두 고른 것은?

| ㄱ.이자소득 | ㄴ.양도소득 | ㄷ.근로소득 |
|---|---|---|
| ㄹ.기타소득 | ㅁ.퇴직소득 | ㅂ.연금소득 |

① ㄱ, ㄴ
② ㄴ, ㄷ, ㄹ
③ ㄷ, ㅁ, ㅂ
④ ㄱ, ㄷ, ㄹ, ㅂ

**2.** 「소득세법」상 납세의무에 대한 설명으로 옳지 않은 것은?

① 주된 공동사업자에게 합산과세되는 경우 그 합산과세되는 소득금액에 대해서는 주된 공동사업자의 특수관계인은 손익분배비율에 해당하는 그의 소득금액을 한도로 주된 공동사업자와 연대하여 납세의무를 진다.

② 외국법인의 국내지점 또는 국내영업소는 원천징수한 소득세를 납부할 의무를 진다.

③ 공동으로 소유한 자산에 대한 양도소득금액을 계산하는 경우에는 해당 자산을 공동으로 소유하는 거주자가 연대하여 납세의무를 진다.

④ 피상속인의 소득금액에 대해서 과세하는 경우에는 그 상속인이 납세의무를 진다.

**3.** 신탁계약에 적용되는 소득세와 법인세 납세의무에 대한 설명으로 옳지 않은 것은? (단, 신탁계약은 2021년 1월 1일 이후 체결된 것으로 가정한다)

① 법인과세 신탁재산이 수익자에게 배당한 경우(수익자에 대하여 배당에 대한 소득세 또는 법인세가 비과세되는 경우임)에는 그 금액을 해당 배당을 결의한 잉여금 처분의 대상이 되는 사업연도의 소득금액에서 공제한다.

② 수익자가 특별히 정하여지지 아니한 신탁의 경우에는 신탁재산에 귀속되는 소득에 대하여 그 신탁의 위탁자가 법인세를 납부할 의무가 있다.

③ 「신탁법」에 따른 수익증권발행신탁으로서 수익자가 둘 이상이고, 위탁자가 신탁재산을 실질적으로 지배·통제하지 않는 신탁의 경우에는 신탁재산에 귀속되는 소득에 대하여 신탁계약에 따라 그 신탁의 수탁자(내국법인 또는 거주자인 경우에 한정함)가 법인세를 납부할 수 있다.

④ 신탁재산에 귀속되는 소득은 수익자에게 귀속되는 것으로 보고 수익자를 소득세 납세의무자로 한다. 다만 위탁자가 신탁재산을 실질적으로 통제하는 경우에는 신탁재산에 귀속되는 소득은 위탁자에게 귀속되는 것으로 보고 위탁자를 소득세 납세의무자로 한다.

**4.** 「소득세법」상 납세의무자 및 납세지에 관한 설명으로 옳지 않은 것은?

① 수익자가 정해진 신탁재산에 귀속되는 소득은 그 신탁의 이익을 받을 수익자(수익자가 사망하는 경우에는 그 상속인)에게 귀속되는 것으로 본다.

② 비거주자의 국내사업장이 둘 이상 있는 경우 소득세의 납세지는 각각의 사업장 소재지로 한다.

③ 국내원천소득이 있는 비거주자는 소득세를 납부할 의무를 진다.

④ 원천징수하는 자가 법인인 경우 원천징수하는 소득세의 납세지는 그 법인의 본점 또는 주사무소의 소재지로 한다(그 법인의 지점 등이 독립채산제에 따라 독자적으로 회계사무를 처리하는 경우 제외).

**5.** 「소득세법」상 이자소득에 관한 설명으로 옳지 않은 것은?

① 근로자가 퇴직하거나 탈퇴하여 그 규약에 따라 직장공제회로부터 받는 반환금에서 납입공제료를 뺀 직장공제회 초과반환금은 이자소득으로 과세된다.

② 공동사업에서 발생한 소득금액 중 출자공동사업자의 손익분배비율에 해당하는 금액은 이자소득으로 과세된다.

③ 이자소득을 발생시키는 거래 또는 행위와 이를 기초로 한 파생상품이 결합된 경우 해당 파생상품의 거래 또는 행위로부터의 이익은 이자소득으로 과세된다.

④ 거주자가 일정기간 후에 같은 종류로서 같은 양의 채권을 반환받는 조건으로 채권으로 대여하고 해당 채권의 차입자로부터 지급받는 해당 채권에서 발생하는 이자에 상당하는 금액은 이자소득에 포함된다.

**6.** 소득세법령상 거주자의 총수입금액의 수입시기로 옳지 않은 것은?

① 잉여금의 처분에 의한 배당 – 잉여금 처분결의일

② 금융보험업에서 발생하는 이자 및 할인액 – 실제로 수입된 날

③ 임원의 퇴직소득금액 중 한도초과금액 – 지급받거나 지급받기로 한 날

④ 공적연금소득 – 해당 연금을 지급받은 날

**7.** 「소득세법」상 거주자가 과세기간에 지급하였거나 지급할 금액 중 사업소득금액을 계산할 때 필요경비에 산입하지 않는 것은 모두 몇 개인가?

> ㄱ. 업무와 관련하여 중대한 과실로 타인의 권리를 침해한 경우에 지급되는 손해배상금
> ㄴ. 조세에 관한 법률에 따른 징수의무의 불이행으로 인하여 납부하였거나 납부할 금액
> ㄷ. 부가가치세 간이과세자가 납부한 부가가치세액
> ㄹ. 선급비용
> ㅁ. 법령에 따른 의무의 불이행에 대한 제재로서 부과되는 공과금

① 2개　　　　② 3개
③ 4개　　　　④ 5개

**8.** 「소득세법」상 근로소득에 대한 설명으로 옳지 않은 것은?

① 판공비 명목으로 받는 것으로서 업무를 위하여 사용된 것이 분명하지 아니한 급여는 근로소득으로 과세한다.

② 주주인 임원이 법령으로 정하는 사택을 제공받음으로서 얻는 이익이지만 근로소득으로 과세하지 않는 경우도 있다.

③ 근로자가 사내급식의 방법으로 제공받는 식사는 월 20만원 한도로 근로소득에서 비과세한다.

④ 법령으로 정하는 일용근로자의 근로소득은 원천징수는 하지만 종합소득과세표준을 계산할 때 합산하지는 않는다.

**9.** 「소득세법」상 연금과세에 관한 설명으로 옳지 않은 것은?

① 사적연금(연금계좌)의 운용실적에 따라 증가된 금액을 기초로 한 것은 연금수령하는 경우에도 이를 기타소득으로 본다.

② 「공무원연금법」에 의하여 지급받는 연금으로서 2002년 1월 1일 이후에 불입된 연금기여금 및 사용자부담금을 기초로 한 것은 「소득세법」상 연금소득에 해당된다.

③ 「군인연금법」에 의하여 2002년 1월 1일 이후 불입한 연금을 일시금으로 지급받으면 퇴직소득으로 과세한다.

④ 「근로자퇴직급여 보장법」에 따른 연금계좌에서 연금수령하는 경우의 그 연금은 「소득세법」상 연금소득이다.

**10.** 「소득세법」상 기타소득에 대한 설명으로 옳지 않은 것은?

① 사업용 부동산과 함께 영업권을 양도하여 받는 영업권 양도이익은 기타소득으로 과세한다.

② 저작자 외의 자가 저작권 사용의 대가로 받는 금품은 기타소득으로 과세한다.

③ 「사행행위 등 규제 및 처벌특례법」에서 규정하는 사행행위에 참가하여 얻은 재산상 이익은 사행행위가 불법적인 경우에도 기타소득으로 과세한다.

④ 공무원이 직무와 관련하여 받는 뇌물은 기타소득으로 과세한다.

**11.** 소득세 과세표준의 산정에 관한 설명으로 옳은 것은?

① 「소득세법」상 부당행위계산의 부인규정은 실제 소요된 필요경비가 인정되는 소득에만 적용되는 것이 원칙이므로 이자소득이나 근로소득에 대해서는 적용되지 아니한다.

② 사업소득이 발생하는 점포의 임차인으로서의 지위를 양도함으로써 얻는 경제적 이익인 점포임차권을 양도하고 받은 대가는 양도소득으로 분류된다.

③ 사적연금소득의 합계가 연 1,200만 원 이하인 경우 납세자의 사적연금소득은 원천징수에 의하여 소득세 납세의무가 종결되기 때문에 종합과세 대상이 될 수 없다.

④ 근로자를 수익자로 하여 사업자가 불입하여 발생한 확정급여형 퇴직연금의 운용수익은 당해 사업자의 이자소득으로 본다.

**12.** 「소득세법」상 부당행위계산부인에 관한 설명으로 옳은 것은?

① 특수관계인에게 시가가 50억 원인 자산을 48억 원에 양도하는 경우 부당행위계산부인의 요건을 충족한다.

② 거주자인 갑이 거주자인 그의 아들 을에게 시가 10억 원인 제품을 7억 원에 판매한 경우 과세관청은 을에 대하여 매입가액을 10억 원으로 하여 세법을 적용한다.

③ 거주자인 병이 거주자인 그의 동생 정에게 주택을 무상으로 사용하게 하고 정이 당해 주택에 실제 거주하는 경우에는 조세의 부담을 부당하게 감소시킨 것으로 인정하는 때에 해당되지 않는다.

④ 부당행위계산부인 규정은 당사자 간에 약정한 법률행위의 효과를 부인하거나 기존 법률행위의 변경·소멸을 가져오게 할 수 없다.

**13.** 「소득세법」상 과세소득금액을 계산함에 있어서 결손금의 통산방법을 설명한 것으로 옳지 않은 것은?

① 사업소득(부동산임대업 제외) 및 주거용 건물 임대업에서 발생한 결손금을 근로소득금액, 연금소득금액, 기타소득금액, 이자소득금액, 배당소득금액에서 순차로 공제한다.

② 사업소득(부동산임대업 제외) 및 주거용 건물 임대업의 결손금을 다른 종합소득금액에서 공제하고 남은 경우에는 양도소득금액에서 공제한다.

③ 부동산임대사업소득(주거용 건물 임대업 제외)에서 발생한 결손금은 다른 종합소득금액에서 공제할 수 없다.

④ 부동산임대사업소득(주거용 건물 임대업 제외)에서 발생한 이월결손금은 당해 이월결손금이 발생한 연도의 종료일부터 15년 이내에 종료하는 과세기간의 소득금액을 계산함에 있어서 먼저 발생한 연도의 이월결손금부터 순차로 부동산임대사업소득금액에서 공제한다.

**14.** 소득세법상 공동사업에 대한 설명으로 옳지 않은 것은?

① 공동사업의 경우에는 해당 사업을 경영하는 장소를 1거주자로 보아 공동사업자별로 각각 그 소득금액을 계산한다.

② 공동사업의 출자공동사업자에게 분배된 소득금액은 배당소득으로 보고 무조건 종합과세한다.

③ 공동사업장에 대해서는 당해 공동사업장을 1사업자로 보아 장부기장 및 사업자등록에 관한 규정을 적용한다.

④ 공동사업장에서 발생한 소득금액에 대하여 원천징수된 세액은 각 공동사업자의 손익분배비율에 따라 배분한다.

**15.** 거주자인 근로자 갑(일용근로자 아님)이 2022년 초 근로소득세액의 연말정산을 위한 소득공제 및 세액공제를 신청할 때 적용할 소득공제 및 세액공제 중 갑의 총급여액에 의해 영향을 받을 수 있는 공제항목으로만 묶인 것은?

① 교육비 세액공제, 추가공제 중 장애인 공제

② 교육비 세액공제, 신용카드 등 사용금액에 대한 소득공제

③ 의료비 세액공제, 자녀세액공제

④ 의료비 세액공제, 신용카드 등 사용금액에 대한 소득공제

**16.** 소득세법령상 세액공제에 대한 설명으로 옳지 않은 것은?

① 종합소득이 있는 거주자의 공제대상자녀로서 7세 이상의 자녀가 3명(해당 과세기간에 입양 신고한 자는 없으며 자녀 장려금 환급 신청은 하지 아니함)인 경우 60만원을 자녀세액 공제로 종합소득산출세액에서 공제한다.

② 해당 과세기간에 총급여액 5,000만원의 근로소득만 있는 거주자가 같은 과세기간에 연금저축계좌에 400만원을 납입한 경우, 연금저축계좌 납입액의 100분의 12에 해당하는 48만원을 해당 과세기간의 종합소득산출세액에서 공제한다.

③ 근로소득이 없는 거주자로서 종합소득이 있는 사람(성실사업자는 제외)에 대해서는 연 7만원을 종합소득산출세액에서 공제한다.

④ 재학 중인 학교로부터 해당 과세기간에 받은 장학금등 소득세 또는 증여세가 비과세되는 교육비는 종합소득산출세액에서 공제하지 아니한다.

**17.** 소득세법령상 원천징수에 대한 설명으로 옳은 것은?

① 원천징수의무자는 소득세가 과세되지 아니하거나 면제되는 소득에 대해서도 원천징수를 하여야 한다.

② 법인세 과세표준을 결정 또는 경정하는 경우 「법인세법」에 따라 소득처분되는 배당에 대하여는 소득금액변동통지서를 받은 날에 그 배당소득을 지급한 것으로 보아 소득세를 원천징수한다.

③ 직전 연도의 상시고용인원이 30명인 원천징수의무자는 그 징수일이 속하는 반기의 마지막 달의 다음 달 10일까지 원천징수세액을 납부할 수 있다.

④ 직장공제회 초과반환금에 대한 원천징수세율은 100분의 14이다.

**18.** 「소득세법」상 소득세의 과세방법에 관한 설명으로 옳지 않은 것은?

① 피상속인의 소득금액에 대한 소득세를 상속인에게 과세할 것은 이를 상속인의 소득금액에 대한 소득세와 구분하여 계산하여야 한다.

② 개인사업자의 유가증권처분이익은 사업소득의 총수입금액에 포함하지 아니한다.

③ 퇴직으로 인하여 받는 소득으로서 퇴직소득에 속하지 않는 급여는 근로소득에 포함된다.

④ 수시부과 후 추가로 발생한 소득이 없는 경우에도 과세표준확정신고는 하여야 한다.

**19.** 비거주자의 국내원천소득에 해당하지 않는 것은?

① 국내에서 일정한 인적용역을 제공함으로써 발생하는 소득(이 경우 그 인적용역을 제공하는 자가 인적용역의 제공과 관련하여 항공료 등 대통령령이 정하는 비용을 부담하는 경우에는 그 비용을 포함한 금액을 말한다)

② 비거주자로부터 받는 소득으로서 그 소득을 지급하는 비거주자의 국내사업장과 실질적으로 관련하여 그 국내사업장의 소득금액을 계산할 때 필요경비에 산입되는 것

③ 국내에 있는 부동산 또는 부동산상의 권리와 국내에서 취득한 광업권, 조광권, 지하수의 개발 · 이용권, 어업권, 토사석 채취에 관한 권리의 양도 · 임대, 그 밖에 운영으로 인하여 발생하는 소득

④ 국내에 있는 부동산 및 그 밖의 자산 또는 국내에서 경영하는 사업과 관련하여 받은 보험금, 보상금 또는 손해배상금

**20.** 소득세법령상 거주자의 국내자산 양도에 따른 양도차익을 계산할 때 양도가액과 취득가액에 대한 설명으로 옳지 않은 것은?

① 양도소득세 과세대상자산을 법인세법에 따른 특수관계인 (외국법인 포함)으로부터 취득한 경우로서 법인세법에 따라 거주자의 상여.배당 등으로 처분된 금액이 있으면 그 상여.배당 등으로 처분된 금액을 취득가액에 더한다.

② 양도차익을 계산할 때 양도가액을 기준시가에 따를 때에는 취득가액도 기준시가에 따른다.

③ 특수관계법인 외의 자에게 양도소득세 과세대상자산을 시가 보다 높은 가격으로 양도한 경우로서 상속세 및 증여세법에 따라 해당 거주자의 증여재산가액으로 하는 금액이 있는 경우에는 그 양도가액에 증여재산가액을 더한 금액을 양도 당시의 실지거래가액으로 본다.

④ 벤처기업 외의 법인으로부터 부여받은 주식매수선택권을 행사하여 취득한 주식을 양도하는 때에는 주식매수선택권을 행사하는 당시의 시가를 소득세법 제97조제1항제1호의 규정에 의한 취득가액으로 한다.

# 해설

## 소득세법 세목별1

[2013년 9급] ★
1. 「소득세법」 제4조 소득의 구분에서 종합소득을 구성하는 것만을 모두 고른 것은?

④ 종합소득 = 이자소득, 배당소득, 근로소득, 연금소득, 기타소득

☞ 퇴직소득과 양도소득은 분류과세되는 소득이다. 오랜 시간의 소득이 누적되는 소득이기 때문에 따로 분류하여 과세한다.

답 ④

[2021년 9급] ★★
2. 「소득세법」상 납세의무에 대한 설명으로 옳지 않은 것은?

③ 공동으로 소유한 자산에 대한 양도소득금액을 계산하는 경우에는 해당 자산을 공동으로 소유하는 각 거주자가 납세의무를 진다.

☞ 국세기본법을 공유물 등에 대하여 연대납세의무를 적용하는 것으로 규정하고 있으나 소득세법은 공동사업 및 공동소유자산에 대하여 각 거주자가 납세의무를 지는 것으로 규정하고 있다.

답 ③

[2021년 7급] ★★
3. 신탁계약에 적용되는 소득세와 법인세 납세의무에 대한 설명으로 옳지 않은 것은? (단, 신탁계약은 2021년 1월 1일 이후 체결된 것으로 가정한다)

① 배당에 대한 소득세 또는 법인세가 비과세되는 경우에는 법인과세 신탁재산에 대한 소득공제를 적용하지 않는다.

답 ①

[2013년 9급] ★★
4. 「소득세법」상 납세의무자 및 납세지에 관한 설명으로 옳지 않은 것은?

② 비거주자의 소득세 납세지는 국내사업장의 소재지로 한다. 다만, 국내사업장이 둘 이상 있는 경우에는 주된 국내사업장의 소재지 하고, 국내사업장이 없는 경우에는 국내원천소득이 발생하는 장소로 한다.

☞ 비거주자는 국내원천소득에 대하여 소득세가 과세된다. 국내사업장이 존재한다면, 주된 국내원천소득이 사업소득일 가능성이 높고, 사업자등록증이 존재하여 과세관청에서 관리도 수월 할 것이다. 이 때문에 비거주자의 소득세 납세지는 국내사업장의 소재지로 하는 것 같다. 국내사업장이 둘 이상이면 가장 주된 사업장으로 하고, 사업장이 없으면 다른 방법이 없으니 국내원천소득이 발생하는 장소 자체를 소득세 납세지로 하는 것 같다.

답 ②

[2014년 7급] ★★
5. 「소득세법」상 이자소득에 관한 설명으로 옳지 않은 것은?

② 공동사업에서 발생한 소득금액 중 출자공동사업자의 손익분배비율에 해당하는 금액은 배당소득으로 과세된다.

답 ②

[2022년 9급] ★★★
6. 소득세법령상 거주자의 총수입금액의 수입시기로 옳지 않은 것은?

④ 공적연금소득 – 해당 연금을 지급받기로 한 날

답 ④

[2013년 9급] ★★
7. 「소득세법」상 거주자가 과세기간에 지급하였거나 지급할 금액 중 사업소득금액을 계산할 때 필요경비에 산입하지 않는 것은 모두 몇 개인가?

필요경비에 산입하지 않는 것은 4개(ㄱ, ㄴ, ㄹ, ㅁ)이다.

ㄷ. 부가가치세 간이과세자가 납부한 부가가치세액

☞ 간이과세자의 부가가치세액은 징수의무가 없는 세액이다. 소비자에게 징수하여 납부하는 일반 부가가치세는 예수금으로 보아야 하지만, 간이과세자의 부가가치세는 징수의무가 없기에 본인이 부담하는 세금으로 필요경비에 산입하는 것이다.

답 ③

[2015년 9급] ★★

8. 「소득세법」상 근로소득에 대한 설명으로 옳지 않은 것은?

③ 근로자가 사내급식의 방법으로 제공받는 식사는 금액과 무관하게 근로소득에서 비과세 된다.

☞ ① 판공비등 명목으로 받는 것이 업무를 위하여 사용할 때에는 필요경비에 산입한다. 업무를 위하여 사용된 것이 분명하지 않을 때는 근로소득으로 과세한다. 만약에 업무를 위하여 사용된 것이 분명하지 않을 때도 필요경비로 인정해주면 탈세로 악용될 수 있다.

☞ ② 소액주주인 경우 주주인 임원이 사택을 제공받아도 근로소득으로 과세하지 않는다.

🖹 ③

[2007년 7급] ★★

9. 「소득세법」상 연금과세에 관한 설명으로 옳지 않은 것은?

사적연금(연금계좌)의 운용실적에 따라 증가된 금액을 기초로 한 것은 연금수령하는 경우에도 이를 연금소득으로 본다.

🖹 ①

[2015년 9급] ★★★

10. 「소득세법」상 기타소득에 대한 설명으로 옳지 않은 것은?

① 사업용 부동산과 함께 영업권을 양도하여 받는 영업권 양도이익은 양도소득으로 과세한다.

☞ 사업용 부동산과 함께 양도되는 영업권은 사업용 부동산의 가치(프리미엄)로 볼 수 있어 양도소득으로 과세한다.

🖹 ①

[2010년 7급] ★★

11. 소득세 과세표준의 산정에 관한 설명으로 옳은 것은?

② 사업소득이 발생하는 점포의 임차인으로서의 지위를 양도함으로써 얻는 경제적 이익인 점포임차권을 양도하고 받은 대가는 기타소득으로 분류된다.

③ 연 1,200만 원 이하인 납세자의 사적연금소득은 납세자가 분리과세나 종합과세 중 하나를 선택할 수 있으

므로 종합과세도 될 수 있다.

④ 근로자를 수익자로 하여 사업자가 불입하여 발생한 확정급여형 퇴직연금의 운용수익은 당해 사업자의 사업소득으로 본다.

🖹 ①

[2010년 7급] ★★

12. 「소득세법」상 부당행위계산부인에 관한 설명으로 옳은 것은?

① 시가와 거래가액과의 차액이 3억 원 이상이거나 시가의 5% 이상이어야 하는데 이에 해당하지 않으므로 부당행위계산부인의 요건이 충족되지 아니한다.

② 거주자인 갑이 거주자인 그의 아들 을에게 시가 10억 원인 제품을 7억 원에 판매한 경우 을의 매입가액은 저가를 그대로 인정한다.

③ 직계존비속에게 주택을 무상으로 사용하게 하고 직계존비속이 해당 주택에 실제 거주하는 경우에는 부당행위계산부인 규정을 적용하지 않는다. 따라서 형제자매는 부당행위계산부인에 해당된다.

🖹 ④

[2008년 9급] ★★★

13. 「소득세법」상 과세소득금액을 계산함에 있어서 결손금의 통산방법을 설명한 것으로 옳지 않은 것은?

② 사업소득(부동산임대업 제외) 및 주거용 건물 임대업의 결손금을 다른 종합소득금액에서 공제하고 남은 경우에는 차후 연도로 이월된다.

☞ 사업소득(부동산임대업 제외)에서 발생한 결손금은 다른 종합소득금액에서만 공제할 수 있으나, 분류과세에서는 공제할 수 없다. 양도소득세는 분류과세로 종합과세와 계산하는 방식의 종류가 완전히 다르기 때문이다.

🖹 ②

[2011년 9급] ★★★

14. 소득세법상 공동사업에 대한 설명으로 옳지 않은 것은?

① 공동사업의 경우에는 해당 공동사업장을 1거주자로 보아 공동사업장별로 그 소득금액을 계산한다.

☞ 소득금액을 계산할 때 각각의 공동사업장별로 계산한 후 지분 만큼의 소득금액을 개인에게 적용하여

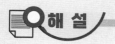

소득세를 계산한다. 만약에 공동사업자별로 계산하면 매출 및 각각의 모든 비용을 공동사업자단위로 구분해야하는 어려움이 발생한다. 또한 공동사업장별로 계산하여 지분만큼 안분한 것과 결과적으로 차이가 없을 것이다. 따라서 세법에서는 공동사업의 경우 공동사업장별로 그 소득금액을 계산하도록 하고 있다.

답 ①

[2011년 7급 변형] ★

15. 거주자인 근로자 갑(일용근로자 아님)이 2022년 초 근로소득세액의 연말정산을 위한 소득공제 및 세액공제를 신청할 때 적용할 소득공제 및 세액공제 중 갑의 총급여액에 의해 영향을 받을 수 있는 공제항목으로만 묶인 것은?

☞ 급여의 영향을 받는 것은 의료비 세액공제와 신용카드 등 사용금액에 대한 소득공제이다.

☞ 의료비 세액공제는 총급여의 3% 초과하여 의료비를 지출하는 경우 공제가능하고 신용카드 등 소득공제는 총급여의 25% 초과 사용시 공제가능하다.

답 ④

[2017년 7급] ★★

16. 소득세법령상 세액공제에 대한 설명으로 옳지 않은 것은?

② 해당 과세기간에 총급여액 5,000만원의 근로소득만 있는 거주자가 같은 과세기간에 연금저축계좌에 400만원을 납입한 경우, 연금저축계좌 납입액의 100분의 15에 해당하는 60만원을 해당 과세기간의 종합소득산출세액에서 공제한다.

☞ 해당 과세기간에 종합소득과세표준을 계산할 때 합산하는 종합소득금액이 4천만원 이하(근로소득만 있는 경우에는 총급여액 5천 500만원 이하)인 거주자에 대해서는 100분의 15]에 해당하는 금액을 해당 과세기간의 종합소득산출세액에서 공제한다.

답 ②

[2021년 7급] ★★

17. 소득세법령상 원천징수에 대한 설명으로 옳은 것은?

① 비과세 소득에 대하여는 원천징수를 하지 않는다.

③ 직전 연도 상시고용인원이 20명 이하인 경우 반기별 납부를 할 수 있다.

④ 직장공제회 초과반환금은 기본세율을 적용한다.

답 ②

[2007년 9급] ★★

18. 「소득세법」상 소득세의 과세방법에 관한 설명으로 옳지 않은 것은?

소득세를 수시부과한 후 추가로 발생한 소득이 없는 경우에는 확정신고를 하지 아니할 수 있다.

답 ④

[2012년 7급] ★★

19. 비거주자의 국내원천소득에 해당하지 않는 것은?

국내에서 일정한 인적용역을 제공함으로써 발생하는 소득(이 경우 그 인적용역을 '제공받는' 자가 인적용역의 제공과 관련하여 항공료 등 대통령령이 정하는 비용을 부담하는 경우에는 그 비용을 '제외한' 금액을 말함)의 경우에 비거주자의 국내원천소득에 해당한다.

답 ①

[2017년 7급] ★★

20. 소득세법령상 거주자의 국내자산 양도에 따른 양도차익을 계산할 때 양도가액과 취득가액에 대한 설명으로 옳지 않은 것은?

③ 특수관계법인 외의 자에게 양도소득세 과세대상자산을 시가보다 높은 가격으로 양도한 경우로서 상속세 및 증여세법에 따라 해당 거주자의 증여재산가액으로 하는 금액이 있는 경우에는 그 양도가액에 증여재산가액을 뺀 금액을 양도당시의 실지거래가액으로 본다.

☞ 시가보다 높은 가격으로 양도한 경우 비싸게 팔아 이득 본 부분에 대하여 증여세가 과세될 수 있다. '비싸게 판' 부분에 대하여 증여세와 양도소득세가 부과되면 이중과세의 문제가 발생한다. 따라서 비싸게 판 부분 중 증여세가 과세된 부분(즉, 증여재산가액)을 뺀 부분을 양도당시의 실지거래가액으로 본다.(이중과세 회피목적)

답 ③

# ⑦ 소득세법 세목별2

**1.** 다음 「소득세법」과 관련된 내용 중 옳은 것으로만 묶어진 것은?

> ㄱ. 대한민국 국적을 가진 자는 모두 우리나라에서 소득세를 납부할 의무가 있다.
> ㄴ. 소득세는 원칙적으로 순자산증가설을 기초로 과세소득의 범위를 규정하고 있다.
> ㄷ. 거주자에 대한 소득세의 납세지는 원칙적으로 소득이 발생한 장소를 관할하는 세무서이다.
> ㄹ. 배당세액공제는 이중과세를 방지하기 위한 제도이다.
> ㅁ. 퇴직소득과 양도소득은 종합소득에 포함되지 않으며, 분류과세된다.
> ㅂ. 외국에서 납부한 세금은 원칙적으로 우리나라에서 공제가 허용되지 아니한다.

① ㄱ, ㄴ, ㅁ, ㅂ  ② ㄴ, ㄷ, ㄹ, ㅁ
③ ㄷ, ㄹ, ㅂ      ④ ㄹ, ㅁ

**2.** 소득세법상 납세의무의 범위에 대한 설명으로 옳지 않은 것은?

① 피상속인의 소득금액에 대한 소득세로서 상속인에게 과세할 것과 상속인의 소득금액에 대한 소득세는 구분하여 계산하여야 하며, 피상속인의 소득금액에 대해서 과세하는 경우에는 그 상속인이 납세의무를 진다.

② 원천징수되는 소득(이자소득, 배당소득)으로서 종합소득과세표준을 계산할 때 합산되지 아니하는 소득이 있는 자는 그 원천징수되는 소득세에 대해서 납세의무를 진다.

③ 신탁업을 경영하는 자는 각 과세기간의 소득금액을 계산할 때 신탁재산에 귀속되는 소득과 그 밖의 소득을 구분하여 경리하여야 한다.

④ 신탁재산에 귀속되는 소득은 그 신탁의 이익을 받을 수익자(수익자가 사망하는 경우에는 피상속인)에게 귀속되는 것으로 본다.

**3.** 「소득세법」상 원천징수하는 소득세의 납세지에 관한 설명으로 옳지 않은 것은?

① 원천징수하는 자가 거주자로서 사업장이 없는 경우에는 그 거주자의 주소지 또는 거소지를 납세지로 한다.

② 원천징수하는 자가 비거주자로서 주된 국내사업장에서 원천징수를 하는 경우에는 그 비거주자의 주된 국내사업장의 소재지를 납세지로 한다.

③ 소득세를 원천징수하는 자가 법인인 경우에는 그 법인의 대표자의 주소지 또는 거소지를 납세지로 한다.

④ 납세조합이 그 조합원의 원천징수대상이 아닌 근로소득에 대한 소득세를 매월 징수하는 경우 그 납세조합의 소재지를 납세지로 한다.

**4.** 소득세법령상 이자소득의 수입시기에 대한 설명으로 옳지 않은 것은?

① 채권 등으로서 무기명인 것의 이자는 그 지급을 받은 날로 한다.

② 비영업대금의 이익으로서 약정에 의한 이자지급일 전에 이자를 지급 받는 경우에는 그 이자지급일로 한다.

③ 이자소득이 발생하는 상속재산이 상속되는 경우에는 실제 지급일로 한다.

④ 저축성보험의 보험차익(기일전에 해지하는 경우 제외)은 보험금 또는 환급금의 지급일로 한다.

**5.** 「소득세법」상 배당소득의 수입시기에 대한 설명으로 옳지 않은 것은?

① 집합투자기구로부터의 이익 – 이익을 지급받기로 약정된 날

② 법인이 해산으로 인하여 소멸한 경우 의제배당 – 잔여재산의 가액이 확정된 날

③ 출자공동사업자의 배당 – 과세기간 종료일

④ 「법인세법」에 의하여 처분된 배당 – 당해 법인의 당해 사업연도의 결산확정일

**6.** 소득세법령상 제조업을 영위하는 복식부기의무자인 거주자 甲의 2022년도 사업소득금액의 계산에 대한 설명으로 옳은 것은? (단, 소득세를 최소화한다고 가정한다)

① 2022년말 현재 외상매출금 100,000,000원과 금전소비대차거래로 인한 대여금 30,000,000원의 합계액 130,000,000원에 대해 100분의 1과 대손실적률 100분의 2를 곱하여 계산한 금액 중 큰 금액인 2,600,000원을 대손충당금으로 필요경비에 산입하였다.

② 2022년 중 사업용 유형자산에 대한 자본적 지출에 해당하는 수선비 5,000,000원을 필요경비로 계상하면서 이 금액 중 상각범위액을 초과하는 금액 1,000,000원을 필요경비에 산입하지 아니하였다.

③ 2022년 9월 중 재고자산(매입가격 1,200,000원, 시가 1,800,000원)을 가사용으로 소비하였으므로 시가 1,800,000원을 총수입금액에 산입하고 매입가격 1,200,000원을 필요경비에 산입하였다.

④ 2022년에 「국민건강보험법」에 의한 직장가입자로서 부담하는 사용자 본인 甲의 보험료 3,000,000원과 甲의 사업장에서 근무하는 아들 乙에 대한 「국민건강보험법」, 「고용보험법」에 의하여 사용자로서 부담하는 보험료 2,500,000원이 지출되었으나 아들 乙에 대한 보험료 2,500,000원만을 필요경비에 산입하였다.

**7.** 다음은 소득세법령상 거주자인 생산직 근로자 甲의 2022년 3월 분 근로소득 자료이다. 甲의 비과세 근로소득의 합계액은?

| 항목 | 금액 | 비고 |
|---|---|---|
| 월정액 급여 | 2,500,000원 | |
| 식사대 | 300,000원 | 해당 사업체는 식사 및 기타 음식물을 제공하지 않음 |
| 출산수당 | 300,000원 | 배우자의 출산으로 해당 사업체에서 지급 받음 |
| 자가운전보조금 | 300,000원 | 甲 소유의 차량을 직접 운전하여 사용자의 업무수행에 이용하고 시내출장 등에 소요된 실제 여비를 받는 대신에 그 소요경비를 해당 사업체의 규칙 등으로 정하여진 지급기준에 따라 받는 금액임 |
| 연장근로수당 | 200,000원 | 「근로기준법」에 따른 연장근로수당으로 통상임금에 더해 받은 급여임 |
| 계 | 3,500,000원 | |

① 300,000원  ② 400,000원

③ 500,000원  ④ 600,000원

**8.** 내국법인(단, 중소기업은 아님)의 영업사원으로 근무하고 있는 거주자 甲의 2020년도 자료이다. 소득세법령에 따른 2020년도 총급여액은?

- 근로의 제공으로 받은 봉급: 36,000,000원(비과세소득이 포함되지 아니함)
- 법인세법에 따라 상여로 처분된 금액: 5,000,000원
  - 근로를 제공한 날이 속하는 사업연도는 2019년이며, 결산확정일은 2020년 3월 15일임
- 식사대: 2,400,000원(월 200,000원 × 12개월)
  - 식사대 외 사내급식을 별도로 제공받음
- 자기차량운전보조금: 3,600,000원(월 300,000원 × 12개월)
  - 甲의 소유차량을 직접 운전하여 법인의 업무수행에 이용하고 소요된 실제여비를 지급받는 대신에 법인의 규칙 등에 의하여 정하여진 지급기준에 따라 받은 금액임
- 甲의 자녀(5세) 보육과 관련하여 받은 수당: 3,600,000원(월 300,000원 × 12개월)
- 시간외근무수당: 2,000,000원
- 주택구입자금을 무상으로 대여받음으로써 얻은 이익:1,000,000원

① 42,600,000원  ② 43,800,000원

③ 45,000,000원  ④ 50,000,000원

9. 소득세법령상 거주자의 연금소득에 대한 설명으로 옳지 않은 것은? (단, 소득세법령에 따른 해당 요건과 공제요건을 충족하는 것으로 본다)

① 연금계좌에서 인출된 금액이 연금수령한도를 초과하는 경우에는 연금외 수령분이 먼저 인출되고 그 다음으로 연금수령분이 인출되는 것으로 본다.

② 종합소득이 있는 거주자가 공적연금 관련법에 따른 기여금 또는 개인부담금을 납입한 경우에는 해당 과세기간의 종합소득금액에서 그 과세기간에 납입한 연금보험료를 공제한다.

③ 공적연금소득을 지급하는 자가 연금소득의 일부 또는 전부를 지연하여 지급하면서 지연지급에 따른 이자를 함께 지급하는 경우 해당 이자는 공적연금소득으로 본다.

④ 「소득세법」 제59조의3 제1항에 따라 세액공제를 받은 연금계좌 납입액 및 연금계좌의 운용실적에 따라 증가된 금액을 그 소득의 성격에도 불구하고 연금외 수령한 소득은 기타소득으로 본다.

10. 다음의 기타소득 자료를 바탕으로 거주자 홍길동씨의 종합소득금액에 합산되는 기타소득금액을 계산하면?

- 어업권을 대여하고 받는 대가: 10,000,000원(필요경비 확인불가)
- 「복권 및 복권기금법」상 복권의 당첨금: 20,000,000원
- 일간지에 기고하고 받은 원고료: 2,000,000원
- 슬롯머신에 의한 당첨금품: 1,000,000원(필요경비 800,000원)
- 유실물의 습득으로 인한 보상금: 2,000,000원(필요경비 없음)

① 3,800,000원 　　② 6,800,000원
③ 15,000,000원 　　④ 35,000,000원

11. 「소득세법」상 소득금액계산의 특례에 관한 설명으로 옳지 않은 것은?

① 사업소득이 있는 거주자에 대하여 당해 연도의 소득금액을 추계결정하는 경우(천재 · 지변 기타 불가항력으로 장부 기타 증빙서류가 멸실되어 추계결정하는 경우는 제외)에는 이월결손금의 공제 규정을 적용하지 않는다.

② 모든 배당소득 · 사업소득 및 기타소득은 부당행위계산부인 규정의 적용을 받는다.

③ 내국법인이 발행한 채권에서 발생하는 이자와 할인액은 당해 채권의 상환기간 중에 보유한 거주자 또는 비거주자에게 그 보유기간별 이자상당액이 각각 귀속되는 것으로 보아 소득금액을 계산한다.

④ 피상속인의 소득금액에 대한 소득세를 상속인에게 과세할 것은 이를 상속인의 소득금액에 대한 소득세와 구분하여 계산하여야 한다.

12. 소득세법 상 부당행위계산부인대상이 되는 소득을 모두 고르면?

| ㄱ. 이자소득 | ㄴ. 양도소득 | ㄷ. 퇴직소득 |
|---|---|---|
| ㄹ. 사업소득 | ㅁ. 기타소득 | ㅂ. 연금소득 |

① ㄱ, ㄴ, ㅂ 　　② ㄱ, ㄷ, ㅁ
③ ㄴ, ㄹ, ㅁ 　　④ ㄷ, ㄹ, ㅂ

13. 「소득세법」상 소득금액계산에 관한 설명으로 가장 옳지 않은 것은?

① 사업소득이 발생하는 사업을 공동으로 경영하고 그 손익을 분배하는 공동사업의 경우(출자공동사업자가 있는 공동사업 포함)에는 공동사업장을 1거주자로 보아 공동사업장별로 그 소득금액을 계산한다.

② 결손금 및 이월결손금의 공제에 있어 당해 연도에 결손금이 발생하고 이월결손금이 있는 경우에는 먼저 발생한 연도 이월결손금부터 소득금액에서 공제하고 다음으로 당해 연도의 결손금을 소득금액에서 공제한다.

③ 사업소득에서 발생한 이월결손금은 사업소득금액, 근로소득금액, 연금소득금액, 기타소득금액, 이자소득금액 및 배당소득금액에서 순차로 공제한다.

④ 피상속인의 소득금액에 대한 소득세를 상속인에게 과세할 것은 이를 상속인의 소득금액에 대한 소득세와 구분하여 계산하여야 한다.

**14.** 「소득세법」상 결손금 소급공제에 대한 설명으로 옳지 않은 것은?

① 법령 소정의 중소기업을 영위하는 거주자(부동산임대업 제외)는 이월결손금이 발생한 경우 결손금 소급공제에 의한 세액환급을 신청할 수 있다.

② 사업소득(부동산임대업 제외)에서 발생한 결손금이 결손금 소급공제의 대상이 된다.

③ 결손금 소급공제는 거주자가 결손금이 발생한 과세기간과 그 직전 과세기간의 소득에 대한 소득세의 과세표준 및 세액을 각각 신고한 경우에 한하여 적용된다.

④ 결손금 소급공제의 의하여 환급을 받았다 하더라도 동일한 결손금을 이월하여 공제할 수 있다.

**15.** 소득세법령상 공동사업에 대한 거주자의 소득세 납세의무에 대한 설명으로 옳지 않은 것은?

① 공동사업자가 과세표준확정신고를 하는 때에는 과세표준확정신고서와 함께 당해 공동사업장에서 발생한 소득과 그 외의 소득을 구분한 계산서를 제출하여야 한다.

② 특수관계자 아닌 자와 공동사업을 경영하는 경우 그 사업에서 발생한 소득금액은 공동사업을 경영하는 각 거주자 간에 약정된 손익분배비율의 존재여부와 관계없이 지분비율에 의하여 분배되었거나 분배될 소득금액에 따라 각 공동사업자별로 분배한다.

③ 공동사업에 관한 소득금액이 「소득세법」 제43조 제3항에 따른 주된 공동사업자에게 합산과세되는 경우 그 합산과세되는 소득금액에 대해서는 주된 공동사업자의 특수관계인은 법률규정에 따른 손익분배비율에 해당하는 그의 소득금액을 한도로 주된 공동사업자와 연대하여 납세의무를 진다.

④ 공동사업에서 발생한 소득금액 중 법령에서 정하는 바에 따라 출자공동사업자에게 분배된 금액은 배당소득으로 과세한다.

**16.** 소득세법 상 거주자를 대상으로 하는 종합소득공제에 대한 설명으로 옳지 않은 것은?

① 분리과세이자소득, 분리과세배당소득, 분리과세연금소득과 분리과세기타소득만이 있는 자에 대해서는 종합소득공제를 적용하지 아니한다.

② 종합소득공제 중 인적공제의 합계액이 종합소득금액을 초과 하는 경우 그 초과하는 공제액은 없는 것으로 한다.

③ 수시부과 결정( 소득세법 제82조)의 경우에는 기본공제 중 거주자 본인에 대한 분(分)만을 공제한다.

④ 둘 이상의 거주자가 공제대상가족을 서로 자기의 공제대상 가족으로 하여 신고서에 적은 경우에는 먼저 신고한 거주자의 공제대상가족으로 한다.

**17.** 소득세법 상 세액공제에 대한 설명으로 옳지 않은 것은?

① 간편장부대상자가 과세표준확정신고를 할 때 복식부기에 따라 기장하여 소득금액을 계산하고 소득세법 에 따른 서류를 제출하는 경우에는 해당 장부에 의하여 계산한 사업소득금액이 종합소득금액에서 차지하는 비율을 종합소득 산출세액에 곱하여 계산한 금액의 100분의 20에 해당하는 금액(다만, 공제세액이 100만 원을 초과하는 경우에는 100만 원으로 한다)을 종합소득 산출세액에서 공제한다.

② 종합소득이 있는 거주자가 해당 과세기간에 출산하거나 입양 신고한 공제대상자녀가 둘째인 경우에는 연 50만 원을 종합소득 산출세액에서 공제한다.

③ 일용근로자의 근로소득에 대해서 원천징수를 하는 경우에는 해당 근로소득에 대한 산출세액의 100분의 55에 해당하는 금액을 그 산출세액에서 공제한다.

④ 근로소득이 있는 거주자에 한하여 특별세액공제를 적용하므로 근로소득이 없는 거주자로서 종합소득이 있는 사람은 특별세액 공제를 적용받을 수 없다.

**18.** 소득세법령상 소득세 원천징수에 대한 설명으로 옳은 것은? (단, 원천징수의 면제·배제 등 원천징수의 특례는 고려하지 않는다)

① 국내에서 거주자에게 배당소득을 지급하는 자는 소득세 원천징수의무를 지지만, 비거주자에게 배당소득을 지급하는 자는 원천징수의무를 지지 않는다.

② 직전 연도의 상시고용인원이 20명 이하인 원천징수의무자는 「국제조세조정에 관한 법률」 제13조 또는 제22조에 따라 처분된 배당소득에 대한 원천징수세액을 그 징수일이 속하는 반기의 마지막 달의 다음 달 10일까지 납부할 수 있다.

③ 외국인 직업운동가가 한국표준산업분류에 따른 스포츠 클럽 운영업 중 프로스포츠구단과의 계약(계약기간이 3년 이하인 경우로 한정함)에 따라 용역을 제공하고 받는 소득에 대한 원천징수세율은 100분의 10으로 한다.

④ 원천징수의무자가 공적연금소득을 지급할 때에는 연금소득 간이세액표에 따라 소득세를 원천징수한다.

**19.** 소득세법령상 성실신고확인서 제출에 대한 설명으로 옳지 않은 것은?

① 성실신고확인대상사업자는 종합소득과세표준 확정신고를 할 때에 사업소득금액의 적정성을 세무사 등이 확인하고 작성한 성실신고확인서를 납세지 관할 세무서장에게 제출하여야 한다.

② 성실신고확인대상사업자가 성실신고확인서를 제출하는 경우에는 종합소득과세표준 확정신고를 그 과세기간의 다음 연도 5월 1일부터 6월 30일까지 하여야 한다.

③ 세무사가 성실신고확인대상사업자에 해당하는 경우에는 자신의 사업소득금액의 적정성에 대하여 해당 세무사가 성실신고 확인서를 작성.제출해서는 아니 된다.

④ 성실신고확인대상사업자가 성실신고확인서를 납세지 관할 세무서장에게 제출하지 아니한 경우에는 사업소득금액이 종합소득금액에서 차지하는 비율을 종합소득산출세액에 곱하여 계산한 금액의 100분의 20에 해당하는 금액을 결정세액에 더한다.

**20.** 부담부증여에 대한 설명으로 옳지 않은 것은?

① 부담부증여시 수증자가 부담하는 채무액에 해당하는 부분은 양도로 본다.

② 직계존비속 간의 부담부증여의 경우 인수되는 채무가 국가 및 지방자치단체에 대한 채무라 하더라도 그 채무액은 수증자에게 인수되지 않는 것으로 추정한다.

③ 부담부증여시 수증자의 증여세 과세가액은 증여일 현재 「상속세 및 증여세법」에 따른 증여재산가액(합산배제증여재산의 가액은 제외)을 합친 금액에서 그 증여재산에 담보된 채무로서 수증자가 인수한 금액을 뺀 금액으로 한다.

④ 부담부증여의 채무액에 해당하는 부분으로서 양도로 보는 경우 그 양도일이 속하는 달의 말일부터 3개월 내에 양도소득과세표준을 납세지 관할 세무서장에게 신고하여야 한다.

# 소득세법 세목별2

[2008년 9급] ★★

**1. 다음 「소득세법」과 관련된 내용 중 옳은 것으로만 묶어진 것은?**

ㄹ, ㅁ이 옳은 내용이다.

ㄱ. 거주자 및 비거주자 판정시 국적에 상관없이 주소나 183일 이상 거소의 유무에 따라 판단한다.

ㄴ. 소득세는 원칙적으로 소득원천설을 기초로 과세소득의 범위를 규정하고 있다.

ㄷ. 거주자에 대한 소득세의 납세지는 원칙적으로 거주자의 주소지나 거소지를 관할하는 세무서이다.

ㅂ. 외국에서 납부한 세금은 원칙적으로 우리나라에서 공제가 허용된다.

답 ④

[2012년 7급] ★★★

**2. 소득세법상 납세의무의 범위에 대한 설명으로 옳지 않은 것은?**

④ 신탁재산에 귀속되는 소득은 그 신탁의 이익을 받을 수익자(수익자가 사망하는 경우에는 그 상속인)에게 귀속되는 것으로 본다.

☞ 개정 전 규정은 '신탁재산에 귀속되는 소득은 그 신탁의 수익자(수익자가 특별히 정해지지 아니하거나 존재하지 아니하는 경우에는 신탁의 위탁자 또는 그 상속인)에게 귀속되는 것으로 본다.'이고, 기출문제에는 상속인을 피상속인으로 바꿔 출제되었다.

☞ 수익자가 사망하는 경우 피상속인(돌아가신 분)의 권리와 의무가 상속인들에게 승계된다. 따라서 신탁재산에 귀속되는 소득은 상속인에게 귀속되는 것으로 본다.

☞ ① 피상속인은 사망하였기 때문에 세금을 신고·납부 할 수 없다. 따라서 상속인이 피상속인에게 귀속되는 소득금액에 대한 소득세에 대하여 납세의무를 진다. 다만, 피상속인의 소득은 상속인의 소득과는 별개이니 구분하여 계산하여야 한다.

☞ ② 원천징수되는 소득으로 종합소득과세표준을 계산할 때 합산되지 아니하는 소득이란 원천징수로 과세가 종결되는 완납적 원천징수를 의미한

다. 완납적 원천징수는 원천징수 되는 금액이 소득세에 대한 납세의무가 된다.

답 ④

[2007년 9급] ★★

**3. 「소득세법」상 원천징수하는 소득세의 납세지에 관한 설명으로 옳지 않은 것은?**

원천징수의무자가 법인인 경우에는 법인의 본점이나 주사무소를 납세지로 한다.

답 ③

[2021년 9급] ★★

**4. 소득세법령상 이자소득의 수입시기에 대한 설명으로 옳지 않은 것은?**

③ 이자소득이 발생하는 상속재산이 상속되는 경우에는 상속개시일을 수입시기로 한다.

답 ③

[2014년 9급] ★★

**5. 「소득세법」상 배당소득의 수입시기에 대한 설명으로 옳지 않은 것은?**

① 집합투자기구로부터의 이익 - 집합투자기구로부터의 이익을 지급받은 날. 다만, 원본에 전입하는 뜻의 특약이 있는 분배금은 그 특약에 따라 원본에 전입되는 날로 한다.

☞ 집합투자기구는 보통 펀드를 말한다. 펀드는 보통 이익의 지급의 약정일이 정해지기 보다는 고객의 요청에 의해 지급된다. 따라서 약정일이 불분명하여 지급받은 날의 수입시기로 한다. 사실 생각해보면 배당소득은 지급받은 날 또는 특정한 날이 수입시기로 규정되어있다. 약정일은 규정된 것이 없어 보인다.

답 ①

[2022년 7급] ★★

**6. 소득세법령상 제조업을 영위하는 복식부기의무자인 거주자 甲의 2022년도 사업소득금액의 계산에 대한 설명으로 옳은 것은? (단, 소득세를 최소화한다고 가정한다)**

① 2022년말 현재 외상매출금 100,000,000원에 대해 100분의 1과 대손실적률 100분의 2를 곱하여 계산한

금액 중 큰 금액인 2,000,000원을 대손충당금으로 필요경비에 산입하였다.

☞ 대부업이 아닌 경우 금전소비대차를 통한 이익을 이자소득으로 본다. 따라서 제조업을 영위하는 개인사업자의 금전소비대차거래는 해당 사업과 관련성이 없다. 사업과 관련성이 없는 채권에 대하여 대손충당금을 설정할 수 없다.

② 2022년 중 사업용 유형자산에 대한 자본적 지출에 해당하는 수선비 5,000,000원을 필요경비로 계상하면서 필요경비에 산입하였다.

☞ 600만원에 미달하는 수선비는 소액수선비이다. 따라서 전액 필요경비에 산입한다.

④ 2022년에 「국민건강보험법」에 의한 직장가입자로서 부담하는 사용자 본인 甲의 보험료 3,000,000원과 甲의 사업장에서 근무하는 아들 乙에 대한 「국민건강보험법」, 「고용보험법」에 의하여 사용자로서 부담하는 보험료 2,500,000원이 지출되었으며 보험료 5,500,000원을 필요경비에 산입하였다.

☞ 사용자 본인 부담분 건강보험료도 필요경비에 산입한다.

**답 ③**

[2022년 7급] ★★
7. 다음은 소득세법령상 거주자인 생산직 근로자 甲의 2022년 3월 분 근로소득 자료이다. 甲의 비과세 근로소득의 합계액은?

| 항목 | 금액 | 비과세금액 | 비고 |
|---|---|---|---|
| 월정액 급여 | 2,500,000원 | 0원 | |
| 식사대 | 300,000원 | 200,000원 | 식사대 20만원 한도 비과세 |
| 출산수당 | 300,000원 | 100,000원 | 출산수당 10만원 한도 비과세 |
| 자가운전 보조금 | 300,000원 | 200,000원 | 자가운전보조금 10만원 한도 비과세 |
| 연장근로수당 | 200,000원 | 0 | 월정액급여 210만원 초과로 연장근로수당 비과세가 적용되지 않음 |
| 계 | 3,500,000원 | 500,000원 | |

**답 ②**

[2019년 7급] ★★★
8. 내국법인(단, 중소기업은 아님)의 영업사원으로 근무하고 있는 거주자 甲의 2020년도 자료이다. 소득세법령에 따른 2020년도 총급여액은?

| 구분 | 급여액 | 비고 |
|---|---|---|
| 봉급 | 36,000,000 | 전체금액이 총급여액에 해당함. |
| 상여로 처분된 금액 | 0 | 인정상여로 '근로를 제공한 날'이 속하는 2019년에 귀속됨 |
| 식사대 | 2,400,000 | 사내급식을 제공 받으면서 지급된 식사대는 전액 과세 급여로 봄 |
| 자기차량운전보조금 | 1,200,000 | 월 20만원을 초과하는 급액은 과세 급여로 봄 |
| 자녀보육수당 | 2,400,000 | 월 10만원을 초과하는 금액은 과세 급여로 봄 |
| 시간외근무수당 | 2,000,000 | 생산직근로자가 아니므로(영업사원) 전액 과세 급여로 봄 |
| 주택구입자금 무상대여이익 | 1,000,000 | 전액 과세 급여로 봄 |
| 합계 | 45,000,000 | |

**답 ③**

[2019년 7급] ★
9. 소득세법령상 거주자의 연금소득에 대한 설명으로 옳지 않은 것은? (단, 소득세법령에 따른 해당 요건과 공제요건을 충족하는 것으로 본다)

① 연금계좌에서 인출된 금액이 연금수령한도를 초과하는 경우에는 연금수령분이 인출되고 그 다음으로 연금외 수령분이 인출되는 것으로 본다.

☞ 연금외 수령분이 먼저 인출되는 것으로 본다면 연금수령한도의 금액도 연금외 수령으로 과세될 수 있다. 연금수령한도를 초과하는 금액만 연금외수령으로 적용하기 위해서는 연금수령분이 먼저 인출되고 그 다음으로 연금외 수령분이 인출되는 것으로 보아야 한다.

**답 ①**

[2008년 7급] ★★
10. 다음의 기타소득 자료를 바탕으로 거주자 홍길동씨의 종합소득금액에 합산되는 기타소득금액을 계산하면?

• 어업권: 10,000,000 × (1 − 60%) = 4,000,000원
• 복권: 무조건 분리과세
• 원고료: 2,000,000 × (1 − 60%) = 800,000원

- 슬롯머신: 무조건 분리과세
- 보상금: 2,000,000원
※ 따라서 기타소득금액은 4,000,000 + 800,000 + 2,000,000 = 6,800,000원이다.

답 ②

[2007년 9급 변형] ★★

11. 「소득세법」상 소득금액계산의 특례에 관한 설명으로 옳지 않은 것은?

② 배당소득(출자공동사업자의 배당에 한함) · 사업소득 · 기타소득 및 양도소득은 부당행위계산부인 규정을 적용한다.

☞ 소득세법상 필요경비가 적용되는 소득에 대해서 부당행위계산부인의 적용이 가능하다.

답 ②

[2013년 7급] ★★

12. 소득세법 상 부당행위계산부인대상이 되는 소득을 모두 고르면?

③ 출자공동사업자의 배당소득, 사업소득, 기타소득, 양도소득에 대하여 부당행위계산부인 적용이 가능하다.

☞ 소득세법상 필요경비가 적용되는 소득에 대해서 부당행위계산부인 적용이 가능하다. 출자공동사업자의 배당소득을 제외한 금융소득(이자, 배당)은 필요경비를 적용하지 않고, 근로소득과 연금소득, 퇴직소득은 법정 소득공제를 적용한다.

답 ③

[2009년 7급] ★★★

13. 「소득세법」상 소득금액계산에 관한 설명으로 가장 옳지 않은 것은?

해당과세기간에 결손금이 발생하고 이월결손금이 있는 경우에는 그 과세기간의 결손금을 먼저 소득금액에서 공제한 후 이월결손금을 공제한다.

답 ②

[2009년 9급] ★★★

14. 「소득세법」상 결손금 소급공제에 대한 설명으로 옳지 않은 것은?

④ 이월결손금(단, 결손금 소급공제를 받거나 자산수증이익 또는 채무면제이익 등에 충당된 경우는 제외)은 해당 이월결손금이 발생한 과세기간의 종료일부터 15년 이내에 끝나는 과세기간의 소득금액을 계산할 때 공제한다.

☞ 이월결손금 공제는 과세기간 단위로 세금이 계산되는 문제점을 보완하기 위한 규정이다. 결손금을 소급공제 받은 경우 이미 결손된 부분에 대하여 정산이 끝난 것이기 때문에 이월되지 않는다. 즉, 소급공제한 이월결손금에 대해서 이월공제를 적용할 때에는 그 이월결손금을 공제받은 금액으로 본다.

답 ④

[2018년 9급] ★★★

15. 소득세법령상 공동사업에 대한 거주자의 소득세 납세의무에 대한 설명으로 옳지 않은 것은?

② 공동사업에서 발생한 소득금액은 약정된 손익분배비율에 의하여 분배한다. 약정된 손익분배비율이 없는 경우에는 지분비율에 의해 분배한다.

☞ 지분비율과 손익분배비율은 다를 수 있다. 지분비율은 회사에 대한 소유권인데 지분비율이 같더라도 회사에 대한 기여도는 다를 수 있다. 똑같이 출자하여 지분비율이 5:5라고 하더라도 누군가는 매일 업무를 하고 누군가는 일주일에 3일 동안 업무를 한다면 해당 사업에서 발생한 이익금을 8:2로 나누어 가져가기로 할 수도 있다. 따라서 손익을 어떻게 가져갈지를 정하는 손익분배비율에 따라 소득금액을 분배한다.

답 ②

[2015년 7급] ★★

16. 소득세법 상 거주자를 대상으로 하는 종합소득공제에 대한 설명으로 옳지 않은 것은?

④ 둘 이상의 거주자가 공제대상가족을 서로 자기의 공제대상가족으로 하여 신고서에 적은 경우에는 다음의 순서에 따라 거주자의 공제대상가족으로 한다.

1. 거주자의 공제대상 배우자가 다른 거주자의 공제대상 부양가족에 해당하는 때에는 공제대상 배우자로 한다.

2. 거주자의 공제대상 부양가족이 다른 거주자의 공제대상 부양가족에 해당하는 때에는 직전 과세기간에 부양가족으로 인적공제를 받은 거주자의 부양가족으로 한다. 다만, 직전 과세기간에 부양가족으로 인적공제를 받은 사실이 없는 때에는 해당 과세기간의 종합소득금액이 가장 많은 거주자의 공제대상 부양가족으로 한다.

답 ④

[2020년 7급] ★★
**17.소득세법 상 세액공제에 대한 설명으로 옳지 않은 것은?**

④ 원칙적으로 근로소득이 있는 거주자에 한하여 특별세액공제를 적용하나 기부금세액공제는 종합소득이 있는 거주자(사업소득만 있는 자는 제외하되, 연말정산대상 사업소득만 있는자는 포함)에게 적용할 수 있다. 또한 성실사업자는 의료비와 교육비 세액공제를 적용할 수 있다.

답 ④

[2022년 7급] ★
**18.소득세법령상 소득세 원천징수에 대한 설명으로 옳은 것은? (단, 원천징수의 면제·배제 등 원천징수의 특례는 고려하지 않는다)**

① 국내에서 거주자에게 배당소득을 지급하는 자는 소득세 원천징수의무를 지고, 비거주자에게 배당소득을 지급하는 자도 원천징수의무를 진다.

② 직전 연도의 상시고용인원이 20명 이하인 원천징수의무자는 「국제조세조정에 관한 법률」 제13조 또는 제22조에 따라 처분된 배당소득에 대한 원천징수세액은 원천세 반기별 납부 대상에서 제외한다.

③ 외국인 직업운동가가 한국표준산업분류에 따른 스포츠 클럽 운영업 중 프로스포츠구단과의 계약(계약기간이 3년 이하인 경우로 한정함)에 따라 용역을 제공하고 받는 소득에 대한 원천징수세율은 100분의 20으로 한다.

답 ④

[2018년 7급] ★★
**19.소득세법령상 성실신고확인서 제출에 대한 설명으로 옳지 않은 것은?**

④ 성실신고확인대상사업자가 성실신고확인서를 납세지 관할 세무서장에게 제출하지 아니한 경우에는 사업소득금액이 종합소득금액에서 차지하는 비율을 종합소득산출세액에 곱하여 계산한 금액의 100분의 5에 해당하는 금액과 해당 과세기간 사업소득의 총수입금액에 1만분의 2를 곱한 금액 세액 중 큰 금액을 결정세액에 더한다.

답 ④

[2021년 7급] ★★
**20.부담부증여에 대한 설명으로 옳지 않은 것은?**

② 직계존비속 간의 부담부증여의 경우 수증자가 증여자의 채무를 인수한 경우에도 그 채무액은 수증자에게 인수되지 아니한 것으로 추정한다. 다만, 인수되는 채무가 국가 및 지방자치단체에 대한 채무 등 객관적으로 인정되는 경우에는 그러하지 아니하다.

☞ 상속세 및 증여세법을 공부하지 않은 경우 해당 지문이 이해되지 않을 수 있다. 다만, 부담부증여의 기본개념에서 1,3,4 지문을 알 수 있기 때문에 소거법을 통하여 맞출 수 있는 문제다.

☞ 배우자 또는 직계존비속 간의 부담부증여는 세금을 줄이기 위하여 '부담부'에 해당하는 채무를 거짓으로 인수할 가능성이 크다. 따라서 명확하게 확인되는 채무가 아닌 경우 인수되지 아니한 것으로 추정하는 것이다. '추정'이기 때문에 채무를 명확하게 인수하여 상환하고 있는 사실을 소명한다면 부담부증여로 인정받을 수 있다. 국가 및 지방자치단체에 대한 채무 등 객관적으로 인정된다면 당연히 채무의 인수를 인정해주어야 한다.

답 ②

# 8 법인세법 세목별1

**1.** 「법인세법」 총칙에 관한 설명으로 옳지 <u>않은</u> 것은?

① 「국세기본법」상 법인으로 보는 법인 아닌 단체는 수익사업에서 생긴 소득과 토지 등 양도소득에 대한 법인세를 납부할 의무가 있다.

② 신탁재산에 귀속되는 소득은 그 신탁의 이익을 받을 수익자가 그 신탁재산을 가진 것으로 보고 「법인세법」을 적용한다.

③ 사업연도가 변경된 경우 종전 사업연도 개시일부터 변경된 사업연도 개시일의 전날의 기간이 1개월 이하인 경우에는 이를 변경된 사업연도에 포함한다.

④ 법인의 납세지가 변경된 경우 그 변경된 날로부터 15일 이내에 변경 후의 납세지 관할 세무서장에게 신고하여야 한다.

**2.** 법인세의 사업연도와 소득세의 과세기간에 대한 설명으로 옳지 <u>않은</u> 것은?

① 법인의 최초 사업연도의 개시일은 내국법인의 경우 설립등기일로 한다.

② 사업연도 신고를 하여야 할 법인이 그 신고를 하지 아니하는 경우에는 매년 1월 1일부터 12월 31일까지를 그 법인의 사업연도로 한다.

③ 소득세의 과세기간은 신규사업개시자의 경우 사업개시일부터 12월 31일까지로 하며, 폐업자의 경우 1월 1일부터 폐업일까지로 한다.

④ 사업연도를 변경하려는 법인은 그 법인의 직전 사업연도 종료일부터 3개월 이내에 납세지 관할 세무서장에게 이를 신고하여야 한다.

**3.** 법인세법령상 소득처분에 대한 설명으로 옳지 <u>않은</u> 것은?

① 익금에 산입한 금액이 사외에 유출된 것이 분명한 경우에 귀속자가 사업을 영위하는 거주자이면 기타사외유출로 처분한다(다만, 그 분여된 이익이 거주자의 사업소득을 구성하는 경우에 한함).

② 채권자가 불분명한 사채의 이자에 대한 원천징수세액은 기타사외유출로 처분한다.

③ 익금에 산입한 금액에 대한 소득처분은 비영리외국법인에 대해서는 적용되지 않는다.

④ 외국법인의 국내사업장의 각 사업연도의 소득에 대한 법인세의 과세표준을 신고하거나 결정 또는 경정함에 있어서 익금에 산입한 금액이 그 외국법인 등에 귀속되는 소득은 기타사외유출로 처분한다.

**4.** 법인세법령상 익금과 그 세무조정에 대한 설명으로 옳지 <u>않은</u> 것으로만 묶은 것은?

> ㄱ. 은행법에 의한 인가를 받아 설립된 은행이 보유하는 화폐성외화자산.부채를 사업연도 종료일 현재의 매매기준율등으로 평가함에 따라 발생하는 평가이익은 익금에 해당한다.
>
> ㄴ. 전기에 과오납부한 업무에 직접 사용하는 부동산에 대한 종합부동산세와 이에 따른 환급가산금을 당기에 환급 받아 수익계상한 경우 모두 익금불산입으로 세무조정하여야 한다.
>
> ㄷ. 자산수증이익과 채무면제이익은 원칙적으로 익금에 해당하나 발생연도의 제한이 없는 세법상의 결손금 (적격합병 및 적격분할시 승계받은 결손금 제외)으로서 결손금 발생 후의 각 사업연도 과세표준 계산시 공제되지 않고 당기로 이월된 결손금의 보전에 충당한 경우에는 익금으로 보지 않는다.
>
> ㄹ. 건물을 저가로 매입하는 경우 매입시점의 시가와 그 매입가액과의 차액은 익금에 해당한다.

① ㄱ, ㄴ      ② ㄱ, ㄷ

③ ㄴ, ㄹ      ④ ㄷ, ㄹ

5. 「법인세법」상 영리내국법인인 ㈜F는 제9기 사업연도(2022년 1월 1일 ~ 12월 31일) 중 특수관계인인 개인 갑으로부터 상장법인 ㈜G주식 1,000주(시가 1,000만 원)를 500만 원에 매입하였다.
이에 대한 「법인세법」상 처리로 옳지 않은 것은?

① ㈜F가 매입한 ㈜G주식 1,000주의 취득가액은 500만 원으로 보지 아니한다.
② ㈜F는 매입가액과 시가와의 차액인 500만 원을 익금산입(유보)한다.
③ ㈜F는 갑에게 500만 원을 배당한 것을 소득처분한다.
④ 만약 ㈜G주식이 아니라 건물을 500만 원에 매입하였다면 ㈜F는 세무조정을 할 필요가 없다.

6. 법인세법 상 의제배당에 대한 설명으로 옳지 않은 것은?

① 자기출자지분을 소각하여 생긴 이익으로서 소각당시 시가가 취득가액을 초과하지 않고 소각일부터 2년이 지난 후 자본에 전입하는 금액은 의제배당에 해당되지 않는다.
② 분할법인의 주주가 분할신설법인으로부터 분할로 인하여 취득 하는 분할대가가 그 분할법인의 주식을 취득하기 위하여 사용한 금액을 초과하는 금액은 배당으로 의제된다.
③ 해산한 법인의 주주 등(법인으로 보는 단체의 구성원을 제외)이 그 법인의 해산으로 인한 잔여재산의 분배로서 취득 하는 금전과 그 밖의 재산의 가액이 그 주식을 취득하기 위하여 사용한 금액을 초과하는 금액은 배당으로 의제된다.
④ 피합병법인의 주주가 합병법인으로부터 그 합병으로 인하여 취득하는 합병법인의 합병대가가 그 피합병법인의 주식 등을 취득하기 위하여 사용한 금액을 초과하는 금액은 배당으로 의제된다.

7. 법인세법령상 내국법인의 각 사업연도의 소득금액을 계산할 때 인건비의 손금산입에 대한 설명으로 옳지 않은 것은? (단, 임원 및 지배주주 등은 법령상 정의를 충족한다)

① 법인이 임원이 아닌 직원에게 지급한 상여금 중 주주총회의 결의에 의해 결정된 급여지급기준에 따른 금액을 초과하여 지급한 경우 그 초과금액은 이를 손금에 산입한다.
② 법인이 지배주주 등인 임원에게 정당한 사유 없이 동일직위에 있는 지배주주 등 외의 임원에게 지급하는 금액을 초과하여 보수를 지급한 경우 그 초과금액은 이를 손금에 산입하지 아니한다.
③ 합명회사 또는 합자회사의 노무출자사원에게 지급하는 보수는 이익처분에 의한 상여로 보아 이를 손금에 산입하지 아니한다.
④ 법인이 정관 또는 정관에서 위임된 퇴직급여지급규정이 없는 경우 현실적으로 퇴직한 임원에게 지급한 퇴직급여는 그 전액을 손금에 산입하지 아니한다.

8. 다음은 제조업을 영위하는 내국법인 (주)A의 19기 사업연도 (2019.1.1.~2019.12.31.)의 업무용승용차 관련 내용이다.
(주)A가 19기 사업연도의 법인세를 2020년 3월 8일에 신고하는 경우 업무용승용차 관련비용 중 손금불산입금액은?

- 2018년 12월 10일 대표이사 업무용승용차(배기량 3천시시, 5인승)를 100,000,000원에 구입함
- 해당 업무용승용차 관련비용으로 손금산입하거나 지출한 항목은 아래와 같음
  - 업무전용자동차보험료: 1,000,000원
  - 유류비: 20,000,000원
  - 자동차세: 1,500,000원
  - 감가상각비: 20,000,000원
- 차량운행기록부 내역 중 업무사용비율은 90%로 확인됨
- 그 외 업무용승용차는 없고, 해당 업무용승용차는 취득 이후 업무전용자동차보험에 가입되어 있으며 위 비용 이외에 업무용승용차 관련비용은 없음

① 4,250,000원     ② 10,000,000원
③ 14,250,000원    ④ 28,250,000원

**9. 「법인세법」상 손금에 해당하는 것만을 모두 고른 것은?**

> ㄱ. 자기주식처분손실
> ㄴ. 우리사주조합에 출연하는 자사주(장부가액)
> ㄷ. 주식할인발행차금
> ㄹ. 출자임원(지분율 1%)이 사용하는 사택의 유지관리비용
> ㅁ. 업무무관자산의 유지관리비
> ㅂ. 법인의 임직원이 아닌 지배주주에 대하여 지급한 교육훈련비

① ㄱ, ㄴ　　　　　② ㄱ, ㄴ, ㄹ
③ ㄴ, ㄷ, ㅂ　　　　④ ㄷ, ㄹ, ㅁ

**10. 법인세법령상 결산서에 비용으로 계상하지 않고도 손금산입이 가능한 것은? (단, 세무조정에 따른 손금산입요건은 충족된 것으로 가정함)**

① 내국법인이 각 사업연도에 외상매출금·대여금, 그 밖에 이에 준하는 채권의 대손에 충당하기 위하여 계상한 대손충당금

② 주식회사의 외부감사에 관한 법률 에 따른 감사인의 회계 감사를 받는 비영리내국법인의 고유목적사업준비금

③ 국제회계기준을 적용하는 법인으로서 보험사업을 경영하는 내국법인의 책임준비금

④ 내국법인이 보유하는 고정자산이 천재지변으로 파손되어 그 자산의 장부가액을 사업연도 종료일 현재의 시가로 평가 함으로써 발생하는 평가차손

**11. 법인세법령상 기부금에 대한 설명으로 옳은 것은?**

① 특수관계인이 아닌 자에게 기부한 지정기부금과 법정기부금을 금전 외의 자산으로 제공한 경우 해당 자산의 가액은 이를 기부한 때의 시가로 한다.

② 손금에 산입하지 아니한 법정기부금의 손금산입한도액 초과금액은 해당 사업연도의 다음 사업연도 개시일부터 10년 이내에 끝나는 각 사업연도로 이월하여 각각의 손금산입한도액의 범위에서 손금에 산입한다.

③ 법인이 특수관계인 외의 자에게 정당한 사유 없이 자산을 시가보다 낮은 가액으로 양도하거나 시가보다 높은 가액으로 매입함으로써 그 차액 중 실질적으로 증여한 것으로 인정되는 금액은 기부금으로 본다.

④ 법인이 지정기부금을 미지급금으로 계상한 경우에는 이를 계상한 사업연도의 기부금으로 하고, 그 후의 사업연도에 있어서 이를 기부금으로 보지 아니한다.

**12. 「법인세법」상 접대비에 대한 설명으로 옳지 않은 것은?**

① 임원이 부담하여야 할 성질의 접대비를 법인이 지출한 것은 이를 접대비로 보지 아니한다.

② 법인이 그 직원이 조직한 조합(법인)에 복리시설비를 지출한 것은 이를 접대비로 보지 아니한다.

③ 접대비를 금전 이외의 자산으로 지출한 경우 당해 접대비의 가액은 이를 제공한 때의 시가와 장부가액 중 큰 금액으로 평가한다.

④ 내국법인이 경조금으로 지출한 것으로 1회에 20만 원을 초과하지 아니하는 금액은 법정증명서류를 구비하지 않아도 접대비로 본다.

**13.** 영리내국법인 (주)A는 제10기 사업연도(2020년 1월 1일~12월 31일) 7월 1일에 다음과 같은 조건으로 제품을 할부판매하였다.

(주)A가 할부판매 거래에 대해 선택지와 같이 각각 회계처리했다고 가정할 경우 세무조정이 필요한 것은? (단, (주)A는 중소기업에 해당하지 아니하며, 회계처리의 기업회계기준 위배여부와 대응하는 매출원가는 고려하지 아니함)

○ 총 할부매출채권:40백만 원
○ 대금회수조건:매월 25일에 2백만 원씩 20개월간 회수
○ 제10기 중 현금 회수액:14백만 원(2021년 1월분 선수금액이 포함되어 있음)
○ 총 할부매출채권의 기업회계기준에 의한 현재가치:36백만 원

① (차) 장기매출채권     40백만 원
    (대) 매출     40백만 원
② (차) 장기매출채권     40백만 원
    (대) 매출     36백만 원
       현재가치할인차금     4백만 원
③ (차) 현금     14백만 원
    (대) 매출     14백만 원
④ (차) 현금     14백만 원
    (대) 매출     12백만 원
       선수금     2백만 원

**14.** 법인세법령상 내국법인의 손익귀속시기에 대한 설명으로 옳은 것만을 모두 고르면?

ㄱ. 중소기업인 ㈜A가 장기할부조건으로 자산을 판매한 경우에는 그 장기할부조건에 따라 각 사업연도의 회수 하였거나 회수할 금액을 해당 사업연도의 익금에 산입할 수 있다.

ㄴ. 중소기업인 ㈜B가 장기할부조건 등에 의하여 자산을 양도함으로써 발생한 채권에 대하여 기업회계기준이 정하는 바에 따라 현재가치로 평가하여 현재가치할인차금을 계상한 경우 해당 현재가치할인차금상당액은 해당 채권의 회수기간 동안 기업회계기준이 정하는 바에 따라 환입하였거나 환입할 금액을 각 사업연도의 익금에 산입한다.

ㄷ. 중소기업인 ㈜C가 수행하는 계약기간이 1년 미만인 건설등의 제공으로 인한 익금은 그 목적물의 인도일이 속하는 사업연도의 익금에 산입할 수 있다.

ㄹ. 제조업을 경영하는 ㈜D가 결산을 확정할 때 이미 경과한 기간에 대응하는 이자(「법인세법」에 따라 원천징수되는 이자를 포함)를 해당 사업연도의 수익으로 계상한 경우에는 그 계상한 사업연도의 익금으로 한다.

① ㄱ, ㄹ        ② ㄴ, ㄷ
③ ㄱ, ㄴ, ㄷ        ④ ㄱ, ㄴ, ㄷ, ㄹ

**15.** 「법인세법」상 재고자산 및 유가증권의 평가방법에 대한 설명으로 옳지 않은 것은?

① 법인이 보유한 주식의 평가는 개별법, 총평균법, 이동평균법 중 법인이 납세지관할세무서장에게 신고한 방법에 의한다.

② 법인의 재고자산평가는 원가법과 저가법 중 법인이 납세지 관할세무서장에게 신고한 방법에 의한다.

③ 법인의 재고자산평가는 자산과목별로 구분하여 종류별.영업장별로 각각 다른 방법으로 평가할 수 있다.

④ 법인이 재고자산평가와 관련하여 신고한 평가방법 이외의 방법으로 평가한 경우에는 무신고시의 평가방법과 당초에 신고한 방법 중 평가가액이 큰 평가방법에 의한다.

**16.** 다음의 자료는 특정자산에 대한 감가상각과 관련된 것이다.
자료를 이용하여 세무조정을 할 경우 옳은 것은?

- 전기말까지 감가상각비 부인누계액 1,000,000원
- 당기 중 감가상각비 범위액　　1,500,000원
- 당기 중 회사계상 감가상각비　　1,200,000원

① 감가상각비 부인누계액 중 300,000원은 손금산입하고, 나머지 700,000원은 다음 사업연도로 이월한다.

② 당기 감가상각비 시인부족액 300,000원은 소멸하고, 감가상각비 부인누계액 1,000,000원은 다음 사업연도로 이월한다.

③ 감가상각비 부인누계액 1,000,000원은 소멸하고, 당기 감가상각비 시인부족액 300,000원은 다음 사업연도로 이월한다.

④ 감가상각비 부인누계액 1,000,000원과 감가상각비 시인부족액 300,000원은 각각 다음 사업연도로 이월한다.

**17.** 법인세법령상 내국법인의 대손금의 손금불산입에 대한 설명으로 옳은 것은?

① 「민사소송법」에 따른 화해에 따라 회수불능으로 확정된 채권은 해당 사유가 발생하여 손비로 계상한 날이 속하는 사업연도의 소득금액을 계산할 때 손금에 산입한다.

② 「채무자 회생 및 파산에 관한 법률」에 따른 회생계획인가의 결정에 따라 회수불능으로 확정된 채권은 해당 사유가 발생한 날이 속하는 사업연도와 관계없이 해당 채권을 실제 손비로 계상한 날이 속하는 사업연도의 소득금액을 계산할 때 손금에 산입한다.

③ 채무보증(「법인세법 시행령」 제19조의2제6항에 정하는 채무보증은 제외)으로 인하여 발생한 구상채권은 해당 구상채권을 회수할 수 없는 사실이 확정된 날이 속하는 사업연도의 소득금액을 계산할 때 손금에 산입한다.

④ 「법인세법」 제19조의2제1항에 따라 손금에 산입한 대손금을 그 다음 사업연도에 회수한 경우 그 회수금액은 해당 대손금을 손금에 산입한 사업연도에 익금 산입한다.

**18.** 「법인세법」상 조세의 부담을 부당히 감소시킨 것으로 인정되는 경우에 해당하지 않는 것은?

① 자산을 시가보다 높은 가액으로 매입 또는 현물출자 받았거나 그 자산을 과대상각한 경우

② 무수익 자산을 매입 또는 현물출자 받았거나 그 자산에 대한 비용을 부담한 경우

③ 불량자산을 차환하거나 불량채권을 양수한 경우

④ 주식매수선택권의 행사에 따라 주식을 양도하는 경우로서 주식을 시가보다 낮은 가액으로 양도한 경우

**19.** 「법인세법」상 외국법인의 과세에 대한 설명으로 옳지 <u>않은</u> 것은?

① 외국법인의 국내사업장은 6개월을 초과하여 존속하는 건축 장소 또는 이와 관련되는 감독활동을 수행하는 장소를 포함한다.

② 외국법인의 국내에 있는 토지 등 양도소득 금액의 계산 시 취득가액 및 양도가액은 원칙적으로 실지 거래가액으로 한다.

③ 외국법인이 판매를 목적으로 하지 아니하는 자산의 저장이나 보관만을 위하여 사용하는 일정한 장소는 국내사업장에 포함되지 아니한다.

④ 외국법인이 국내에 있는 자산을 증여받아 생기는 소득은 국내원천소득에 해당하지 않는다.

**20.** 「법인세법」상 합병법인이 피합병법인으로부터 이월결손금을 승계받아 공제할 수 있는 요건으로 옳지 <u>않은</u> 것은?

① 합병법인이 피합병법인의 자산을 시가에 의하여 승계할 것

② 피합병법인으로부터 승계한 사업에서 발생한 소득금액의 범위에서 이를 공제할 것

③ 합병등기일 현재 1년 이상 계속하여 사업을 영위하던 내국법인간의 합병일 것

④ 피합병법인의 주주 등이 합병법인으로부터 합병대가를 받은 경우에는 그 합병대가의 총 합계액 중 주식 등의 가액이 100분의 80 이상일 것

# 법인세법 세목별1

[2008년 7급] ★★

1. 「법인세법」 총칙에 관한 설명으로 옳지 않은 것은?

③ 사업연도를 변경하여 종전 사업연도 개시일부터 변경된 사업연도 개시일의 전날의 기간이 1개월 미만인 경우에는 이를 변경된 사업연도에 포함한다.

☞ 법인세법에서 감가상각 등 월할 계산하는 경우가 많은데 1개월 미만인 경우 이러한 월할계산이 어려워 따로 사업연도로 볼 수가 없다. 딱 1개월인 경우(1개월 이하=딱 1개월을 포함)에는 월할계산이 가능하니 종전의 사업연도 개시일부터 변경된 사업연도 개시일 전날까지의 기간을 1사업연도로 하는 것이다.

답 ③

[2011년 9급] ★★

2. 법인세의 사업연도와 소득세의 과세기간에 대한 설명으로 옳지 않은 것은?

③ 소득세의 과세기간은 신규사업개시자와 폐업자의 경우 1월 1일부터 12월 31일 까지로 한다.

☞ 소득세는 개인에 대한 세금이다. 따라서 과세기간은 사업 개업 및 폐업여부와 관계없이 1월 1일부터 12월 31일 까지로 한다.

☞ '개인'에 대한 소득세이기 때문에 개인이 사망하는 경우는 1월 1일부터 사망일까지를 과세기간으로 한다. 또한 출국하는 경우 비거주자가 되어 세법의 적용을 달리하게 되니 1월 1일부터 출국일까지를 과세기간으로 한다.

답 ③

[2021년 9급] ★★

3. 법인세법령상 소득처분에 대한 설명으로 옳지 않은 것은?

③ 익금에 산입한 금액에 대한 소득처분은 비영리외국법인에 대해서도 적용한다.

답 ③

[2017년 7급] ★★

4. 법인세법령상 익금과 그 세무조정에 대한 설명으로 옳지 않은 것으로만 묶은 것은?

ㄴ. 전기에 과오납부한 업무에 직접 사용하는 부동산에 대한 종합부동산세와 이에 따른 환급가산금을 당기에 환급받아 수익계상한 경우 종합부동산세 환급액은 당기에 익금에 산입하며, 환급가산금은 익금불산입으로 세무조정하여야 한다.

☞ 종합부동산세는 전기에 손금처리 되었으니 당기에 익금에 산입한다. 환급가산금은 법인세법상 익금불산입(보상성격)으로 규정되어 있다.

ㄹ. 건물을 저가로 매입하는 경우 매입시점의 시가와 그 매입가액과의 차액은 익금에 해당하지 아니한다.

답 ③

[2016년 9급 변형] ★★

5. 「법인세법」상 영리내국법인인 ㈜F는 제9기 사업연도(2022년 1월 1일 ~ 12월 31일) 중 특수관계인인 개인 갑으로부터 상장법인 ㈜G주식 1,000주(시가 1,000만 원)를 500만 원에 매입하였다. 이에 대한 「법인세법」상 처리로 옳지 않은 것은?

③ 법인이 특수관계인인 개인으로부터 유가증권을 저가로 매입한 경우에 해당하므로, ㈜F는 매입가액과 시가와의 차액인 500만 원을 익금산입(유보)으로 세무조정을 한다. 따라서 해당 주식의 취득가액은 시가인 1,000만 원으로 한다.

답 ③

[2016년 7급] ★★

6. 법인세법 상 의제배당에 대한 설명으로 옳지 않은 것은?

③ 해산한 법인의 주주 등(법인으로 보는 단체의 구성원을 포함)이 그 법인의 해산으로 인한 잔여재산의 분배로서 취득하는 금전과 그 밖의 재산의 가액이 그 주식을 취득하기 위하여 사용한 금액을 초과하는 금액은 배당으로 의제된다.

답 ③

7. 법인세법령상 내국법인의 각 사업연도의 소득금액을 계산할 때 인건비의 손금산입에 대한 설명으로 옳지 않은 것은? (단, 임원 및 지배주주 등은 법령상 정의를 충족한다)

④ 법인이 정관 또는 정관에서 위임된 퇴직급여지급규정이 없더라도 현실적으로 퇴직한 임원에게 지급한 퇴직급여는 '퇴직 전 1년간 총급여 × (1/10) × 근속연수'로 계산한 금액까지는 손금인정된다.

답 ④

[2018년 7급] ★★

8. 다음은 제조업을 영위하는 내국법인 (주)A의 19기 사업연도 (2019. 1. 1.~2019. 12. 31.)의 업무용승용차 관련 내용이다. (주)A가 19기 사업연도의 법인세를 2020년 3월 8일에 신고하는 경우 업무용승용차 관련비용 중 손금불산입금액은?

(1) 감가상각비 중 연 800만원을 초과하는 금액 : 12,000,000원

☞ 감가상각비는 업무사용비율 여부에 불구하고 연 800만원을 초과하는 금액은 손금불산입한다. 다만, 소득처분에 있어 사적사용비율은 사외유출로 소득처분하고, 업무사용금액은 유보로 세무조정한다.

(2) 그 외 차량관련 비용 중 업무무관 비율 : (보험료 100만원 + 유류비 2,000만원 + 자동차세 150만원) × 10% = 2,250,000원

(3) (1)+(2)= 14,250,000원

답 ③

[2017년 9급] ★★

9. 「법인세법」상 손금에 해당하는 것만을 모두 고른 것은?

① 자기주식처분손실은 세법상 자본거래로 보지 아니하고 손금으로 본다. 우리사주조합에 출연하는 자사주는 장부가액만큼 손금으로 인정한다. 종업원지주제도를 장려하기 위함이다.

답 ①

[2017년 7급] ★★

10.법인세법령상 결산서에 비용으로 계상하지 않고도 손금산입이 가능한 것은? (단, 세무조정에 따른 손금산입요건은 충족된 것으로 가정함)

② 주식회사의 외부감사에 관한 법률에 따른 감사인의 회계감사를 받는 비영리내국법인의 고유목적사업준비금은 신고조정에 의하여 손금에 산입할 수 있다.

☞ 세법에서는 고유목적사업준비금의 설정에 따라 손금산입이 가능하게 하고 있다. 회계감사를 받는 경우 회계기준에 의해 이러한 고유목적사업준비금이 제한 될 수 있다. 법인에서는 고유목적사업준비금을 설정하고 싶어도 회계기준에 의해 결산서에 반영하지 못할 수 있기 때문에 예외적으로 신고조정을 허용하는 것이다.

답 ②

[2020년 9급] ★★

11.법인세법령상 기부금에 대한 설명으로 옳은 것은?

① 특수관계인이 아닌 자에게 기부한 지정기부금과 법정기부금을 금전 외의 자산으로 제공한 경우 해당 자산의 가액은 이를 기부한 때의 장부가액으로 한다.

③ 법인이 특수관계인 외의 자에게 정당한 사유 없이 자산을 정상가액보다 낮은 가액으로 양도하거나 정상가액보다 높은 가액으로 매입함으로써 그 차액 중 실질적으로 증여한 것으로 인정되는 금액은 기부금으로 본다.

④ 법인이 지정기부금을 미지급금으로 계상한 경우에는 이를 계상한 사업연도의 기부금으로 보지 아니하고, 그 후의 지정기부금을 지출한 사업연도에 있어서 이를 기부금으로 본다.

답 ②

[2009년 9급] ★★★

12.「법인세법」상 접대비에 대한 설명으로 옳지 않은 것은?

② 법인이 그 직원이 조직한 조합(법인)에 복리시설비를 지출한 것은 접대비로 본다.

☞ 사용인(직원)이 조직한 조합이 법인이 아닌 경우 복리시설비를 지출한 경우에는 경리의 일부로 본다. 이는 법인이 근로자에게 지출한 복리후생비로 본

다는 의미이다. 그런데 직원이 조합(법인)을 조직하게 되면 법인의 소속인 직원에게 지출하는 복리후생비가 될 수 없다. 직원이 조직한 조합은 직원과 다른 법인격체로써 법인의 근로자가 아니기 때문이다. 근로자에게 지출한 것이 아닌데 업무와 관련성이 있고 특정인(개인이든 법인이든)에게 지출한 것은 접대비에 해당한다.

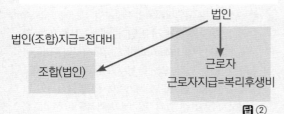

**답** ②

[2016년 9급] ★★

13. 영리내국법인 (주)A는 제10기 사업연도(2020년 1월 1일 ~12월 31일) 7월 1일에 다음과 같은 조건으로 제품을 할부판매하였다. (주)A가 할부판매 거래에 대해 선택지와 같이 각각 회계처리했다고 가정할 경우 세무조정이 필요한 것은? (단, (주)A는 중소기업에 해당하지 아니하며, 회계처리의 기업회계기준 위배여부와 대응하는 매출원가는 고려하지 아니함)

③

(1) 세법상 장기할부매출에 대하여 원칙적으로 인도기준을 적용한다. 따라서 40백만원을 매출로 인식할 수 있다.

(2) 현재가치를 기준으로 하여 현재가치할인차금을 회계처리한 경우 세법상 인정한다. 따라서 회계처리시 36백만원을 매출로 인식하고 4백만원을 현재가치할인차금으로 인식할 수 있다.

(3) 장기할부매출의 경우 회수기일도래기준으로 회계처리한 경우 회수기일도래기준으로 적용이 가능하다. 회수기일도래는 현금회수와는 무관하게 회수하기로 한 때를 기준으로 한다. 문제에서는 2020년 사업연도에 2백만원씩 6개월간 회수 기일이 도래하여 12백만원을 매출로 인식할 수 있다.

**답** ③

[2021년 7급] ★★

14. 법인세법령상 내국법인의 손익귀속시기에 대한 설명으로 옳은 것만을 모두 고르면?

   ㄱ, ㄴ, ㄷ이 옳은 설명이다.

   ㄹ. 기간경과분 이자 중 원천징수가 되는 이자소득에 대하여 이자 수익을 계상한 경우에는 익금불산입에 해당된다.

**답** ③

[2015년 9급] ★★

15. 「법인세법」상 재고자산 및 유가증권의 평가방법에 대한 설명으로 옳지 않은 것은?

① 법인이 보유한 주식의 평가는 총평균법, 이동평균법 중 신고한 방법에 의한다. 개별법은 채권에 대하여만 적용할 수 있다.

  ☞ 개별법은 유가증권 한 장을 개별적으로 평가하는 것이다. 채권의 경우 채권 한 장의 가격이 매우 높은 경우가 있다 따라서 채권은 개별법이 적용될 수 있다. 주식의 경우 비싸도 주당 몇 백만 원 수준으로 한 주씩 관리할 필요성이 적어 개별법을 인정하지 않고 있다.

**답** ①

[2014년 9급] ★★

16. 다음의 자료는 특정자산에 대한 감가상각과 관련된 것이다. 자료를 이용하여 세무조정을 할 경우 옳은 것은?

① 당기 중 감가상각비 범위액은 150만원이나, 당기 중 회사계상 감가상각비는 120만원으로 30만원의 시인부족애기 발생하였다. 시인 부족액은 전기말까지 감가상각비 부인누계액과 상계처리한다. 따라서 전기말까지 감가상각비 부인누계액인 1백만원 중 30만원을 시인부족액과 상계하여 손금에 산입하고, 남은 70만원은 다음 사업연도로 이월한다.

**답** ①

[2022년 7급 ] ★★

17. 법인세법령상 내국법인의 대손금의 손금불산입에 대한 설명으로 옳은 것은?

② 「채무자 회생 및 파산에 관한 법률」에 따른 회생계획

인가의 결정에 따라 회수불능으로 확정된 채권은 해당 사유가 발생한 날이 속하는 사업연도의 소득금액을 계산할 때 손금에 산입한다.

③ 채무보증(「법인세법 시행령」 제19조의2제6항에 정하는 채무보증은 제외)으로 인하여 발생한 구상채권은 해당 구상채권을 회수할 수 없는 사실이 확정된 날이 속하는 사업연도의 소득금액을 계산할 때 손금에 산입하지 아니한다.

④ 「법인세법」 제19조의2제1항에 따라 손금에 산입한 대손금을 그 다음 사업연도에 회수한 경우 그 회수금액은 해당 대손금의 회수일이 속하는 사업연도에 익금 산입한다.

답 ①

---

[2012년 9급] ★★

18. 「법인세법」상 조세의 부담을 부당히 감소시킨 것으로 인정되는 경우에 해당하지 않는 것은?

④ 법인이 부여한 주식매수선택권의 행사로 주식을 양도하는 경우 또는 주식매수선택권 등의 행사·지급에 따라 자금을 대여하는 경우는 부당행위계산의 부인 유형에 해당하지 않는다.

답 ④

---

[2012년 9급] ★★

19. 「법인세법」상 외국법인의 과세에 대한 설명으로 옳지 않은 것은?

④ 외국법인이 국내에 있는 자산을 증여받아 생기는 소득은 외국법인의 국내원천소득에 해당한다.

답 ④

---

[2009년 9급] ★★

20. 「법인세법」상 합병법인이 피합병법인으로부터 이월결손금을 승계받아 공제할 수 있는 요건으로 옳지 않은 것은?

① 합병법인이 피합병법인으로부터 자산을 피합병법인의 장부가액으로 승계받은 경우(적격합병의 경우)에 이월결손금을 승계받을 수 있다.

☞ 적격합병은 동일성이 유지되기에 피합병법인의 미실현이익 등을 과세하지 않는다. 합병법인의 합병매수차익을 과세하지 않기 위해서는 '장부가액'으로 승계받아야 한다.

☞ 적격합병이 아닌 경우 피합병법인의 동일성이 유지되지 않기에 합병될 때 처분된 것으로 보아 피합병법인의 미실현이익 등을 과세하여야 한다. 합병법인의 합병매수차익을 과세하기 위해서는 치합병법인의 자산을 시가에 의하여 승계해야 한다.(순자산의 시가−지급한 양도가액=합병매수차익)

☞ 이월결손금은 동일성이 유지되는 적격합병의 경우 승계받을 수 있다. 따라서 합병법인이 피합병법인의 자산을 장부가액으로 승계받은 경우에 이월결손금을 승계받을 수 있는 것이다.

답 ①

## 💡 법인세법 세목별2

**1.** 법인세법상 납세의무자에 대한 설명으로 옳은 것은 모두 몇 개인가?

> • 영리외국법인은 토지 등 양도소득에 대한 법인세 납세의무는 있지만 청산소득에 대한 법인세 납세의무는 없다.
> • 비영리외국법인은 국내원천소득 중 수익사업에서 생기는 소득에 대해 법인세 납세의무가 있다.
> • 비영리내국법인은 토지 등 양도소득에 대한 법인세 납세 의무는 있지만 투자·상생 협력 촉진을 위한 과세특례를 적용한 법인세 납세의무는 없다.
> • 연결법인은 각 연결사업연도의 소득에 대한 법인세(각 연결법인의 토지 등 양도소득에 대한 법인세와 투자·상생협력 촉진을 위한 과세특례를 적용한 법인세 포함)를 연대하여 납부할 의무가 있다.
> • 외국의 정부 및 지방자치단체는 비과세법인에 해당하므로 법인세 납세의무가 없다.

① 2개      ② 3개
③ 4개      ④ 5개

**2.** 「법인세법」상 사업연도에 대한 설명으로 옳지 않은 것은?

① 사업연도는 법령이나 법인의 정관 등에서 정하는 1회계기간으로 한다. 다만, 그 기간은 1년을 초과하지 못한다.
② 국내사업장이 없는 외국법인으로서 부동산 운영으로 인하여 발생한 소득 또는 국내 자산의 양도소득이 있는 법인은 따로 사업연도를 정하여 그 소득이 최초로 발생하게 된 날부터 3개월 이내에 납세지 관할 세무서장에게 사업연도를 신고하여야 한다.
③ 사업연도를 변경하려는 법인은 그 법인의 직전 사업연도 종료일부터 3개월 이내에 법령으로 정하는 바에 따라 납세지 관할 세무서장에게 이를 신고하여야 한다.
④ 내국법인이 사업연도 중에 연결납세방식을 적용받는 경우에는 그 사업연도 개시일부터 연결사업연도 개시일의 전날까지의 기간을 1사업연도로 본다.

**3.** 「법인세법」상 내국법인의 익금의 계산에 대한 설명으로 옳은 것만을 모두 고르면?

> ㄱ. 손금에 산입하지 아니한 법인세를 환급받은 금액은 익금에 산입한다.
> ㄴ. 자본감소의 경우로서 그 감소액이 주식의 소각, 주금의 반환에 든 금액과 결손의 보전에 충당한 금액을 초과한 경우의 그 초과금액은 익금에 산입하지 않는다.
> ㄷ. 외국자회사로부터 받는 수입배당금액이 포함되어 있는 경우 그 외국자회사의 소득에 대하여 부과된 외국법인세액 중 그 수입배당금액에 대응하는 것으로서 세액공제의 대상이 되는 금액은 익금으로 본다.
> ㄹ. 채무의 면제로 인한 부채의 감소액 중 대통령령이 정하는 이월결손금을 보전하는 데에 충당한 금액은 익금에 산입하지 않는다.

① ㄱ, ㄴ      ② ㄱ, ㄷ
③ ㄷ, ㄹ      ④ ㄴ, ㄷ, ㄹ

**4.** 「법인세법」상 익금불산입 항목에 대한 설명으로 옳지 않은 것은?

① 주식의 포괄적 교환차익과 주식의 포괄적 이전차익은 내국법인의 각 사업연도 소득금액을 계산할 때 익금에 산입하지 아니한다.
② 자본감소의 경우로서 그 감소액이 주식의 소각, 주금의 반환에 든 금액과 결손의 보전에 충당한 금액을 초과한 경우의 그 초과금액은 내국법인의 각 사업연도 소득금액을 계산할 때 익금에 산입하지 아니한다.
③ 채무의 출자전환으로 액면금액 이상의 주식 등을 발행하는 경우에는 그 주식등의 시가를 초과하여 발행된 금액은 내국법인의 각 사업연도 소득금액을 계산할 때 익금에 산입하지 아니한다.
④ 부가가치세의 매출세액은 내국법인의 각 사업연도의 소득금액을 계산할 때 익금에 산입하지 아니한다.

**5.** 법인세법 상 영리내국법인 ㈜대한이 제10기 (2022.1.1.~12.31.) 사업연도에 수령한 수입배당금(「법인세법」에 따라 익금불산입이 배제되는 수입배당금은 아님) 중 익금불산입액은? [단, ㈜대한은 지주회사가 아니고, 제10기 사업연도에 지출한 차입금의 이자는 없으며, 보유 중인 주식은 모두 배당기준일 현재 1년 이상 보유한 것이다]

| 배당<br>지급법인 | 지분비율 | 수입배당금액 | 비고 |
|---|---|---|---|
| ㈜A | 99% | 3,000,000원 | 비상장내국법인 |
| ㈜B | 20% | 5,000,000원 | 상장내국법인 |
| ㈜C | 100% | 4,000,000원 | 비상장내국법인 |

① 6,400,000원

② 7,000,000원

③ 8,000,000원

④ 8,500,000원

**6.** 「법인세법」상 손금에 대한 설명으로 옳지 않은 것은?

① 결산을 확정할 때 잉여금의 처분을 손비로 계상한 금액은 손금으로 산입할 수 있다.

② 부도가 발생한 주권상장법인이 발행한 주식은 감액하여 손금으로 산입할 수 있다.

③ 재고자산으로서 파손.부패 등의 사유로 정상가격으로 판매할 수 없는 경우에는 감액하여 손금으로 산입할 수 있다.

④ 「기업구조조정 촉진법」에 따른 부실징후기업이 된 주권상장법인이 발행한 주식은 감액하여 손금으로 산입할 수 있다.

**7.** 법인세법령상 건설자금에 충당한 차입금의 이자에 대한 설명으로 옳지 않은 것은?

① 특정차입금에 대한 지급이자는 건설등이 준공된 날까지 이를 자본적 지출로 하여 그 원본에 가산하되, 특정차입금의 일시예금에서 생기는 수입이자는 원본에 가산하는 자본적 지출금액에서 차감한다.

② 특정차입금의 일부를 운영자금에 전용한 경우에는 그 부분에 상당하는 지급이자는 이를 손금으로 한다.

③ 특정차입금의 연체로 인하여 생긴 이자를 원본에 가산한 경우 그 가산한 금액은 이를 해당 사업연도의 자본적 지출로 하고, 그 원본에 가산한 금액에 대한 지급이자는 이를 손금으로 한다.

④ 건설자금에 충당한 차입금의 이자에서 특정차입금에 대한 지급이자를 뺀 금액으로서 대통령령으로 정하는 금액은 내국 법인의 각 사업연도의 소득금액을 계산할 때 손금에 산입해야 한다.

**8.** 「법인세법」상 접대비와 기부금에 대한 설명으로 옳은 것은?

① 영업자가 조직한 단체로서 법인이거나 주무관청에 등록된 조합 또는 협회에 지급한 회비는 접대비로 보아 한도 내에서 손금인정한다.

② 접대비를 지출(그 지출사실은 객관적으로 명백함)한 국외에서 현금 외 다른 지출수단이 없어 적격증빙을 갖추지 못한 경우에는 해당 국외 지출을 접대비로 보지 아니한다.

③ 법인이 새마을금고(특수관계인이 아님)에 정당한 사유 없이 자산을 정상가액보다 낮은 가액으로 양도한 경우 그 차액이 실질적으로 증여한 것으로 인정되는 금액은 지정기부금으로 의제하여 한도 내에서 손금산입한다.

④ 법인이 특수관계인에게 지정기부금을 금전 외의 자산으로 제공한 경우 해당 자산의 가액은 이를 제공한 때의 장부가액과 시가 중 큰 금액으로 한다.

**9.** 법인세법령상 내국법인의 자산의 취득가액과 평가에 관한 설명으로 옳은 것은?

① 재고자산의 평가방법을 신고한 법인이 그 평가방법을 변경하기 위하여 재고자산등 평가방법변경신고서를 납세지 관할세무서장에게 제출하려고 하는 경우에는 변경할 평가방법을 적용하고자 하는 사업연도의 종료일 이전 2월이 되는 날까지 제출하여야 한다.

② 유형자산의 취득과 함께 국.공채를 매입하는 경우 기업회계기준에 따라 그 국.공채의 매입가액과 현재가치의 차액을 당해 유형고정자산의 취득가액으로 계상했더라도 그 금액은 자산의 취득가액에 포함하지 아니한다.

③ 재고자산이 부패로 인해 정상가격으로 판매할 수 없게 된 경우 그 사유가 발생한 사업연도 종료일 현재의 처분가능한 시가로 자산의 장부가액을 감액할 수 있고 그 감액분을 신고조정을 통해 손금산입할 수 있다.

④ 매매를 목적으로 소유하는 재고자산인 부동산의 평가방법을 법령에 따른 기한 내에 신고하지 아니한 경우, 납세지 관할세무서장은 그 재고자산을 개별법에 의하여 평가한다.

**10.** 법인세법령상 취득일 또는 발생일(통화선도의 경우에는 계약체결일)의 「외국환거래규정」에 따른 매매기준율 또는 재정(裁定)된 매매기준율로 평가하는 방법을 선택하여 적용할 수 없는 것은? (단, 화폐성 외화자산·부채 및 통화선도는 법인세법령의 정의를 충족한다)

① 제조업을 영위하는 내국법인 (주)A가 화폐성외화자산 · 부채의 환위험을 회피하기 위하여 보유하는 통화선도

② 제조업을 영위하는 내국법인 (주)B가 보유하는 화폐성외화자산

③ 「은행법」에 의한 인가를 받아 설립된 내국법인 C 은행이 보유하는 통화선도

④ 「은행법」에 의한 인가를 받아 설립된 내국법인 D은행이 보유하는 화폐성외화부채

**11.** 법인세법령상 내국법인의 감가상각에 대한 설명으로 옳지 않은 것은? (단, 법인세법령상 해당 요건은 충족하고, 「법인세법」과 「조세특례제한법」에 따른 법인세 면제, 감면 및 감가상각특례는 고려하지 아니한다)

① 내국법인은 「법인세법 시행령」 제28조 제1항 제2호에 해당하는 감가상각자산에 대하여 한국채택국제회계기준을 최초로 적용하는 사업연도에 결산내용연수를 연장한 경우에는 기준내용연수에 기준내용연수의 100분의 25를 가감하는 범위에서 사업장별로 납세지 관할 지방국세청장의 승인을 받아 적용하던 내용연수를 연장할 수 있다.

② 내국법인이 각 사업연도에 지출한 수선비로서 개별 자산별로 600만 원 미만인 자본적 지출에 해당하는 금액을 해당 사업연도의 손비로 계상한 경우에는 상각계산의 기초가액을 계산할 때 해당 수선비를 자본적 지출액에 포함하여 상각범위액을 계산한다.

③ 내국법인이 기준내용연수(해당 내국법인에게 적용되는 기준내용연수를 말한다)의 100분의 50 이상이 경과된 자산을 다른 법인으로부터 취득한 경우에는 그 자산의 기준 내용연수의 100분의 50에 상당하는 연수와 기준내용연수의 범위에서 선택하여 납세지 관할 세무서장에게 신고한 연수를 내용연수로 할 수 있다.

④ 내국법인이 감가상각자산에 대하여 감가상각과 「법인세법」 제42조 제1항 제1호에 따른 평가증을 병행한 경우에는 먼저 감가상각을 한 후 평가증을 한 것으로 보아 상각범위액을 계산한다.

**12.** 법인세법령상 내국법인의 대손금에 대한 설명으로 옳지 않은 것은?

① 「민법」에 따른 소멸시효가 완성된 대여금은 해당 사유가 발생한 날이 속하는 사업연도의 손금으로 한다.

② 부도발생일부터 6개월 이상 지난 어음상의 채권(해당 법인이 채무자의 재산에 대하여 저당권을 설정하고 있는 경우는 제외한다)은 해당 사유가 발생한 날이 속하는 사업연도의 손금으로 한다.

③ 채무자의 파산으로 회수할 수 없는 채권은 해당 사유가 발생하여 손비로 계상한 날이 속하는 사업연도의 손금으로 한다.

④ 회수기일이 6개월 이상 지난 채권 중 채권가액이 30만 원 이하(채무자별 채권가액의 합계액을 기준으로 한다)인 채권은 해당 사유가 발생하여 손비로 계상한 날이 속하는 사업연도의 손금으로 한다.

**13.** 「법인세법」상 부당행위계산의 부인에 대한 설명으로 옳은 것을 모두 고른 것은?

> ㄱ. 법인이 특수관계인으로부터 무수익 자산을 2억 원에 매입한 경우에는 부당행위계산의 부인을 적용한다.
>
> ㄴ. 부당행위계산의 부인은 법인과 특수관계에 있는 자 간의 거래를 전제로 하며, 특수관계인 외의 자를 통하여 이루어진 거래는 이에 포함하지 않는다.
>
> ㄷ. 부당행위계산의 부인에서 특수관계의 존재 여부는 해당 법인과 법령이 정하는 일정한 관계에 있는 자를 말하며, 이 경우 해당 법인도 그 특수관계인의 특수관계인으로 본다.
>
> ㄹ. 부당행위계산의 부인을 적용할 때 시가가 불분명한 경우에는 「부동산가격공시 및 감정평가에 관한 법률」에 의한 감정평가법인이 감정한 가액과 「상속세 및 증여세법」에 따른 보충적 평가방법을 준용하여 평가한 가액 중 큰 금액을 시가로 한다.

① ㄱ, ㄴ      ② ㄱ, ㄷ

③ ㄴ, ㄹ      ④ ㄷ, ㄹ

**14.** 법인세법령상 부당행위계산의 부인에 대한 설명으로 옳지 않은 것은?

① 부당행위계산부인규정에 의하여 행위 또는 소득금액의 계산을 부인하려는 법인(부인대상법인)에 100분의 30 이상을 출자하고 있는 법인에 100분의 30 이상을 출자하고 있는 법인도 그 부인대상법인의 특수관계인에 해당한다.

② 특수관계인인 법인 간 합병에 있어서 불공정한 비율로 합병하여 합병에 따른 양도손익을 감소시킨 거래에 대해 부당행위계산으로 부인함에 있어서 특수관계인인 법인의 판정은 합병등기일이 속하는 사업연도의 전전 사업연도 개시일부터 합병등기일 전날까지의 기간에 의한다.

③ 시가보다 높은 가액으로 부동산을 매입한 거래를 부당행위계산으로 부인하기 위해서는 시가와 거래가액의 차액이 3억원 이상이거나 시가의 100분의 5에 상당하는 금액 이상인 경우이어야 한다.

④ 부당행위계산부인규정은 국내지점을 가진 외국법인의 소득금액 계산에 대해서도 준용한다.

**15.** 다음은 법인세법령상 중소기업에 해당하는 내국법인 (주)A의 제21기(2021.1.1.~2021.12.31.)와 제22기(2022.1.1.~2022.12.31.) 자료이다. (주)A가 제21기 법인세액의 환급을 신청하는 경우 제22기 법인세법령상 결손금 중 최대로 받을 수 있는 소급공제 결손금액은? (단, 결손금 소급공제에 따른 환급요건을 충족하며, 조세특례는 고려하지 않는다)

> (1) 제22기 「법인세법」상 결손금 600,000,000원
> (2) 제21기 「법인세법」상 과세표준 500,000,000원
> (3) 제21기 공제·감면된 법인세액 40,000,000원
> (4) 제21기 가산세액 5,000,000원
> (5) 제21기와 제22기에 적용되는 법인세율:과세표준 2억 원 이하 10%, 2억 원 초과 200억 원 이하분 20% [개정전 세율이나 편의상 적용]

① 100,000,000원

② 200,000,000원

③ 250,000,000원

④ 300,000,000원

**16.** 법인세법령상 내국법인의 각 사업연도 소득에 대한 비과세 및 소득공제에 대한 설명으로 옳은 것은?

① 공익신탁의 신탁재산에서 생기는 소득에 대하여는 각 사업연도 소득에 대한 법인세를 과세한다.

② 기업구조조정투자회사법 에 따른 기업구조조정투자회사가 법령으로 정하는 배당가능이익의 100분의 90 이상을 배당한 경우 그 금액은 해당 배당을 결의한 잉여금 처분의 대상이 되는 사업연도의 소득금액에서 공제한다.

③ 유동화전문회사 등에 대한 소득공제를 받으려는 법인은 소득 공제신청서를 배당일로부터 2주 이내에 본점 소재지 관할 세무서장에게 제출하여야 한다.

④ 배당을 지급하는 내국법인이 사모방식으로 설립되었고, 개인 2인이 발행주식총수의 100분의 95의 주식을 소유한 법인(개인에게 배당 및 잔여재산의 분배에 관한 청구권이 없는 경우는 제외)이 경우에는 유동화전문회사 등에 대한 소득공제 규정을 적용할 수 있다.

**17.** (주)대한은 「법인세법」에 따른 외국자회사(A국 소재)로부터 4천만 원의 배당금을 받았는데 당해 외국자회사의 해당 사업연도의 소득금액과 법인세액은 각각 1억 원과 2천만 원이다. (주)대한의 외국납부세액공제 또는 손금산입되는 외국법인세액은? (단, 외국자회사는 외국납부세액공제 대상이 되는 요건을 충족하며, 제시된 자료 이외는 고려하지 않는다)

① 8백만 원 　　　② 1천만 원
③ 1천2백만 원 　　④ 2천만 원

**18.** 「법인세법」상 내국법인(비영리법인은 제외)의 각 사업연도의 소득에 대한 과세표준과 세액의 신고에 대한 설명으로 옳지 않은 것은?

① 과세표준과 세액의 신고를 할 때에는 그 신고서에 기업회계 기준을 준용하여 작성한 개별 내국법인의 재무상태표를 첨부하여야 한다.

② 내국법인이 합병으로 해산하는 경우에 과세표준과 세액의 신고를 할 때에는 그 신고서에 합병등기일 현재의 피합병법인의 재무상태표와 합병법인이 그 합병에 따라 승계한 자산 및 부채의 명세서를 첨부하여야 한다.

③ 과세표준과 세액의 신고를 할 때에는 그 신고서에 세무조정계산서를 첨부하여야 한다.

④ 「주식회사 등의 외부감사에 관한 법률」에 따라 감사인에 의한 감사를 받은 내국법인의 성실신고확인서는 과세표준과 세액을 신고할 때 반드시 제출해야 하는 서류에 해당한다.

**19.** 법인세법 상 연결납세제도에 대한 설명으로 옳은 것만을 모두 고른 것은?

ㄱ. 다른 내국법인을 완전지배하는 내국법인이 비영리내국 법인인 경우에도 연결납세제도가 적용된다.

ㄴ. 연결자법인이 다른 연결법인에 흡수합병되어 해산하는 경우에는 해산등기일이 속하는 연결사업연도에 연결납세 방식을 적용할 수 없다.

ㄷ. 연결법인은 연결납세방식의 적용을 포기할 수 있지만, 연결납세방식을 최초로 적용받은 연결사업연도와 그 다음 연결사업연도의 개시일부터 4년 이내에 끝나는 연결사업 연도까지는 연결납세방식의 적용을 포기할 수 없다.

ㄹ. 연결모법인과 그 법인의 완전자법인이 보유한 다른 내국법인의 주식등의 합계가 그 다른 내국법인 발행주식 총수의 전부( 근로복지기본법 제2조 제4호에 따른 우리 사주조합을 통하여 근로자가 취득한 주식 등 대통령령으로 정한 주식으로서 발행주식총수의 100분의 5 이내의 주식은 제외함)인 경우에도 연결납세제도를 적용할 수 있기 위한 요건으로서의 완전지배관계가 인정된다.

① ㄱ, ㄴ 　　　② ㄱ, ㄹ
③ ㄴ, ㄷ 　　　④ ㄷ, ㄹ

**20.** 법인세법 상 내국법인의 청산소득에 대한 설명으로 옳지 않은 것은?

① 비영리내국법인은 어떠한 경우라도 청산소득에 대한 법인세의 납세의무를 지지 않는다.

② 합병이나 분할에 의한 해산하는 내국법인을 제외한 내국법인이 해산한 경우 그 청산소득의 금액은 그 법인의 해산에 의한 잔여재산의 가액에서 해산등기일 현재의 자본금 또는 출자금과 잉여금의 합계액을 공제한 금액으로 한다.

③ 내국법인의 해산에 의한 청산소득의 금액을 계산할 때 그 청산 기간에 국세기본법 에 따라 환급되는 법인세액이 있는 경우 이에 상당하는 금액은 그 법인의 해산등기일 현재의 자기 자본의 총액에는 포함되지 아니한다.

④ 특별법에 따라 설립한 법인이 그 특별법의 개정으로 인하여 상법에 따른 회사로 조직변경하는 경우에는 청산소득에 대한 법인세를 과세하지 아니한다.

# 법인세법 세목별2

[2017년 7급] ★★
## 1. 법인세법상 납세의무자에 대한 설명으로 옳은 것은 모두 몇 개인가?

③ 외국의 정부 및 지방자치단체는 비과세법인이 아니다. 비영리법인에 해당하여 국내원천소득 중 수익사업소득과 토지등 양도소득에 대한 법인세 납세의무가 있다.

답③

[2013년 7급] ★★
## 2. 「법인세법」상 사업연도에 대한 설명으로 옳지 않은 것은?

② 국내사업장이 없는 외국법인으로서 부동산 운영으로 인하여 발생한 소득 또는 국내 자산의 양도소득이 있는 법인은 따로 사업연도를 정하여 그 소득이 최초로 발생하게 된 날부터 1개월 이내에 납세지 관할 세무서장에게 사업연도를 신고하여야 한다.

답②

[2022년 9급] ★★
## 3. 「법인세법」상 내국법인의 익금의 계산에 대한 설명으로 옳은 것만을 모두 고르면?

④ ㄱ. 손금에 산입하지 아니한 법인세를 환급받은 금액은 익금에 산입하지 아니한다.

답④

[2021년 9급] ★★
## 4. 「법인세법」상 익금불산입 항목에 대한 설명으로 옳지 않은 것은?

③ 채무의 출자전환으로 액면금액 이상의 주식 등을 발행하는 경우에는 그 주식 등의 시가를 초과하여 발행된 금액은 채무면제이익에 해당하므로 익금에 해당된다.

답③

[2021년 7급] ★★
## 5. 법인세법 상 영리내국법인 ㈜대한이 제10기(2022.1.1. ~ 12.31.) 사업연도에 수령한 수입배당금(「법인세법」에 따라 익금불산입이 배제되는 수입배당금은 아님) 중 익금불산입액은? [단, ㈜대한은 지주회사가 아니고, 제10기 사업연도에 지출한 차입금의 이자는 없으며, 보유 중인

주식은 모두 배당기준일 현재 1년 이상 보유한 것이다]

• ㈜A 3,000,000원 × 50%(비상장 50% 이상) = 1,500,000원
• ㈜B 5,000,000원 × 30%(상장 30% 미만) = 1,500,000원
• ㈜C 4,000,000원 × 100%(비상장 100%) = 4,000,000원

답②

[2020년 9급] ★★
## 6. 「법인세법」상 손금에 대한 설명으로 옳지 않은 것은?

① 결산을 확정할 때 잉여금의 처분을 손비로 계상한 금액은 손금으로 산입할 수 없다.

☞ 법인세법상 자본거래와 관련된 금액은 손금불산입 항목으로 한다.

답①

[2020년 7급] ★★
## 7. 법인세법령상 건설자금에 충당한 차입금의 이자에 대한 설명으로 옳지 않은 것은?

④ 건설자금에 충당한 차입금의 이자에서 특정차입금에 대한 지급이자를 뺀 금액으로서 대통령령으로 정하는 금액은 내국법인의 각 사업연도의 소득금액을 계산할 때 손금에 산입하지 아니할 수 있다.

☞ 건설자금에 충당한 차입금의 이자 총액에서 특정차입금에 대한 지급이자를 뺀 금액은 '일반차입금이자'이다. 이런 일반차입금 이자는 법인의 선택에 다라 손금에 산입하거나 취득원가에 산입할 수 있다.

답④

[2017년 9급] ★★
## 8. 「법인세법」상 접대비와 기부금에 대한 설명으로 옳은 것은?

① 영업자가 조직한 단체로서 법인이거나 주무관청에 등록된 조합·협회에 지급한 일반회비는 손금으로 인정한다.

☞ 특별회비와 임의단체에 대한 협회비·조합비는 지정기부금으로 본다.(법정기부금/지정기부금 단체가 아닌 경우 비지정기부금)

② 지출사실이 객관적으로 명백한 국외에서 현금 외 다른 지출수단이 없어 적격증빙을 갖추지 못한 경우에도 국외 지출을 접대비로 본다.

③ 새마을금고에 대한 기부금은 비지정기부금으로 본다.

**답** ④

[2018년 9급] ★★

9. 법인세법령상 내국법인의 자산의 취득가액과 평가에 관한 설명으로 옳은 것은?

① 재고자산의 평가방법을 신고한 법인이 그 평가방법을 변경하기 위하여 재고자산등 평가방법변경신고서를 납세지 관할세무서장에게 제출하려고 하는 경우에는 변경할 평가방법을 적용하고자 하는 사업연도의 종료일 이전 3월이 되는 날까지 제출하여야 한다.

② 유형고정자산의 취득과 함께 국·공채를 매입하는 경우 기업회계기준에 따라 그 국·공채의 매입가액과 현재가치의 차액을 당해 유형고정자산의 취득가액으로 계상한 금액은 취득가액에 포함한다.

③ 재고자산이 부패로 인해 정상가격으로 판매할 수 없게 된 경우 그 사유가 발생한 사업연도 종료일 현재의 처분가능한 시가로 자산의 장부가액을 감액할 수 있고 감액분을 결산조정을 통해 손금산입할 수 있다.

**답** ④

[2022년 7급]

10. 법인세법령상 취득일 또는 발생일(통화선도의 경우에는 계약체결일)의 「외국환거래규정」에 따른 매매기준율 또는 재정(裁定)된 매매기준율로 평가하는 방법을 선택하여 적용할 수 없는 것은? (단, 화폐성외화자산·부채 및 통화선도는 법인세법령의 정의를 충족한다)

④ 은행이 보유하고 있는 화폐성외화부채는 사업연도 종료일의 매매기준율 등으로 평가해야한다.

☞ 외국환 업무를 영위하는 은행을 외국환은행이라고 한다. 은행은 화폐성외화부채의 규모가 매우 크고 거래가 빈번하다. 따라서 사업연도 종료일로 평가하지 않으면 외환차손익에 의하여 연간 소득이 심각하게 왜곡될 수 있다.

**답** ④

[2019년 7급] ★★

11. 법인세법령상 내국법인의 감가상각에 대한 설명으로 옳지 않은 것은? (단, 법인세법령상 해당 요건은 충족하고, 「법인세법」과 「조세특례제한법」에 따른 법인세 면제, 감면 및 감가상각특례는 고려하지 아니한다)

② 내국법인이 각 사업연도에 지출한 수선비로서 개별 자산별로 600만 원 미만인 자본적 지출에 해당하는 금액을 해당 사업연도의 손비로 계상한 경우에는 즉시상각의제 규정을 적용받지 않으므로 감가상각비로 보지 않고 손금에 산입한다.

**답** ②

[2018년 7급] ★★

12. 법인세법령상 내국법인의 대손금에 대한 설명으로 옳지 않은 것은?

② 부도발생일부터 6개월 이상 지난 어음상의 채권(해당 법인이 채무자의 재산에 대하여 저당권을 설정하고 있는 경우는 제외한다)은 해당 사유가 발생하여 결산에 반영한 날이 속하는 사업연도의 손금으로 한다.

**답** ③

[2015년 9급] ★★

13. 「법인세법」상 부당행위계산의 부인에 대한 설명으로 옳은 것을 모두 고른 것은?

ㄴ. 부당행위계산부인은 법인과 특수관계에 있는 자 간의 거래를 전제로 하며, 특수관계인 외의 자를 통하여 이루어진 거래는 이에 포함한다.

☞ 특수관계인 외의 자를 통하여 이루어진 거래를 포함하지 않는 경우 탈세를 원하는 납세자들은 중간에 제3자 법인등을 만들어 부당행위계산부인규정을 피해갈 것이다. (특수관계자-제3자법인-특수관계자) 이러한 행위를 막기 위해 특수관계인 외의 자를 통하여 이루어진 거래를 포함하는 것이다.

ㄹ. 부당행위계산 규정에서 시가를 적용함에 있어서 시가가 불분명한 경우에는 부동산가격공시 및 감정평가에 관한 법률에 의한 감정평가법인이 감정한 가액을 우선적으로 적용하고, 해당 가액이 없는 경우 상속세 및 증여세법 보충적 평가방법을 준용하여 평가한 가액을 시가로 한다.

☞ 즉, 둘 중 큰 금액을 적용하는 것이 아니고 감정평

가액, 보충적 평가방법으로 순차적으로 적용한다.

답 ②

[2018년 9급] ★★

**14. 법인세법령상 부당행위계산의 부인에 대한 설명으로 옳지 않은 것은?**

② 특수관계인인 법인 간 합병에 있어서 불공정한 비율로 합병하여 합병에 따른 양도손익을 감소시킨 거래에 대해 부당행위계산으로 부인함에 있어서 특수관계인인 법인의 판정은 합병등기일이 속하는 사업연도의 직전 사업연도 개시일부터 합병등기일까지의 기간에 의한다.

답 ②

[2022년 7급] ★

**15. 다음은 법인세법령상 중소기업에 해당하는 내국법인 (주)A의 제21기(2021.1.1.~2021.12.31.)와 제22기 (2022.1.1.~2022.12.31.) 자료이다. (주)A가 제21기 법인세액의 환급을 신청하는 경우 제22기 법인세법령상 결손금 중 최대로 받을 수 있는 소급공제 결손금액은? (단, 결손금 소급공제에 따른 환급요건을 충족하며, 조세특례는 고려하지 않는다)**

② 환급세액 = min(㉠8천 , ㉡4천 ) = 4천
4천 만원을 공제하기 위한 소급공제 결손금액

☞ 40,000,000 = (500,000,000 − X) × 기본세율
X=200,000,000

㉠ 직전 사업연도 법인세 산출세액−(직전 사업연도 법인세 과세표준−소급공제 결손금액)×직전 사업연도 법인세율

500,000,000×20% − 20,000,000 = 80,000,000원

−(500,000,000−600,000,000)×20% =0원(마이너스 인정x)

= 80,000,000

㉡ 직전 사업연도 법인세 산출세액 − 직전 사업연도 공제감면세액

80,000,000 − 40,000,000 = 40,000,000

답 ②

[2021년 7급] ★★

**16. 법인세법령상 내국법인의 각 사업연도 소득에 대한 비과세 및 소득공제에 대한 설명으로 옳은 것은?**

① 공익신탁의 이익은 비과세대상에 해당된다.

③ 과세표준신고와 함께 기획재정부령으로 정하는 소득공제신청서를 납세지 관할 세무서장에게 제출하여야 한다.

④ 사모방식으로 설립하고 개인 2인 이하 또는 개인 1인 및 친족이 지분의 95% 이상을 소유하고 있는 경우에는 배당소득공제를 적용하지 않는다.

답 ②

[2020년 9급] ★★

**17. (주)대한은 「법인세법」에 따른 외국자회사(A국 소재)로부터 4천만 원의 배당금을 받았는데 당해 외국자회사의 해당 사업연도의 소득금액과 법인세액은 각각 1억 원과 2천만 원이다. (주)대한의 외국납부세액공제 또는 손금산입되는 외국법인세액은? (단, 외국자회사는 외국납부세액공제 대상이 되는 요건을 충족하며, 제시된 자료 이외는 고려하지 않는다)**

(1) 외국자회사의 법인세 차감 후 이익은 8천만원 (1억원−법인세액 2천만원)이다.

(2) 법인세 차감 후 이익에 대한 법인세 비율은 25%(2천만원/8천만원)이다.

(3) 4천만원의 배당금에서 법인세가 차지하는 금액은 25%인 1천만원이다.

*외국납부세액공제 또는 손금산입되는 외국법인세액은 배당금에 반영되어 있는 법인세액을 기준으로 한다. 외국자회사는 법인세 차감 후 이익은 8천만원 중 절반을 배당하였고, 이 절반의 배당금에는 과세된 법인세 2천만원 중 절반인 1천만원이 반영되어 있다.

답 ②

[2021년 9급] ★★

**18. 「법인세법」상 내국법인(비영리법인은 제외)의 각 사업연도의 소득에 대한 과세표준과 세액의 신고에 대한 설명으로 옳지 않은 것은?**

내국법인의 필수첨부서류는 재무상태표, 포괄손익계산서, 이익잉여금처분계산서(또는 결손금처리계산서), 세무조정계산서이다. 따라서 성실신고확인서는 필수첨부서류

에 해당하지 않는다.

답 ④

[2015년 7급] ★★

19. 법인세법 상 연결납세제도에 대한 설명으로 옳은 것만을 모두 고른 것은?

ㄱ. 다른 내국법인을 완전지배하는 내국법인이 비영리내국법인인 경우에는 연결납세제도가 적용되지 아니한다.

☞ 다음의 법인은 완전모법인이 될 수 없다.
  1. 비영리내국법인
  2. 다른 내국법인(비영리내국법인은 제외한다)으로부터 완전지배를 받는 법인
  3. 해산으로 청산 중인 법인
  4. 유동화전문회사 등에 대한 소득공제를 적용받는 법인
  5. 동업기업과세특례를 적용하는 법인
  6. 해운기업에 대한 법인세 과세표준계산특례를 적용하는 법인

ㄴ. 연결자법인이 다른 연결법인에 흡수합병되어 해산하는 경우에는 해산등기일이 속하는 연결사업연도에 연결납세방식을 적용할 수 있다.

☞ 연결모법인의 완전 지배를 받지 아니하게 되거나 해산한 연결자법인은 해당 사유가 발생한 날이 속하는 연결사업연도의 개시일부터 연결납세방식을 적용하지 아니한다. 다만, 위와 같이 다른 연결법인에 흡수합병되어 해산하는 경우에는 연결납세방식을 적용할 수 있다. 같은 연결그룹내에서 흡수합병되는 것이기 때문이다.

답 ④

[2013년 7급] ★★

20. 법인세법 상 내국법인의 청산소득에 대한 설명으로 옳지 않은 것은?

③ 내국법인의 해산에 의한 청산소득의 금액을 계산할 때 그 청산기간에 「국세기본법」에 따라 환급되는 법인세액이 있는 경우 이에 상당하는 금액은 그 법인의 해산등기일 현재의 자기 자본의 총액에 가산한다.

답 ③

# 03

# 전체범위 기출문제

# 1회 기출문제

**1.** 「국세기본법」상 수정신고에 대한 설명으로 옳지 않은 것은?

① 소득세법 제73조 제1항제1호(근로소득만 있는 자)에 따라 소득세 과세표준확정신고의무가 면제되는 자는 수정신고를 할 수 있는 자에 해당한다.

② 적법한 수정신고를 하였더라도 그 신고로 인하여 납세의무확정효력이 발생하지 않는 경우도 있다.

③ 과세표준신고액에 상당하는 세액을 자진납부하는 국세에 관하여 수정신고를 한 자는 과소신고세액 등을 추가로 납부하여야 하는데 이를 납부하지 않은 경우에는 수정신고에 따른 과소신고가산세를 감면해주지 않는다.

④ 납세자의 과소신고에 대해 관할 세무서장이 해당 세법에 따라 과세표준과 세액을 경정하여 통지한 경우 그 경정통지한 부분에 대해서는 수정신고를 할 수 없다.

**2.** 「국세기본법」상 가산세에 대한 설명으로 옳지 않은 것은?

① 원천징수납부 불성실 가산세가 부과되는 부분에 대해서는 납부지연가산세를 별도로 부과하지 아니한다.

② 가산세는 납부할 세액에 가산하거나 환급받을 세액에서 공제한다.

③ 과세기간을 잘못 적용하여 소득세를 신고납부한 경우, 그 신고가 「국세기본법」상 부정행위로 인한 무신고등에 해당하지 않는 한, 실제 신고납부한 날에 실제 신고납부한 금액의 범위에서 당초 신고납부하였어야 할 과세기간에 대한 국세를 자진납부한 것으로 보아 납부지연가산세를 계산한다.

④ 국가가 가산세를 납부하는 경우는 없다.

**3.** 「국세기본법령」상 조세불복제도에 대한 설명으로 옳은 것은? (다툼이 있는 경우, 판례에 의한다)

① 불복을 하더라도 압류 및 공매의 집행에 효력을 미치지 아니하는 것이 원칙이다.

② 조세범 처벌절차법에 따른 통고처분에 대해서는 불복할 수 없다.

③ 심판청구에 대한 재조사결정의 취지에 따른 후속 처분이 심판청구를 한 당초 처분보다 납세자에게 불리하더라도 불이익변경금지원칙이 적용되지 아니하므로 후속 처분 중 당초 처분의 세액을 초과하는 부분은 위법하지 않다.

④ 국세청장이 심사청구의 내용이나 절차가 국세기본법 또는 세법에 적합하지 아니하여 20일 이내의 기간을 정하여 보정을 요구한 경우 보정기간은 심사청구기간에 산입하지 아니하나 심사청구에 대한 결정기간에는 산입한다.

**4.** 법인으로 보는 단체 등에 대한 설명으로 옳지 않은 것은?

① 국세기본법에 따른 법인으로 보는 단체는 법인세법상 비영리내국법인에 해당한다.

② 소득세법상 법인으로 보는 단체 외의 법인 아닌 단체에 해당하는 국외투자기구를 국내원천소득의 실질귀속자로 보는 경우 그 국외투자기구는 1 비거주자로서 소득세를 납부할 의무를 진다.

③ 국세기본법상 2020년 1월 1일 이후 성립하는 납세의무부터 전환 국립대학 법인이 해당 법인의 설립근거가 되는 법률에 따른 교육·연구 활동에 지장이 없는 범위 외의 수익사업을 하는 경우의 납세의무를 적용할 때에는 전환 국립대학 법인을 별도의 법인으로 보지 아니하고 국립대학 법인으로 전환되기 전의 국립학교 또는 공립학교로 본다.

④ 국세기본법에 따라 법인으로 보는 단체의 국세에 관한 의무는 그 대표자나 관리인이 이행하여야 한다.

**5.** 「국세기본법」상 심판청구제도에 대한 설명으로 옳지 않은 것은?

① 담당 조세심판관 외의 조세심판원 소속 공무원은 조세심판원장의 명에 따라 심판청구인의 장부나 서류의 제출을 요구할 수 있다.

② 심판청구는 국세기본법 시행령으로 정하는 바에 따라 불복의 사유 등이 기재된 심판청구서를 그 처분을 하였거나 하였어야 할 세무서장을 거쳐 조세심판원장에게 제출 하여야 한다.

③ 심판청구인 또는 처분청은 국세기본법 시행령으로 정하는 바에 따라 해당 재결청에 의견을 진술할 수 있다.

④ 청구기간이 지난 후에 심판청구를 받은 경우에는 조세심판관 회의의 심리를 거치지 않고 주심조세심판관이 심리하여 결정할 수 있다.

**6.** 「국세징수법」상 관허사업의 제한에 관한 설명으로 옳지 않은 것은?

① 납세자에게 공시송달의 방법으로 납부고지된 때에는 납세자가 국세를 체납하였더라도 세무서장은 허가 등을 요하는 사업의 주무관서에 그 허가 등을 하지 아니할 것을 요구할 수 없다.

② 국세의 체납을 이유로 세무서장이 허가 등을 요하는 사업의 주무관서에 관허사업의 제한을 요구한 후 납세자가 당해 국세를 납부하더라도 세무서장이 그 관허사업의 제한 요구를 반드시 철회하여야 하는 것은 아니다.

③ 허가 등을 받아 사업을 경영하는 자가 해당 사업과 관련된 소득세, 법인세 및 부가가치세를 3회 이상 체납한 경우로서 그 체납액이 500만 원 이상인 때에는 법령이 정하는 예외사유에 해당하지 않는 한 세무서장은 그 주무관서에 사업의 정지 또는 허가 등을 취소를 요구할 수 있다.

④ 세무서장의 적법한 관허사업의 제한 요구가 있는 때에 당해 주무관서는 정당한 사유가 없는 한 이에 따라야 한다.

**7.** 국세징수절차에 대한 설명으로 옳지 않은 것은?

① 세무서장은 납세자가 체납액 중 국세만을 완납하여 강제징수비를 징수하려는 경우 강제징수비의 징수와 관계되는 국세의 과세기간, 세목, 강제징수비의 금액, 산출 근거, 납부하여야 할 기한 및 납부장소를 적은 강제징수비고지서를 납세자에게 발급하여야 한다.

② 납부고지서는 징수결정 즉시 발급하여야 한다. 다만, 법에 따라 납부고지를 유예한 경우 유예기간이 끝난 날의 다음 날에 발급한다.

③ 세무서장은 납부하여야 할 기한을 납부고지를 하는 날부터 30일 이내의 범위로 정한다.

④ 연대납세의무자에게 납세의 고지에 관한 서류를 송달할 때에는 그 대표자를 명의인으로 하며, 대표자가 없을 때에는 연대납세의무자 중 국세를 징수하기에 유리한 자를 명의인으로 한다.

**8.** 부가가치세법상 일반과세자의 과세표준에 대한 설명으로 옳지 않은 것은?

① 사업자가 재화 또는 용역을 공급하고 그 대가로 받은 금액에 부가가치세가 포함되어 있는지가 분명하지 아니한 경우에는 그 대가로 받은 금액에 110분의 100을 곱한 금액을 공급가액으로 한다.

② 재화의 수입에 대한 부가가치세의 과세표준은 그 재화에 대한 관세의 과세가격과 관세, 개별소비세, 주세, 교육세, 농어촌특별세 및 교통·에너지·환경세를 합한 금액으로 한다.

③ 사업자가 고객에게 매출액의 일정 비율에 해당하는 마일리지를 적립해 주고, 향후 그 고객이 재화를 공급받고 그 대가의 전부를 자기적립마일리지로 결제하는 경우 해당 마일리지는 과세표준에 포함한다.

④ 재화공급의 대가로 외국통화를 받고 이를 법률에 따른 재화의 공급시기가 되기 전에 원화로 환가한 경우에는 환가한 금액을 공급가액으로 한다.

9. 「부가가치세법」상 간이과세자에 관한 설명으로 옳지 않은 것은?

① 간이과세자의 부가가치세 납부세액 계산에서 과세표준이 되는 공급대가는 거래징수한 부가가치세가 포함된 개념이다.

② 간이과세자가 다른 사업자로부터 세금계산서등을 발급받아 매입처별 세금계산서합계표 또는 신용카드매출전표등 수령명세서를 납세지 관할 세무서장에게 제출하는 경우에는 세금계산서등을 발급받은 재화와 용역의 공급대가에 0.5퍼센트를 곱한 금액을 해당 과세기간에 대한 납부세액에서 공제한다.

③ 간이과세자의 부가가치세 신고의무 및 납부의무는 확정신고에 대한 신고납부의무만 있으므로 예정부과기간에 대한 부가가치세를 신고하는 경우는 없다.

④ 신규로 사업을 시작하는 간이과세자가 하는 최초의 과세기간 중에 있는 자 또는 간이과세자가 발급받은 세금계산서 또는 영수증을 보관한 때에는 「부가가치세법」에 의한 기장의무를 이행한 것으로 본다.

10. 「부가가치세법」상 사업장에 관한 설명으로 옳지 않은 것은?

① 부가가치세는 사업장마다 신고·납부하는 것을 원칙으로 한다.

② 광업에 있어서 광업사무소가 광구 안에 있는 때에는 광업사무소의 소재지를 사업장으로 한다.

③ 제조업에 있어서 따로 제품의 포장만을 하거나 용기에 충전만을 하는 장소도 사업장이 될 수 있다.

④ 건설업과 운수업에 있어서는 사업자가 법인인 경우에는 당해 법인의 등기부상 소재지를 사업장으로 한다.

11. 부가가치세법령상 홍길동은 과세사업과 면세사업을 겸영하고 있는데 과세사업과 면세사업으로 실지귀속을 구분할 수 없는 2018년 제2기의 공통매입세액은 1천만 원이다. 홍길동의 2018년 제1기와 제2기의 과세 및 면세사업의 공급가액은 다음과 같다. 공통매입세액 중 2018년 제2기 과세기간에 공제받을 수 있는 금액은? (단, 매입세액의 공제요건은 충족하고, 2018년 제2기 중 공통으로 사용되는 재화를 공급한 것은 없다)

| 구분 | 2018년 제1기 | 2018년 제2기 | 합계 |
|---|---|---|---|
| 과세사업 | 8천만 원 | 4천만 원 | 1억 2천만 원 |
| 면세사업 | 2천만 원 | 6천만 원 | 8천만 원 |
| 합계 | 1억 원 | 1억 원 | 2억 원 |

① 2백만 원      ② 4백만 원
③ 6백만 원      ④ 8백만 원

12. 「법인세법」상 법인 및 과세소득에 대한 설명으로 옳지 않은 것은?

① 외국의 정부는 비영리외국법인에 해당한다.

② 신탁재산에 귀속되는 소득은 그 신탁의 이익을 받을 수익자가 특정되지 아니하였다 하여도, 수익자가 해당 신탁재산을 가진 것으로 보고 「법인세법」을 적용한다.

③ 「민법」 제32조에 따라 설립된 법인으로서 국내에 주사무소를 둔 법인은 비영리내국법인에 해당한다.

④ 비영리내국법인이 신주인수권의 양도로 생기는 수입에 대하여는 법인세를 부과한다.

13. 제조업을 영위하는 (주)한국이 유가증권(A주식)과 관련된 거래를 다음과 같이 적절하게 회계처리한 경우 2019년 및 2020년에 유보(또는 △유보)로 소득처분 할 금액(순액)은? (단, ㈜한국의 사업연도는 1월 1일부터 12월 31일까지이다)

○ 2019년 중 특수관계인인 개인으로부터 시가 1,000,000원인 유가증권(A주식)을 900,000원에 매입하여 장부에 매입 가액으로 계상하였다.
○ 2019년 말 유가증권(A주식)의 시가는 1,200,000원이며, 300,000원의 평가이익을 장부에 계상하였다.
○ 2020년 중 2019년에 취득한 유가증권(A주식)을 1,300,000원에 매각하면서 처분이익 100,000원을 장부에 계상 하였다.

| | 2019년 | 2020년 |
|---|---|---|
| ① | 유보 200,000원 | △유보 200,000원 |
| ② | △유보 200,000원 | 유보 200,000원 |
| ③ | 유보 300,000원 | △유보 300,000원 |
| ④ | △유보 300,000원 | 유보 300,000원 |

14. 법인세법령상 내국법인의 감가상각에 대한 설명으로 옳지 않은 것은?

① 법인이 손비로 계상한 감가상각비가 2,000만 원이고 상각범위액이 2,400만 원인 경우, 그 차액에 해당하는 400만 원은 그 후 사업연도의 상각부인액에 충당한다.
② 내국법인이 감가상각자산을 취득하기 위하여 지출한 금액을 손비로 계상한 경우에는 해당 사업연도의 소득금액을 계산할 때 감가상각비로 계상한 것으로 보아 상각범위액을 계산한다.
③ 법인이 감가상각자산에 대하여 감가상각과 평가증을 병행한 경우에는 먼저 감가상각을 한 후 평가증을 한 것으로 보아 상각범위액을 계산한다.
④ 법인이 각 사업연도에 개별자산별로 수선비로 지출한 금액이 600만 원 미만인 경우로서 그 수선비를 해당 사업연도의 손비로 계상한 경우에는 자본적 지출에 포함하지 않는다.

15. 「법인세법」상 납세지에 대한 설명으로 옳은 것은?

① 내국법인의 본점 등의 소재지가 등기된 주소와 동일하지 아니한 경우 관할지방국세청장이나 국세청장은 그 법인의 납세지를 지정할 수 있다.
② 납세지가 변경된 법인이 「부가가치세법」의 규정에 의하여 그 변경된 사실을 신고한 경우에도 「법인세법」의 규정에 의한 변경신고를 하여야 한다.
③ 법인세에 대한 원천징수의무자가 거주자인 경우 원천징수한 법인세의 납세지는 사업장의 유무에 상관없이 당해 거주자의 주소지 또는 거소지로 한다.
④ 법인으로 보는 단체의 납세지는 관할지방국세청장이 지정하는 장소로 한다.

16. 법인세법상 대손금과 대손충당금에 대한 설명으로 옳지 않은 것은?

① 대손충당금을 손금으로 계상한 내국법인은 대손금이 발생한 경우 그 대손금을 대손충당금과 먼저 상계하여야 하고, 상계 후 남은 대손충당금의 금액은 다음 사업연도의 소득금액계산에 있어서 이를 익금에 산입한다.
② 내국법인이 기업회계기준에 따른 채권의 재조정에 따라 채권의 장부가액과 현재가치의 차액을 대손금으로 계상한 경우에는 이를 손금에 산입하며, 손금에 산입한 금액은 기업회계기준의 환입방법에 따라 익금에 산입한다.
③ 법인이 다른 법인과 합병하는 경우로서 결산조정사항에 해당하는 대손금을 합병등기일이 속하는 사업연도까지 손금으로 계상하지 아니한 경우 그 대손금은 해당 법인의 합병등기일이 속하는 사업연도의 손금으로 한다.
④ 채무보증(법령으로 정하는 일정한 채무보증은 제외)으로 인하여 발생한 구상채권에 대하여는 주채무자에 대해 구상권을 행사한 결과 무재산 등으로 회수할 수 없는 경우에 대손처리할 수 있다.

**17.** 「소득세법」상 납세의무의 범위에 대한 설명으로 옳지 않은 것은?

① 상속에 따라 피상속인의 소득금액에 대해서 과세하는 경우에는 그 상속인이 납세의무를 진다.

② 증여 후 양도행위의 부인규정에 따라 증여자가 자산을 직접 양도한 것으로 보는 경우에 증여받은 자는 그 양도소득에 대한 납세의무를 지지 않는다.

③ 원천징수되는 소득으로서 「소득세법」 제14조제3항에 따른 종합소득과세표준에 합산되지 않는 소득이 있는 자는 그 원천징수되는 소득세에 대해서 납세의무를 진다.

④ 신탁재산에 귀속되는 소득이 그 신탁의 수익자에게 귀속되는 경우에는 신탁의 위탁자는 그 신탁재산에 귀속되는 소득에 대한 납세의무를 지지 않는다.

**18.** 「소득세법」상 세액공제에 대한 설명으로 옳은 것은?

① 기장세액공제와 관련된 장부 및 증명서류를 해당 납세의무성립일로부터 5년간 보관하는 경우 기장세액공제를 적용받을 수 있다.

② 2022년도 귀속분 종합소득이 있는 거주자의 기본공제대상자에 해당하는 자녀가 2명(9세 장녀, 8세 차녀)인 경우 자녀세액공제는 30만 원을 종합소득산출세액에서 공제한다.

③ 근로소득이 있는 거주자(일용근로자 제외)가 해당 과세기간에 「국민건강보험법」 또는 「고용보험법」에 따라 근로자가 부담하는 보험료를 지급한 경우에는 그 금액의 12%를 보험료세액공제로 해당 과세기간의 종합소득산출세액에서 공제한다.

④ 외국납부세액공제액이 공제한도를 초과하는 경우 그 초과하는 금액은 해당 과세기간의 다음 과세기간부터 3년 이내에 끝나는 과세기간으로 이월하여 그 이월된 과세기간의 공제한도 범위 내에서 공제받을 수 있다.

**19.** 「소득세법」상 공동사업에 대한 소득금액계산에 관한 설명으로 옳지 않은 것은?

① 사업소득이 발생하는 사업을 공동으로 경영하고 그 손익을 분배하는 공동사업의 경우에는 공동사업장을 1거주자로 보아 공동사업장별로 그 소득금액을 계산한다.

② 공동사업에서 발생한 소득금액은 공동사업자간에 약정된 손익분배비율(약정된 손익분배비율이 없는 경우에는 지분비율)에 의하여 분배되었거나 분배될 소득금액에 따라 각 공동사업자별로 분배한다.

③ 거주자 1인과 그와 법령에서 정하는 특수관계에 있는 자가 공동사업자에 포함되어 있는 경우로서 손익분배비율을 허위로 정하는 등 법령이 정하는 사유가 있는 때에는 당해 특수관계인의 소득금액은 주된 공동사업자의 소득금액으로 본다.

④ 공동사업장의 소득금액을 계산하는 경우 접대비 한도액, 기부금 한도액 계산을 공동사업에 출자한 공동사업자별로 각각 계산한다.

**20.** 소득세법령상 국내에서 거주자에게 발생한 소득의 원천징수에 대한 설명으로 옳지 않은 것은?

① 원천징수의무자가 국내에서 지급하는 이자소득으로서 소득세가 과세되지 아니하는 소득을 지급할 때에는 소득세를 원천징수하지 아니한다.

② 내국인 직업운동가가 직업상 독립된 사업으로 제공하는 인적용역의 공급에서 발생하는 소득의 원천징수세율은 100분의 3이다.

③ 법인세 과세표준을 결정 또는 경정할 때 익금에 산입한 금액을 배당으로 처분한 경우에는 법인세 과세표준 신고일 또는 수정신고일에 그 배당소득을 지급한 것으로 보아 소득세를 원천징수한다.

④ 근로소득을 지급하여야 할 원천징수의무자가 1월부터 11월까지의 근로소득을 해당 과세기간의 12월 31일까지 지급하지 아니한 경우에는 그 근로소득을 12월 31일에 지급한 것으로 보아 소득세를 원천징수한다.

## 해 설

[2018년 7급] ★★

1. 「국세기본법」상 수정신고에 대한 설명으로 옳지 않은 것은?

① 즉, 회사에서 연말정산만 진행한 경우에도 수정신고가 가능하다.

② 수정신고는 세금을 추가 납부하겠다는 것으로써 기한 내에 신고한 것의 연장으로 본다. 즉, 일반적인 신고납부세목의 경우 기한 내에 신고 시 확정되므로 수정신고도 확정의 효력이 있다. 다만, 정부부과세목의 경우에는 기한 내에 신고 시에도 확정되지 않으므로 수정신고도 확정의 효력이 없다.

③ 과소신고가산세의 감면은 세무서에서 확인하기 어려우니 먼저 확인해서 신고하라는 의미이다. 따라서 먼저 신고하면 가산세가 감면된다. 납부와는 관계가 없다.

④ 납세자가 먼저 하면 수정신고, 세무서가 먼저 하면 경정이 된다. 세무서가 먼저 경정하였으니 수정신고할 이유가 없다.

🔲 ③

[2018년 7급] ★★

2. 「국세기본법」상 가산세에 대한 설명으로 옳지 않은 것은?

④ 국가 또는 지방자치단체는 원천징수납부등 불성실가산세 적용은 배제된다. 다만 이외의 가산세에 대해서는 동일하게 부과된다.

🔲 ④

[2019년 7급] ★★

3. 「국세기본법령」상 조세불복제도에 대한 설명으로 옳은 것은? (다툼이 있는 경우, 판례에 의한다)

② 조세범 처벌절차법에 따른 통고처분에 대해서는 불복할 수 없다. 통고처분은 세무서(지방청)에서 하는데 벌금으로써 통고서가 나간다. 통고처분된 금액은 벌금으로 나가는데 벌금납부등을 불이행하면 검찰에 고발된다. 고발 후 형사재판에서 유죄, 무죄에 대하여 다투게 된다. 조세범으로 통고처분된 경우에는 불복할 수 없고, 이후 재판에서 무죄를 주장할 수 있다.

① 집행부정지의 원칙으로 불복은 해당 처분의 집행에 효력을 미치지 않는다. 다만, 청구인에게 중대한 손해가 생기는 것을 예방할 필요성이 긴급하다고 인정할 때는

집행이 정지된다.

☞ 공매의 경우 재산을 매각해 버리면 불복의 다툼이 끝난 이후에 돌려줄 재산이 없어지게 된다. 이는 청구인에게 중대한 손해를 미칠 수 있는 것이기 때문에 집행이 정지된다.(집행부정지의 원칙의 예외)

③ 재조사 결정은 과세관청의 처분에 대해 미흡한 경우 사실관계등을 다시 확인하여 결정하라는 것이다. 처분청(세무서등)은 재조사 결정 취지에 따라 재조사한 후 그 내용을 보완하는 후속처분만을 할 수 있다. 재조사 결정의 취지에 따른 후속처분이 당초 처분보다 불리하면 불이익변경금지원칙에 위배된다.

④ 보정은 청구의 내용이나 절차가 적합하지 않으나 보정할 수 있다고 인정하는 것이다. 즉 청구인에 대한 혜택인데 이를 결정기간에 산입하는 경우 결정기관이 불이익을 받을 수 있다. 이 때문에 보정기간은 결정기간에 산입하지 않는다.

🔲 ②

[2020년 7급] ★★

4. 법인으로 보는 단체 등에 대한 설명으로 옳지 않은 것은?

③ 국세기본법상 2020년 1월 1일 이후 성립하는 납세의무부터 전환 국립대학 법인이 해당 법인의 설립근거가 되는 법률에 따른 교육·연구 활동에 지장이 없는 범위의 수익사업을 하는 경우의 납세의무를 적용할 때에는 전환 국립대학 법인을 별도의 법인으로 보지 아니하고 국립대학 법인으로 전환되기 전의 국립학교 또는 공립학교로 본다.

☞ 해당 규정은 전환국립대학을 지원하기 위해 개정된 세법이다. 교육·연구 활동을 위한 수익사업에 대하여 전환되기 전의 국립학교 또는 공립학교로 보아 비과세를 적용해주기 위한 규정이다. 따라서 설립근거가 되는 법률에 따른 교육·연구 활동에 지장이 있는 수익사업의 경우 지원 취지에 맞지 않아 적용하지 않는 것이다.

🔲 ③

[2018년 7급] ★★

5. 「국세기본법」상 심판청구제도에 대한 설명으로 옳지 않은 것은?

① 담당 조세심판관은 심판청구에 관한 조사와 심리를 위

하여 필요하면 직권으로 또는 심판청구인의 신청에 의
하여 다음 각 호의 행위를 할 수 있다.

1. 심판청구인/처분청/관계인 또는 참고인에 대한 질문
2. 제1호에 열거한 자의 장부, 서류, 그 밖의 물건의 제
   출 요구
3. 제1호에 열거한 자의 장부, 서류, 그 밖의 물건의 검
   사 또는 감정기관에 대한 감정 의뢰 즉, 조세심판원
   장의 명에 따르는 것이 아닌, 조세심판관의 직권 또
   는 심판청구인의 신청에 의하는 절차에 해당한다.

☞ 담당 조세심판관 외의 자가 장부나 서류의 제출을
   요구하는 것은 직권남용이다. 세무공무원 재량의
   한계를 넘어서는 행위이다.

답 ①

[2011년 7급 변형] ★
6. 「국세징수법」상 관허사업의 제한에 관한 설명으로 옳지
   않은 것은?

☞ 국세체납을 이유로 세무서장이 허가 등을 요하는
   사업의 주무관서에 관허사업의 제한을 요구한 후
   납세자가 당해 국세를 납부한 경우 세무서장은 그
   관허사업의 제한 요구를 반드시 철회하여야 한다.

답 ②

[2016년 9급] ★★★
7. 국세징수절차에 대한 설명으로 옳지 않은 것은?

④ 연대납세의무자에게 서류송달시 그 대표자를 명의인
   으로 하며, 대표자가 없는 때에는 연대납세의무자 중
   국세징수상 유리한 자를 명의인으로 한다. 다만, 납세
   의 고지와 독촉에 관한 서류는 연대납세의무자 모두에
   게 각각 송달하여야 한다.

☞ 납세의 고지는 확정된 세금의 효력이 발생하며, 독
   촉은 강제징수 절차를 위한 효력이 발생한다. 납세
   자에게 너무나도 중대한 영향을 주는 서류인데 연
   대납세의무자 대표자에게만 전달하는 경우 대표자
   가 전달하지 못하게 되면 다른 연대납세의무자의
   재산권에 심각한 피해가 발생하게 된다. 따라서 납
   세의 고지와 독촉에 관한 서류는 연대납세의무자
   모두에게 각각 송달하여야 그 효력이 발생한다.

답 ④

[2015년 7급] ★★★
8. 부가가치세법상 일반과세자의 과세표준에 대한 설명으로
   옳지 않은 것은?

③ 사업자가 고객에게 매출액의 일정 비율에 해당하는 마
   일리지를 적립해 주고, 향후 그 고객이 재화를 공급받
   고 그 대가의 전부를 자기적립마일리지로 결제하는 경
   우 해당 마일리지는 과세표준에 포함하지 않는다.

☞ 자기적립 마일리지는 매출에누리의 개념이다. 소비
   자가 쿠폰을 10장 모으면 커피한잔을 받을 수 있다
   고 했을 때 이 쿠폰이 자기적립마일리지이다. 커피
   판매에 대한 에누리의 개념으로 쿠폰을 주는 것이
   기 때문에 해당 쿠폰에 대한 대가는 이미 커피를 사
   먹을 때 지급되어 과세표준에 포함되었고, 나중에
   모아진 쿠폰으로 커피를 사먹을 때는 과세표준에
   포함되지 않는다.

☞ 편의점에서 통신사 멤버쉽 등으로 할인하여 물건을
   구입하면, 통신사에서 편의점에 멤버쉽 할인액에 대
   하여 대가를 지불하게 된다. 이것이 자기적립 마일
   리지등 외의 마일리지 이며 과세표준에 포함된다.

답 ③

[2007년 9급 변형] ★★★
9. 「부가가치세법」상 간이과세자에 관한 설명으로 옳지 않
   은 것은?

간이과세자의 예정부과기간은 원칙적으로 고지납부 방식
을 사용하고 있다. 다만, 예정부과기간에 세금계산서를 발
급한 경우에는 예정부과기간에 대한 신고를 하여야 하며
직전 과세기간의 공급대가의 합계액 또는 납부세액의 1/3
에 미달하는 경우는 예정부과기간에 신고를 할 수 있다.

답 ③

[2010년 7급] ★★
10. 「부가가치세법」상 사업장에 관한 설명으로 옳지 않은 것
    은?

③ 제조업에 있어서 따로 제품의 포장만을 하거나 용기에
   충전만을 하는 장소는 사업장이 될 수 없다.

☞ 사업장은 사업자가 사업을 하기 위하여 거래의 전
   부 또는 일부를 하는 고정된 장소를 말한다. 제조업
   의 사업장은 최종 제품을 완성하는 장소이다. 제품

의 포장만을 하거나 용기에 충전만을 하는 장소는 거래(제조 및 판매와 같은)의 전부 또는 일부를 하는 장소로 볼 수 없어 사업장이 될 수 없다.

답 ③

[2019년 9급] ★
11. 부가가치세법령상 홍길동은 과세사업과 면세사업을 겸영하고 있는데 과세사업과 면세사업으로 실지귀속을 구분할 수 없는 2018년 제2기의 공통매입세액은 1천만 원이다. 홍길동의 2018년 제1기와 제2기의 과세 및 면세사업의 공급가액은 다음과 같다. 공통매입세액 중 2018년 제2기 과세기간에 공제받을 수 있는 금액은? (단, 매입세액의 공제요건은 충족하고, 2018년 제2기 중 공통으로 사용되는 재화를 공급한 것은 없다)

☞ 공통매입세액 1천만 원 * $\dfrac{6천만원}{1억원}$ = 4백만 원

*2기의 공통매입세액은 2기의 공급가액을 기준으로 안분하면 된다. 합계액은 1년 전체에 대한 합계이니 현재 문제에서 고려대상이 아니다.

답 ②

[2016년 9급] ★★★
12. 「법인세법」상 법인 및 과세소득에 대한 설명으로 옳지 않은 것은?

② 신탁재산에 귀속되는 소득은 그 신탁의 이익을 받을 수익자가 특정되지 아니한 경우 신탁재산에 귀속되는 소득에 대하여 그 신탁의 위탁자가 법인세를 납부할 의무가 있다.

☞ 신탁재산에 귀속되는 소득은 신탁의 이익을 받을 수익자가 법인세법을 적용하는 것이 원칙이다. 다만, 수탁자 중심으로 진행되는 신탁(목적신탁 등+수익자가 둘 이상)의 경우 수탁자가 법인세를 납부할 수 있다. 수익자가 특별히 정하여지지 않았거나 존재하지 않는 경우와 위탁자가 신탁재산을 실질적으로 통제하는 등의 요건이 충족되는 경우 위탁자 중심으로 신탁이 진행되니 위탁자가 법인세를 납부할 의무가 있다.

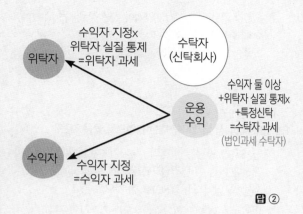

답 ②

[2013년 7급] ★★★
13. 제조업을 영위하는 ㈜한국이 유가증권(A주식)과 관련된 거래를 다음과 같이 적절하게 회계처리한 경우 2019년 및 2020년에 유보(또는 △유보)로 소득처분 할 금액(순액)은? (단, ㈜한국의 사업연도는 1월 1일부터 12월 31일까지이다)

1) 2019년
  (1) 저가 매입한 유가증권 90만원에 대하여 시가인 100만원으로 높이는 세무조정을 한다. 〈익금산입〉 유가증권 100,000 (유보)
  (2) 세법상 유가증권 평가이익은 인정되지 않는다. 평가이익을 낮추는 세무조정을 한다. 〈익금불산입〉 유가증권 300,000 (△유보)

2) 2020년
  (1) 자산을 매각하는 경우 처분 전 유보(△유보)금액을 추인한다. 〈익금산입〉 유가증권(처분이익) 200,000 (유보)

*세법상 100만원의 유가증권을 130만원에 처분하여 30만원의 이익이 발생하였다. 회계 상 처분이익을 10만원으로 계상하였으니 차액인 20만원을 올리는 세무조정을 하여야 한다. 이렇게 복잡하게 계산하지 않더라도 자산의 매각 시 유보(△유보)된 금액은 자연스럽게 추인된다.

답 ②

[2020년 7급] ★★
14. 법인세법령상 내국법인의 감가상각에 대한 설명으로 옳지 않은 것은?

① 법인이 손비로 계상한 감가상각비가 2,000만 원이고 상각범위액이 2,400만 원인 경우, 그 차액에 해당하는

400만 원은 전기 상각부인액이 있는 경우에는 그 시인부족액 범위 내에서 상각부인액을 추인하고, 전기 상각부인액이 없는 경우에는 소멸한다.

**답 ①**

[2014년 9급] ★★

**15.「법인세법」상 납세지에 대한 설명으로 옳은 것은?**

② 납세지가 변경된 법인이 「부가가치세법」사업자등록 규정에 따라 그 변경된 사실을 신고한 경우에는 「법인세법」의 납세지 변경신고를 한 것으로 본다.

③ 법인세에 대한 원천징수의무자가 거주자인 경우 원천징수한 법인세의 납세지는 그 거주자의 주된 사업장 소재지로 한다. 다만, 주된 사업장 외의 사업장에서 원천징수를 하는 경우에는 그 사업장의 소재지, 사업장이 없는 경우에는 그 거주자의 주소지 또는 거소지로 한다.

④ 법인으로 보는 단체의 납세지는 단체의 사업장소재지 또는 그 부동산의 소재지로 한다.

☞ 법인으로 보는 단체의 납세지는 설립등기를 하지 않기 때문에 등기부상의 본점 또는 주사무소의 소재지를 적용할 수 없으므로 납세지를 단체의 사업장소재지로 하되, 주된 소득이 부동산소득인 단체의 경우에는 그 부동산의 소재지로 한다.

**답 ①**

[2011년 9급] ★★

**16. 법인세법상 대손금과 대손충당금에 대한 설명으로 옳지 않은 것은?**

④ 채무보증(법령으로 정하는 일정한 채무보증은 제외)으로 인하여 발생한 구상채권에 대하여는 주채무자에 대해 구상권을 행사한 결과 무재산 등으로 회수할 수 없는 경우에 대손처리할 수 없다.

☞ 채무보증구상채권(일부제외)이나 업무무관가지급금에 대해서는 대손처리할 수 없다. 채무보증은 기업의 연쇄부도를 유발시킬 수 있는 위험이 높아 세법상 대손처리를 제한하는 것이다.(실무상 손금처리가 안되면 의사결정을 제한함. 즉, 채무보증을 억제함) 업무무관가지급금도 마찬가지로 정책상 제한할 목적으로 대손처리할 수 없게 규정한 것이다.

**답 ④**

[2017년 9급] ★★★

**17.「소득세법」상 납세의무의 범위에 대한 설명으로 옳지 않은 것은?**

② 증여 후 양도행위의 부인규정에 따라 증여자가 자산을 직접 양도한 것으로 보는 경우에 증여받은 자는 그 양도소득에 대하여 연대납세의무를 진다.

☞ 증여 후 양도행위 부인규정의 적용 효과는 '증여한 특수관계인이 해당 자산을 직접 양도한 것으로 보아 양도소득세를 과세 하는 것'이다. 즉, 증여자가 납세의무를 진다. 이는 증여자가 수증자를 활용하여(증여재산공제 등) 양도소득세를 낮추는 행위를 막기 위함이다. 그렇다면 수증자는 납세의무가 없는 것일까? 재산의 명의는 수증자에게 있고, 증여 후 양도행위가 수증자의 동의를 통해 진행된 것이기 때문에 증여자와 연대하여 납부할 의무가 있다.

☞ 이와 비교하여 이해해야하는 것이 '이월과세'이다. 이월과세는 과세를 증여자가 아닌 수증자에게 이월시키는 것으로 납세의무자는 수증자가 되고, 연대납세의무도 존재하지 않는다.

**답 ②**

[2017년 9급 변형] ★★★

**18.「소득세법」상 세액공제에 대한 설명으로 옳은 것은?**

① 기장세액공제와 관련된 장부 및 증명서류를 해당 과세표준확정신고기간 종료일로부터 5년간 보관하는 경우 기장세액공제를 적용받을 수 있다.

③ 근로소득이 있는 거주자(일용근로자 제외)가 해당 과세기간에 「국민건강보험법」 또는 「고용보험법」에 따라 근로자가 부담하는 보험료를 지급한 경우 소득공제 대상에 해당된다.

④ 외국납부세액공제액이 공제한도를 초과하는 경우 그 초과하는 금액은 해당 과세기간의 다음 과세기간부터 10년 이내에 끝나는 과세기간으로 이월하여 그 이월된 과세기간의 공제한도 범위내에서 공제받을 수 있다.

**답 ②**

[2007년 9급 변형] ★★★
19. 「소득세법」상 공동사업에 대한 소득금액계산에 관한 설명으로 옳지 않은 것은?

공동사업장의 소득금액을 계산하는 경우 접대비한도액, 지정기부금한도액 계산은 공동사업장을 1거주자로 보아 계산한다.

답 ④

[2019년 9급] ★★
20. 소득세법령상 국내에서 거주자에게 발생한 소득의 원천징수에 대한 설명으로 옳지 않은 것은?

③ 법인세 과세표준을 결정 또는 경정할 때 익금에 산입한 금액을 배당으로 처분한 경우에는 소득금액변동통지서를 받은 날에 그 배당소득을 지급한 것으로 보아 원천징수한다.

☞ 법인세 과세표준을 신고(기한 후 신고, 수정신고)할 때에는 신고일 또는 수정신고일에 그 배당소득을 지급한 것으로 보아 소득세를 원천징수한다. 하지만 결정 및 경정은 세무조사등을 통해 소득처분되는데 이때는 세무서등에서 소득금액변동통지서를 발송한다.

답 ③

# 2회 기출문제

**1.** 「국세기본법」상 세무조사에 관한 설명으로 옳지 않은 것은?

① 조사대상 과세기간 중 연간 수입금액 또는 양도가액이 가장 큰 과세기간의 연간 수입금액 또는 양도가액이 100억 원 미만인 납세자에 대한 세무조사 기간은 20일 이내로 하는 것을 원칙으로 한다.

② 세무공무원은 다른 과세기간·세목 또는 항목에 대한 구체적인 세금탈루 증거자료가 확인되어 다른 과세기간·세목 또는 항목에 대한 조사가 필요한 경우에는 조사진행 중 세무조사의 범위를 확대할 수 있다.

③ 세무공무원은 수시선정 세무조사 사유에 해당하는 경우로써 납세자의 동의가 있는 경우에는 세무조사 기간 동안 세무조사의 목적으로 납세자의 장부 또는 서류 등을 세무관서에 일시 보관할 수 있다.

④ 납세자의 사업과 관련된 세목이 여러 가지인 경우 이를 통합하지 않고 특정한 세목만을 조사하는 것을 원칙으로 한다.

**2.** 「국세기본법」상 납세의무의 확장에 대한 설명으로 옳지 않은 것은?

① 피상속인이 체결한 보험계약의 수익자로서 단독상속인이 피상속인의 사망으로 보험금을 수령하고 상속을 포기한 경우 상속포기를 한 상속인은 피상속인이 납부할 국세를 그 보험금의 한도 내에서 납부할 의무를 진다.

② 공동사업에 관계되는 부가가치세 및 강제징수비는 공동사업자가 연대하여 납부할 의무를 진다.

③ 법령이 정하는 바에 따라 제2차 납세의무를 지는 법인에는 비상장법인뿐만 아니라 상장법인도 포함된다.

④ 사업양수인은 양도일 이후 성립된 사업양도인의 국세에 대해 납부의무가 있다.

**3.** 「국세기본법」상 실질과세원칙에 관한 설명으로 옳지 않은 것은?

① 과세의 대상이 되는 거래의 귀속이 명의일 뿐이고 사실상 귀속되는 자가 따로 있는 때에는 사실상 귀속되는 자를 납세의무자로 본다.

② 사업자등록 명의자와는 별도로 사실상의 사업자가 있는 경우에는 사실상의 사업자를 납세의무자로 본다.

③ 세법 중 과세표준의 계산에 관한 규정은 거래의 명칭이나 형식에 불구하고 그 실질 내용에 따라 적용한다.

④ 제3자를 통한 간접적인 방법으로 거래한 경우 「국세기본법」 또는 세법의 혜택을 부당하게 받기 위한 것인지 여부와 관계없이 그 경제적 실질 내용에 따라 당사자가 직접 거래를 한 것으로 본다.

**4.** 한국세무서는 거주자 甲의 2019년도 귀속분 소득세 100,000,000원이 체납되어 거주자 甲 소유의OOOOOO 주택D를 2022년 6월 1일에 압류하여 2022년 7월 20일에 매각하였다. 다음 자료에 따라 주택D의 매각대금 100,000,000원 중 거주자 甲이 체납한 소득세로 징수될 수 있는 금액은?

- 거주자 甲의 소득세 신고일:2020년 5월 30일
- 강제징수비:3,000,000원
- 주택D에 설정된 저당권에 따른 피담보채권(저당권 설정일:2020년 3월 28일):50,000,000원
- 주택D에 대한 임차보증금:25,000,000원
  (확정일자를 받지 않았으며, 「주택임대차보호법」에 따른 우선변제금액은 12,000,000원이다.)
- 거주자 甲이 운영하는 기업체 종업원의 임금채권:30,000,000원
  (이 중 「근로기준법」에 따른 우선변제금액은 15,000,000원)
- 주택D에 부과된 국세와 가산금은 없음

① 5,000,000원 　　② 17,000,000원
③ 20,000,000원 　　④ 70,000,000원

5. 「국세기본법」상 국세환급가산금에 관한 설명으로 옳지 않은 것은?

① 납세자의 국세환급가산금에 관한 권리는 행사할 수 있는 때로부터 5년간 행사하지 아니하면 소멸시효가 완성된다.

② 국세의 이중납부에 따라 발생한 국세환급금을 지급할 때에는 그 국세납부일의 다음 날부터 지급결정하는 날까지의 기간과 금융회사 등의 예금이자율 등을 고려하여 법령으로 정하는 이자율에 따라 계산한 금액을 국세환급금에 가산하여야 한다.

③ 국세환급금으로 결정한 금액을 법으로 정하는 바에 따라 국세 또는 강제징수비에 충당하게 되는 경우에는 국세환급가산금을 국세환급금에 가산하지 아니한다.

④ 납세자가 상속세를 물납한 후 그 부과의 일부를 감액하는 결정·경정에 따라 환급하는 경우에는 국세환급가산금을 국세환급금에 가산하지 아니한다.

6. 납세담보에 대한 설명으로 옳지 않은 것은?

① 납세담보로서 금전을 제공한 자는 그 금전으로 담보한 국세와 강제징수비를 납부할 수 있다.

② 납세보증보험증권의 납세담보의 가액은 보험금액이다.

③ 금전을 납세담보로 제공할 때에는 담보할 국세의 100분의 120이상의 가액에 상당하는 현금을 제공하여야 한다.

④ 납세담보를 제공한 자는 세무서장의 승인을 받아 그 담보를 변경할 수 있다.

7. 국세징수법상 압류의 효력에 대한 설명으로 옳지 않은 것은?

① 압류의 효력은 압류재산으로부터 생기는 법정과실에 미친다.

② 채권압류의 효력은 채권압류통지서가 제3채무자에게 송달된 때에 발생한다.

③ 유가증권에 대한 압류의 효력은 세무공무원이 그 재산을 점유한 때에 발생한다.

④ 부동산에 대한 압류의 효력은 그 압류대상을 점유한 때에 발생한다.

8. 「부가가치세법」상 납세의무자에 관한 설명으로 옳지 않은 것은?

① 부가가치세 납세의무자인 사업자란 사업상 독립적으로 재화 또는 용역을 공급하는 자로서 그 사업목적은 영리인 경우에 한한다.

② 신탁재산과 관련된 재화 또는 용역을 위탁자 명의로 공급하는 경우에는 위탁자가 부가가치세를 납부할 의무가 있다.

③ 재화를 수입하는 자는 사업자가 아니어도 부가가치세의 납세의무자가 될 수 있다.

④ 위탁자를 알 수 있는 위탁매매의 경우에는 위탁자가 직접 재화를 공급하거나 공급받은 것으로 본다.

9. 부가가치세법상 부수재화 및 부수용역의 공급과 관련된 설명으로 옳지 않은 것은?

① 주된 재화 또는 용역의 공급에 부수되어 공급되는 것으로서 거래의 관행으로 보아 통상적으로 주된 재화 또는 용역의 공급에 부수하여 공급되는 것으로 인정되는 재화 또는 용역의 공급은 주된 재화 또는 용역의 공급에 포함되는 것으로 본다.

② 주된 재화 또는 용역의 공급에 부수되어 공급되는 것으로서 해당 대가가 주된 재화 또는 용역의 공급에 대한 대가에 통상적으로 포함되어 공급되는 재화 또는 용역의 공급은 주된 재화 또는 용역의 공급에 포함되는 것으로 본다.

③ 면세되는 재화 또는 용역의 공급에 통상적으로 부수되는 재화 또는 용역의 공급은 그 면세되는 재화 또는 용역의 공급에 포함되는 것으로 본다.

④ 주된 사업에 부수되는 주된 사업과 관련하여 주된 재화의 생산 과정에서 필연적으로 생기는 재화의 공급은 별도의 공급으로 보지 아니한다.

**10.** 「부가가치세법」상 세금계산서 발급에 관한 설명으로 옳은 것은 몇 개인가?

> ㄱ. 위탁판매에 의한 판매의 경우에 수탁자가 재화를 인도하는 때에는 수탁자가 세금계산서를 발급하며, 위탁자가 직접 대화를 인도하는 때에는 위탁자가 세금계산서를 발급할 수 있다.
> ㄴ. 수용으로 인하여 재화가 공급되는 경우에는 당해 사업 시행자가 세금계산서를 발급할 수 있다.
> ㄷ. 위탁매입에 의한 매입의 경우에는 공급자가 수탁자를 공급받는 자로 하여 세금계산서를 발급한다.
> ㄹ. 소매업의 경우에는 공급받는 자가 세금계산서의 발급을 요구하지 아니하는 경우에는 세금계산서를 발급하지 아니할 수 있다.

① 1개      ② 2개
③ 3개      ④ 4개

**11.** 「법인세법」상 납세의무에 대한 설명으로 옳은 것은?

① 수익자가 특별히 정하여지지 아니하거나 존재하지 아니하는 신탁 또는 위탁자가 신탁재산을 실질적으로 통제하는 등 대통령령으로 정하는 요건을 충족하는 신탁의 경우에는 신탁재산에 귀속되는 소득에 대하여 그 신탁의 위탁자가 법인세를 납부할 의무가 있다.

② 연결납세방식을 적용받는 연결법인의 경우에는 각 연결법인의 토지 등 양도소득과 투자·상생 협력 촉진을 위한 과세특례를 적용한 법인세를 연대하여 납부할 의무가 없다.

③ 중소기업인 영리외국법인이 비사업용 토지를 양도한 경우에는 토지 등 양도소득에 대한 법인세를 납부할 의무가 없다.

④ 외국법인과 「소득세법」에 따른 비거주자를 제외하고 내국법인 및 「소득세법」에 따른 거주자는 「법인세법」에 따라 원천징수하는 법인세를 납부할 의무가 있다.

**12.** 법인세법상 소득처분에 관한 설명으로 옳지 않은 것은?

① 사외유출이란 손금산입·익금불산입한 금액에 대한 소득처분으로 그 금액이 법인 외부로 유출된 것이 명백한 경우 유출된 소득의 귀속자에 대하여 관련되는 소득세를 징수하기 위하여 행한다.

② 세무조정으로 증가된 소득의 귀속자가 국가.지방자치단체인 경우 기타사외유출로 소득처분하고 그 귀속자에 대하여 소득세를 과세하지 않는다.

③ 당기에 유보로 소득처분된 세무조정사항이 발생하게 되면 당기 이후 추인될 때까지 이를 자본금과적립금조정명세서(을)에 사후관리하여야 한다.

④ 손금산입.익금불산입으로 세무조정한 금액 중 유보가 아닌 것은 기타로 소득처분하며 별도로 사후관리하지 아니한다.

**13.** 법인세법령상 내국법인의 자산·부채의 평가에 대한 설명으로 옳지 않은 것은?

① 자산을 법령에 따른 장기할부조건 등으로 취득하는 경우 발생한 채무를 기업회계기준이 정하는 바에 따라 현재가치로 평가하여 현재가치할인차금으로 계상한 경우의 당해 현재가치할인차금은 취득가액에 포함하지 아니한다.

② 유형자산의 취득과 함께 국·공채를 매입하는 경우 기업회계기준에 따라 그 국·공채의 매입가액과 현재가치의 차액을 해당 유형자산의 취득가액으로 계상한 금액은 유형자산의 취득가액에 포함한다.

③ 기업회계기준에 따라 단기매매항목으로 분류된 금융자산 및 파생상품의 취득가액은 매입가액으로 한다.

④ 내국법인이 보유하는 「보험업법」이나 그 밖의 법률에 따른 유형자산 및 무형자산 등의 장부가액을 증액 또는 감액 평가한 경우에는 그 평가일이 속하는 사업연도 및 그 후의 사업연도의 소득금액을 계산할 때 그 장부가액은 평가한 후의 금액으로 한다.

**14.** 「법인세법」상 익금의 계산에 대한 설명으로 <u>옳지</u> <u>않은</u> 것은?

① 손금에 산입하지 아니한 법인세 또는 법인지방소득세를 환급받았거나 환급받을 금액을 다른 세액에 충당한 금액은 내국법인의 각 사업연도의 소득금액을 계산할 때 익금에 산입하지 아니한다.

② 지방세의 과오납금의 환급금에 대한 이자는 내국법인의 각 사업연도의 소득금액을 계산할 때 익금에 산입하지 아니한다.

③ 주식의 소각으로 인하여 주주인 내국법인이 취득하는 금전과 그 밖의 재산가액의 합계액이 해당 주식을 취득하기 위하여 사용한 금액을 초과하는 금액은 다른 법인의 주주인 내국법인의 각 사업연도의 소득금액을 계산할 때 그 다른 법인으로부터 이익을 배당받았거나 잉여금을 분배받은 금액으로 본다.

④ 각 사업연도의 소득으로 이미 과세된 소득(법인세법 과 다른 법률에 따라 비과세되거나 면제되는 소득은 제외)은 내국법인의 각 사업연도의 소득금액을 계산할 때 익금에 산입하지 아니한다.

**15.** 「법인세법」상 내국법인 간 합병과 관련한 설명으로 <u>옳지</u> <u>않은</u> 것은?

① 합병법인이 「법인세법」 제44조제2항 및 제3항에 따라 양도손익이 없는 것으로 한 합병(적격합병)이 아닌 합병으로 피합병법인의 자산을 승계한 경우에는 그 자산을 피합병법인으로부터 합병등기일 현재의 시가로 양도받은 것으로 본다.

② 「법인세법」 제44조제2항 각호의 요건을 모두 갖춘 합병 시 피합병법인이 합병법인으로부터 받은 양도가액을 피합병법인의 합병등기일 현재의 순자산 장부가액(자산의 장부가액 총액에서 부채의 장부가액 총액을 뺀 가액)으로 보아 피합병법인에 양도손익이 없는 것으로 할 수 있다.

③ 내국법인이 발행주식총수를 소유하고 있는 다른 법인을 합병하는 경우에는 피합병법인에 양도손익이 없는 것으로 할 수 있다.

④ 합병법인은 피합병법인의 자산을 시가로 양도받은 것으로 보는 경우에 피합병법인에 지급한 양도가액이 피합병법인의 합병등기일 현재의 자산총액에서 부채총액을 뺀 금액보다 적은 경우에는 그 차액을 합병등기일부터 3년간 균등하게 나누어 손금에 산입한다.

**16.** 법인세법상 사업연도에 대한 설명으로 <u>옳지</u> <u>않은</u> 것은?

① 법령이나 정관 등에 사업연도에 관한 규정이 없는 내국법인은 따로 사업연도를 정하여 법인 설립신고 또는 사업자등록과 함께 납세지 관할 세무서장에게 사업연도를 신고하여야 한다.

② 사업연도를 변경하려는 법인은 그 법인의 직전 사업연도 종료일부터 6개월 이내에 납세지 관할 세무서장에게 신고하여야 한다.

③ 내국법인이 사업연도 중에 파산으로 인하여 해산한 경우에는 그 사업연도 개시일부터 파산등기일까지의 기간과 파산등기일 다음 날부터 그 사업연도 종료일까지의 기간을 각각 1사업연도로 본다.

④ 청산 중에 있는 내국법인의 잔여재산의 가액이 사업연도 중에 확정된 경우에는 그 사업연도 개시일부터 잔여재산의 가액이 확정된 날까지의 기간을 1사업연도로 본다.

**17.** 「소득세법」상 납세의무에 대한 설명으로 <u>옳지</u> <u>않은</u> 것은?

① 주된 공동사업자에게 합산과세되는 경우 그 합산과세되는 소득금액에 대해서는 주된 공동사업자의 특수관계인은 손익분배비율에 해당하는 그의 소득금액을 한도로 주된 공동사업자와 연대하여 납세의무를 진다.

② 외국법인의 국내지점 또는 국내영업소는 원천징수한 소득세를 납부할 의무를 진다.

③ 공동으로 소유한 자산에 대한 양도소득금액을 계산하는 경우에는 해당 자산을 공동으로 소유하는 거주자가 연대하여 납세의무를 진다.

④ 피상속인의 소득금액에 대해서 과세하는 경우에는 그 상속인이 납세의무를 진다.

**18.** 소득세법상 소득의 구분에 대한 설명으로 옳은 것은?

① 전세권의 대여로 발생하는 소득은 사업소득이 되고, 지역권 또는 지상권의 대여로 받는 금품은 기타소득이 된다.

② 알선수재에 의하여 받는 금품은 기타소득이 되고, 재산권에 관한 알선 수수료는 사업소득이 된다.

③ 퇴직 전에 부여받은 주식매수선택권을 퇴직 후에 행사함으로써 얻는 이익은 근로소득이 되고, 고용관계 없이 주식매수선택권을 부여받아 이를 행사함으로써 얻는 이익은 기타소득이 된다.

④ 슬롯머신을 이용하는 행위에 계속적으로 참가하여 받는 당첨금품은 사업소득이 되고, 일시적으로 참가하여 받는 당첨금품은 기타소득이 된다.

**19.** 「소득세법」상 소득의 수입시기에 대한 설명으로 옳지 <u>않은</u> 것은?

① 기타소득으로 과세되는 미술.음악 또는 사진에 속하는 창작품에 대한 대가로 원작자가 받는 소득의 경우에는 그 지급을 받는 날을 수입시기로 한다.

② 「법인세법」에 따라 발생한 인정상여가 임원 등에 대한 근로소득으로 과세되는 경우에는 해당 법인의 결산확정일을 그 수입시기로 한다.

③ 법인의 해산으로 주주 등이 법인의 잔여재산을 분배받은 것이 의제배당이 되어 배당소득으로 과세하는 경우에는 그 잔여재산 가액이 확정된 날을 수입시기로 한다.

④ 사업소득으로 과세되는 상품의 위탁판매로 인한 소득의 경우에는 수탁자가 그 위탁품을 판매하는 날을 수입시기로 한다.

**20.** 소득세법령상 거주자가 해당 과세기간에 지급하였거나 지급할 금액 중 사업소득금액을 계산할 때 필요경비에 산입하지 않는 것만을 모두 고르면? (단, 다음 항목은 거주자에게 모두 해당된다)

ㄱ. 통고처분에 따른 벌금 또는 과료에 해당하는 금액
ㄴ. 사업용자산의 합계액이 부채의 합계액에 미달하는 경우에 그 미달하는 금액에 상당하는 부채의 지급이자로서 법령에 따라 계산한 금액
ㄷ. 선급비용
ㄹ. 부가가치세법 에 따른 간이과세자가 납부한 부가가치세액

① ㄷ, ㄹ      ② ㄱ, ㄴ, ㄷ
③ ㄱ, ㄴ, ㄹ      ④ ㄱ, ㄴ, ㄷ, ㄹ

[2010년 7급] ★★★
1. 「국세기본법」상 세무조사에 관한 설명으로 옳지 않은 것은?

　④ 세무조사는 납세자의 사업과 관련하여 세법에 따라 신고·납부의무가 있는 세목을 통합하여 실시하는 것을 원칙으로 한다.

답 ④

[2016년 9급] ★★
2. 「국세기본법」상 납세의무의 확장에 대한 설명으로 옳지 않은 것은?

☞ 사업양수인은 사업양도인이 양도일 이전에 확정된 국세를 확인 할 수 있다. 사업양도인이 세금을 체납한 상태에서 다른 누군가와 짜고(특관/조세회피목적) 사업장을 넘기는 경우 과세관청은 세금을 확보하지 못할 수 있다. 이를 막고자 사업양수인의 제2차 납세의무 규정이 존재하는 것이다.
그런데 1) 양도일 이후 성립된 국세는 양수인이 알 수 있는 것이 아니고 2) 확정된 것이 아닌 성립된 것은 금액을 알 수 없으므로 사업양도일 이전에 확정된 국세에 한하여 제2차 납세의무 규정을 적용한다.

답 ④

[2005년 7급] ★★
3. 「국세기본법」상 실질과세원칙에 관한 설명으로 옳지 않은 것은?

　④ 제3자를 통한 간접적인 방법이나 둘 이상의 행위 또는 거래를 거치는 방법으로 국세기본법 또는 세법의 혜택을 부당하게 받기 위한 것으로 인정되는 경우에는 그 경제적 실질 내용에 따라 당사자가 직접 거래를 한 것으로 보거나 연속된 하나의 행위 또는 거래를 한 것으로 보아 국세기본법 또는 세법을 적용한다.

답 ④

[2017년 9급] ★★
4. 한국세무서는 거주자 甲의 2019년도 귀속분 소득세 100,000,000원이 체납되어 거주자 甲 소유의000000주택D를 2022년 6월 1일에 압류하여 2022년 7월 20일에 매각하였다.　다음 자료에 따라 주택D의 매각대금 100,000,000원 중 거주자 甲이 체납한 소득세로 징수될 수 있는 금액은?

1순위 강제징수비 3,000,000원
2순위 특정 임금채권 15,000,000원
2순위 소액임차보증금 12,000,000원
3순위 피담보채권(설정일 :3/28) 50,000,000원
☞ 소득세의 법정기일보다 빠르니 우선변제
4순위 기타의 임금채권 15,000,000원
5순위 소득세 5,000,000원

*매각대금 1억원 − 1순위~4순위 변제금액(9,500만원) = 500만원

답 ①

[2010년 9급] ★★
5. 「국세기본법」상 국세환급가산금에 관한 설명으로 옳지 않은 것은?

　③ 국세환급가산금이란 국세환급금을 충당 또는 환급할 경우에 그 국세환급금에 가산되는 법정이자에 해당하므로, 국세환급금을 충당하는 경우에도 국세환급가산금은 동일하게 적용한다.

답 ③

[2014년 9급] ★★
6. 납세담보에 대한 설명으로 옳지 않은 것은?

　③ 전을 납세담보로 제공할 때에는 담보할 국세의 100분의 1100이상의 가액에 상당하는 현금을 제공하여야 한다.

☞ ③ 환가하기 쉬운 금전, 납세보증 보험증권, 금융회사의 납세보증서는 100분의 110이상의 가액에 상당하는 금액을 제공하여야한다. 강제징수비등의 가액을 10% 잡은 것 같다. 이외의 자산은 바로 환가를 못하고 일부 다툼이 있을 수도 있고, 처분에 비용이 들어갈 수 있으니 100분의 120이상의 가액을 제공해야하는 것으로 이해하자.

답 ③

[2013년 7급] ★★
7. 국세징수법상 압류의 효력에 대한 설명으로 옳지 않은 것은?

　④ 부동산에 대한 압류의 효력은 그 압류의 등기 또는 등록이 완료된 때에 발생한다.

답 ④

[2018년 9급] ★★★

8. 「부가가치세법」상 납세의무자에 관한 설명으로 옳지 않은 것은?

① 부가가치세 납세의무자인 사업자란 사업 목적이 영리이든 비영리이든 관계없이 사업상 독립적으로 재화 또는 용역을 공급하는 자를 말한다.

☞ 부가가치세는 소비세이며 최종소비자가 세금을 부담하게 된다. 재화나 용역을 공급하는 사업자의 영리유무는 부가가치세의 과세여부와는 무관하다.

☞ 면세는 최종소비자가 소비하는 재화나 용역 중 기초생활필수품, 국민후생과 문화관련, 부가가치의 구성요소에 대하여 적용한다. 사업자에게 면세를 적용하는 경우 소비자의 물가를 낮추는 효과가 있다. 즉, 판매자의 영리 목적은 부가가치세법에 있어 고려 대상이 아니며, 소비자에 대한 최종가격 등이 과세와 면세 판단의 이유가 된다.

답 ①

[2020년 7급] ★★

9. 부가가치세법 상 부수재화 및 부수용역의 공급과 관련된 설명으로 옳지 않은 것은?

④ 주된 사업에 부수되는 주된 사업과 관련하여 주된 재화의 생산과정에서 필연적으로 생기는 재화의 공급은 별도의 공급으로 본다.

☞ 복숭아 통조림사업에 부수되는 복숭아씨는 복숭아 통조림사업을 하는 경우 생산과정에서 필연적으로 발생한다. 복숭아씨를 판매하는 것은 별도의 공급으로 보아야 한다.(실제로 따로 판매하고 대가로 따로 받는다)

답 ④

[2009년 9급] ★★

10. 「부가가치세법」상 세금계산서 발급에 관한 설명으로 옳은 것은 몇 개인가?

옳은 것은 3개(ㄱ, ㄴ, ㄹ)이다.

ㄷ. 위탁매입의 경우에는 공급자가 위탁자를 공급받는 자로 하여 세금계산서를 발급한다. 이 경우 수탁자의 등록번호를 덧붙여 적어야 한다.

답 ③

[2015년 9급] ★★

11. 「법인세법」상 납세의무에 대한 설명으로 옳은 것은?

② 연결법인은 각 연결사업연도의 소득에 대한 법인세(각 연결법인의 토지 등 양도소득에 대한 법인세와 투자·상생 협력 촉진을 위한 과세특례를 적용한 법인세를 포함)를 연대하여 납부할 의무가 있다.

③ 중소기업인 영리외국법인이 비사업용 토지를 양도한 경우에도 토지등 양도소득에 대한 법인세 규정을 적용한다.

④ 외국법인과 소득세법에 따른 비거주자를 포함하여 내국법인 및 소득세법에 따른 거주자는 법인세법에 따라 원천징수하는 법인세를 납부할 의무가 있다.

답 ①

[2014년 7급] ★★

12. 법인세법상 소득처분에 관한 설명으로 옳지 않은 것은?

① 사외유출이란 익금산입·손금불산입한 금액에 대한 소득처분으로 그 금액이 법인 외부로 유출된 것이 명백한 경우 유출된 소득의 귀속자에 대하여 관련되는 소득세를 징수하기 위하여 행한다.

☞ 익금산입·손금불산입에 대한 소득처분은 사외유출, 사내유보 ,기타로 구분된다. 익금산입·손금불산입은 회계상의 순자산보다 세법상 순자산이 높을 때 발생하는데 이러한 차이가 회사의 자산과 부채에서 발생하면 유보로, 자본에서 발생하면 기타로 세무조정을 한다. 이때 세법상 회사의 순자산을 외부에서 가져간 경우에는 순자산이 회사 외부로 유출된 것으로 보아 사외유출로 소득처분하고 세무조정한다. 사외유출은 귀속자에 따라 배당, 상여, 기타사외유출, 기타소득으로 구분된다. 손금산입·익금불산입은 회계상 순자산보다 세법상 순자산이 적을 때 발생한다. 따라서 사외유출은 존재할 수 없고 △유보 또는 기타로 소득처분 된다.

답 ①

[2019년 9급] ★★

13. 법인세법령상 내국법인의 자산·부채의 평가에 대한 설명으로 옳지 않은 것은?

④ 내국법인이 보유하는 「보험업법」이나 그 밖의 법률에 따른 유형자산 및 무형자산 등의 장부가액을 증액 평

가한 경우에는 그 평가일이 속하는 사업연도 및 그 후의 사업연도의 소득금액을 계산할 때 그 장부가액은 평가한 후의 금액으로 한다.

☞ 「보험업법」이나 그 밖의 법률에 따른 유형자산 및 무형자산등의 장부가액을 감액 평가한 경우의 평가손실은 인정하지 않는다.

답 ④

[2020년 7급] ★★
14. 「법인세법」 상 익금의 계산에 대한 설명으로 옳지 않은 것은?

④ 각 사업연도의 소득으로 이미 과세된 소득(법인세법과 다른 법률에 따라 비과세되거나 면제되는 소득 포함)은 내국법인의 각 사업연도의 소득금액을 계산할 때 익금에 산입하지 아니한다.

답 ④

[2018년 9급] ★★
15. 「법인세법」상 내국법인 간 합병과 관련한 설명으로 옳지 않은 것은?

④ 합병법인은 피합병법인의 자산을 시가로 양도받은 것으로 보는 경우에 피합병법인에 지급한 양도가액이 피합병법인의 합병등기일 현재의 자산총액에서 부채총액을 뺀 금액보다 적은 경우에는 그 차액을 합병등기일부터 5년간 균등하게 나누어 손금에 산입한다.

답 ④

[2018년 7급] ★★
16. 법인세법 상 사업연도에 대한 설명으로 옳지 않은 것은?

② 사업연도를 변경하려는 법인은 그 법인의 직전 사업연도 종료일부터 3개월 이내에 납세지 관할 세무서장에게 신고하여야 한다.

☞ 실무상 법인세 신고기한에 법인세 신고와 같이 사업연도 변경을 신청한다.

답 ②

[2021년 9급] ★★
17. 「소득세법」상 납세의무에 대한 설명으로 옳지 않은 것은?

③ 공동으로 소유한 자산에 대한 양도소득금액을 계산하는 경우에는 해당 자산을 공동으로 소유하는 각 거주자가 납세의무를 진다.

☞ 국세기본법을 공유물 등에 대하여 연대납세의무를 적용하는 것으로 규정하고 있으나 소득세법은 공동사업 및 공동소유자산에 대하여 각 거주자가 납세의무를 지는 것으로 규정하고 있다.

답 ③

[2016년 7급] ★★
18. 소득세법상 소득의 구분에 대한 설명으로 옳은 것은?

② 재산권에 관한 알선 수수료는 기타소득이 된다.

③ 퇴직 전에 부여받은 주식매수선택권을 퇴직 후에 행사함으로써 얻는 이익 및 고용관계 없이 주식매수선택권을 부여받아 이를 행사함으로써 얻는 이익은 기타소득으로 과세된다.

④ 슬롯머신을 이용하는 행위에 계속적으로 참가하여 받는 당첨금품 및 일시적으로 참가하여 받는 당첨금은 기타소득이 된다.

답 ①

[2015년 9급] ★★
19. 「소득세법」상 소득의 수입시기에 대한 설명으로 옳지 않은 것은?

② 법인세법에 따라 발생한 인정상여가 임원 등에 대한 근로소득으로 과세되는 경우에는 근로를 제공한 날을 수입시기로 한다.

☞ 인정배당 및 인정기타소득은 결산확정일을 수입시기로 한다. 이와 다르게 인정상여는 근로를 제공한 날을 수입시기로 하는데 이는 근로소득의 귀속시기와 형평성을 맞추기 위한 것으로 보인다.

답 ②

[2019년 7급] ★★

20. 소득세법령상 거주자가 해당 과세기간에 지급하였거나 지급할 금액 중 사업소득금액을 계산할 때 필요경비에 산입하지 않는 것만을 모두 고르면? (단, 다음 항목은 거주자에게 모두 해당된다)

ㄱ. 통고처분에 따른 벌금 또는 과료에 대해 필요경비에 산입하게 하면 제재의 효과가 감소한다. 따라서 필요경비에 산입하지 않는다.

ㄴ. 사업용자산의 합계액이 부채의 합계액에 미달하는 부분을 초과인출금이라고 한다. 이에 대한 이자는 업무와 무관한 자금의 이자로 필요경비에 산입하지 아니한다.

ㄷ. 선급비용은 비용이 아직 발생하지 않았으나 대금만 먼저 지급된 것이다. 따라서 당해 과세기간의 필요경비에 산입하지 아니한다.

ㄹ. 일반과세자의 부가가치세 납부세액은 타인에게 받아 (예수금)납부한다. 따라서 필요경비에 산입하지 아니한다. 그러나 간이과세자가 납부한 부가가치세액은 간이과세자가 직접 납부한 세금이다. 간이과세자의 매출액은 공급대가인데 이는 부가가치세를 포함하는 개념이고 타인에게 받아서 납부하는 개념이 아닌 본인의 매출액에서 일부를 납부하는 개념이다. 따라서 필요경비로 본다.

 답 ②

손 진 호

세법기출문제집